殷墟妇好墓出土玉器研究

杜金鹏　主编

唐际根　张友来　副主编

科学出版社

北　京

内 容 简 介

本书是河南安阳殷墟妇好墓出土玉器的科学研究报告。作者运用考古学理论方法和现代科技手段，从历史学、考古学、古文字学、矿物学、工艺美术和微痕技术研究等方面，就其考古发现、社会背景、历史人物、生产生活、玉器类型、玉石特质、工艺技术、价值意义以及文化传承和传播等多方面问题，进行了广泛深入的讨论。

本书可供历史、考古、文物、博物馆、工艺美术、古文字、民族民俗等专业人员和高校相关专业师生以及广大古玉爱好者阅读参考。

图书在版编目（CIP）数据

殷墟妇好墓出土玉器研究 / 杜金鹏主编. —北京：科学出版社，2018.12
ISBN 978-7-03-059942-1

Ⅰ. ①殷… Ⅱ. ①杜… Ⅲ. ①小屯文化—古玉器—研究—安阳
Ⅳ. ① K876.84

中国版本图书馆 CIP 数据核字（2018）第 268781 号

责任编辑：张亚娜 周 赒 / 责任校对：邹慧卿
责任印制：赵 博 / 封面设计：美光设计

科 学 出 版 社 出版
北京东黄城根北街 16 号
邮政编码：100717
http://www.sciencep.com
北京中科印刷有限公司印刷
科学出版社发行 各地新华书店经销
*
2018 年 12 月第 一 版 开本：787×1092 1/16
2025 年 8 月第二次印刷 印张：16 3/4 插页：20
字数：384 000

定价：198.00 元

（如有印装质量问题，我社负责调换）

中国社会科学院“创新工程”项目
国家社会科学基金项目
“殷墟妇好墓出土玉器综合研究”课题

结 题 报 告

课题主持人 杜金鹏
（中国社会科学院“创新工程”首席研究员）

课题支持单位 中国社会科学院考古研究所
中国玉文化研究会科学检测中心

项目组成员名单

学 术 顾 问： 卢兆荫　王时麒

项目主持人： 杜金鹏

项目组成员： 唐际根　孙庆伟　徐义华　王　青　钱益汇　王　荣
何毓灵　叶晓红　翟少东　王　强　刘允东　王　苹
张友来　宋海燕　胡冬云　杜佳霖　马文芳　王迎东
陈敏华　王　潇　丁思聪　李　楠　徐　飞

前 言

一、学术背景

通过无损检测进行出土玉器的矿物学研究、通过微痕观察进行出土玉器的工艺学研究，是近年比较流行的古玉研究科技手段。将人文社会科学与自然科学研究有机结合，是当今学术界研究出土玉器的前沿科研方式方法。中国社会科学院考古研究所编著的《张家坡西周玉器》，可以作为新型古玉研究模式的代表作，涵盖了考古学研究、地质考古学研究、工艺特征与微痕探索等内容。

妇好墓玉器自出土以来即为学术界高度重视，相关研究著述不断涌现。以往，学术界对妇好玉器的研究主要集中在器物的定名与分类、文化渊源、制作工艺、玉料来源、艺术特色等几个方面。遗憾的是相关的研究大多基于发表的报告及图录进行，而且多属不同学科单项研究，缺乏综合系统的研究。本课题基于考古出土实物，通过多学科的合作对出土的玉器进行检测、分析与研究，分别从玉器的矿物学研究、治玉工艺研究、次生变化研究、社会背景研究、社会功用研究、艺术成就研究、历史与传承研究、旧器改新研究、影像资料库建设等方面，对妇好墓出土玉器进行全方位梳理、研究、总结。

本课题价值在于：第一，探索完善出土玉器新型科研模式之创建，即多学科综合研究，引入最新科技手段，人文社会科学与自然科学方法互补互证。第二，进一步提升了妇好墓玉器乃至商代玉器研究水平，为我国早期文明发展研究、早期“玉石之路”探索奠定了坚实基础。第三，为古玉研究数据库建设做了铺垫。

本课题是在中国社会科学院考古研究所“创新工程”项目之“出土玉器研究科学体系”现有基础信息采集、基本内容研究的基础之上，扩展科研队伍、拓展研究内容、加强研究深度而来。

二、研究基础

1. 标本资料

本课题研究对象——妇好墓出土玉器，多收藏在课题组负责人所在单位，使用方便；本课题是在原有“妇好墓出土玉器研究科学体系创建”基础上拓展而来的，有坚实的组织、资料、研究基础；本课题所需仪器设备，在课题主持人单位和参与人单位，都具备使用条件。

2. 科研基础

课题负责人杜金鹏，在中国社会科学院考古研究所从事夏商考古和文化遗产保护研究30多年，长期参与和主持田野考古发掘，接触大量出土文物，独著或合著有《中国考古学·夏商卷》、《夏商周考古学研究》、《殷墟宫殿区礼仪建筑基址研究》等学术专著和知识读物20多部，发表学术论文130余篇。先后担任中国社会科学院考古研究所夏商周考古研究室主任、文化遗产保护研究中心主任，现为中国社会科学院考古研究所研究员、中国社会科学院大学教授，社会兼职主要有中国殷商文化学会副会长、中国考古学会理事兼文保专业委员会常务副主任、中国文物保护技术协会遗址与出土文物专业委员会主任、山东大学讲座教授、西北工业大学讲座教授、首都师范大学兼职教授。

课题负责人杜金鹏先后参与国家“八五”社科重点项目“偃师二里头”、国家“十五”社科重点项目“中国考古学”等国家重点科研工作。先后主持过科技部“中华文明探源工程（预研究）”课题“礼制起源的考古学研究”，科技部国家重大科学攻关项目“夏商周断代工程”课题“偃师商城年代与分期研究”，国家社科重点项目“偃师商城”（发掘报告），中国社会科学院重大课题“偃师商城研究”，中国社会科学院国情调研项目“中国大遗址保护现状调研”，中国社会科学院“创新工程”项目“文化遗产科学体系创新研究”，福特基金项目“文化遗产保护与当代中国社会”，国家文物局委托项目“中国百处大遗址保护规划（纲要）”、“考古发掘项目检查验收办法及标准”、“大遗址考古工作要求”等。

课题负责人杜金鹏长期关注出土玉器研究，发表有一系列关于红山文化、良渚文化、山东龙山文化、石家河文化等史前玉器以及夏商和西周时期玉器的研究论文，如：《石家河文化玉雕神像浅说》（《江汉考古》1993年第3期）、《论临朐朱封龙山文化玉冠饰及相关问题》（《考古》1994年第1期）、《试论北京琉璃河西周墓出土的玉冠饰》（《文物季刊》1997年第4期）、《红山文化“勾云形”类玉器探讨》（《考古》1998年第5期）、《说皇》（《文物》1994年第7期）、《良渚神祇与祭坛》（《考古》1997年第2期）。

另外，还参与“中华文明探源工程”项目关于偃师二里头遗址出土玉器的科学研究课题，发表了《二里头文化玉工艺相关问题试释》①。

自2012年以来，课题负责人杜金鹏担任中国社会科学院“创新工程”项目“中国文化遗产科学体系创新研究”主持人，设立了“出土玉器科学研究”课题，致力于考古出土玉器的综合性科学研究，试图完善以人文社会科学与自然科学有机结合为特征的古玉研究新模式、新体系。先后对辽宁牛河梁遗址、半拉山遗址，山东临朐西朱封龙山文化大墓、济南大辛庄遗址，河南灵宝西坡遗址、桐柏月河春秋墓、安阳殷墟遗址、偃师二里头遗址，湖北枣阳郭家庙墓地、随州叶家山墓地，山西侯马晋侯墓地等20多批次出土玉器标

---

① 邓聪、许宏、杜金鹏：《二里头文化玉工艺相关问题试释》，《中华文明探源工程文集·技术与经济卷》（Ⅰ），科学出版社，2009年。

本，进行了科学检测和研究，并已出版有研究报告《临朐西朱封龙山文化玉器研究》、《桐柏月河春秋墓出土玉器研究》，知识读物《玉华流映——殷墟妇好墓出土玉器》。

2015年，杜金鹏主持的中国社会科学院“创新工程”项目“中国文化遗产科学体系创新研究”之“出土玉器科学研究”课题，选取妇好墓玉器为研究案例，设立“妇好墓出土玉器综合研究”课题，按期圆满结项。

在此基础上，通过扩展科研队伍、拓展研究内容、加强研究深度，申请设立了国家社会科学基金项目“殷墟妇好墓出土玉器综合研究”，获得立项支持。

扩展科研队伍——邀请北京大学地质系、中国地质大学珠宝学院师生加盟课题组，欢迎社会人士和力量参与本课题。

拓展研究内容——对玉器次生变化现象进行实验考古研究；将妇好墓玉器与殷墟其他玉器进行考古学、矿物学对比研究；搭建出土玉器数据库基本框架结构；讨论出土玉器数据库对古玉鉴定、鉴赏的实用价值。

加强研究深度——在玉器成分检测分析基础上，与相关已知玉矿矿料成分进行对比研究，探讨妇好墓玉器来源问题。

3. 主要参考书目

① 中国社会科学院考古研究所:《殷墟妇好墓》，文物出版社，1980年。

② 北京市玉器厂技术研究组:《对商代琢玉工艺的一些初步看法》,《考古》1976年第4期。

③ 中国社会科学院考古研究所:《殷墟玉器》，文物出版社，1982年。

④ 中国社会科学院考古研究所:《安阳殷墟出土玉器》，科学出版社，2005年。

⑤ 夏鼐:《商代玉器的分类、定名和用途》,《考古》1983年第5期。

⑥ 陈志达:《殷墟玉器的工艺考察》,《中国考古学研究——夏鼐先生考古五十年纪念论文集》，文物出版社，1986年。

⑦ 郑振香:《殷墟玉器探源》,《庆祝苏秉琦考古五十五年论文集》，文物出版社，1989年。

⑧ 王巍:《商文化玉器渊源探索》,《考古》1989年第9期。

⑨ 申斌:《“妇好墓”玉器材料探源》,《中原文物》1991年第1期。

⑩ 尤仁德:《妇好墓七件玉雕新解》,《考古与文物》1992年第3期。

⑪ 吴凡:《从殷墟妇好墓玉器探讨商代玉器的制作与风格》,《故宫文物月刊》1995年第4期。

⑫ 林巳奈夫著，杨美莉译:《中国古玉研究》，艺术图书公司，1997年。

⑬ 徐琳:《中国古代治玉工艺》，紫禁城出版社，2011年。

⑭ 邓聪主编:《东亚玉器》，香港中文大学中国考古艺术研究中心，1998年。

⑮ 中国社会科学院考古研究所:《张家坡西周玉器》，文物出版社，2007年。

⑯ 邓聪、许宏、杜金鹏:《二里头文化玉工艺相关问题试释》,《中华文明探源工程文集·技术与经济卷》(Ⅰ)，科学出版社，2009年。

4. 专家评价

2015 年 11 月 9 日，在“妇好墓出土玉器综合研究”开题报告会上，评审专家们对本课题给予很高期望和评价。

中国社会科学院考古研究所学部委员、中国社会科学院考古研究所所长、中国考古学会理事长王巍研究员认为，本课题组具有多学科结合优势，有进行重大学术问题研究的实力，研究玉料的来源，对于探讨古代社会结构、经济形态、贵重资源的掌控和分配等一系列问题及文明的形成和动因都具有重要意义。

中国社会科学院学部委员、中国社会科学院历史研究所副所长王震中认为，本课题组对于妇好墓玉器的研究，看似题目不大实则意义重大，妇好墓玉器所反映的商代玉文化多元一统的历史地位、商代玉器对两周秦汉玉器的影响等，均有重要学术价值。从玉器研究来看该课题属于“中题大作”，具有大手笔风格，必将有力地推动我国的出土玉器研究。

中国社会科学院考古研究所研究员、著名古玉研究专家卢兆荫先生认为，殷墟妇好墓出土玉器是继新石器红山文化、良渚文化后的第二个高峰期。此时的玉文化因素是多元的，既继承了二里头文化中原玉器的特点，又有很明显的红山文化因素，同时这一时期的玉文化也在走向一统。经过传承创新后，至汉代形成了自己的玉文化风格。卢先生指出，研究妇好墓玉器对于探索玉文化如何从多元到一体起了重要作用，所以研究殷商时期玉器对整个中国玉器的发展史都具有重要意义。

著名宝玉石专家、北京大学王时麒教授认为，鉴于目前对于妇好墓玉器的研究尚缺乏深入的认识，因此本课题组对于妇好墓玉器的研究具有典型性和代表性。他强调了玉质、玉料来源以及沁色的特点规律三个大问题。目前借助现代科学仪器已经可以基本测定妇好墓出土的 700 多件玉器的玉质，但是对玉料来源这一问题的研究却仍然困难重重，因为对于玉器定量的微量元素、同位素分析，会对文物产生一定损害，在当前条件下，有损分析无法完全展开。他指出，对玉器的深入研究需要建立在多学科合作的基础上，本课题将文理交叉的跨学科人才、经验丰富的人才聚集到一起，一定能得到突破性进展①。

三、研究内容

本课题的研究对象是安阳殷墟妇好墓出土的玉器，同时参考中国社会科学院考古研究所、安阳市文物考古研究所等考古科研机构收藏的殷墟出土商代玉器实物资料。

本课题的总体目标是运用多学科叠加、结合方法，对妇好墓出土玉器进行系统综合研究，解决其人文、社会、科技、艺术等问题。

① 《妇好墓出土玉器综合研究开题报告会纪要》，中国考古网，http://www.kaogu.cn/cn/xueshudongtai/xueshudongtai/xueshudongtai/2015/1111/5163.html。

本课题包括以下子课题：殷墟出土商代玉器综述、妇好墓出土玉器概论、殷墟甲骨文所见商代玉文化、妇好墓玉器的矿物学研究、妇好墓玉器的治玉工艺研究、妇好墓玉器的次生变化研究、妇好墓玉器的功用研究、妇好墓玉器的艺术成就、妇好墓玉器所见殷商社会、妇好墓玉器的历史与文化传承、殷墟宫殿区玉料坑发现与研究、迁台殷墟玉石器研究、商周玉器的改制探索、妇好墓玉器影像资料提取与数据库建设。

本课题的重点是矿物学研究、工艺技术研究、社会背景与功能研究。矿物学研究试图通过对玉器的科学检测分析，与现有玉矿标本进行比对，进而探索妇好玉器的玉料来源问题。但由于无法进行有损分析，而现有的无损分析方法不够精确，故玉料来源问题研究是一大难点。另外，古玉沁色成因复杂，其次生变化既与大环境与有关，也与微环境有关，甚至与出土后的保存环境有关，故对出土玉器的沁色成因、机制、原理等问题的研究也将是本课题的难点之一。

四、技术路线

1. 基本思路

以出土玉器实物为研究对象，借助先进的仪器设备和方法提取信息，通过人文、自然科学和艺术的有机结合，在新的高度与视角上，进行多学科综合研究。

2. 具体研究方法

① 玉器的矿物学研究：利用红外光谱仪、拉曼光谱仪、高光谱仪等设备对玉器进行无损检测分析，确定玉器的矿物品类。通过与现有矿物标本的比对，探讨玉料来源问题。

② 治玉工艺研究：通过高倍数码显微系统扫描玉器加工、使用痕迹，利用电镜观察使用硅胶翻模提取的玉器微痕，结合玉器的出土状况、玉器的形态特征，并参照民族学的例子，研究玉器的制作工艺。

③ 次生变化研究：古玉受沁研究采取观察实物与实验室模拟实验同步进行。一方面对古玉表面的性状、颜色进行观察记录，结合科学检测结果进行对比分析；另一方面利用模拟实验对古玉埋藏后的特征进行总结，进而探索古玉次生变化的机理。

④ 器物功用研究：主要从三方面进行：一是文献学的方法，古代文献中有关玉器类型用途的记载可以提供玉器功用的重要信息；二是按器物形态及器物出土时的位置及组合关系来推定；三是通过玉器表现遗留下的使用痕迹进行判断。三种方法相互结合，共同探讨玉器的具体功用。

⑤ 玉器改制研究：改制玉器是商周时期常见的类别，对这类玉器的判别主要基于器物的形态特征、制作工艺、特殊结构等方面。通过识别改制玉，一方面探讨玉器改制的基本情况，另一方面深入探讨商代人们的用玉观念等问题。

⑥ 玉器的历史与文化传承：通过与前代及后代同类玉器的形态对比，利用文化因

素分析方法，探讨玉器的渊源及传承，进而探讨文明因素的发展与演变。

⑦ 甲骨文体现的商代玉文化研究：通过对殷墟甲骨卜辞记载的有关商代用玉情况进行解读、分析，探讨商代的玉文化。采用的主要是传统的历史文献学方法，结合人类学及考古学的有关方法进行。

⑧ 妇好墓玉器的艺术成就：利用艺术史中的情境分析、风格分析、图像学、物质文化分析等方法，分析妇好墓玉器的造型特征、风格特点、艺术观念，进而探讨玉器在文化归属、性别认知及信仰禁忌上的表达方式。

⑨ 玉器影像资料库建设：利用高清数码摄影器材提取玉器的平面影像资料，同时利用三维显微镜对玉器进行微痕扫描并拍照，提取玉器的三维影像资料，创建出土玉器数据库的基本构架。

3. 研究计划

扩大原有课题组，拓展学科面，加强科技手段运用。本课题以两年为期：2016 年度进行基础资料采集，进行数据分析研究，做好基础研究；2016 年底召开中期研讨会，交流已有成果，总结发现问题；2017 年上半年进行深度研究，形成研究报告初稿；2017 年下半年在听取各方面意见基础上，修改完善研究报告。

五、创 新 探 索

突破单一学科进行独立研究的科研模式，采取多学科的叠加与融合，形成新的人文社会科学与自然科学技术的有机结合模式。多学科联合攻关，课题内容广泛，体现系统性、全面性、深入性。

突破“就物论物”思路，力求“透物见人”，即通过玉器探讨复原当时的社会形态、人类活动方式与艺术审美。首先把妇好本人、殷商都邑、商代社会等纳为主要研究目标，通过玉器认识古代人类与社会，探讨中华传统文化的发展与传承。

突破小群体小范围研究模式，采取开放式、跨学科跨部门跨地区方式，组建复合型人才队伍，创立古玉研究新机制。

在研究方法上，采取人文社会科学与自然科学互证、互补，即通过历史、考古、文物、艺术等学科的研究，揭示商代玉文化的社会背景和玉器生产动力，以及在此基础上的生产资料获取、治玉科技；通过充分利用现代科技方法研究玉器的科技、工艺问题，以此反观商代经济、技术水平。通过多种仪器设备对出土玉器进行玉料成分分析，以探讨玉料种类甚至玉料来源，试图探索我国早期中西交通“玉石之路”。通过不同科技手段提取玉器微痕，除了研究其工艺技术外，还可据此研究玉器的使用方式等。

出土玉器综合研究，是严谨的学术研究活动，有明确而清晰的学术目标。与此同时，我们不忘古玉研究服务于人民的初衷，始终关注古玉研究的公众传播，让公众知道古玉研究的过程和结论，因此吸收中央电视台宋海燕团队参与本项科研活动，探索古玉研究的公众传播。

六、课 题 成 果

本课题成果为研究报告。

本课题成果提供了创建出土玉器研究的新思路新模式之范例，可以供文物、考古、艺术史、科技史等领域的专家作研究参考。

由于本课题采用了最新的研究方法和路径，代表了当今古代玉器研究的最新理论、方法、技术路线，成果的发表必将推动玉器研究进入新的历史阶段。

本课题成果继续延伸，可以为中国古玉数据库建设提供基础资料。而该数据库不仅可以服务于学术界的科研工作，而且也可为社会公众的古玉鉴定鉴赏，提供科学途径和依据。

杜金鹏

2018 年 4 月

目　录

妇好墓玉器的发现与研究

翟少冬

（中国社会科学院考古研究所）

妇好墓是20世纪中国最重要的考古发现之一，它是殷墟出土随葬品最多的保存完整的一座商代王室墓葬，随葬品数量众多，种类齐全，工艺精湛。尤其是大量精美玉器的出土，为商代玉器的研究提供了空前的资料。

一、妇好墓的发现和发掘[①]

妇好墓的发现是个意外。1975年冬，全国开展农业学大寨，平整土地。妇好墓所在的河南安阳小屯村西北是个岗地，自然也成为平整的对象。然而，这一地带虽然是殷墟的宫殿宗庙区，是重点保护区，但从未进行过发掘。为了避免引起不必要的破坏，中国社会科学院考古研究所安阳考古工作站的同志们在郑振香先生的带领下对这一片岗地进行了钻探。

开始是对岗地四周的钻探和发掘，对发现的夯土进行钻探是在1976年5月进行的。工作开始进展得很顺利，很快探到了耕土层下殷文化层内密集的夯土建筑基址，这个重要的钻探发现使得该处岗地被保护下来，免于平整。但是这片岗地距小屯村较近，不利于长期保护。安阳考古工作站决定对该处岗地进行发掘，重点是建筑基址。但是一座南端被取土破坏的残房基的剖面显示，其下还有长方形夯土，较房基土坚硬且厚，根据周边断崖上的剖面初步判断是墓葬。于是钻探来进一步确认。钻探的过程是艰辛的，前后进行了一天多的时间。一杆3.5米探不到底，便下挖3米，然后接杆加拧杆继续下探，在距地表6米时，夯土变成软泥，钻探工作变得更加费劲，吃力地下探到7米时，探杆突然迅速下坠了1.2米，人们的心提了起

① 本文所述的有关妇好墓的发现、发掘和随葬品情况的内容均来自中国社会科学院考古研究所：《殷墟妇好墓》，文物出版社，1980年。

来。接着就感觉探杆触到底部了，小心翼翼地将探铲提上来，发现铲内满是鲜艳的红漆皮。人们心中悬着的那颗心终于落了下来，人人脸上露出了兴奋和喜悦的笑容，一致确定这里是墓葬。这是一个意外，也是一个惊喜，在宫殿区出现墓葬，是大家都没有想到的。

发掘工作在钻探结束之后立刻进行，前后分为两个阶段，第一阶段清理墓内的填土，第二阶段是水下操作，历时半个多月。发掘结果显示，妇好墓（M5）是座长方形的竖穴墓，墓口距地表 0.5 米，被压在房基 F1 下。墓口南北长 5.6、东西宽 4、深 7.5 米，其中水下部分 1.3 米。在距墓口 6.2 米的东西两壁中部各有一个长条形壁龛，两龛内都埋有殉人。在与壁龛底部等高的四壁有经过夯打的熟土二层台，宽 0.3、高 1.3 米。南壁二层台上有组成椁盖的原木数根，椁室在水下。墓底中部偏南还有一个腰坑，长约 1.2、宽 0.8、深约 1 米。腰坑中发现殉人 1 具和殉狗 1 只。

二、妇好墓的重要考古发现

妇好墓是一座保存完好的贵族墓葬。对它的发掘完整地揭示了其墓葬形制特点和随葬品情况。

妇好墓内有棺有椁，但都在水下，而且大部分已经腐朽。发掘是抽掉墓底的水后发现，椁盖上的原木基本由南向北排列，东西与二层台相接。在椁木上发现有红黑相间的“彩绘”，发掘者认为是椁盖上的覆盖物。椁板用平整的木板构成。椁的尺寸大致为长 5、宽 3.4～3.6、高 1.3 米。棺在椁的中部偏南，大小和结构不明。从一个残片来看，其上有经过多次髹漆的漆皮，漆皮上有一层较粗的麻布，麻布之上有一层薄绢，相当考究。

墓内共发现殉人 16 具。其中椁顶上层 4 具，分别分布在墓室的西北、北和东北部；壁龛内 3 具，2 具在东壁龛，1 具在西壁龛；腰坑内 1 具；另外 8 具分别在椁内棺外的南端和西端的泥浆中捞出。16 具殉人中包括男性 4 具，女性 2 具，儿童 2 具，其余的不可辨。除殉人外还发现殉狗 6 只，其中 1 只在腰坑，其余 5 只均在椁顶上层，和椁顶的 4 具殉人在一个平面上。

另外，如上所述，妇好墓发现时，正好在其墓圹之上叠压着 F1 的基址，根据地层叠压关系，这个房址和墓葬可能同时，发掘者认为可能是墓葬修好后在其上修建起来的为祭祀妇好而专门修建的享堂。房基呈长方形，转角略圆，稍大于墓口，南端被断崖切去，南北残长 5.5、东西宽约 5 米。东西向，门道向东。房基面上有柱洞，房基外侧东西北三面有夯土打成的擎檐柱的柱基。房基为挖“槽”而建，大小与妇好墓大体接近。杨鸿勋先生曾对此建筑进行复原①。

① 杨鸿勋：《妇好墓上“母辛宗”建筑复原》，《文物》1988 年第 6 期。

妇好墓出土的随葬品数量众多，共计1928件，包括铜器468件（未计小铜泡），占随葬品总数的24.3%；玉器755件（未计少量残片和有孔小圆片），占随葬品总数的39.2%；石器63件；宝石制品47件；骨器564件（未计残碎过甚的笄头），占随葬品总数的29.3%；象牙器皿3件及残片2件；陶器11件；蚌器15件。另外还有红螺2件，阿拉伯绶贝1件，货贝6820个。

随葬品主要发现于妇好墓的5个位置。一是墓室填土中，在由上而下的六层填土中均发现有随葬品，尤以第6层填土中的随葬品数量最多，仅骨笄和象牙器皿就80余件；二是椁顶上层，与墓葬的殉人殉狗同层；三是椁顶，出土5件器物；四是椁内棺外，大型青铜礼器大部分出于靠近木椁的东、西、北三面，其中北面的全部都是大型重器，带有妇好铭文的器物放在最显著的位置；五是棺内，主要是玉器和海贝。

妇好墓出土的青铜器共468件，另外还有上千件铜泡，重量共计约1.6吨，以礼器和武器为主。其中210件为礼器，且大多放置在棺椁之间，类型较全，有炊煮器、食器、酒器、水器等，多成对成组出现，其中成对的最多。青铜武器有134件，其中有2件大铜钺，均带有“妇好”铭文，分别重9和8.5千克。另外还有工具、杂器、乐器。妇好墓出土的青铜器几乎包括了殷墟出土的所有青铜器造型。

妇好出土的器物中有很多带有铭文。据统计，带有铭文的器物共190件，铭文有9种，以“妇好”铭文最多，共111件，为判断墓主人身份提供了重要证据。从青铜礼器来看，铭文不同，陈放位置不同。带有“妇好”或“好”铭文的铜器基本陈放于椁内棺外的北面和东、西两面的显眼位置，带有“司母辛”、“司㚸母”和“亚弜”铭文的青铜器放在东、西、北三面的角落中，而带有“子束泉”铭文的铜器则置于椁顶。

椁内棺外大型青铜器的陈放也是有讲究的，北面的由东向西依次为：司母辛大方鼎，鼎下压大石磬1件；妇好三联甗架，其下有铜觚十余件；“好”大型连体甗；“好”大铜盂；亚弜大圆鼎。东面的从北向南依次为：后㚸母癸大方尊2件，南北并列；妇好方罍，罍东侧放圈足觥1件；妇好鸮尊2件，南北并列；妇好扁圆壶；司㚸母方壶2件，亦南北并列；方壶西侧有石鸬鹚1件。西面的从北向南依次为：司母辛大方鼎；妇好方尊；妇好方斝2件，东西并列；妇好偶方彝；司㚸母圆尊2件，南北并列；圆斝3件，由北向南排列，南北两端的为“司㚸母”铭，中间1件为“其”字铭。

根据妇好墓出土的随葬品的形制特征、墓葬层位关系分析，发掘者认为此墓的年代属于殷墟文化第二期。

三、妇好其人

殷墟5号墓因为出土的许多青铜器上有铭文“妇好”，而被大多数学者认为墓主人是妇好。对于妇好其人，殷墟第一期（武丁时期）甲骨文和第四期（武乙、文丁时期）甲骨文中都有记载，因此对于此墓主人的身份学界曾有争论[①]。有人认为是武丁的配偶，有人认为是康丁的配偶，还有人认为第一期甲骨和第四期甲骨中提到的妇好是同一人。但对照甲骨文中的记载和该墓的情况，大部分学者同意该墓主妇好为商王武丁的第一位王后，死于武丁在位后期，名“好”，庙号“辛”。甲骨文中有记载武丁占卜妇好征战、生育、疾病以及去世后状况的卜辞等二百多条。这些卜辞内容说明，妇好生前是一位能征善战、地位显赫、深受武丁宠爱的王妃。甲骨文中记载妇好的事迹主要包括以下几方面[②]。

1. 率兵征战的将军

甲骨文记载妇好在武丁开疆拓土的事业中功勋卓著，曾为武丁征集兵员，并带兵参与征伐北方的土方、西方的羌方、东方的夷方和西南的巴方，并在对羌的战斗中统帅 1.3 万人作战，显示了妇好极强的领兵作战能力。

2. 主持祭祀的贵族

妇好不仅以王室成员的身份参加祭祀大典，而且主持祭祀仪式。据甲骨文记载，妇好主持过侑祭、槱祭、𠣍祭、伐祭、宾祭等，也曾主持过祭祀先妣的仪式。祭祀时屠杀俘虏、人牲，还用牛和酒。妇好除了主持祭祀仪式外，还做卜官。甲骨文中记载有妇好曾整治 5 个龟甲，留作占卜时用。说明妇好是一位显赫的贵族。

3. 拥有封地的郡主

妇好可能曾像商朝的其他贵族功臣一样，在王都之外拥有封地，并且时常觐见商王，定期向王室进贡。甲骨文中有武丁占卜妇好是否回安阳、什么时间回的记录，还有令妇好回到安阳后觐见的记载。此外，还有武丁令妇好到异地觐见，以及和其他妃嫔相聚的记载。妇好还曾一次进贡甲龟 50 个，另一次贡入甲龟 5 个。

4. 深受宠爱的王妃

武丁对妇好十分关心，甲骨文中大量记载武丁为妇好生育、健康状况、生死疾病的卜辞。卜辞记载不仅占卜妇好是否怀孕、婴儿的性别、预产期，而且还为妇好祈福，请求先祖为妇好祛除灾祸，保佑妇好腹中小生命健康。另外，做梦、鼻疾、腹疾等也是武丁为妇好占卜的内容。在妇好去世后，武丁还为她举行各种祭祀，先后三次将妇好许配给上帝或祖先做“冥妇”，以期妇好能够得到祖先的福佑。这些记载充分说明了武丁对妇好的宠爱。

---

① 王宇信、张永山、杨升南：《试论殷墟五号墓的“妇好”》，《考古学报》1977 年第 2 期；《安阳殷墟五号墓座谈纪要》，《考古》1977 年第 5 期；李学勤：《论“妇好”墓的年代及有关问题》，《文物》1977 年第 11 期；中国社会科学院考古研究所：《殷墟妇好墓》，文物出版社，1980 年；曹定云：《“妇好”、“孝己”关系考证——从妇好墓“司母辛”铭文谈起》，《中原文物》1993 年第 3 期；郑慧生：《妇好论》，《南方文物》1994 年第 2 期；张素凤、卜师霞：《也谈“妇好墓”》，《中原文物》2009 年第 2 期；韩江苏：《殷墟妇好墓主身份辨——与张素凤、卜师霞商榷》，《中原文物》2010 年第 1 期。

② 王宇信、张永山、杨升南：《试论殷墟五号墓的“妇好”》，《考古学报》1977 年第 2 期。

四、妇好墓出土玉器及相关研究

妇好墓共出土玉器755件（一些穿孔玉髓小圆片及玉器残片未计入），是商代出土玉器数量最多、最集中的墓葬。妇好墓玉器种类齐全，包括礼器、仪仗器、工具、装饰品和生活用器等，以装饰品的数量最多，其次为礼器、工具、仪仗器，生活用器比较少。

玉器发现时主要位于棺内，大部分完整或稍有残缺，发掘时棺椁位于水面以下，因此玉器主要从水中取出，具体陈放位置不明。但粗略可知佩戴玉饰大多处于棺内中部，玉人位于腰坑东侧的中部，玉戈多出于棺内北端，璧、环、瑗等，礼器出于棺内四周。出土时，玉器上沾满了红色漆皮或朱砂。棺内西侧近腰坑处有刻刀、玉鱼等。

玉器的色泽以绿色为主，有墨绿、茶绿、黄绿、淡绿等；黄褐色与棕褐色的次之；白色、灰色和黄色的很少；黑色的只有4件。

1. 妇好墓出土的玉器

礼器175件，约占出土玉器总数的23.2%，器型有琮、璧、璇玑、环、瑗、璜、玦、簋、盘等10种，其中璜的数量最多，共73件，环次之，共24件。《周礼·考工记》中记载的玉礼器除璋外，这里基本齐全。

仪仗器54件，约占7.2%，有戈、矛、戚、钺和大刀。一般无实用痕迹，大多雕琢精致。戈的数量最多，有39件，其中较大的几件正反面都琢出阳纹脊线和对称的边刃，工艺水平相当高。一件大刀两面均雕刻极为精致的龙纹，是珍贵的艺术品。

工具74件，约占9.8%，有斧、凿、锛、锯、各种刀类、弯锥形器、纺轮、铲、镰等。其中锯、镰及某些小刀有使用痕迹，可能是实用的，而斧、凿、锛及有些小刀、铲无使用痕迹，大概是象征性的。刀的种类很多，有小刀、刮刀、梯形刀及小刻刀，大多小巧玲珑，并有惊喜的刻纹，是难得的艺术品。出土的刻刀有23件，绝大多数柄端雕成各种动物形象，大致有夔、鸟、鱼、壁虎等，多为浮雕，两面刻纹，其中以鱼形最多，鸟形次之。多数在动物尾端刻出刀刃。刻刀柄端多有小孔，可佩戴，既是小型艺术品，又可实用。

装饰品426件，约占出土玉器总数的56.4%；品种相当复杂，大致有用作佩戴或镶嵌的饰物，包括用作头饰的笄、臂饰类的镯形器、衣服或器物上的坠饰、佩戴的串珠、圆箍形饰和杂饰等八种。此外，还有一部分用途不明的饰物和少量的动物形玉雕，上面既无可供佩戴的孔眼也无可供镶嵌的榫，可能是玩赏的艺术品。这些艺术品包括玉人、龙凤与怪鸟怪兽、各种动物形象，这些动物形象的玉雕有155件，包括有兽畜类的虎、象、熊、猴、鹿、马、牛、狗、兔、羊头和兽头等；禽鸟类的鹤、鹰、鸱鸮、鹦鹉、鸽、燕雏、鸬鹚、鹅等；鱼类；两栖类的蛙；爬虫类的鳖；昆虫类的蝉和螳螂。大多采用写实的手法，形象逼真。

另外有生活用具9件，杂器17件。有研磨朱砂的臼、杵、调色的盘、梳、耳勺、匕等。大都为实用器。

2. 妇好墓出土的石器和宝石器

除了玉器外，妇好墓还出土了一些石器和宝石器。妇好墓出土石器共63件，按照用途，大致可分为礼器、乐器、工具、各种动物形雕品、装饰品以及杂器六类。其中礼器12件，有豆、盂、瓿、觯、罍、壶形器、罐、器盖等；乐器5件，都是石磬，2小3大，2件小石磬出土于墓室填土中，3件大石磬出土于椁内；工具18件，有铲、锤、杵和磨石四种，以磨石数量最多；动物性石雕15件，有牛、熊、虎、鸬鹚、鸟、怪鸟和蝉等。装饰品有珠和柄形饰两种；杂器有石球和管状器。

妇好墓出土宝石包括绿晶、玛瑙、绿松石和孔雀石四种，共47件，按照用途可分为装饰品、艺术品及其他三类。装饰品主要是珠子，艺术品有虎、鸽、龟、蝉等，其他有箍形器、坠料和贝三种。

3. 妇好墓玉器的相关研究

目前学界对妇好墓大致从玉料、器物风格用途和文化归属几个方面进行了研究。

（1）玉料

北京市玉器厂、安阳市玉雕厂和中国科学院地质研究所等对妇好墓出土的约三百件玉器进行玉料鉴定后认为，妇好墓玉器的玉料基本上是新疆玉，有3件近似岫岩玉，1件为独山玉。并且认为玉料的产地大多为新疆和阗一带的河谷中。石器的石料经鉴定大致有大理岩、石灰岩、泥质灰岩、砂岩、泥质砂岩、碳酸盐岩、石髓以及蛋白石等。大理岩多用做礼器和各种精致的动物形雕品，石灰岩及泥质灰岩多用做磬和工具，砂岩都用做磨石，石髓则全被雕成小圆珠①。

张培善曾根据对妇好墓出土的一些玉石碎片和少量的残器进行化学全分析、矿物X射线粉晶测定和薄片观察后提出，妇好墓出土的玉器的原料多为透闪石软玉，莫氏硬度大约为6，玉石颜色各异的原因与地质时期成岩作用时混入的杂质有关②。

申斌通过对缅甸玉、新疆和田玉、辽宁岫岩玉、南阳独山玉和东陵石等产地不同的玉石进行化学微量元素分析，并和妇好墓出土的部分玉器的化学分析结果进行比照后提出，妇好墓玉器的玉料和新疆和田玉极为接近，与南阳玉毫无共同之处，与缅甸玉、岫岩玉、东陵石的差别也很大③。

（2）工艺

陈志达在对妇好墓玉器进行观察后提出妇好墓玉器的制作工艺有如下特点④：

第一，使用了阴线刻、阳线刻、镂空、钻孔（管钻、桯钻）、浮雕、圆雕、俏色、

① 中国社会科学院考古研究所：《殷墟妇好墓》，文物出版社，1980年。

② 张培善：《安阳殷墟妇好墓中玉器宝石的鉴定》，《考古》1982年第2期。

③ 申斌：《“妇好墓”玉器材料探源》，《中原文物》1991年第1期。

④ 陈志达：《殷墟玉器的工艺考察》，《中国考古学研究——夏鼐先生考古五十年纪念论文集》，文物出版社，1986年；中国社会科学院考古研究所：《殷墟的发现与研究》，方志出版社，2007年，第323～353页。

抛光等技法，也已经开始使用铊子之类的工具。

第二，在选料和用料上经过缜密考虑，善于利用玉料的自然形态，设计出比较切合的题材，如一件伏卧回首的玉牛，就是利用玉料前高后低的自然形态设计而成。也利用残器改制他器或利用较大的钻心制成合适的器物，如玉纺轮就是利用环、璧之类的中心部位管钻下来的钻心制成的。

第三，按图雕纹，也就是说纹饰可能有设计图。因为多数浮雕的兽和禽鸟，各自两面的花纹基本相同，仅少数在局部有小的差异。

（3）器物风格用途

夏鼐先生根据妇好墓出土的玉器，对商代玉器的分类、定名和用途进行了研究，为玉器的分类和定名提供了参考①。

刘桓根据文献提出妇好墓出土的圆雕玉人身上的柄形器为插在玉人腰间的一件器物，应是与玉人身份和地位相匹配的玉器“珽”（帝王所持的玉笏，插于腰间称为搢）或“荼”（诸侯所用的玉板）②。

曹楠对三代的柄形玉器的特征、用途等进行了研究，提出妇好墓的柄形玉器多以小型为主，大型的少见，钻孔一般只发现在大型柄形玉器上，大型柄形玉器可能为仪仗用具③。

李凡对妇好墓出土的动物形玉器进行了分类，并对各类进行了归纳、统计和分析，进而总结了妇好墓动物玉器的总体风格、特征及相关问题④。

（4）文化归属

吕建昌在比较了妇好墓出土的玉凤和石家河晚期文化出土的玉凤后提出，妇好墓出土的玉凤并非商代旧物，而是由江汉地区新石器时代晚期的先楚民族制造。妇好墓玉凤可能是殷商时先楚民族纳给商王朝的贡品而落入商人手中⑤。

妇好墓是迄今所发现的出土随葬品最多的殷墟大中型墓葬，对于研究商代贵族的墓葬形制、丧葬制度、礼乐制度、社会发展、手工业生产等情况提供了丰富的材料。出土的玉器数量也是我国单个墓葬最多的，为研究商代的制玉工艺、用玉制度、玉器功能、玉器文化等提供了不可多得的材料。

---

① 夏鼐：《商代玉器的分类、定名和用途》，《考古》1983 年第 5 期。

② 刘桓：《殷墟妇好墓圆雕玉人柄形器的文献解读》，《中国社会科学报》2012 年 1 月 11 日第 5 版。

③ 曹楠：《三代时期出土柄形玉器研究》，《考古学报》2008 年第 2 期。

④ 李凡：《殷墟妇好墓写实动物形玉器初探》，《经济与社会发展》2012 年第 2 期。

⑤ 吕建昌：《关于殷墟妇好墓玉凤的归属问题——兼谈楚文化的渊源》，《东南文化》1996 年第 4 期。

殷墟玉器的发现与研究

丁思聪[1]　唐际根[2]

（1. 郑州大学历史学院；2. 南方科技大学）

本文所说的玉仅指软玉，由于多数出土玉器缺乏科学鉴定，玉石的界定不免带有主观性，因此将墓葬所出玉器和石器一并收入，遗址所出仅择名为玉器者。

一、殷墟玉器的发现

民国时期殷墟的发掘从1928年持续至1937年，期间玉器有持续发现。

1928年10月小屯试掘出土玉石器42件①。

1933～1934年后冈殷墓出土玉器2件、石器162件②。

1934～1935年发掘侯家庄西北冈王陵区，由于盗掘破坏，出土玉石器多为残片。其中，侯家庄M1001出土玉石器1016件③，M1002出土玉石器309件④，M1003出土玉石器179件⑤，M1004出土玉石器220件⑥，M1129出土石器1件，M1400出土玉石器10件，M1443出土玉石器85件⑦，M1217出土玉石器227件⑧，M1500出土玉石器171

① 董作宾：《中华民国十七年十月试掘安阳小屯报告书》，《安阳发掘报告》，北平北海公园内本所刊行，1929年。

② 石璋如：《河南安阳后冈的殷墓》，《历史语言研究所集刊》（第十三本），商务印书馆，1948年。

③ 梁思永、高去寻：《侯家庄》（第二本・1001号大墓），"中研院"历史语言研究所，1962年。

④ 梁思永、高去寻：《侯家庄》（第三本・1002号大墓），"中研院"历史语言研究所，1965年。

⑤ 梁思永、高去寻：《侯家庄》（第四本・1003号大墓），"中研院"历史语言研究所，1967年。

⑥ 梁思永、高去寻：《侯家庄》（第五本・1004号大墓），"中研院"历史语言研究所，1970年。

⑦ 梁思永、高去寻、石璋如、刘秀文：《侯家庄》（第九本・1129、1400、1443号大墓），"中研院"历史语言研究所，1996年。

⑧ 梁思永、高去寻：《侯家庄》（第五本・1217号大墓），"中研院"历史语言研究所，1968年。

件[①]，M1550出土玉石器243件[②]。此外，在小墓和祭祀坑内共发现玉石器8件[③]。

1936年秋大司空村墓葬出土石器9件[④]，小屯乙七基址以南北、中、南三组墓葬和祭祀坑共计出土玉器64件、石器34件[⑤]，小屯乙区基址上下墓葬出土石器27件[⑥]。

1937年小屯丙区墓葬出土玉石器172件[⑦]。

中华人民共和国成立后，1950年恢复殷墟考古，玉器资料不断积累。

1950年春发掘的武官大墓出土玉器10件、石器36件。同年发掘的四盘磨西北和五道沟西南岸墓葬出土玉器9件[⑧]。

1953～1954年大司空村遗址出土玉器3件，墓葬出土玉器55件、石器44件，另车马坑M175出土石戈1、石觿1件[⑨]。

1957年8月在薛家庄南地出土玉戚、柄形器、笄、蝉等玉器5件[⑩]。秋季，高楼庄墓葬出土璧、琀、笄、玉饰等玉器6件[⑪]。同年11月发掘的薛家庄M1出土玉柄形器1件[⑫]。

1958年春大司空墓葬出土玉器19件、石器11件[⑬]。

1958～1961年在殷墟多个遗址点发掘玉器12件；另在后冈圆形祭祀坑内出土玉器4件、石蚌串珠1串；墓葬出土玉器55件、石器76件[⑭]。

1962年秋大司空M53出土小玉饰和石俎各1件[⑮]。

1969年春在武官村北发掘的王陵区祭祀坑出土玉器7件、石器2件[⑯]。

---

① 梁思永、高去寻：《侯家庄》（第七本·1500号大墓），“中研院”历史语言研究所，1974年。

② 梁思永、高去寻：《侯家庄》（第八本·1550号大墓），“中研院”历史语言研究所，1976年。

③ 见于打破M1002的M2246、打破M1003的M2254、打破M1217的M1488、侯家庄东区小墓M1320。石璋如、刘秀文、冯忠美、赖淑丽：《侯家庄》（第十本·小墓分述之一），“中研院”历史语言研究所，2001年。

④ 高去寻、杜正胜、李永迪：《大司空村·第二次发掘报告》，“中研院”历史语言研究所，2008年。

⑤ 石璋如：《小屯》（第一本·遗址的发现与发掘·丙编·殷墟墓葬之一：北组墓葬），“中研院”历史语言研究所，1959年；石璋如：《小屯》（第一本·遗址的发现与发掘·丙编·殷墟墓葬之二：中组墓葬），“中研院”历史语言研究所，1972年；石璋如：《小屯》（第一本·遗址的发现与发掘·丙编·殷墟墓葬之三：南组墓葬），“中研院”历史语言研究所，1973年。

⑥ 石璋如：《小屯》（第一本·遗址的发现与发掘·丙编·殷墟墓葬之四·乙区基址上下的墓葬），“中研院”历史语言研究所，1976年。

⑦ 石璋如：《小屯》（第一本·遗址的发现与发掘·丙编·殷墟墓葬之五·丙区墓葬），“中研院”历史语言研究所，1980年。

⑧ 郭宝钧：《一九五〇年春殷墟发掘报告》，《中国考古学报》1951年总第5册。

⑨ 马得志、周永珍、张云鹏：《1953年安阳大司空村发掘报告》，《考古学报》1955年总第9册。

⑩ 赵霞光：《安阳市西郊的殷代文化遗址》，《文物参考资料》1958年第12期。

⑪ 周到、刘东亚：《1957年秋安阳高楼庄殷代遗址发掘》，《考古》1963年第4期。

⑫ 河南省文化局文物工作队：《河南安阳薛家庄殷代遗址、墓葬和唐墓发掘简报》，《考古通讯》1958年第8期。

⑬ 河南省文化局文物工作队：《1958年春河南安阳市大司空村殷代墓葬发掘简报》，《考古通讯》1958年第10期。

⑭ 中国社会科学院考古研究所：《殷墟发掘报告1958—1961》，文物出版社，1987年。

⑮ 中国科学院考古研究所安阳发掘队：《1962年安阳大司空村发掘简报》，《考古》1964年第8期。

⑯ 安阳亦工亦农文物考古短训班、中国科学院考古研究所安阳发掘队：《安阳殷墟奴隶祭祀坑的发掘》，《考古》1977年第1期。

1969～1977 年殷墟西区墓葬共出土玉器 275 件、石器 402 件[①]。

1971 年后冈殷墓出土石器 27 件[②]。

1973 年小屯南地遗址出土玉器 4 件[③]。

1975 年冬小屯村北房址 F10 和 F11 出土玉器 14 件、石器数百件[④]。

1975～1985 年在小屯西北地遗址出土玉器 2 件，墓葬出土玉器 24 件、石器 18 件（另有绿松石片若干），此外在祭祀坑内出土玉柄形器 7 件和绿松石片若干[⑤]。1976 年 5 月发掘的小屯 M5（妇好墓）出土玉器 755 件、石器 110 件[⑥]。1976 年底发掘的 M17 和 1977 年春发掘的 M18 共出土玉器 12 件[⑦]。

1978 年 5 月发掘的侯家庄北地 M1 出土玉器 18 件、石器 40 件[⑧]。

1979 年安阳后冈遗址出土玉环 1 件、玉璧 3 件[⑨]。

1980 年夏发掘的三家庄东墓葬出土玉器 18 件、石器 2 件[⑩]，大司空 M539 出土玉管 2 件、石鱼 1 件、石镰 1 件、磨石 1 件[⑪]。

1980～1981 年梅园庄南墓葬出土玉器 5 件、石器 1 件[⑫]。

1980～1982 年苗圃北地墓葬出土玉器 8 件、石器 7 件[⑬]。

1981 年冬～1984 年冬发掘的戚家庄东墓葬出土玉器 285 件、石器 64 件[⑭]。

1982～1992 年郭家庄西南墓葬中 M160 出土玉器 33 件、石器 6 件。其余墓葬出土玉器 45 件、石器 45 件（同墓所出小石子算作 1 件，下同）[⑮]。

1983 年大司空 M663 出土石器 10 件[⑯]，11 月郭家庄 M1 出土玉片 2 件[⑰]，同年春薛家庄东南墓葬出土玉器 3 件、石器 3 件[⑱]。

---

① 中国社会科学院考古研究所安阳工作队：《1969—1977 年殷墟西区墓葬发掘报告》，《考古学报》1979 年第 1 期。

② 中国科学院考古研究所安阳发掘队：《1971 年安阳后冈发掘简报》，《考古》1972 年第 3 期。

③ 中国社会科学院考古研究所安阳工作队：《1973 年小屯南地发掘报告》，《考古学集刊》（第 9 集），科学出版社，1995 年。

④ 中国社会科学院考古研究所：《安阳殷墟小屯建筑遗存》，文物出版社，2010 年。

⑤ 中国社会科学院考古研究所：《安阳小屯》，世界图书出版公司，2004 年。

⑥ 中国社会科学院考古研究所：《殷墟妇好墓》，文物出版社，1980 年。

⑦ 中国社会科学院考古研究所安阳工作队：《安阳小屯村北的两座殷代墓》，《考古学报》1981 年第 4 期。

⑧ 中国社会科学院考古研究所安阳工作队：《安阳侯家庄北地一号墓发掘简报》，《考古学集刊》（第 2 集），中国社会科学出版社，1982 年。

⑨ 中国社会科学院考古研究所安阳工作队：《1979 年安阳后冈遗址发掘报告》，《考古学报》1985 年第 1 期。

⑩ 中国社会科学院考古研究所安阳工作队：《安阳殷墟三家庄东的发掘》，《考古》1983 年第 2 期。

⑪ 中国社会科学院考古研究所安阳工作队：《1980 年河南安阳大司空村 M539 发掘简报》，《考古》1992 年第 6 期。

⑫ 安阳市博物馆：《殷墟梅园庄几座殉人墓葬的发掘》，《中原文物》1986 年第 3 期。

⑬ 中国社会科学院考古研究所安阳工作队：《1980—1982 年安阳苗圃北地遗址发掘简报》，《考古》1986 年第 2 期。

⑭ 安阳市文物考古研究所：《安阳殷墟戚家庄东商代墓地发掘报告》，中州古籍出版社，2015 年。

⑮ 中国社会科学院考古研究所：《安阳殷墟郭家庄商代墓葬》，中国大百科全书出版社，1998 年。

⑯ 中国社会科学院考古研究所安阳工作队：《安阳大司空村东南的一座殷墓》，《考古》1988 年第 10 期。

⑰ 安阳市博物馆：《安阳郭家庄的一座殷墓》，《考古》1986 年第 8 期。

⑱ 中国社会科学院考古研究所安阳工作队：《安阳薛家庄东南殷墓发掘简报》，《考古》1986 年第 12 期。

1983～1986 年刘家庄墓葬出土玉器 21 件、石器 2 件[①]。

1984 年武官村北王陵区 M260 出土玉器 16 件、石器 41 件[②]；6 月，西区 M1713 出土玉器 2 件、石器 20 件[③]；秋，苗圃北地墓葬出土玉器 2 件、石器 10 件[④]。

1984～1988 年大司空村北地出土玉器 6 件、石器 10 件[⑤]。

1985 年铁西刘家庄南墓葬出土玉器 85 件、石器 1 件[⑥]。

1985～1987 年梯家口墓葬出土玉器 9 件、石器 1 件[⑦]。

1986～1992 年在安阳市太平庄西、市汽车站、郭家湾村北、东八里庄村东、和平路中段 5 个地点发掘出土玉器 19 件、石器 2 件[⑧]。

1986 年秋大司空南地墓葬 M25 出土玉器 9 件，M29 出土玉器 2 件[⑨]，年底郭庄村北 M6 出土玉器 5 件[⑩]。

1986～1987 年花园庄南地遗址出土玉斗 1 件、玉鹦鹉 1 件、玉柄形器 1 件[⑪]。

1987 年夏郭家庄东南墓葬出土玉器 10 件、石器 7 件[⑫]，秋，梅园庄南地墓葬出土玉器 9 件、石器 27 件[⑬]。

1987 年对小屯甲组基址再发掘出土残玉戚 1 件、石器 22 件。1988-1996 年发掘的小屯丁组基址祭祀坑 M10 出土磨石 2 件[⑭]。

1988 年刘家庄北地殷墓共出玉器 6 件、石器 6 件[⑮]。

1989～1990 年孝民屯东南地墓葬出土玉器 32 件、石器 49 件[⑯]。

1990 年 5 月在梅园庄西发掘的 90 市建行营业楼 M1 出土玉珠 1 件、水晶璜 1 件[⑰]。

---

① 安阳市文物工作队：《1983—1986 年安阳刘家庄殷代墓葬发掘报告》，《华夏考古》1997 年第 2 期。

② 中国社会科学院考古研究所安阳队：《殷墟 259、260 号墓发掘报告》，《考古学报》1987 年第 1 期。

③ 中国社会科学院考古研究所安阳工作队：《安阳殷墟西区一七一三号墓的发掘》，《考古》1986 年第 8 期。

④ 中国社会科学院考古研究所安阳队：《1984 年秋安阳苗圃北地殷墓发掘简报》，《考古》1989 年第 2 期。

⑤ 中国社会科学院考古研究所安阳工作队：《1984—1988 年安阳大司空村北地殷代墓葬发掘报告》，《考古学报》1994 年第 4 期。

⑥ 安阳市博物馆：《安阳铁西刘家庄南殷代墓葬发掘简报》，《中原文物》1986 年第 3 期。

⑦ 安阳市文物工作队、安阳市博物馆：《安阳市梯家口村殷墓的发掘》，《华夏考古》1992 年第 1 期。

⑧ 安阳市文物工作队：《安阳市殷代墓葬发掘简报》，《华夏考古》1995 年第 1 期。

⑨ 中国社会科学院考古研究所安阳工作队：《1986 年安阳大司空村南地的两座殷墓》，《考古》1989 年第 7 期。

⑩ 安阳市文物工作队：《河南安阳郭庄村北发现一座殷墓》，《考古》1991 年第 10 期。

⑪ 中国社会科学院考古研究所安阳工作队：《1986—1987 年安阳花园庄南地发掘报告》，《考古学报》1992 年第 1 期。

⑫ 中国社会科学院考古研究所安阳工作队：《1987 年夏安阳郭家庄东南殷墓的发掘》，《考古》1988 年第 10 期。

⑬ 中国社会科学院考古研究所安阳工作队：《1987 年秋安阳梅园庄南地殷墓的发掘》，《考古》1991 年第 2 期。

⑭ 中国社会科学院考古研究所：《安阳殷墟小屯建筑遗存》，文物出版社，2010 年。

⑮ 中国社会科学院考古研究所安阳工作队：《河南安阳殷墟刘家庄北地殷墓与西周墓》，《考古》2005 年第 1 期。

⑯ 中国社会科学院考古研究所安阳工作队：《河南安阳市殷墟孝民屯东南地商代墓葬 1989—1990 年的发掘》，《考古》2009 年第 9 期。

⑰ 中国社会科学院考古研究所安阳工作队：《河南安阳梅园庄西的一座殷墓》，《考古》1992 年第 2 期。

1991 年后冈墓葬出土玉器 2 件、石器 61 件[①]，11 月在高楼庄南发掘的 91 县物资局 M1 出土玉器 15 件、石器 4 件[②]。

1992～2002 年花园庄东地墓葬中 M54 出土玉器 224 件、石器 6 件；其余墓葬出土玉器 7 件、石器 17 件[③]。

1995 年徐家桥村北墓葬出土玉器 5 件、石器 1 件[④]，郭家庄东南 M26 出土石戈 1 件、石镯 1 件[⑤]。

1995 年冬～1996 年春的刘家庄 M32 出土磨石 1 件[⑥]。

1997 年王裕口南地墓葬出土石虎 2 件、绿松石饰 1 件[⑦]。

1998～1999 年洹北花园庄东地墓葬出土玉器 2 件、石器 7 件[⑧]。

1999 年刘家庄北 M1046 出土玉器 6 件、石器 60 件[⑨]。

2001～2002 年洹北商城宫殿区一号基址祭祀坑内出土玉柄形器 4 件[⑩]。

2002～2008 年对铁三路制骨作坊遗址进行 3 次发掘，其中双墓道的 M2118 出土玉器 2 件、石器 8 件，M22 出土石器 6 件[⑪]。

2003～2004 年孝民屯发掘打破环状沟的墓葬 M132 出土玉器残片 1 件[⑫]。另外见于报道的 M17 和 M207 出土玉器 11 件、石器 8 件[⑬]。

2003～2004 年小屯西地双墓道大墓 M1 出土玉器 8 件、石器 6 件[⑭]。

2004 年安阳大司空遗址出土璋、璧、磬等石器 11 件；墓葬出土玉器 15 件、石器 36 件[⑮]。

2004～2005 年殷墟宫殿宗庙区甲五基址西北发现一处玉料坑，遗址内采集玉璧残

---

① 中国社会科学院考古研究所安阳队：《1991 年安阳后冈殷墓的发掘》，《考古》1993 年第 10 期。

② 中国社会科学院考古研究所安阳工作队：《河南安阳高楼庄南发现一座殷墓》，《考古》1994 年第 5 期。

③ 中国社会科学院考古研究所：《安阳殷墟花园庄东地商代墓葬》，科学出版社，2007 年。

④ 安阳市文物工作队：《安阳徐家桥村殷代遗址发掘报告》，《华夏考古》1997 年第 2 期。

⑤ 中国社会科学院考古研究所安阳工作队：《河南安阳市郭家庄东南 26 号墓》，《考古》1998 年第 10 期。

⑥ 安阳市文物工作队：《1995—1996 年安阳刘家庄殷代遗址发掘报告》，《华夏考古》1997 年第 2 期。

⑦ 中国社会科学院考古研究所安阳工作队：《河南安阳市王裕口南地殷代遗址的发掘》，《考古》2004 年第 5 期。

⑧ 中国社会科学院考古研究所安阳工作队：《1998—1999 年安阳洹北商城花园庄东地发掘报告》，《考古学集刊》（第 15 集），文物出版社，2004 年。

⑨ 中国社会科学院考古研究所安阳工作队：《安阳殷墟刘家庄北 1046 号墓》，《考古学集刊》（第 15 集），文物出版社，2004 年。

⑩ 中国社会科学院考古研究所安阳工作队：《河南安阳市洹北商城宫殿区 1 号基址发掘简报》，《考古》2003 年第 5 期。

⑪ 中国社会科学院考古研究所安阳工作队：《河南安阳市铁三路殷墟文化时期制骨作坊遗址》，《考古》2015 年第 8 期。

⑫ 殷墟孝民屯考古队：《河南安阳市孝民屯商代环状沟》，《考古》2007 年第 1 期。

⑬ 殷墟孝民屯考古队：《河南安阳市孝民屯商代墓葬 2003～2004 年发掘简报》，《考古》2007 年第 1 期。

⑭ 中国社会科学院考古研究所安阳工作队：《河南安阳市殷墟小屯西地商代大墓发掘简报》，《考古》2009 年第 9 期。

⑮ 中国社会科学院考古研究所：《安阳大司空：2004 年发掘报告》，文物出版社，2014 年。

片1件[①]。

2004～2008年徐家桥郭家庄多处墓葬共出土玉器42件、石器30件[②]。

2005年7月范家庄东北地M3出土玉器3件、石器1件，M4出土玉器6件[③]。

2008年刘家庄北地墓葬M508出土玉虎1件，M35出磨石2件[④]。

2009年王裕口南地墓葬M94出玉器6件，M103出玉器9件[⑤]。

2010-2011年刘家庄北地墓葬M70出玉戈1件[⑥]。

二、殷墟玉器的研究

1. 定名和分类的研究

商代玉器的定名，尤其玉礼器名称，早先存在被混淆的情况。1983年夏鼐的《商代玉器的分类、定名和用途》以考古学方法为基础，结合文献，对商代玉器的定名进行了考证和规范[⑦]。例如对于璧、环、瑗的区分，对斧、铲、钺、戚的区分，对“璇玑”、圭、璋、柄形器名称的考释与纠正等。然而，商代玉器的名称和用途仍然存在争议。例如柄形器，有的学者认为是裸礼用的“瓒”[⑧]，有的认为是“璋”[⑨]，有的认为是“大圭”[⑩]，有的认为组合玉柄形器是“命圭”[⑪]，有的认为是祖先牌位“石主”[⑫]，有的甚至认为是“玉剑”[⑬]。

商代玉器的分类，大致有功能分类、形态分类两类方法。功能分类以夏鼐先生为代表，他以考古方法为本，将殷墟玉器分为礼器、武器和工具、装饰品几大类[⑭]。郑振

① 中国社会科学院考古研究所安阳工作队：《2004—2005年殷墟小屯宗庙宫殿区的勘探和发掘》，《考古学报》2009年第2期。

② 安阳市文物考古研究所：《安阳殷墟徐家桥郭家庄商代墓葬：2004—2008年殷墟考古报告》，科学出版社，2011年。

③ 中国社会科学院考古研究所安阳工作队：《河南安阳市殷墟范家庄东北地的两座商墓》，《考古》2009年第9期。

④ 中国社会科学院考古研究所安阳工作队：《河南安阳市刘家庄北地2008年发掘简报》，《考古》2009年第7期。

⑤ 中国社会科学院考古研究所安阳工作队：《河南安阳市王裕口村南地2009年发掘简报》，《考古》2012年第12期。

⑥ 中国社会科学院考古研究所安阳工作队：《河南安阳市刘家庄北地2010—2011年发掘简报》，《考古》2012年第12期。

⑦ 夏鼐：《商代玉器的分类、定名和用途》，《考古》1983年第5期。

⑧ 李小燕、井中伟：《玉柄形器名“瓒”说》，《考古与文物》2012年第3期。

⑨ 王永波：《牙璋新解》，《考古与文物》1988年第1期；曲石：《商代玉器》，《华夏考古》1991年第2期。

⑩ 林巳奈夫著，杨美莉译：《中国古玉研究》，台北艺术图书公司，1997年，第10～14页。

⑪ 石荣传：《再议考古出土的玉柄形器》，《四川文物》2010年第3期。

⑫ 刘钊：《安阳后岗殷墓所出“柄形饰”用途考》，《考古》1995年第7期。

⑬ 刘森淼：《殷代玉器的类型学观察》，《文物考古文集》，武汉大学出版社，1997年，第127～146页。

⑭ 夏鼐：《商代玉器的分类、定名和用途》，《考古》1983年第5期。

香、陈志达先生也使用了类似的功能分类法[①]。另有以文献为主要依据的功能分类，以那志良为代表，将出土玉器与传世品纳入文献记载体系，将玉器分为礼器、符节器、服饰器、镶嵌器、丧葬器、兵器、乐器、像生器、简册、用器等[②]，这种纯粹以文献为依据的玉器分类方法被称为经生的方法。由于部分器物功能难以通过考古材料和文献记载复原，分类中不免有主观因素，另一部分学者另辟蹊径，依据玉器形制进行分类。形态分类最早由郭宝钧提出，将殷末周初玉器分为圆曲、直方、像生和不可归类者四大类[③]。后来使用相似方法者还有黄翠梅[④]、刘森淼[⑤]等。

2. 考古学文化研究

较为系统的商代玉器分期研究始自20世纪80年代。郑振香、陈志达根据殷墟考古学文化的分期，将玉器分作早晚两期[⑥]。杨建芳将商代玉器分为二里岗期、殷墟前期和殷墟后期三期，以器型、纹饰的变化为线索，归纳了像生器、玉戈以及玉器纹饰的演变[⑦]。曲石则将商代玉器分作二里岗时期和殷墟时期两大期[⑧]。近年来刘敏则将殷墟玉器进一步细分为两期三段，其中将殷墟三、四期玉器细分作两段[⑨]。

殷墟玉器的发展源流的梳理，亦得到了学者们的关注。20世纪80年代王巍、郑振香等学者对殷墟玉器的来源进行了讨论，将其追溯至二里头文化，乃至新石器末期的良渚文化、陶寺文化等[⑩]。对前代旧器的识别也有了一定的进展[⑪]，类型学和科技分析成为辨别旧器的依据。

在综合性研究中亦有对商代玉器特征的论述。郜向平统计了商代各个阶段玉器发现的种类和数量，并对其面貌和演变进行了总结[⑫]。石荣传对三代至两汉的玉器的发展趋势进行了归纳，将其分为十期，其中涉及商代者有夏至早商、商代晚期和商末周初三期，概括了各个时期的玉器主要特征。作者还将三代至两汉的玉器分为仪玉、佩玉和葬玉三大类，分别讨论了各类器物的使用制度和发展过程[⑬]。

---

① 郑振香、陈志达：《近年来殷墟新出土的玉器》，《殷墟玉器》，文物出版社，1982年，第8～18页。

② 那志良：《古玉鉴裁》，国泰美术馆，1980年。

③ 郭宝钧：《古玉新诠》，《历史语言研究所集刊》（第二十本）（下册），中华书局，1948年，第1～46页。

④ 黄翠梅：《中原商代墓葬出土玉器之分类及相关问题》，《玉魂国魄：中国古代玉器与传统文化学术讨论会文集》，北京燕山出版社，2002年，第223～249页。

⑤ 刘森淼：《殷代玉器的类型学观察》，《文物考古文集》，武汉大学出版社，1997年，第127～146页。

⑥ 中国社会科学院考古研究所：《殷墟的发现与研究》，科学出版社，1994年，第323～383页。

⑦ 杨建芳：《商代玉器分期初探》，《中国文物世界》1986年第4期。

⑧ 曲石：《商代玉器》，《华夏考古》1991年第2期。

⑨ 刘敏：《殷墟玉器分类及组合研究》，陕西师范大学硕士学位论文，2013年。

⑩ 王巍：《商文化玉器渊源探索》，《考古》1989年第9期；郑振香：《殷墟玉器探源》，《庆祝苏秉琦考古五十五年论文集》，文物出版社，1989年，第315～325页。

⑪ 吕建昌：《关于殷墟妇好墓玉凤的归属问题》，《东南文化》，1996年第4期；黄翠梅：《中原商代墓葬出土玉器之分类及相关问题》，《玉魂国魄：中国古代玉器与传统文化学术讨论会文集》，北京燕山出版社，2002年，第223～249页；荆志淳、徐广德、何毓灵、唐际根：《M54出土玉器的地质考古学研究》，《安阳殷墟花园庄东地商代墓葬》，科学出版社，2007年，第345～387页。

⑫ 郜向平：《商系墓葬研究》，科学出版社，2011年，第221～235页。

⑬ 石荣传：《三代至两汉玉器分期及用玉制度研究》，山东大学博士学位论文，2005年。

此外，还有对于殷墟玉器的专题研究，例如玉礼器的研究①，有领璧（环）来源的研究②，玦的研究③，玉鹿的研究④，随葬小石子的研究⑤等。

3. 原料和产地研究

玉器的原料问题包括玉器的材质鉴定，玉料的来源和玉器的加工地等问题。李济早在20世纪40年代就对殷墟60余件玉器标本进行了硬度和比重分析，并认为“殷商时代玉器的原料是以软玉为主体的”⑥。

1976年妇好墓发现以后，发掘者先后请北京市玉器厂、安阳市玉雕厂和中国科学院地质研究所有关人员对大约三百件标本进行了鉴定。根据目检结果，认定“基本上都是新疆玉”，另有少量岫岩玉和独山玉⑦。地质研究所的张培善对妇好墓部分玉器残片进行了切片鉴定，认定所测标本均为透闪石软玉，但对原料的来源较为谨慎⑧。夏鼐先生亦持有相同态度⑨。20世纪90年代，闻广先生对殷墟所出30余件玉器标本进行科学鉴定，除少量材质为叶蛇纹石、石英岩外，大多数样本被鉴定为透闪石软玉⑩。

21世纪以来，殷墟考古报告出土玉器材质的科技分析有所增加，依然以附录形式置于正文后⑪。其中荆志淳等对花东M54的分析将玉器材质与其社会功能紧密结合，注意到旧器、外来器及原料来源等一系列问题。

玉器原料产地的确认一方面需要考古材料的积累，一方面也需要配合玉矿调查。商代考古相应的玉矿调查还正在方兴未艾阶段。荆志淳在分析花东M54出土玉器时，曾经推测含有少量蛭石的B类软玉，色泽以深绿为主，主要用来制作大型礼器，可能与其他软玉有着不同来源⑫。而近年来对安阳黑河路石璋进行材质分析时发现存在大理石与透闪石伴生的情况，而附近的太行山地区具备同样的地质条件⑬。距离安阳不远的

---

① 任伟：《殷墟玉礼器研究》，《东南文化》2000年第9期。

② 黄翠梅：《殷墟出土的有领玉环及相关问题》，《纪念殷墟发掘八十周年学术研讨会论文集》，历史语言研究所，2008年，第219～224页。

③ 邓聪：《从〈新干古玉〉谈商时期的玦饰》，《南方文物》2004年第2期。

④ 杨建芳：《商周玉鹿佩的演变》，《中国古玉研究论文集续集》，文物出版社，2012年，第90～96页。

⑤ 孟宪武：《商代筮卦的几组文物》，《安阳殷墟考古研究》，中州古籍出版社，2003年。

⑥ 李济：《研究中国古玉问题的新资料》，《历史语言研究所集刊》（第十三册），中华书局，1948年，第179～182页。

⑦ 中国社会科学院考古研究所：《殷墟妇好墓》，文物出版社，1980年，第114页。

⑧ 张培善：《安阳殷墟妇好墓中玉器宝石的鉴定》，《考古》1982年第2期。

⑨ 夏鼐：《有关安阳殷墟玉器的几个问题》，《殷墟玉器》，文物出版社，1982年，第1～7页。

⑩ 陈志达：《殷墟玉器的玉料及其相关问题》，《商承祚教授百年诞辰纪念文集》，文物出版社，2003年。

⑪ 荆志淳、徐广德、何毓灵、唐际根：《M54出土玉器的地质考古学研究》，《安阳殷墟花园庄东地商代墓葬》，科学出版社，2007年，第345～387页；干福熹、孔德铭、马波：《安阳殷墟新出土玉器无损分析检测报告》，《安阳殷墟徐家桥郭家庄商代墓葬：2004–2008年殷墟发掘报告》，科学出版社，2011年，第152～169页。

⑫ 荆志淳、徐广德、何毓灵、唐际根：《M54出土玉器的地质考古学研究》，《安阳殷墟花园庄东地商代墓葬》，科学出版社，2007年，第345～387页。

⑬ 荆志淳先生曾在相关研究中多次表达这一见解。

洛阳栾川县伏牛山腹地，也已经发现有蛇纹石矿脉中伴生透闪石的情况[①]。叶晓红等对鄂、豫、陕地区绿松石矿脉进行的调查，亦为殷墟绿松石原料的来源提供了线索。

4. 制作工艺研究

殷墟玉器制作工艺的研究开展较少。

1976 妇好墓发掘后，北京市玉器厂技术研究组对该墓玉器的制作技术进行分析，提出勾彻技术是当时玉器施纹的主要手法，并对琢玉工具进行了推测[②]。

蔡庆良通过对造型和纹饰的考察认为殷墟玉器在设计和制作的整套流程中贯彻了简洁明确的原则，器物的造型、母题和纹饰均呈现出标准化取向，从而形成了晚商时期特有的刚劲严肃的风格[③]。

陈启贤对殷墟花园庄东地 M54 部分玉器微痕进行显微观察，推测和复原加工技术和工具[④]。

5. 次生变化研究

玉器的次生变化（包括俗称的“沁”），有开采前的自然风化、自然埋藏后的“受沁”和人为造成的次生变化几种不同的情形，与玉料的质地、埋藏玉器的土壤、玉器的接触物和摆放位置等均有关系[⑤]。

商周时期玉器次生变化的专门研究较少，常常仅在玉器科技分析中附带提出[⑥]。荆志淳等通过分析殷墟花东 M54 玉器的次生变化后发现，B 类质地的玉礼器表面往往发生了通体次生变化，而同墓所出其他类的装饰品则多未出现次生变化，推测这可能与当时人们有意或无意烧玉的行为有关[⑦]。

6. 文献学研究

商周时期部分玉石器表面有朱书、墨书文字，或器表刻铭的现象，这也为讨论玉器的功用提供了证据。殷墟玉器以前一种为常见，文字常书写于柄形器或石璋上。学

---

① 黄可佳：《贡纳与贸易——早期国家的玉石器生产和流通问题初探》，《早期中国研究》（第 1 辑），文物出版社，2013 年，第 198～211 页。

② 北京市玉器厂技术研究组：《对商代琢玉工艺的一些初步看法》，《考古》1976 年第 4 期。

③ 蔡庆良：《刚劲严肃的时代面貌——试析晚商玉器风格的形成原因》，《故宫文物月刊》总第 213 期。

④ 陈启贤：《张家坡西周墓地出土玉器工艺特征与微痕探索》，《张家坡西周玉器》，文物出版社，2007 年，第 177～278 页；陈启贤、徐广德、何毓灵：《M54 出土玉器制作工艺显微痕迹探索》，《安阳殷墟花园庄东地商代墓葬》，科学出版社，2007 年，第 388～390 页。

⑤ 丁思聪、蒋成龙：《古玉次生变化研究述评》，《中原文物》2012 年第 6 期。

⑥ 荆志淳、徐广德、何毓灵、唐际根：《M54 出土玉器的地质考古学研究》，《安阳殷墟花园庄东地商代墓葬》，科学出版社，2007 年，第 345～387 页；干福熹、孔德铭、马波：《安阳殷墟新出土玉器无损分析检测报告》，《安阳殷墟徐家桥郭家庄商代墓葬：2004—2008 年殷墟发掘报告》，科学出版社，2011 年，第 152～169 页。

⑦ 荆志淳、徐广德、何毓灵、唐际根：《M54 出土玉器的地质考古学研究》，《安阳殷墟花园庄东地商代墓葬》，科学出版社，2007 年，第 345～387 页。

者们对文字内容进行解读[①],并据此推测器物功用乃至社会礼制等[②]。例如李学勤将刘家庄北地M1046所出石璋墨书文字“[illegible]于某人”释作“祼”，认为这些石璋为祼玉，将其日名进行排列，并认为是墓主男性亲属的世系，据此推测殷末的商人已经有了规范的亲族制度[③]。

刘源对殷墟所出虎首人身石雕像进行考证，认为很可能是《山海经》所载的彊良，起到驱鬼镇墓之用[④]。

7. 玉器使用制度的研究

郭宝钧在其古玉分期体系中将殷末周初玉器概括为“玩好期”，其特征为“偏重玩好，渐远实用，好事琱瑑，增加象生”，各类器物“仍系各自为用，无系统之组合”[⑤]。刘森淼对商代墓葬出土玉器的组合情况进行分析，认为当时“可能不存在严格的用玉制度”[⑥]。黄翠梅亦指出“商代玉器在礼制上不仅不具有明显和规范性的象征意义,更像是为了彰显墓主个人财力的珍玩”[⑦]。

郜向平对不同时期、不同等级墓葬所出玉器进行统计，发现殷墟时期出土玉石器的墓葬比重呈下降趋势，以戈、柄形器为代表的玉礼器数量减少，对于墓葬等级的指示作用已不明显，而装饰品则大增，认为这同玉器礼制意义的衰落相关[⑧]。玉器礼制意义的衰落，与商代青铜礼器的繁盛相映成趣。

然而，商代玉器的使用制度并非完全无规律可循。常洁对安阳殷墟墓葬出土玉器进行分析，将其分为礼玉和用玉两大类，观察到级别不同的墓葬中，玉器的类别、数量亦有别，反映了“上可兼下，而下不可兼上”的礼制[⑨]。

了解商代的用玉制度，需要以具体的出土背景为线索。荆志淳、唐际根认为商代的装饰类玉器“反映的是个性化特征，所体现的社会关系更多地与个人身份、文化传统和财富相关”，相对而言，玉质的武器、工具则“似乎遵循一定的用玉制度。它们可能更多地象征社会地位和权力，因此选择特定类别甚至特定地点的玉材，以体现制度化器物的独特性和不可替代性”。从墓葬中的摆放位置来看，商代的青铜器往往出现在棺外椁内、二层台上、填土中等位置，而玉器多随葬在棺内。作者认为这一差异代表

---

① 陈志达:《商代的玉石文字》,《华夏考古》1991年第2期；孟宪武、李贵昌:《殷墟出土的玉璋朱书文字》,《华夏考古》1997年第2期；连劭名:《安阳刘家庄商代墓葬所出朱书玉铭考》,《华夏考古》2001年第1期；李学勤:《商至周初的玉石器铭文》,《李学勤文集》，上海辞书出版社，2005年，第172～177页。

② 王辉:《殷墟玉璋朱书文字蠡测》,《文博》1996年第5期。

③ 李学勤:《祼玉与商末亲族制度》,《史学月刊》2004年第9期。

④ 刘源:《殷墟“虎首人身”石雕像和“彊良”》,《殷墟与商文化：殷墟科学发掘80周年纪念文集》，科学出版社，2011年，第171～176页。

⑤ 郭宝钧:《古玉新诠》,《历史语言研究所集刊》(第二十本)(下册)，中华书局，1948年，第1～46页。

⑥ 刘森淼:《殷代玉器的类型学观察》,《文物考古文集》，武汉大学出版社，1997年，第127～146页。

⑦ 黄翠梅:《中原商代墓葬出土玉器之分类及相关问题》,《玉魂国魄——中国古代玉器与传统文化学术讨论会文集》，北京燕山出版社，2002年，第223～249页。

⑧ 郜向平:《商系墓葬研究》，科学出版社，2011年，第221～235页。

⑨ 常洁:《殷墟墓葬所见玉器研究》，北京大学硕士学位论文，2004年。

了不同的社会关系，“玉器主要体现墓主自身生前和死后的社会身份，而青铜器更多显示的是生者和死者的关系、送葬者相互之间的关系”①。

三、妇好墓玉器在殷墟玉器中的地位

妇好墓玉器无疑是殷墟玉器最重要的发现。殷墟的商王陵和高级贵族墓历代遭受盗掘，破坏几尽。幸免于难的妇好墓，其主人作为商王武丁的王妃，虽然墓圹规模并不大，但使用了十套铜觚爵礼器，随葬有规格极高且数量庞大的铜兵器和玉石器组合，其规格不亚于某些带一条墓道或者两条墓道大墓的墓主人，墓内随葬玉器亦是晚商时期用玉习俗的高规格代表，其中所见的玉器同样亦代表了商代玉器工艺的最高水平。从玉器的断代和分期、社会制度研究、社会生活和丧葬习俗研究、工艺技术研究等各个角度而言，妇好墓出土玉器都是极佳的研究材料。

妇好墓玉器形制多样、数量庞大，几乎涵盖了晚商玉器的所有类别，深刻影响了殷墟玉器的考古类型学研究。20 世纪 80 年代以来，学者们在对殷墟玉器乃至商代玉器进行类型学研究时，无一例外地把妇好墓玉器作为典型墓例进行研究，其出土玉器的面貌支撑起了殷墟二期时段，乃至殷墟早期玉器的整体特征，亦成为商代玉器巅峰的表征。

妇好墓玉器对于商代社会生活研究和丧葬习俗研究亦产生了显著的影响。墓内随葬玉器中，有数件被认定为前代传世品，如红山文化玉勾云形器 M5：948、红山文化玉钩形器 M5：964、石家河文化玉凤 M5：350 等，这些较为稀有的前代旧器，反映了商代贵族对于社会财富的占有。殷墟时期高规格墓葬中的玉石礼器组合与铜礼器、铜兵器组合具有一定的对应关系。随葬有大型石像者通常为商王或王室成员，随葬大理石容器者往往是拥有三套以上铜觚爵的高、中级贵族墓。以翘首刀、钺（戚）、戈、矛、镞为代表的玉兵器组合，通常可与卷首大刀、钺、戈、镞的铜兵器组合相对应。玉石器在墓内摆放位置的不同，既反映了当时的赗赙制度，也反映了其与墓主人的关系和器物自身的重要性。玉石器放置于棺内的，为墓主人生前拥有、佩戴和使用；放置于椁室内和棺椁顶部的，为墓主人亲友、臣僚所赠送，其位置的正与偏、远与近也反映了送葬者的地位及与墓主人的亲疏关系；放置于二层台上、填土内的，其送葬者地位更加底下，或与墓主人的关系更加疏远，甚至可能为下葬活动中所使用的祭器。

妇好墓玉器为商代玉器制作工艺的研究提供了最重要的依据。妇好墓所处的殷墟二期恰为殷墟制玉、用玉的巅峰期，大量环形、弧形玉料和璧环钻芯的使用，说明工匠在制作玉器时经过周密的规划，以最大限度地利用原料。殷墟时期的像生器由圆雕和片雕两大类。相对耗费原料的圆雕器物在殷墓中并不常见，但在妇好墓内随葬有玉人、玉龙、玉虎、玉牛、玉熊、玉象、玉鸟、玉螳螂等大量的圆雕器物，体现了商代

① 荆志淳、唐际根：《商代用玉及其反映的社会关系》，《中国社会科学报》2010 年 11 月 25 日第 11 版。

玉器制作工艺的最高水准。常见于各类像生器的双阴线纹也是辨别商代玉器的重要特征之一。双阴线勾彻的羽纹、鳞纹等构件，与铜器纹饰亦可进行类比，能够为器物的精确断代提供依据。

四、殷墟玉器研究的未来展望

推进殷墟玉器的研究，首先有赖于出土玉石器科学鉴定的普及。殷墟时期常用的玉石原料有软玉、蛇纹石、大理岩、石英岩、绿松石和天河石等，对出土玉石器进行材质鉴定，才能够有效地区分时人对各类玉石材质的利用。通过光谱分析还能够反映玉石原料中的主量元素和微量元素，从而提供玉料来源的线索。

系统的类型学分析仍然是殷墟玉器研究的重要内容。殷墟玉器出土数量庞大，内涵亦较为复杂。认识殷墟玉器的面貌，应排除前代旧器和外来文化器物。以往的研究多侧重于妇好墓、小屯房址和西区墓葬，对于破坏严重但材料更加重要的西北冈王陵区，以及数量、质量较差，但埋藏环境保存更好、出土位置更加清晰的中小墓葬出土玉器的研究重视程度还远远不够。通过器物造型、纹饰的详尽分析，对出土玉器进行考古学文化分期，不仅能够更好地把握玉器的变化趋势，也有助于对传世品、馆藏品的断代。晚商时期的玉器造型、纹饰与铜器的纹饰具有一定的相似性。例如部分玉鸟、玉兽面的造型，就与铜器表面的鸟纹和兽面纹较为相近。殷墟玉石礼器和像生器表面常见的羽纹、鳞纹构件，亦是铜器表面常见的填充纹样。因此，将殷墟玉器的造型、纹饰与同时期的铜器进行类比研究，同样有助于玉器、铜器的分期断代。

殷墟出土的部分玉石戈（璋）、柄形器和容器上发现有朱书或墨书的铭文，铭文涉及的器物名称、所有者人名、祭祀名称、记事内容等，对于认识器物功能有着重要作用。在甲骨金文中，亦提到诸多玉器名称。出土玉器实物和甲骨金文所涉玉名的对应，亦是一项艰巨的研究课题。

目前经过科学发掘的殷墟时期墓葬，数量早已破万，而其中出土玉器者（包括仿玉的石制品），约略可达千例。商代墓葬的丰富材料，为玉器使用习俗的研究提供了良好的基础。周代已经出现了完善的用玉制度，其传统实则多承袭自商代。因此，商代用玉习俗（制度）的研究意义就不言自明了。玉器的出土位置与使用方式、玉器组合与铜器组合的关系、玉器与墓主人身份和地位的关系、玉器使用的历时性变化等，都是有待于进一步阐明的问题。

迁台殷墟玉石器综合研究

钱益汇　朱雪峰

（首都师范大学）

一、迁台殷墟玉石器概况

迁台殷墟玉石器主要出土于 M1001、M1002、M1003、M1004、M1217、M1400、M1443、M1500、M1550 九座墓中（图 1），不仅数量多，而且造型多样。按照功能可以将迁台殷墟石玉器分为礼器、仪仗（或武器）、工具、用具、装饰品、艺术品以及杂器七大类。礼器主要有琮、各类石容器；仪仗有戈、钺、戚、镞等；工具包括手工业和农业工具，有斧、凿、锛、刀、铲、网坠、纺轮等；用具有调色盘、杵、耳勺等；装饰品品种复杂，数量也最多，大致有佩戴、镶嵌两种用途，如笄、镯、耳饰、坠饰、串珠、镶嵌片等；艺术品则以各类写实或想象中的动物圆雕为主。此外还有门臼、建筑面饰等建筑构件，以及其他不明功能的石玉器（表 1）。

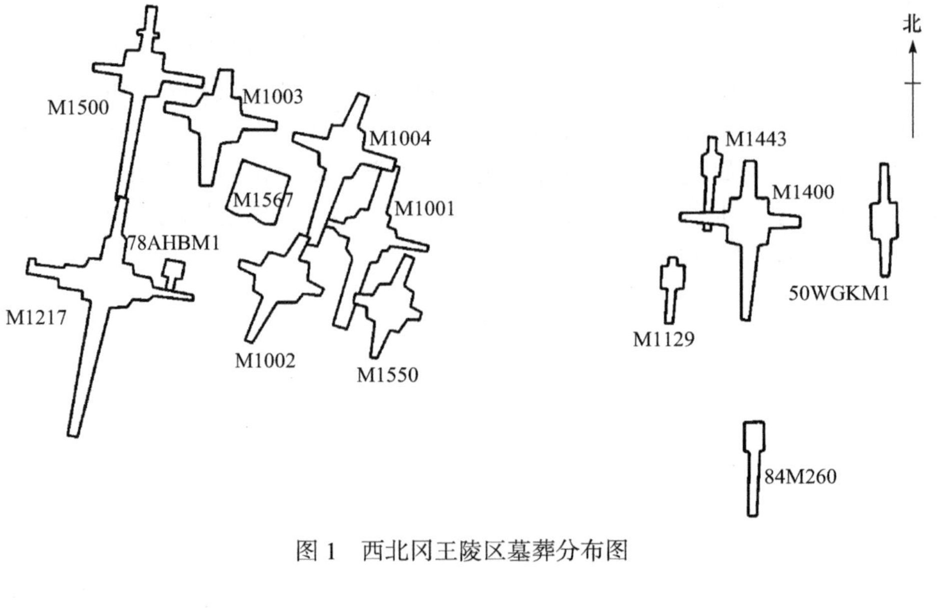

图 1　西北冈王陵区墓葬分布图

M1001早期盗掘坑的填土中所包含古代遗物之多为西北冈各大墓早期盗掘坑之冠。此墓出土石玉器器类齐全、数量众多。大量的各种动物的石雕尤为精致；M1002与M1001早期盗坑出土石玉器相比无论在种类上还是在数量上都少很多。发现完整或残缺的石玉器共1145件，主要为礼器和工具；M1003发现完整或残缺的石玉器共651件，其中绿松石嵌片430片约占全数的66%，M1004发现完整或残缺的石玉器共2344件，其中绿松石嵌片1735片约占全数的74%。种类颇为齐全，仅次于M1001；东区三墓遗物不多，或为“中研院”历史语言研究所数次搬迁丢失实物或失去原始登记号无法辨识所致。从现存石玉器来看，多为各类装饰品；M1217发现完整或残缺的石玉器共506件，以各类用具、工具为主；M1500中出土物仅有少数发现于墓葬上层乱石以内，其大多数是发现在早期的盗掘坑之中。发现完整或残缺的石玉器共265件。除7件动物石雕、6件残石容器及石俎外大部分均为装饰品，以各种形制的嵌片及石玉珠为主；M1550发现完整或残缺的石玉器共2322件，其中绿松石嵌片1649件，残石器620件。

这批玉器质料多样，大部分属青玉，白玉较少。也有一定数量的青白玉、黄玉、墨玉。颜色以墨绿、黄绿、淡绿为多，黄褐、棕褐、灰色、黑色次之。值得注意的是，这些石玉器的造型、雕琢、钻孔、抛光等工艺都达到了相当高的水平。

表1 墓葬出土主要器类统计表

墓葬	出土主要器类（件数）	总数
M1001	玉戚头（1件）、玉雕刀（3件）、玉凿（1件）、玉锛（1件）、玉斧（2件）、玉耳勺（1件）、玉笄（3件）、玉珮（3件）、环形石玉器（6件）、石琮（2件）、盂（5件）、簋形器（2件）、尊形器（2件）、皿（2件）、俎（1件）、石磬（4件）、石戚（13件）、石戈（1件）、石斧（8件）、石铲（1件）、石刀（8件）、石杵（2件）、调色碟（1件）、石网坠（1件）、石纺锤（1件）、石笄（1件）、石门臼（2件）、各类石雕（21件）、砺石（3件）、残石器（9件）、绿松石嵌片（5100件）、绿松石泡（1件）、绿松石珠（164件）、绿松石佩坠（1件）、孔雀石嵌片（5件）、其他（734件）	6116件
M1002	玉琮（1件）、石玉戈头（61件）、玉琴拨（5件）、玉珮（5件）、环形石玉器（34件）、残石容器（2件）、石磬（7件）、石戚（4件）、石斧（16件）、石铲（1件）、石手锤（1件）、石门臼（2件）、各类石雕（3件）、绿松石嵌片（340件）、其他（663件）	1145件
M1003	石玉戈头（22件）、玉琴拨（3件）、玉珮（1件）、环形石玉器（14件）、石戚（1件）、各类石雕（1件）、砺石（1件）、绿松石嵌片（282件）、石门臼（2件）、石玉珠（9件）、其他（434件）	770件
M1004	玉琮（1件）、玉戚头（1件）、石玉戈头（15件）、玉琴拨（1件）、玉笄（1件）、玉珮（10件）、石琮（2件）、石碗（1件）、残石容器（17件）、俎（5件）、石磬（3件）、石戚（5件）、石斧（2件）、石铲（1件）、石锛（1件）、石手槌（1件）、石门臼（2件）、各类石雕（7件）、砺石（2件）、绿松石嵌片（430件）、其他（143件）	651件
M1129	“残花石”	1件
M1400	残环形石玉器（1件）、玉琴拨（7件）、玉嵌片（1件）、绿松石嵌片（1件）	10件
M1443	石玉戈头（10件）、玉带刃器（5件）、玉兽面（2件）、玉鸟（1件）、玉鱼（1件）、玉臂饰（1件）、玉镯子（1件）、玉玦（3件）、环形石玉器（9件）、砺石（2件）、玉石珠（32件）、其他（18件）	85件

续表

墓葬	出土主要器类（件数）	总数
M1217	玉戚头（2件）、石玉戈头（39件）、玉带刃器（1件）、玉琴拨（4件）、玉鱼（11件）、玉笄（1件）、环形石玉器（9件）、石盘（1件）、残石容器（2件）、俎（1件）、石磬（1件）、石簇（1件）、石斧（6件）、石锛（1件）、石刀（6件）、石门臼（3件）、各类石雕（1件）、砺石（2件）、其他（414件）	506件
M1500	石俎（1件）、石鬲（1件）、玉鱼珮（5件）、残石容器（6件）、各类石雕（7件）、石眼（5件）、石玉脊背嵌片（29件）、绿松石嵌片（26件）、绿松石珠（9件）、石玉戈头（43件）、其他（162件）	265件
M1550	石玉戈头（5件）、玉带刃器（1件）、玉琴拨（5件）、玉笄（3件）、玉珮（18件）、玉玦（1件）、环形石玉器（11件）、石琮（1件）、石碗（1件）、石豆（1件）、石罍（1件）、石鬲（1件）、尊形器（1件）、石盘（1件）、残石容器（8件）、皿（1件）、俎（3件）、石磬（3件）、石埙（1件）、石斧（1件）、石杵（1件）、石门臼（2件）、各类石雕（11件）、石蝉（3件）、绿松石珠（9件）、绿松石嵌片（1649件）、其他（579件）	2322件

注：表中统计为主要器类数量，残件及报告未命名、描述者记为“其他”。

二、迁台殷墟玉石器的类型与特征

（一）玉器

迁台殷墟玉器不仅数量多，而且造型多样。参考夏鼐先生对商代玉器的研究成果，将迁台殷墟玉器分为礼器、仪仗（或武器）、工具、生活用具、装饰品、艺术品以及杂器七大类。

1. 礼器

数量较少，仅有琮2件。

琮　2件。均为白大理石制，表面多处风化。可以分为两式：

Ⅰ式　属于西北冈出土石玉琮中第1类。M1002：R1609，琮之中段外面上下左右皆向外弯凸，四角上下各浮起一兽头，每角之两兽位置皆唇部相向。兽头之角于全面中浮起，角面平，中饰阴线，兽眼与唇线用阴线表示。内圆子口外边为圆角方形，自上向下微向外倾斜，内边非正圆形，口面微大于中部。全高138.9、中段（外方）高119.6、子口（内圆）高9.9毫米（图2-1）。

Ⅱ式　属于西北冈出土石玉琮第2a种第8类。M1004：R1608，四角八兽头方管，中段在上下兽头间有弦纹四道，方管之外面纵向平面，横向微拱。全长174.8、子口之最大外径83、方管长136、方管中腰84.5、兽头件粗径93毫米，一子口之最大外径83、子口顶缘宽10～12毫米，一子口之最大外口径约80、顶缘宽10～12毫米（图2-2）。

2. 仪仗（或武器）

有戈、戚、镞3种。

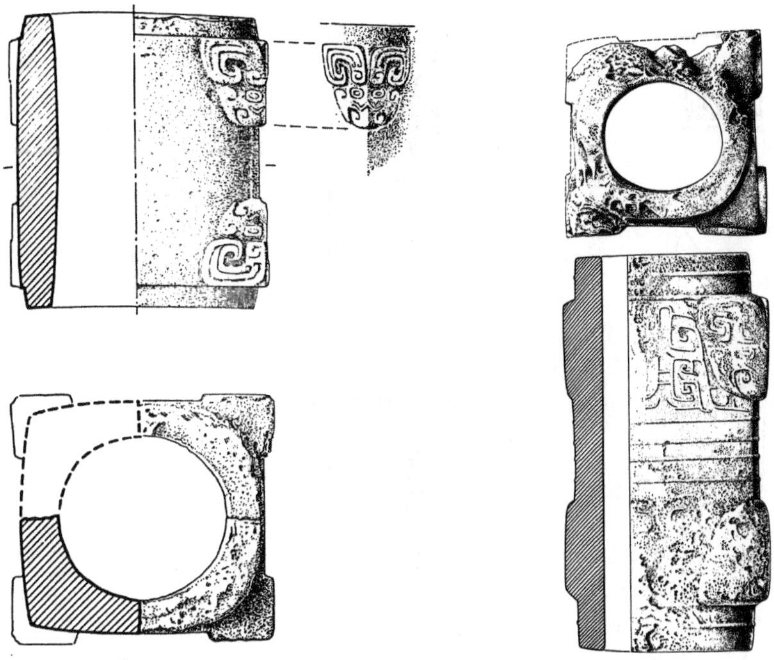

图2 迁台殷墟玉琮

1. M1002：R1609 2. M1004：R1608

戈 195件。M1001：R854，破碎为10片。援内面无胡，援两面皆有中脊，正面脊不如背面高。援内之间正面无界限，背面有横顶一道，内面高出援。最长433、最宽73、最厚3毫米（图3-1）。

戚 9件。M1001：R3018，残存玉戚上部一角，上端直边圆拱面，侧边直，面平，存四齿，两正面光滑平整，一面上有磨制浅沟一道，原有断锥形穿存一半，穿壁不光平。残存长60.5、宽42、上端厚3.5、下端厚4.5毫米（图3-2）。M1004：R8370，淡灰绿色，匀净，硬度7。仅存三角形之一残片。现存部分仅其一侧边为原有之边缘尚存二短齿，其余两边全为折断而成。原侧面平直，大面全平，另大面近原侧边处低平，往内突成一凸起面，此面长径中拱两旁微弧形斜下，左边与低平面成台阶式之高起，右边达片之折断边。残片各原有之边面皆经打磨光平。无纹饰。残存长57、宽30.6、原厚4.3毫米（图3-3）。

镞 1件。M1001：R1578，镞中有脊，分镞身为左右两翼，翼外缘作“中锋刃”状，两刃向前聚成镞前锋，向后距离渐宽，最后构成一倒刺后锋，镞本中凹，中脊透出本外，下接一横切面圆形铤，铤上粗下细，末端残缺，镞各面平整光润。全长72、脊长54、翼宽33.5、脊厚5.2毫米（图3-4）。

3. 工具

约有10余件，计有斧、锛、凿、刀等。

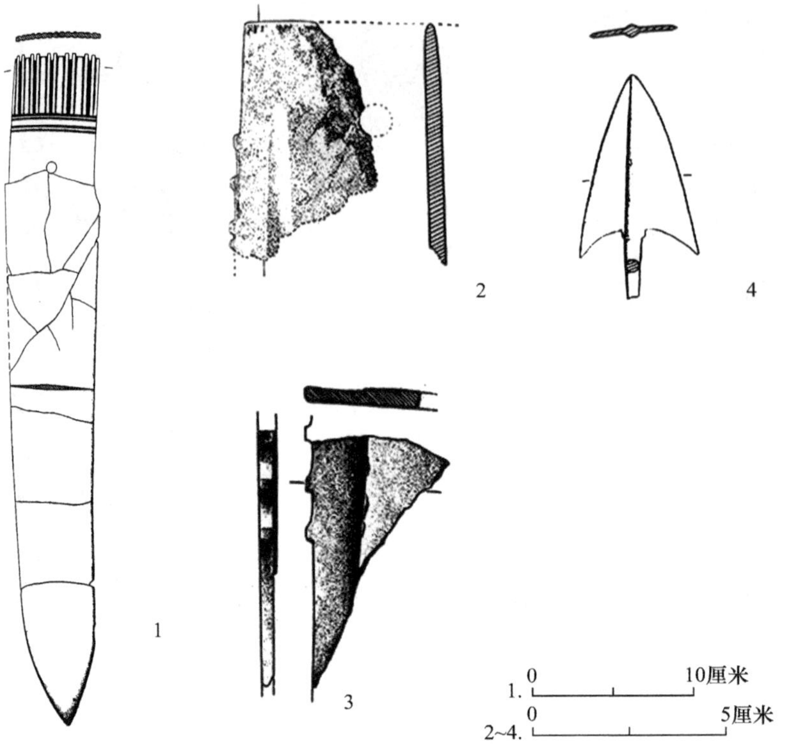

图 3　迁台殷墟玉戈、玉戚和玉镞

1. 玉戈（M1001：R854）　2、3. 玉戚（M1001：R3018、M1004：R8370）　4. 玉镞（M1001：R1578）

斧　2 件。出于翻葬坑内，皆属于片状有孔斧类。M1001：R3016，仅存小半。上边横直，方转角，侧边上部平直，下部突向内斜下，原来刃部情形不明，两正面及原有侧面皆平整光滑。残存最长 51.5、最宽 27.5、厚 4、穿径约 6.7 毫米（图 4-1）。M1001：R3017，由三片拼凑，尚缺大部。两侧边弧形，上部垂直，下部近刃处渐向内倾斜，边面光平。刃边似向外拱凸弧形边。一正面有倒置"□侯"二字，侯字下半亦残缺。断锥形穿。残存最长 84、最宽 42.4、厚 3、穿径约 13.8 毫米（图 4-2）。

锛　1 件。M1001：R1552，完整。形如宽薄石锛，平面大致梯形，圆脚柄，直刃，两边微弧，横切面扁长方形，刃端一斜下角转偏锋，双线直，两正面光平，一面微拱，正面上部有一断锥形圆穿，穿壁不见摩擦痕迹或贴附物。长 37.5、宽 33、厚 3.5、圆穿口径约 5.1 毫米（图 4-3）。

凿　1 件。M1001：R3679，已经残缺，仅存下部，两正面，两侧面皆光平，横切面长条形，刃端两正面斜下弧转成偏锋，刃线稍中拱，上端不详。残存长 31、宽 16、厚 4.3 毫米（图 4-4）。

雕刀　3 件。形制相同。M1001：R3681，上部残缺，不见全形。横切面椭圆形，刃端较宽，由刀身两面斜下弧转中锋，刃线直，向一端倾斜。残存长 42、宽 5.5、厚 3.3 毫米（图 4-5）。

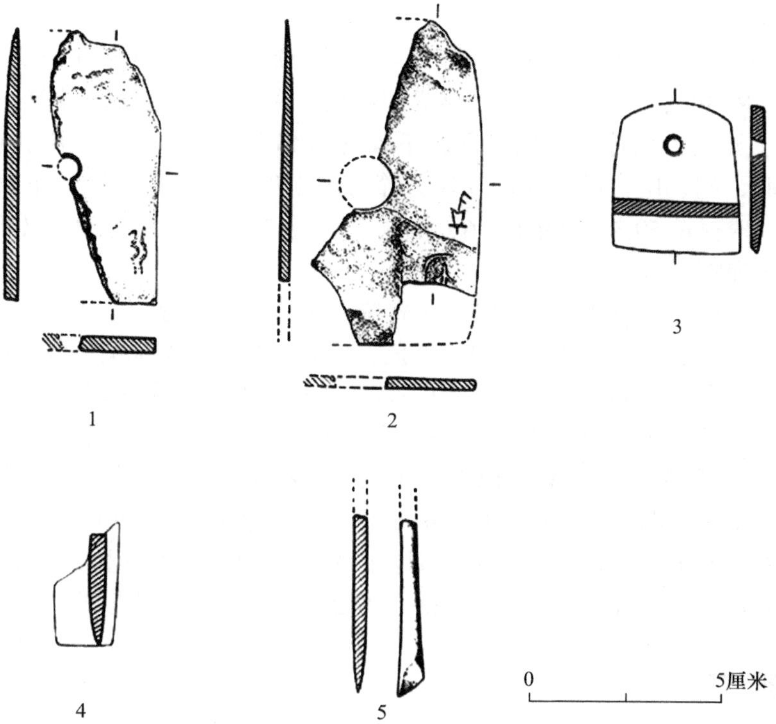

图 4　迁台殷墟玉石工具

1、2. 玉斧（M1001：R3016、M1001：R3017）3. 玉锛（M1001：R1552）
4. 玉凿（M1001：R3679）5. 玉刀（M1001：R3681）

4. 生活用具

有耳勺、琴拨两类，其中琴拨数量较多，耳勺仅 1 件。皆为实用器。

玉耳勺　1 件。M1001：R3680，勺柄部残缺，现存部分如近世竹制耳勺。勺端正面平，无小圆凹面。柄直，上部横断面椭圆残存长 37、柄上端宽 4、厚 3、勺端宽 5 毫米（图 5-1）。

玉琴拨　25 件。M1400：R21002，如一断尖之剑形片，首、茎、身之两大面皆平直。首段作横条形，茎稍缩入并作细腰形，身作肩宽于末边之长梯形。长 178.1、最宽 28.4、最厚 4.7 毫米（图 5-2）。

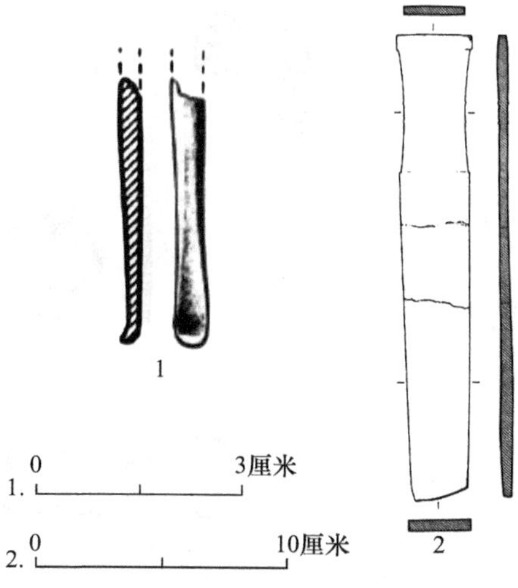

图 5　迁台殷墟玉耳勺和玉琴拨

1. 玉耳勺（M1001：R3680）
2. 玉琴拨（M1400：R21002）

5. 装饰品

品种较为齐全，有头饰、腕饰，坠饰、佩戴的串珠、专做镶嵌的饰物以及用途不甚清楚的饰品。

（1）头饰

数量不多，主要为笄。玉笄 8 件。多数为平顶无纹饰，少数笄头端为夔形或鸟形。M1001：R1303，笄身残缺，只存根部小段，鸟形笄头之鸟冠最前一节损缺。笄身断面圆形。笄头为扁片，雕成鸟形，下勾喙似鹦鹉，圆凸眼，挺胸，合翅，垂尾，爪向前伸。眼、翅、尾、爪纹饰皆双勾。笄身出于爪尾之间。鸟冠转角第二齿处有一断锥形圆穿。残存长 59.3、冠尾长 56、最宽 28、厚 7.3、杆根径 6 毫米（图 6-1）。

（2）佩戴饰物

主要有写实性的动物饰品、玉镯、玉臂饰、玉玦、玉珮等。

动物配饰有玉兽面、玉鸟、玉蝉、玉鱼。均为浮雕，造型优美，纹样细腻。

玉兽面　2 件。M1443：R1295，为一兽头正面形片，面部上端较宽，自眼角往下两侧边微向内凹入，前喙终止处又向外扩张，于喙之中部有一时计形圆穿，头上两角如刀刃相对之刀形片。全长 44、面部长 19.8、残存最宽 30、厚 3.3～1 毫米，圆穿径 2.6、窄处 1.2 毫米（图 6-2）。M1443：R1548，原器似为一面额向前张口向下之侧视兽形片。现残存兽头前部。兽头之两侧面则皆以阳文钩出兽之上卷鼻，人眼弯角之轮廓，以镂空表示张口，口内有齿。残存高 34.5、宽 20.3、厚 6.6 毫米（图 6-3）。

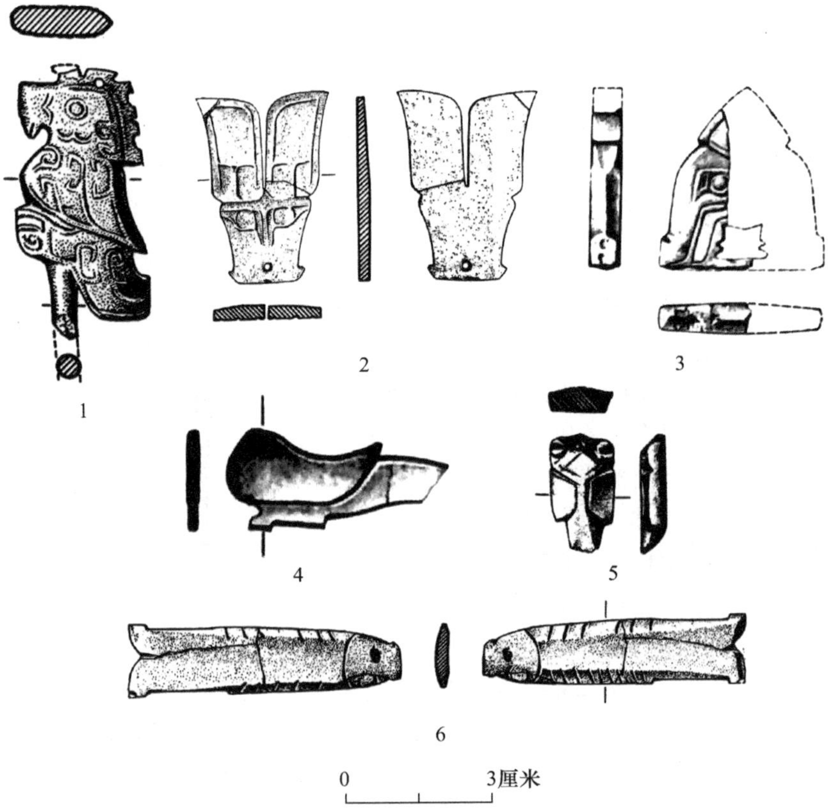

图 6　迁台殷墟玉器之装饰品类（一）

1. 玉笄（M1001：R1303）2、3. 玉兽面（M1443：R1295、M1443：R1548）
4. 玉鸟（M1443：R1296）5. 玉蝉（M1443：R1352）6. 玉鱼（M1443：R1351）

玉鸟　1件。M1443：R1296，为一片状有穿侧视形鸟。鸟头作自然式上翅，两侧面上各有一剔地假浮雕小圆眼，鸟尾较长，鸟足作伏卧式屈向前，有爪。鸟前胸部有一时计形圆穿。原表面皆打磨光润。残存长42、最宽18.6、最厚2.7毫米，圆穿口径约1.5、窄处0.7毫米（图6-4）。

玉蝉　1件。M1443：R1352，形制为一前端有穿后端带刃的片状蝉，蝉头部身之前段与两翅成为一较大长方形片，身后段为一较小长方形片自大长方片后边中部向后平伸。长25、宽14、圆穿口径约3.1毫米（图6-5）。

玉鱼　12件。大多为灰玉，仅一件为蛇纹岩。形状均为长方形之薄玉片，喙后有一时计形圆穿，以单弧阴线表示鱼鳃。后段制一缺口以示尾叉。M1443：R1351，上下翅均由数条斜向短直阴线表示。长57.3、最宽15.4、最厚2.8、圆穿径约2.9毫米（图6-6）。

玉臂饰　1件。M1443：R1386，宽面为两龙的头体，上下窄面各为一龙之身及尾。两端之小孔系穿绳以纠结于臂上。内部光滑无纹，外部上、中、下三面均有纹饰。内径64、外径77、内径高27、外径高32.5、宽面两端13、中部厚6、两端厚7毫米（图7-1）。

玉腕饰　1件。M1443：R1383，本器系两个枭形相合而成，全身分为三节，界划清晰。上节为头部以勾嘴为中心，头顶及鼻部均刻有茸毛，两旁两只小圆眼睛，眼旁用阴线刻出下垂大耳。中节为身部，占积较窄，用阴纹刻画，作羽毛状。下节为腿及尾，双腿居前，腿下刻爪，爪作钩形，尾部居后。器高38、直径外部约65、直径内部约55毫米（图7-2）。

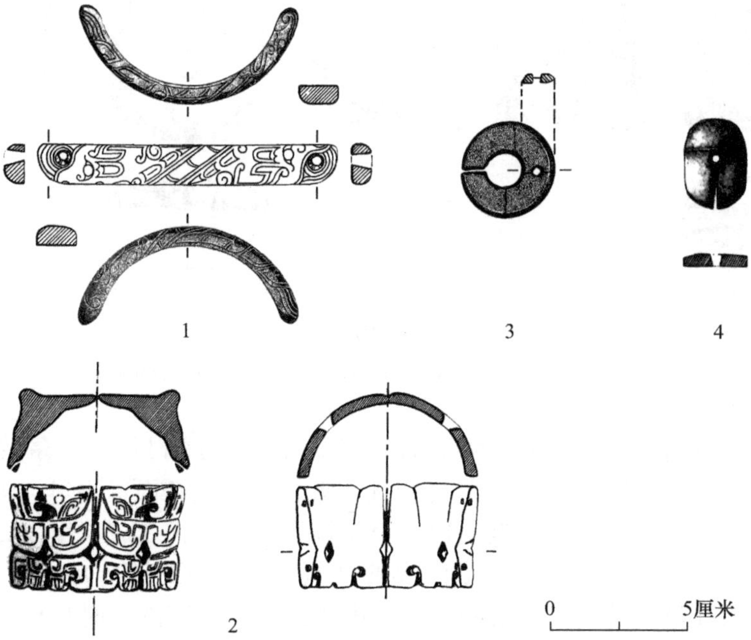

图7　迁台殷墟玉器之装饰品类（二）

1. 玉臂饰（M1443：R1386）2. 玉腕饰（M1443：R1383）3、4. 玉玦（M1443：R1321、M1443：R1530）

玉玦　4件。可分为二式：Ⅰ式双穿有缺口片状环形。M1443：R1321，圆形玉片中贯断锥形圆穿，一面开一缺口，正对缺口有断锥形小圆穿一个。大小二穿之大小口同向。外径32、中穿口径14.1、小穿口径3.7毫米，缺口最小之宽度1.3、厚2.7～3毫米（图7-3）。Ⅱ式单穿有缺口长圆片。M1443：R1530，形制为一长圆形玉片，中央稍偏有近一短边有一小圆穿，相对之一短边向内伸入一尖锥形缺口。长31.7、宽22.1、厚4.3、圆穿口径4.1、缺口最宽1.2毫米（图7-4）。

玉珮　48件。有鸮形、水牛形、兔形、蛙形、鱼形等，其中以鱼形珮最多为42件。M1001：R1292，在一断尖圆锥形范围中雕成伏卧水牛形，口鼻当锥之断尖，臀为锥底。张口，人形眼，牛角，牛耳，前蹄后折，后蹄前折，尾下垂，背腹双阴线钩纹。左右前后足间浅槽，角、耳、足，微浮雕，下颚钻一断尖圆锥形穿。口臀长38.5、最高22、臀宽22.8毫米（图8-1）。M1550：R1297，扁长方形玉片雕成伏兔轮廓，两面阴线（或双或单）雕刻耳、目、口、鼻等部位。合口，圆眼，大耳伏于背，短尾上翘，四足折叠身下。前后长38.5、背腹高24、厚8毫米（图8-2）。M1550：R1298，颇为写实之伏蛙形，四足折缩于身旁，小头鼓腹。鼻，圆眼，四足皆微浮凸，四足三爪阴线区分。背心有断锥形圆穿一个。鼻尾长53.3、左右宽42.2、厚8.2毫米，圆穿径大口8.5、小口6.5毫米（图8-3）。

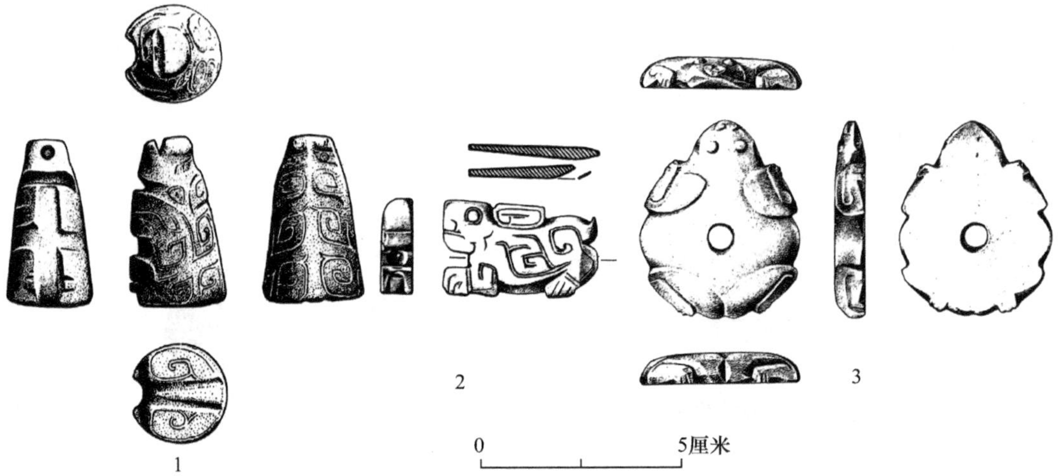

图8　迁台殷墟玉珮

1. M1001：R1292　2. M1550：R1297　3. M1550：R1298

管状玉器　5件。可分为两种形式：第一种为两端贯一圆穿的短圆柱体，M1443：R1404，圆柱体非正圆，两端之粗细相近，两端之圆面皆不平。中穿圆，时计形，穿口一面在中央，一面稍偏近一边，表面打磨光润。长32.7、粗22.3、圆穿口径6.7毫米（图9-1）。第二种较第一种剖面周壁作向内弯的弧线形，M1443：R1405，圆柱体非正圆，粗径虽一端稍大一端稍小，但中腰最小。中穿圆，时计形，两口及穿壁皆非正圆也非规则椭圆形。长36.4、粗17.5、中腰16.8毫米（图9-2）。

弓形石玉器　10件。M1001：R1727，一端一穿，位置对称，皆断锥形，大口同向。二直边对称，中部微厚，内外二面皆平。外弧边直长约94、宽29、厚内边3.8、外边3.7毫米（图9-3）。M1443：R1729，现存部分为一弓形片，一端制为极简单化的鱼尾形二微凸尖一叉口。尾端无穿，头端有无穿不知。表面打磨光润。残存长外缘122.8、内缘78.4、最宽24.1、最厚7.8毫米（图9-4）。

环形玉器　84件。数量较多，根据形态差异可分为五式：

Ⅰ式　管状环形玉器。M1001：R3783，管壁大致直立，顶底两面平，内面光润无纹饰，管壁外面有两弦纹周带，两带之间，壁面微凹，上带为用阴线一周表示两平顶周弦，下带为阴线三周表示平顶周弦三道，下带之下为素纹文带与下带成一平面。器高22、壁厚3.5毫米（图9-5）。

Ⅱ式　等距齿环形玉器。M1443：R1320，非正圆薄片，中钻一对称的时计形穿，外周为锐边，沿外周凸出等距"鸟头形"齿三个。外周径（不计齿）24～25、穿小径7.3、大径10.9毫米，宽（加齿）13～14.6、厚3.1毫米（图10-1）。

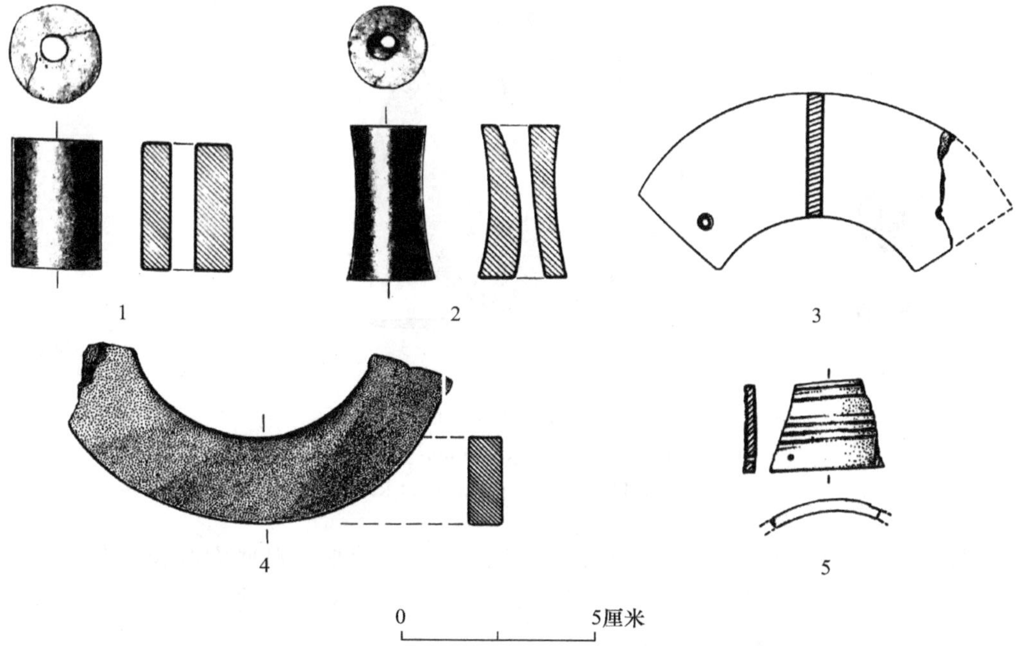

图9　迁台殷墟玉器之装饰品类（三）

1、2. 管状玉器（M1443：R1404、M1443：R1405）　3、4. 弓形石玉器（M1001：R1727、M1443：R1729）　5. 环形玉器（M1001：R3783）

Ⅲ式　兽头饰环形玉器，M1003：R1306，外围刻为弯角兽头，拱面假浮弯角，眉，微浮雕眼鼻，阴线刻口颚，口向外伸出。外周缘直长径35、中穿口径5.6、厚4.5～5毫米（图10-2）。M1443：R1385，片状环外廓成夔龙形，全身蜷成圆圈，张开之口紧接于卷尾。张口卷尾各有镂空圆穿一个，角与背分离。尾尖至背之径97、角最凸部至腰99、中穿最小径30.5、最大径33、厚5毫米（图10-3）。

Ⅳ式　大小二穿环形玉器，M1443：R1353，形制圆形，横断面为长圆形，时计形中穿的两面口多修度颇大，中穿之外另有时计形小圆穿一个。用途可能为耳坠之类。外径 20.6、中穿径 15.7、小穿径 2、厚 4.6 毫米（图 10-4）。

Ⅴ式　璧瑗类环形玉器，M1443：R1327，圆形片状，穿大致时计形，环边圆润。正反两面皆不平。外周径长 94、穿径 46.5、宽 25、厚 4 毫米（图 10-5）。

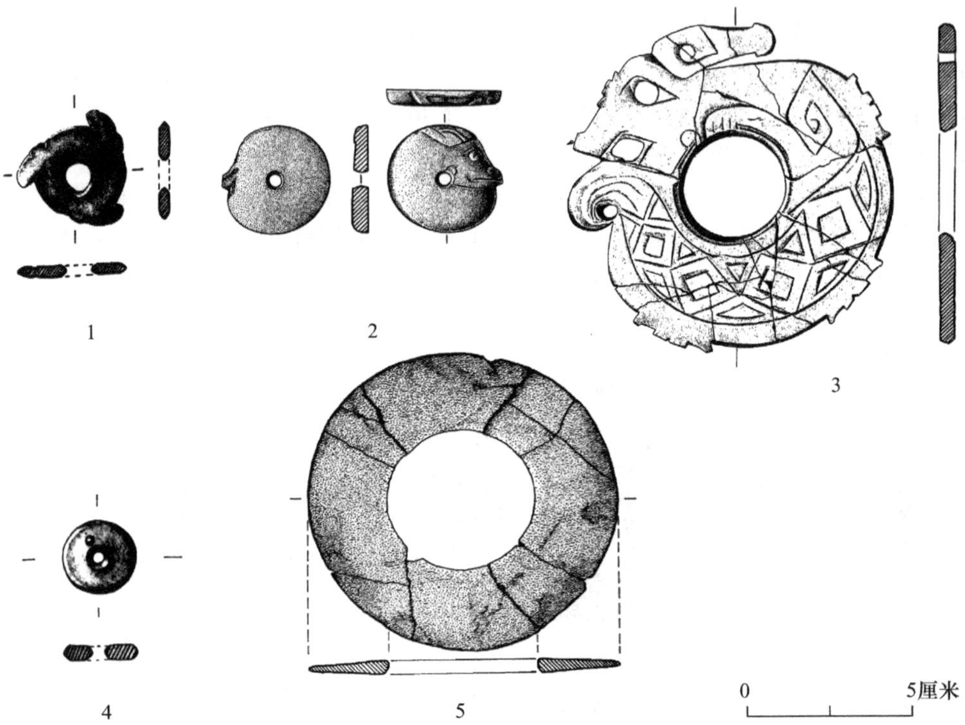

图 10　迁台殷墟环形玉器

1. M1443：R1320　2. M1003：R1306　3. M1443：R1385
4. M1443：R1353　5. M1443：R1327

屋顶形小玉器　2 件。M1443：R1553，一面长方形平面自底面两长边各斜上一梯形坡面。两坡面之上边相遇，成脊顶形，表面皆打磨光平，用途可能为嵌件。底面长 17.2、宽 11、高 9.1 毫米（图 11-1）。

玉柄纽饰　1 件。M1004：R21587，现存部分为一纵斜断成的条形片，形制为一端稍粗，另端稍细，自粗端中央深入一深穴之齐头圆柱。中穴圆口圜底。外面口下有二平行凸周弦，两弦间成圆底之凹周弦形。下凸周弦之下，有剔地阳文之三角纹。原表面打磨光润。长 23.5、直径约 12 毫米（图 11-2）。

齐尖纽顶玉棒　1 件。M1004：R1521，棒上段如顶纽形，下接一细腰形茎，横断面椭圆形，中央有平行阳周线两道。茎下为横断面椭圆形之棒身，上粗下细，末端齐头，齐头之稍上更有细沟槽一周。长 84、直径约 8 毫米，重 13.1 克（图 11-3）。

兽面形带刃玉器　1 件。M1550：R1356，为一梯形扁玉片雕出平面双钝角兽面轮廓，两角间有一圆穿，兽面口下伸出如楔形榫短棍。兽面两大面与两侧面装饰相

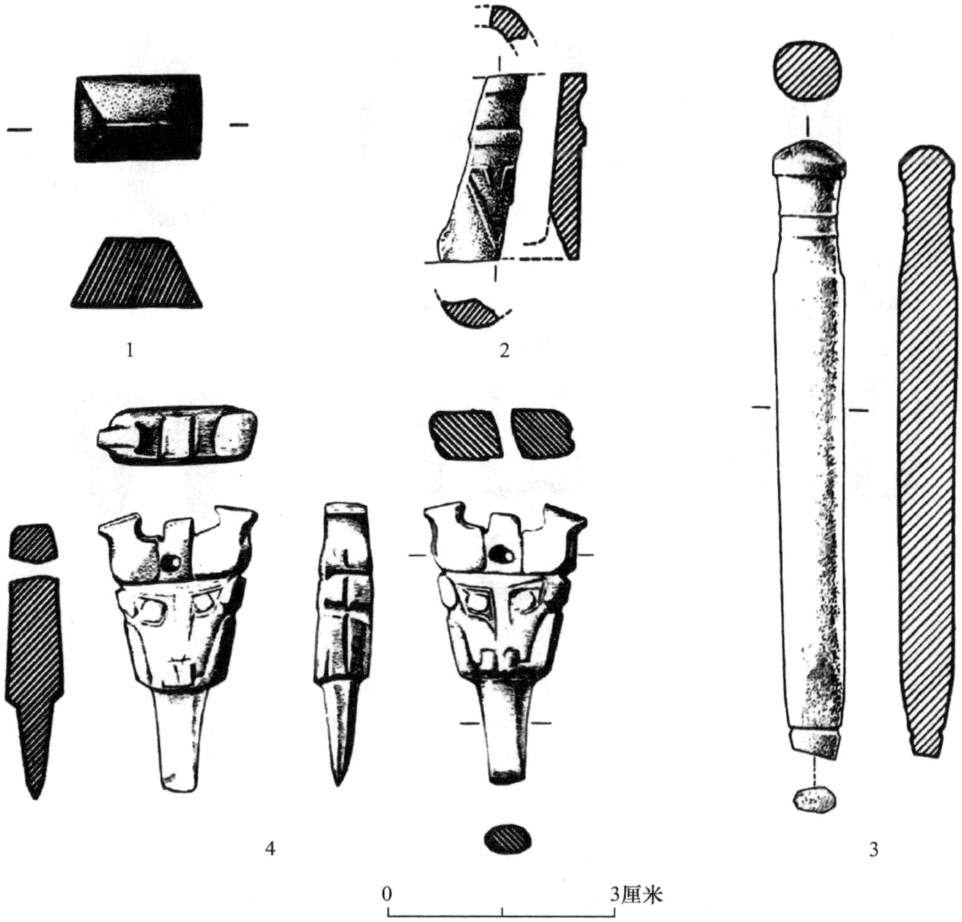

图 11 迁台殷墟玉器之装饰品类（四）

1. 屋顶形小玉器（M1443：R1553） 2. 玉柄纽饰（M1004：R21587） 3. 齐尖纽顶玉棒（M1004：R1521）
4. 兽面形带刃玉器（M1550：R1356）

同。角下为两人眼，鼻，口，耳位皆饰阳文。两侧面皆自角根端起至下端止有一直阴线通过二横刻线以表示两兽面之分界，以及其左右耳位饰与下颚之侧面形。表面经打磨光润。其用途可能为佩饰之小刀。全长 41.1、最厚 8.1、刃宽 4.7 毫米（图 11-4）。

（3）串珠

共 73 件。主要有圆管状、片状圆形、球形、断尖榄以及梯形状珠五种。

圆管状珠 M1001：R2729，珠作圆管形两端不等粗，横断面如卵形一端稍粗一端稍细，中贯时计形穿，无纹饰。纵径长 14.8、横径 9、穿口径 6 毫米（图 12-1）。

片状圆形珠 IA 式，M1001：R3786，非正圆形。圆面上中央为时计形小圆穿。最大径 12.5、厚 4.7、穿口径 3 毫米（图 12-2）。

片状圆形珠 IB 式，M1001：R1465，两圆面平，周围面拱凸，横切面圆角长方形。最大径 12.3、厚 4.1、穿口径 2 毫米（图 12-3）。

球形状珠 M1004：R1476，近圆球形，有若干小平面，未全磨光滑，中贯之时计

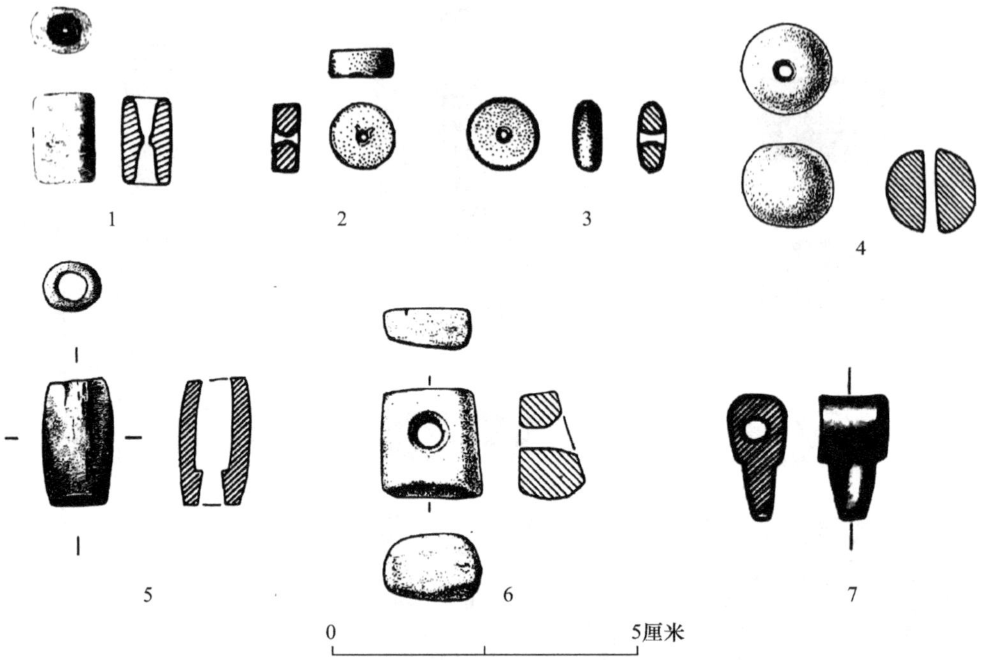

图 12　迁台殷墟玉串珠

1. M1001：R2729　2. M1001：R3786　3. M1001：R1465　4. M1004：R1476
5. M1443：R1489　6. M1217：R1532　7. M1443：R1528

形穿。穿轴径 15.5、最大横径 16.9、穿径 2.7、穿小口径 3.5 毫米（图 12-4）。

断尖榄形珠　M1443：R1489，呈断去两尖之榄形，横断面大致圆形，榄轴钻时计形穿。纵径 21.2、横径 12.1 毫米（图 12-5）。

梯形状珠　M1217：R1532，纵断面梯形，横断面圆角长方形近于椭圆形，近梯形平面之狭端有一断锥形圆穿，两宽面一平，一微拱。最长 18.5、最宽 16.8、厚 11.4、穿口径 4.6 毫米（图 12-6）。

齿珠形玉器　1 件。M1443：R1528，此种形式甚少见。就主要部分观察似为珠，因中间有孔，可穿成串。其下或上有锥形突出似为齿根，故全形可称为齿珠。全长 20、尖部宽 3.5、厚 5 毫米（图 12-7）。

（4）艺术品

为 3 立雕残件，其中 2 件兽足，1 件兽角。

玉兽足　2 件。均残。一件为立雕，一件为浮雕。M1001：R3700，作立体雕形，上部残缺，仅存兽足部分。残足上部较细，横断面椭圆形，中部稍偏下绕有二圆周弦以上残存阳文一道。中部变为粗大。后面有两爪歧出，前面拱凸，中央有一“十”字阴文，下有八字形两阴线与侧面阴线相交，表示足上前爪轮廓。侧面平，下端有初月形阴线三条为各爪之间隔。残存高 33 毫米（图 13-1）。M1001：R3697，兽足上端残缺，左侧面上端横出一残断尖片，为伏兽足式，残去的上部可能本两边折转向上，上接兽腹，或仅右侧边折转左侧边直接兽腹。残足上端较下端稍厚，纵断面断锥形。下端各有两条长三角形阴线以表示爪形。最长 21、最宽 12、最厚 5 毫米（图 13-2）。

玉钝角　1 件。M1443：R1529，全为自兽头上折断而成，右外边尚存兽头顶极小之一部分。根端较粗大，横断面椭圆形，上段较细，顶端作半圆球形，周径稍大于上段。纹饰角顶以下（全角最细处）有阴线饰一圈，再下为一圈阴线尖角浪纹，角之前面在浪纹下有一阴线涡纹。残存高 29、根端径长 17.2、宽 15.7 毫米（图 13-3）。

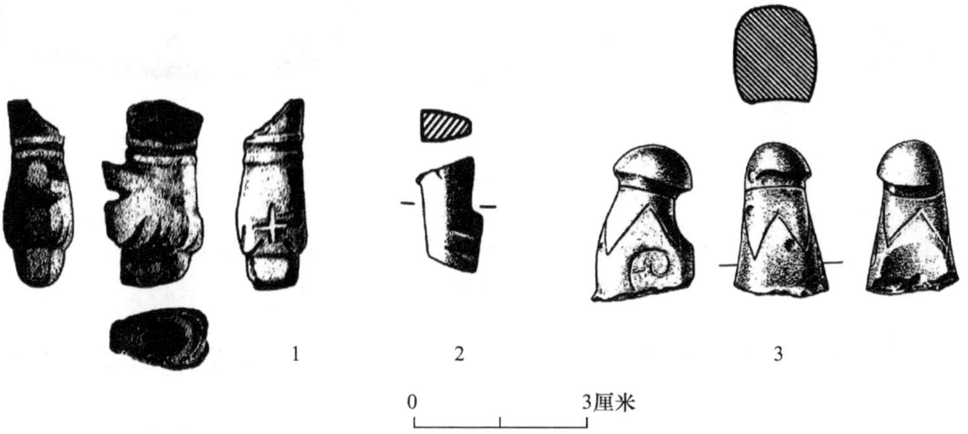

图 13　迁台殷墟玉兽足和玉钝角

1、2. 玉兽足（M1001：R3700、M1001：R3697）3. 玉钝角（M1443：R1529）

（5）镶嵌饰物

数量众多，多为嵌片。有四瓣长条形、鱼尾形、V 状、兽形、无棱饰脊背嵌片以及倒立 T 形缝棱饰脊背嵌片等形制。

四瓣长条形嵌片　3 件。均出土于 M1001。M1001：R3742，四瓣中三瓣完整，一瓣残缺。两宽面与上侧面磨光，下侧面瓣面与附近处有磋痕，余磨光。残存最长 73.2、最宽 43.5、厚 8.5 毫米（图 14-1）。

鱼尾形嵌片　3 件。M1002 出土此类玉嵌片 3 件。1 件保存完整，2 件则前端残缺，全形不详。此类嵌片末端作鱼尾双歧形而向下弯（或上弯），与一般鱼珮形不同，但弯度与片状弓形器之鱼型类者有别，似当为兽纹中镶嵌品。M1002：R1527，片形前端如戈头尖形而锋尖为齐头，后端如鱼尾形下（或上）弯，背（或腹）上有二齿如鱼翅形。无纹饰。最长 40、最宽 18.8、最厚 2.5 毫米（图 14-2）。

兽形嵌片　3 件。M1004：R1513，兽形。高 16、宽 23.4、最厚 3.2 毫米（图 14-3）。

V 状嵌片　1 件。M1443：R1544，形制为一枝较另枝稍长 V 形片，片之正面分为两半，外半磨成一平面，内半为自外向内斜下的坡面，但其外边与外半面成阶梯式浮起，背面全为一平面。长 22.4、厚 5.4 毫米（图 14-4）。

脊背嵌片　30 件。此类嵌片大多数在大面之一面或两面上有与下边平行的朱红色线条或被嵌用时的附着物。出土地点多数似发现于木器遗迹上，少数出于翻葬坑中。

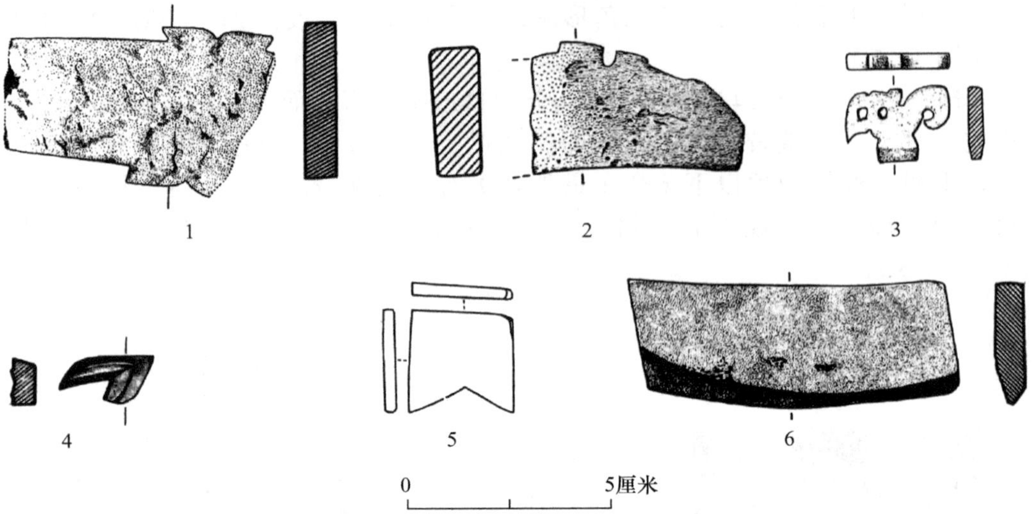

图 14　迁台殷墟玉嵌片

1. M1001：R3742　2. M1002：R1527　3. M1004：R1513　4. M1443：R1544
5. M1500：4：1376　6. M1500：R5244

形制上可分为两式：Ⅰ式倒立 T 形缝棱脊背嵌片、Ⅱ式无棱饰者。其中倒立 T 形缝棱饰脊背嵌片仅一件。

Ⅰ式　倒立 T 形缝棱脊背嵌片　1 件。M1500：4：1376，长方形片状，上部及右侧有直缝，倒立 T 形缝棱饰（图 14-5）。

Ⅱ式　无棱脊背嵌片　29 件。M1500：R5244 下边向外中拱，上边亦随下边向内中拱，两侧边倾斜，形成一弧条形片（图 14-6）。

（6）杂器

玉圈形器　2 件。均残。M1004：R8399，现存部分为一四角形弯片，仅见一原有边线似属圆形器口边的小部分。口唇平。外面左方有两横行阴线纹。内面光平，无纹饰。残存高 17.8、宽 16、厚 4.6、复原中穿口径约 45 毫米（图 15-2）。M1217：R1834，仅存一段约当全器 1/3，原器为一短管状之圆圈，上下两口面平，周壁自上往下微向内倾斜，因而上口稍大于下口，壁外面平直并有平行凸周线五道，内面中凸，形成时计形穿。圈口面与内皆无纹饰。高 22、中穿外口径 66.5、内口径 56.5 毫米（图 15-1）。

玉器残片　数量众多，有三角形、长方形、四边形、五边形、翘尖刀形、斜肩单刃、斜肩双刃、圆筒形、有齿弯条形、鱼尾形弯、有穿伏兽形等。M1004：R8376，现存部分为三角形片，两边为原边线，一边为折断成之边缘，此边尚存半个时计形圆穿。两大面平，原侧面微中凸。原表面皆打磨光滑。残存长 222.2、宽 21.6、厚 3.5、圆穿大口径 4 毫米（图 15-3）。M1001：R3673，上边横直未磨，锯解痕迹仍存，由上边两端斜下两肩各为中锋刃，两刃以下两侧边直，面磨光平，下边横直，面圆拱，两正面磨光。横长 50、纵宽 27.5、厚 3.1 毫米（图 15-4）。

综上所述，迁台殷墟玉器主要器类情况如表 2 所示。

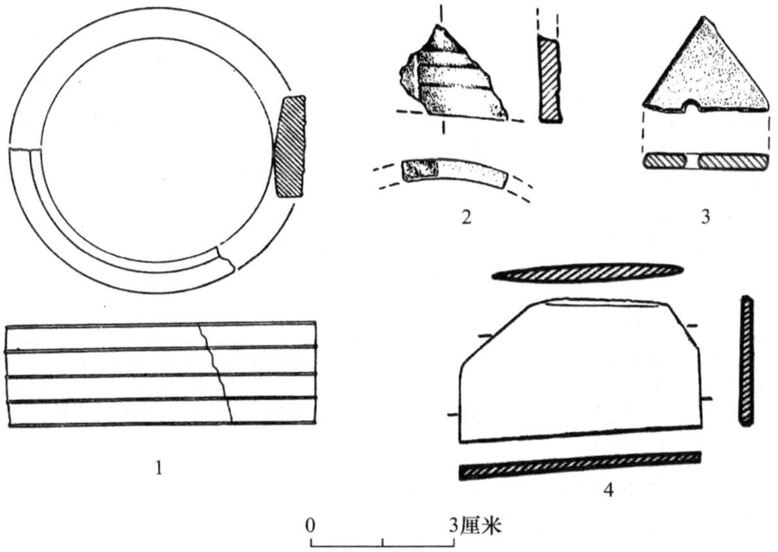

图 15　迁台殷墟玉杂器

1、2. 玉圈形器（M1217：R1834、M1004：R8399）　3、4. 玉器残片（M1004：R8376、M1001：R3673）

表 2　迁台殷墟玉器主要器类统计表

器类	件数	出土单位
玉琮	2	M1002（1 件）、M1004（1 件）
玉戚头	4	M1001（1 件）、M1004（1 件）、M1217（2 件）
玉戈头	195	M1002（61 件）、M1003（22 件）、M1004（15 件）、M1217（39 件）、M1500（43 件）、M1550（5 件）、M1443（10 件）
玉雕刀	3	M1001（3 件）
玉凿	1	M1001（1 件）
玉锛	1	M1001（1 件）
玉斧	2	M1001（2 件）
玉带刃器	7	M1217（1 件）、M1443（5 件）、M1550（1 件）
玉耳勺	1	M1001（1 件）
玉琴拨	25	M1002（5 件）、M1003（3 件）、M1004（1 件）、M1217（4 件）、M1400（7 件）、M1550（5 件）
玉兽面	2	M1443（2 件）
玉鸟	1	M1443（1 件）
玉鱼	12	M1217（11 件）、M1443（1 件）
玉臂饰	1	M1443（1 件）
玉笄	8	M1001（3 件）、M1004（1 件）、M1217（1 件）、M1550（3 件）
玉珮	37	M1001（3 件）、M1002（5 件）、M1003（1 件）、M1004（10 件）、M1550（18 件）

续表

器类	件数	出土单位
玉镯子	1	M1443（1件）
玉玦	4	M1443（3件）、M1550（1件）
兽面形带刃玉器	1	M1550（1件）
环形石玉器	84	M1001（6件）、M1002（34件）、M1003（14件）、M1400（1件）、M1217（9件）、M1443（9件）、M1550（11件）
管状玉器	5	M1443（5件）
弓形石玉器	10	M1001（7件）、M1002（1件）、M1443（1件）、M1550（1件）
石玉嵌片	36	M1001（3件）、M1002（2件）、M1003（22件）、M1004（3件）、M1400（1件）、M1443（5件）
玉脊背嵌片	30	M1004（1件）、M1500（29件）
石玉珠	73	M1001（9件）、M1002（3件）、M1003（9件）、M1004（14件）、M1217（3件）、M1443（32件）、M1550（3件）
齿珠形玉器	1	M1443（1件）
屋顶形小玉器	2	M1443（2件）
残玉柄纽饰	1	M1004（1件）
齐尖纽顶玉棒	1	M1004（1件）
玉兽足	2	M1001（2件）
玉钝角	1	M1443（1件）
玉器残片	47	M1001（20件）、M1002（3件）、M1004（5件）、M1217（7件）、M1550（12件）

（二）石器

石器数量相当可观，按它们的用途，大致可以分为礼器、乐器、仪仗（或武器）、生产工具、生活用具、装饰品、各种形象的石雕及杂器八类。洁白端庄的礼器及雕琢精细的各种形象石雕绝大部分用白色大理石制成。其他器物质料包括蛇纹岩、砂岩、石灰岩、石英岩、绿岩等。

1. 礼器

主要为白色大理石容器，容器类有鬲、簋、豆、尊、罍、碗、盘、盂、皿、俎等。此外还有少量石琮。

琮　5件。M1001：R3559，残存一角。原形“外方”的侧面平直，每侧约长73毫米，“内圆”的直径约55毫米。原表面均磨光，“内圆”上下均伸出“方”外。残存长30、宽44.5、高25、最厚处20.5毫米（图16-1）。M1001：R3560，存残片，拼凑后尚不到原器一半。“外方”侧边拱凸，侧面磨平。“内圆”平面椭圆形，壁面磨平。残存长 27、宽 52、高 35.5 毫米（图 16-2）。M1550：R11667，残存琮一端一角，上端风化严重，可见“内圆”一部分，下边及两侧皆折断而成。以现存之部分观察，原琮应属于四角八兽头类。角外端所存凸起之兽面为阳文之两大卷角，圆角方形眼，大下卷鼻，上弯下唇所组成。兽头顶向外端，口向内。但表面风化极深，高度厚度已不明确。残存长 70、宽 52、最厚 44.5 毫米（图 16-3）。

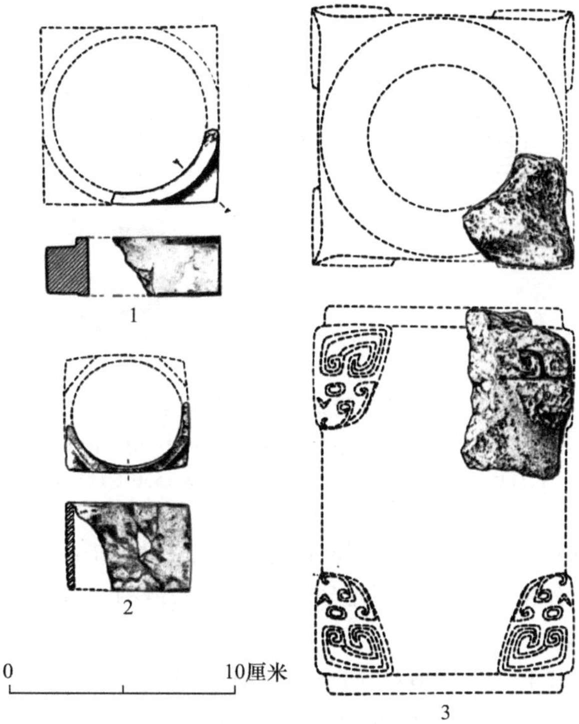

图 16　迁台殷墟石琮

1. M1004：R3559　2. M1001：R3560　3. M1550：R11667

鬲　1 件。M1500：4：1079，翻葬坑中地面下 0.8～8 米深出土。仅存口腹部分，折沿方唇，收腹，腹壁较厚。复原后高度约为 98 毫米（图 17-1）。

簋　2 件。均出土于 M1001。M1001：R5107，翻葬坑内距地表 10 米深出土，两残片，可拼合为簋形器上部。内外表皮原磨光，外表皮口下有平行阴弦围绕一圈（图 17-2）。

豆　1 件。M1550：4：376，翻葬坑中地面下深 4.8 米与 5.1 米各出一残片，两片可结合。缘盘部全破碎，但只缺去约 1/2，余部完全。制作器物弧度准确。外表面经打磨光滑，盘内表面打磨痕清晰。纹饰简单，口缘下有紧靠之平行阴线一双，底面高处另有较宽的平行双线。柄周有紧靠之凸线 9 条。此器为豆盘与柄的上段。柄底侈口圆穴预备安置于石（或木或其他料）之座。高 81、口径 126、腹深 26、口唇厚 7、腹壁最厚 17、柄底径 42 毫米（图 17-3）。

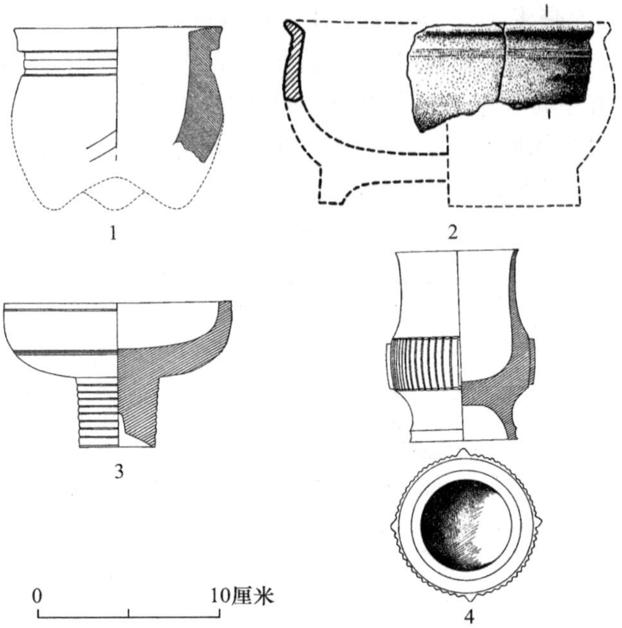

图 17　迁台殷墟石器之礼器类（一）

1. 石鬲（M1500：4：1079）　2. 石簋（M1001：R5107）
3. 石豆（M1550：4：376）　4. 石尊（M1550：4：137）

尊　1 件。M1550：4：137，翻葬坑中地面下 1.7 米深出土。大口瓶，口微侈，最粗部分稍偏中线以下有装饰一带，圈足较口部狭，底缘有箍纹一道。高 111、口径 71、底径 61、最大径 78 毫米（图 17-4）。

碗　3 件。分别出土于 M1004、M1500、M1550。M1550：4：1529，翻葬坑中出土“石碗”残片。残片一，腹底圈足之小部，不见纹饰，表面风化颇深，残存高 80、圈足高 29、圈足底厚 16 毫米（图 18-1）。

盘　1 件。M1217：R4992～4994，翻葬坑中地面下 7.7～11 米深出土，三残片，不能互相结合。两片极小，一为口缘片，一为腹片，一片较大约存全器 1/8，但口腹足具存，可复原。“器实”厚重浅短。周壁，内面有平行双线两道。内底面似盘一龙亦以阴文钩轮廓。壁外面有浮雕旋纹两道。口径约 355、高约 122、腹深约 68 毫米（图 18-2）。

盂　5 件。均出土于 M1001，其中下层出土 4 件，上层出土 1 件。M1001：R5032 翻葬坑不同深度填土中出土。12 块破片，接合后，唇缘圈足，腹壁稍缺失，但可见全器之形状。腹壁向外微斜，表面打磨光滑，腹壁上限阴文两道，下限一道，圈足上下限各一道。器高 119.2、口径 164、唇缘径 176.2、腹深 80、圈足底径 120.3、圈足高 26.2 毫米（图 18-3）。

罍　1 件。M1550：4：1529，翻葬坑中出土，此一石容器之残片 3 块。器腹圆鼓，最大横径在中下部，腹下有圈足，原器可能属于罍、壶之类。内表面不见纹饰。外表面纹饰皆用阴线钩出。腹上部或颈腹之间花纹带饰不详，其下为一连续格纹带，

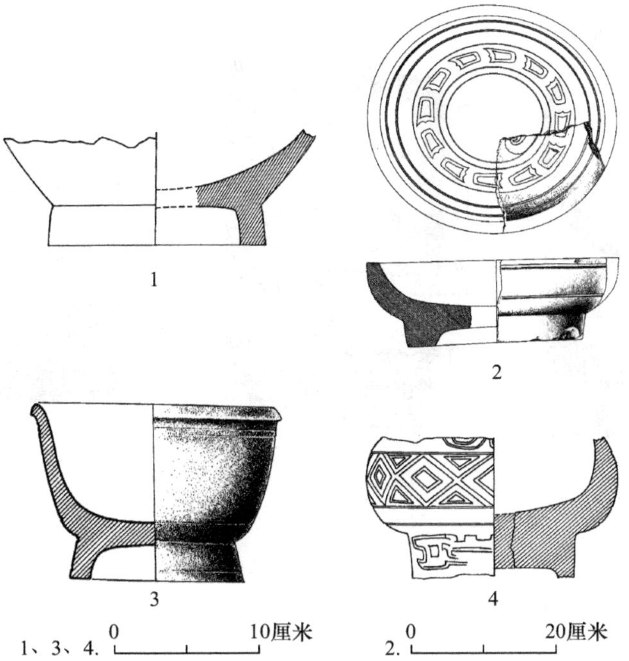

图 18　迁台殷墟石器之礼器类（二）

1. 石碗（M1550：4：1529） 2. 石盘（M1217：R4992～4994）
3. 石盂（M1001：R5032） 4. 石罍（M1550：4：1529）

再下有一阴周线。圈足上部列有方目张口龙纹。器残存高 97、残存腹深 44、腹最大横径 175 毫米（图 18-4）。

皿　3 件。均出土于 M1001. 有方皿和圆皿两种形式。M1001：R7513，圆皿，翻葬坑 8.9 米深出土。浅盘，短足，壁各部皆厚，底尤其厚，盘壁微向内钩，唇顶面向外微斜，圈足底面向外微斜，盘底面微圜凹，下面中部微凸。盘外壁有纹饰一带，为 3 个“尾鼻劈一头二身虎纹”（图 19-1）。

M1001：R5053，方皿，翻葬坑中出土，破为 10 块可以拼合，缺一器角，石质保存尚佳，全身染上灰色，棕色之斑点，斑片，足内面窝底上有捶琢窝痕（图 19-2）。

甗形器　2 件。M1002：R4756，翻葬坑中 3 米深出土，仅存容器腹壁近底处之一残片。上部较薄，下部较厚，内表面磨光，外表面之纹饰仅存一兽面纹左下半。纹由剔地阳线构成，线间之素地亦经磨光，纹饰之下边以一周阴线为界，更下则为素面无纹的器外底面。片之内外表面及一残断面皆沾有朱红色。残存高约 52、宽 60.5、最厚 26 毫米（图 19-3）。

俎　10 件。M1001：R5034，仅在翻葬坑中发现 4 块残片。4 碎块合计约全器的 1/4。俎面长方形，光滑，中部微凹。面周缘刻有刻纹一圈。两狭侧为阳文“一头双身虎纹”，两长侧为阳文“虎纹”。面下近两长边出两足，两足中段刻成凹口，足微外斜，足之外面左右分为相对称的两个单位，每单位中刻有阳文“龙纹”，头向俎面狭边，纹外有素边一周。俎面复原长 447、宽 174、足高 63、通高 93 毫米（图 20）。

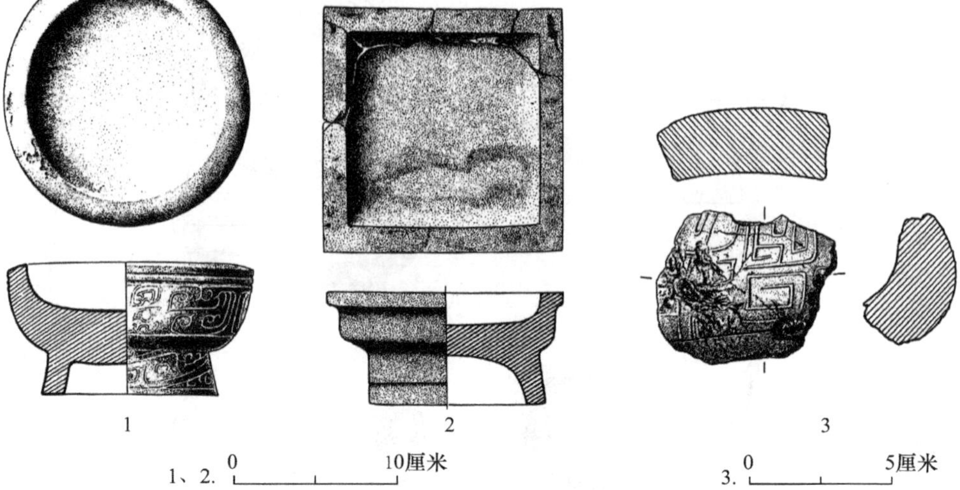

图 19　迁台殷墟石皿和甗形器

1、2. 石皿（M1001：R7513、M1001：R5053） 3. 甗形器（M1002：R4756）

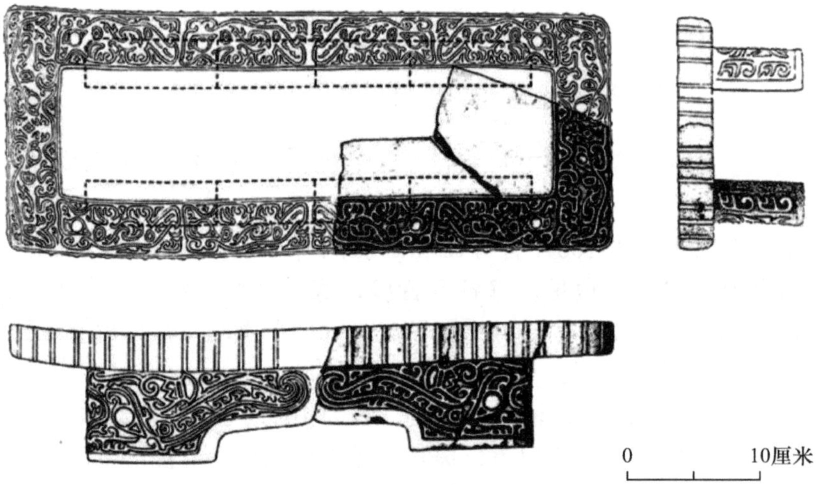

图 20　迁台殷墟石俎

甬形器　7 件，均出土于 M1004。M1004：R8016，翻葬坑中地面 10.5～11.5 米深出土，由 5 块碎片接合而成，腹壁缺约 1/2，底足部几全缺。据器底以上形状可推知为上下等径的圆甬形，平唇，微向外倾斜，内底面圆。内外两面满布竖砺痕，外面比较光滑。残存高 185、外口径 195、内口径 152、周壁中上部厚 25.6 毫米（图 21-1）。

器足形器　5 件。M1001：R1558，翻葬坑内出土，大理石制。顶，脚两端及下段正面表面风化，但形式皆全可辨。形状为一较宽短梯形与一较窄短梯形相连的塔形。上短宽梯形刻浮雕兽面，下长狭梯形面上阳文刻兽面三角体兽形。正面、两侧、下弯面皆打磨光滑，上面与背面打磨不佳（图 21-2）。

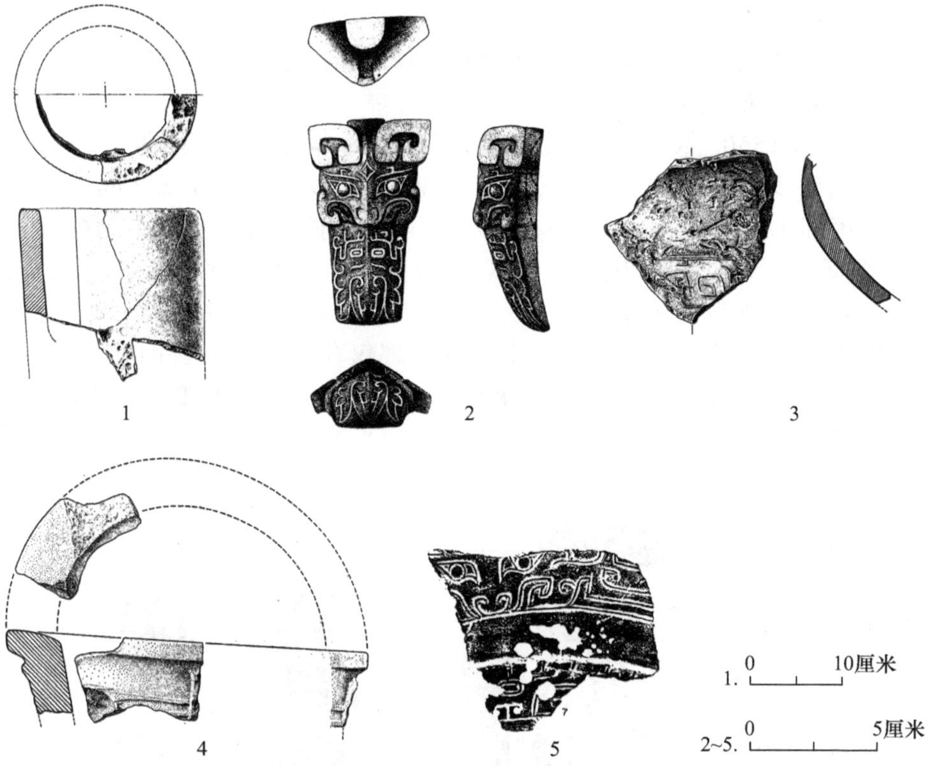

图21　迁台殷墟石器之礼器类（三）

1. 甬形器（M1004：R8016）　2. 器足形器（M1001：R1558）
3～5. 残石容器（M1004：R8337、M1004：R8316、M1004：R8338）

残石容器　22件。均残缺严重，仅剩颈部残片、口部残片、腹部残片、圈足等部分。M1004：R8337，仅存器颈部片一，上边距口极近，但不见口缘。四边皆有折断而成。形状似属罍、罐形器之颈片。内外两面打磨光滑，内面尚见横磨痕。外面下部残存阳文之几何纹。残存高65.3、宽67、上边厚4、下边厚8毫米（图21-3）。M1004：R8316，仅存盂形器口边之一小部分。侈口，唇微中拱，并向外向上伸撇，圆腹自口起向下渐收。表面打磨光滑尤甚。外面有竖行与横行浮起装饰。残存高约33、宽约49、最薄处9毫米（图21-4）。M1004：R8338，破碎不全。仅存腹足片一。外面腹足之间，内面腹壁上皆有风化甚深的圆穴。外面腹上残存兽面纹，尚可见两人眼，小上卷鼻，钓下唇等，足上存变形兽面纹。纹饰皆剔地阳文。残高6.6、圈足高27、腹壁最厚17、足底厚14毫米（图21-5）。

2. 乐器

有磬和埙两种。

磬　18件。M1002：1232，翻葬坑中出土，灰色，细质石灰岩制，四块可接合成石磬前段之上部，后端存大半个圆穿与M1003出土石磬之后半段相接。全器制作精工，厚度颇匀，中部稍厚，大面甚平，缘面亦平，与大面垂直。表面打磨原本甚平滑，纹饰带之阴文线极整直坚定。残存最长 305、最宽 128、最厚 29 毫米（图 22-1）。M1217：R1754，大致平面不等边四边形之扁石块。弧拱之边最高峰处钻一不对称之时计形穿。最长 620、最厚 42 毫米。

埙　1 件。M1550：R14583，由 3 碎块接合后，埙之上段全缺，下口处缺小部分，腹壁亦缺约少半。埙作上端细于下端之断尖榄形，上下两端之间贯一圆中穿，而不见底，因埙上端全缺，中穿上口形状大小皆不确知，自上口以下穿腔中鼓与埙的外形相呼应，最下一段变为高仅 10 毫米的直穿，不见埙底。埙壁一面有并列两圆穿，分位于一兽面纹左右眼中，穿作断锥形，外口小而内口大，现存情形一完整，一仅缺少半。相对的另面应有 3 个圆穿，现仅存一残穿在兽面纹右眼中，穿直形，口径皆较上述两穿为小。残存高 80、中腰外径 54.5、中腰壁厚 10.9、底边外径 30 毫米（图 22-2）。

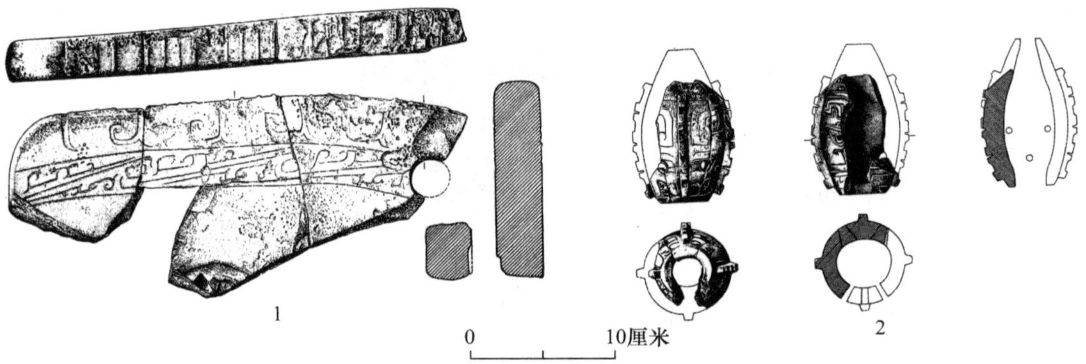

图 22　迁台殷墟石磬和石埙

1. 石磬（M1002：1232）　2. 石埙（M1550：R14583）

3. 仪仗（或武器）

器类有戚、戈、镞三种。

戚　23 件。M1002：R4764，仅存戚头中段之一片，有一短原侧边，边上尚存二残齿，其余边线皆为折断而成。残存长 36、宽 63、厚 11.8 毫米（图 23-1）。M1001：R3019，残存玉戚上部一角，上边直，面拱凸，方转角，侧边尚存两齿，侧面拱凸，第二齿侧面凹入，两端歧出两小齿，两正面光平。长 40.5、宽 37、上端厚 3 毫米。

戈　1 件。M1001：R854，上半援中后部缺三角形一片，近尖上下边各有一小缺口，援后下角缺。援内面无胡，援两面皆有中脊，正面脊不如背面高。最长 433、最宽 73、最厚 3 毫米（图 23-2）。

镞　1 件。M1217：R4965，尖锋端残缺，镞身平视长三角形，现存部分亦前狭后宽横断面等边三角形，三长面磨制极平，身下接圆锥形短铤，铤上部成圆柱形，下部突缩收成乳状，铤面亦皆磨过。残存长 53.6、最宽 23.2、最粗 12 毫米（图 23-3）。

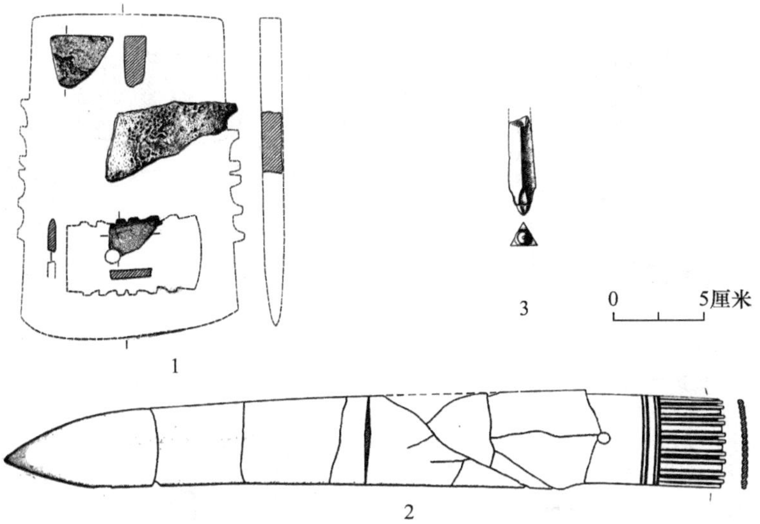

图23 迁台殷墟石戚、石戈和石镞

1. 石戚（M1002：R4764） 2. 石戈（M1001：R854） 3. 石镞（M1217：R4965）

4. 生产工具

数量最多。器类有斧、锛、刀、铲、杵、锤、网坠、纺锤、砺石等类。几乎都是实用之器。

斧 33件。均呈长方形，两面磨刃。根据其横切面形状可以分为两式：

Ⅰ式 横切面呈椭圆形。M1001：R3983，圆拱形顶面已残缺，下端折去不见刃形，现存原表面皆琢制，后经过粗磨，两侧琢制痕迹显著。残存长131毫米，最宽处在下端，宽90.5、最厚43毫米（图24-1）。

Ⅱ式 横切面呈圆角长方形。M1002：2：1507，只刃磨光，余面琢，刃崩缺。最长101、刃宽52、最厚32毫米（图24-2）。M1001：3：2950，上部残缺，刃部残缺一半，钝角长方形横切面。刃部及一宽面中部磨光，其余面琢制。现存最长85、最宽约74、最厚40毫米（图24-3）。

锛 2件。M1004：R8332，锛平顶，偏锋，直双刃（微弧）。平视如梯形，脚顶边小于刃边，侧视如刻刀形，上宽下尖。各面打磨极光滑。最长41、最宽29.5、最厚13.3毫米（图24-4）。M1217：4：222，全体磨光，除脚微圆凸，腹两面微凸，余面皆平，面与面之间为棱角。最长84.5、刃宽30、脚宽30、最厚29毫米。

粟刀 1件。M1004：R8331，平视近梯形，最长一边为背边，相对之次长边为刃边。背边圆，两侧边近平直，皆有粗磨痕。一大面平，磨制较精，仅最短之一侧边处微斜下。仅近次长边处方转斜下，使此边成一偏刃。大面中部有一时计形圆穿。长90、宽48.8、厚10.5毫米（图24-5）。

刀 14件。按形态可以分为三式：

Ⅰ式 拱背凹刃呈弯条形。M1001：R3988，末端不圆，残损后经过粗磨，其余各面磨光。残存长47、宽末端26.5、厚8毫米（图25-1）。M1217：R14414，前段残

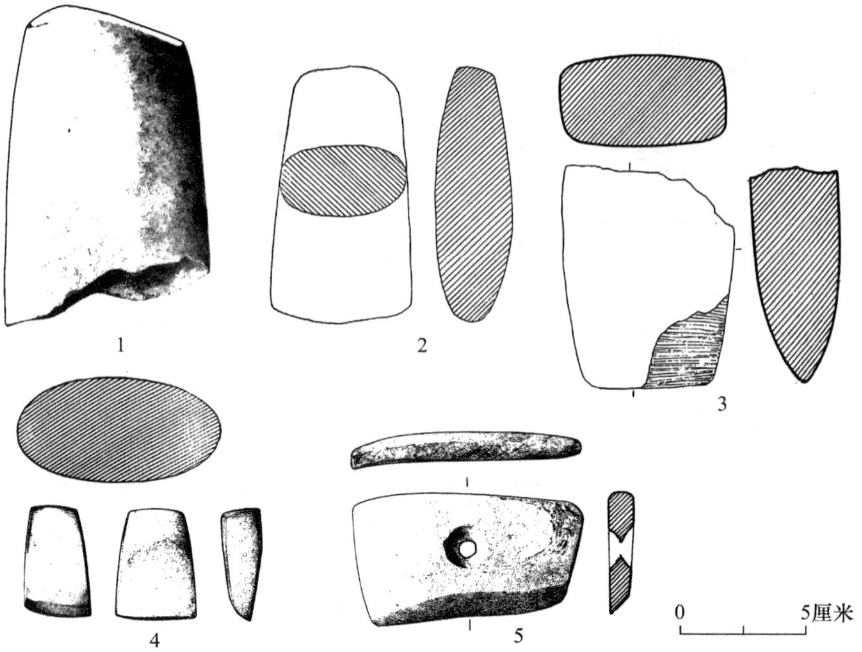

图 24　迁台殷墟石斧、石锛和石粟刀

1～3. 石斧（M1001：R3983、M1002：2：1507、M1001：3：2950）
4. 石锛（M1004：R8332） 5. 石粟刀（M1004：R8331）

缺，后边稍崩缺，刀背粗磨，或平，或仍存打剥面，刀刃圆钝，柄端下边平，后边亦未磨平，两大面磨光，惟近背处仍有少许打剥面。残存长 79.5、最宽 37.3、最厚 9.8 毫米（图 25-2）。

Ⅱ式　长方直刃呈长条形。M1001：R3986，琢制，两面粗磨，背面磨光，末端磨平，一面凹穴 3 处，一面凹穴 2 处，琢制痕迹。残存长 250、宽 63.2、厚 8.1 毫米（图 25-3）。

Ⅲ式　“小屯石刀”。M1217：R4953，仅存刀下部之一残片，上左右三边皆为折断边，下刃边亦大部崩缺，两大面磨平，皆自上往下微向下斜下。左右长 51、上下宽 32、最厚 4.9 毫米。

铲　3 件。M1001：3：2009，斜刃，背面微凸，腹面凹，除了粗制柄脚两侧为粗打脱落面外，其余磨光。背刃面有磨后新错纹。最长 159、刃宽 82、脚宽 68、最宽 87 毫米、最厚 16 毫米（图 25-4）。M1004：3：906，斜刃，稍有崩缺。一平面，一面微凸，两侧面圆，刃偏锋，似皆经磨光。是否原有脚柄不知，现存形状似脚端磨过。最长 100、刃宽 71.5、最宽 71、最厚 9.5 毫米。

杵　3 件。M1001：R9666，残存一小中段，两端皆残段，一端较粗，横断面椭圆形，周围面磨制不十分平。残存长 71 毫米，粗端长径 74.5、短径 70 毫米，细端长径 72、短径 64 毫米。M1550：R9476，形制如一端稍粗一端稍细，横断面圆，两端面凸圆之杵。长 35.1、最粗径 92.5 毫米，重 4850 克。

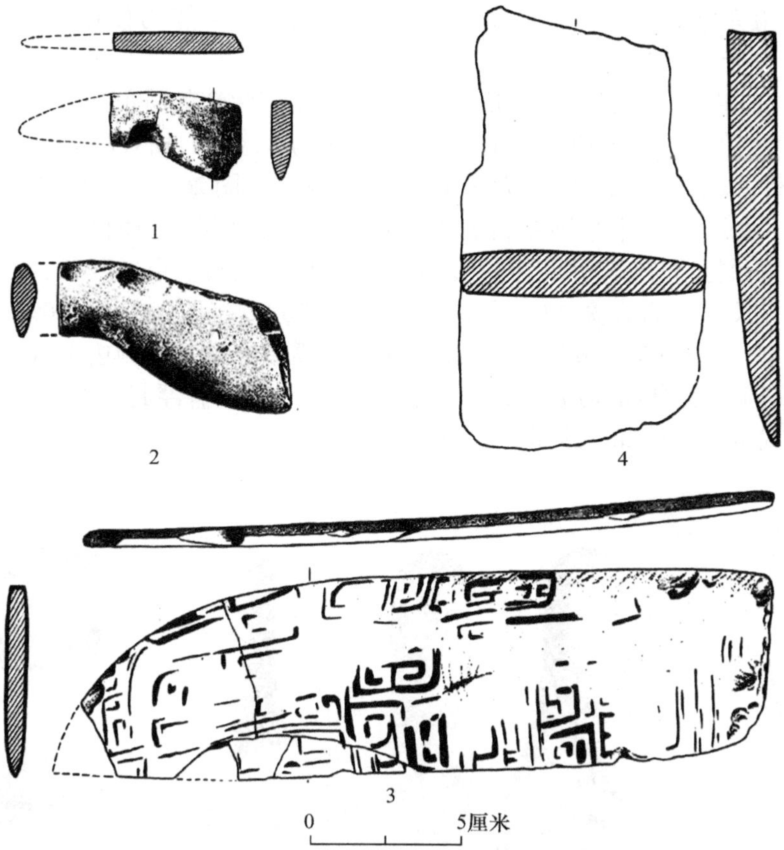

图 25　迁台殷墟石刀和石铲

1～3. 石刀（M1001：R3988、M1217：R14414、M1001：R3986）4. 石铲（M1001：3：2009）

锤　1 件。M1002：2：1500，锤身圆转，两端亦圆，横切面近卵形，纵切面如圆角长方形，两端有撞击痕，余面粗磨平。长 94、最粗径 47 毫米（图 26-1）。

手槌　1 件。M1004：R8011，如一桌球拍子。柄端作横断面圆形之棍状，圆头。另端作较宽而扁板，两大面微斜下，圆边。柄与板间无显著分界。长 216、最宽 94.5、最厚 51 毫米（图 26-2）。

网坠　1 件。M1001：R3713，正面为平面，各侧面为圆拱面，各面均有“错制”痕，两端凹沟由两侧面错起，故两侧深。两平面上或仅极靠边处，或较浅不衔接。石坠两端与上下两边厚度不同。长 53.3、最宽 20.7、最厚 12.2 毫米（图 26-3）。

纺锤　1 件。M1001：R3711，原为平底，直边，中拱面。面中央有圆穿的圆形片状器，现残存不到 1/2。底面及周边面经过磨制，现上面不平，乃石面有所剥落情形，断锥形穿仅存小半，壁面平。残存长 41.3、宽 23.4、厚 14 毫米（图 26-4）。

磨石包括砺石和砂石条约 500 多件，其应用范围较广，形状有长条形、扁平形、矮柱形等几种。M1004：R8354，不规则长方形片。保存较多的大面经磨光，较少之一面则仅经过粗磨。侧面仅以长边者经过粗磨，其余皆为折断面。长 100.8、宽 58、厚 20 毫米（图 26-5）。M1004：R8313，存完整，仅一边角有微伤缺。两大面四侧面皆磨成平直，边角亦整齐。一大面上有一片地方较光平，可能为使用痕。长 127.4、宽 39.5、厚 8.8 毫米（图 26-6）。

残石器　23 件。均残，有三角形、铲形、具圆穿、双穴等不同形制。M1002：R8116，平面为不等边三角形。弧形边面磨光，平，直线边为片之两面相对切割后中经折断而成，折断面未经磨磋。残存长 23.2、残存宽 12.5、厚 4 毫米（图 26-7）。M1002：HPKM1002，现存仅一有二原边及少半个圆穿的五边形残片。两宽面平，边面直立，穿断尖锥形。两宽面及短边面打磨光润，长边面有磨搓痕。残片可能属于小形石斧、锛或戈头之内一部分。残存长 21、残存宽 12、厚 2.4 毫米（图 26-8）。M1002：R4909，现存部分如一短小方柱型，一端较另一端稍粗。纵断面顶边弧形中拱，两侧边平直，底边中横直两端向顶边斜上，横断面顶边右弧形，底边平直。一侧面有浮起之卷纹（或爪纹）。残存长 33.5、宽 30.3、厚 28.2 毫米（图 26-9）。

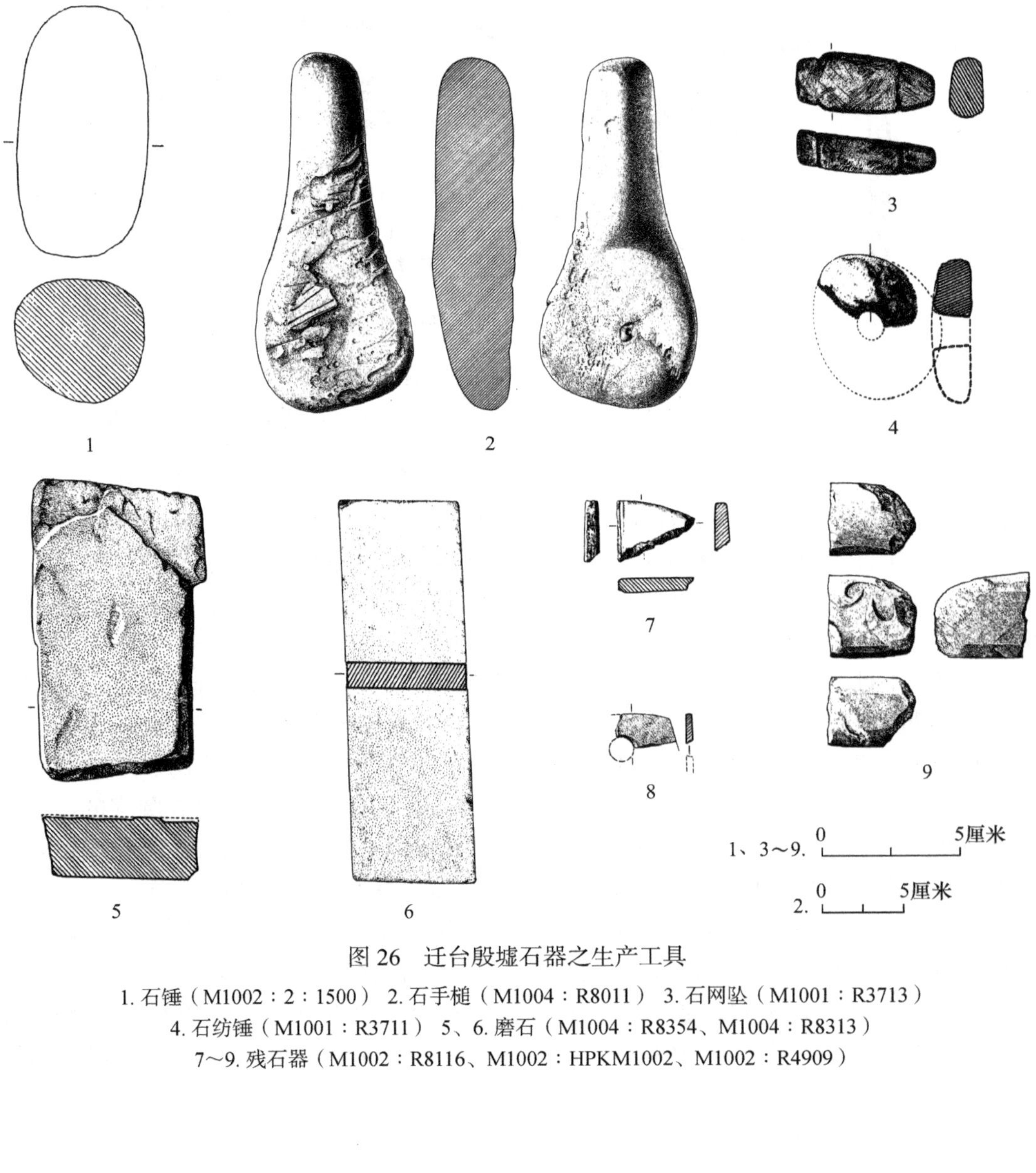

图 26　迁台殷墟石器之生产工具

1. 石锤（M1002：2：1500） 2. 石手槌（M1004：R8011） 3. 石网坠（M1001：R3713）
4. 石纺锤（M1001：R3711） 5、6. 磨石（M1004：R8354、M1004：R8313）
7～9. 残石器（M1002：R8116、M1002：HPKM1002、M1002：R4909）

5. 生活用具

调色碟　1件。M1001：R7512，白色大理石制，大体似皿形，实心，盘侧面上缘下有阴旋纹一双，与圈足接界上有阴旋纹一道，圈足底以上有阴旋纹一道。器全高75.8、圈足高25.7、圈足外底径94.8、盘腹高38.5、盘外缘径126、凹穴深约5毫米（图27-1）。

笄　1件。M1001：R3714，下端残缺，上部有浸蚀之一深沟。笄身上粗下细，横切面皆圆形，平顶。下端不详。残存长87、上端横径8毫米（图27-2）。

6. 装饰品

石眼　34件。根据其大小，可以分为两式：

Ⅰ式　大型石眼。M1217：R4976，底面平，顶面中央有一平面，四周弧形斜下面见若干小平面。横径50、高度21.7毫米（图27-3）。

Ⅱ式　小型石眼。M1217：R4978，大致完整，地面平，顶面有若干小平面及一不规则之小浅穴。横径29、高度9.2毫米（图27-4）。

石嵌片　133件。有条形、弯条形、四边形等。M1217：R4962，长方形，正面上有四道平行脊。脊“假浮”，由剔地而成。背面原磨平，四边面亦平而直，无脊之通入。长45、宽25.5、厚8毫米（图27-5）。M1002：3：446，器作小扁条形，一长边中凹，另长边直，偏于一端有一半圆形缺口，自缺口往另一端的边面不平，成阶梯形。长35、最宽8、最厚3毫米（图27-6）。M1002：R4907，现存部分正面之边角与背面边面皆风化，“刃”形垂直边之边面先自上直向下，再向背面斜入。原面皆未打磨光滑，存有磨磋痕。残存长53、最宽21.5、最厚10毫米（图27-7）。

其中脊背嵌片可以分为有直立缝和倒立T形棱饰、无缝形棱饰两类。

有直立缝倒立T形棱饰脊背嵌片根据其形制可分为三型：

A型　下边向外拱弧。M1217：R5191，一侧边有半个倒立T形缝之后半，另侧无缝，两大面下部斜下面有磋痕，其上并各有一朱红色线条，余面磨平。长53.2、宽25、厚6.6毫米（图27-8）。

B型　下边向内凹入。M1217：R5200，仅一侧有半个倒立T形缝之前半，各面磨平，两大面平行，近下边处有朱红色线条残痕。长94.7、宽25.5、厚7.4毫米（图27-9）。

C型　下边下边横直。M1217：R5215，一侧边有倒立T形缝半个之后半，上边两侧边面磨平，下边面存锯痕未磨去，两大面磨平，平行，缝之下侧面有朱红色。长42、宽25.4、厚5毫米（图27-10）。

无缝形棱饰脊背嵌片根据其形制可分为二型：

A型　条形片。M1217：R5228，两大面及各边面皆磨平，两大面近下边处各有一朱红色线条。长85.8、宽19.6、厚6.2毫米（图27-11）。

B型　梯形片。M1217：R5159，片作梯形，长度小于高（宽）度，上边长度小于下边，四边面磨平直立，两大面亦磨平。两大面下半近下边处各有一横行朱红色线条。长14.3、宽19、厚7.2毫米（图27-12）。

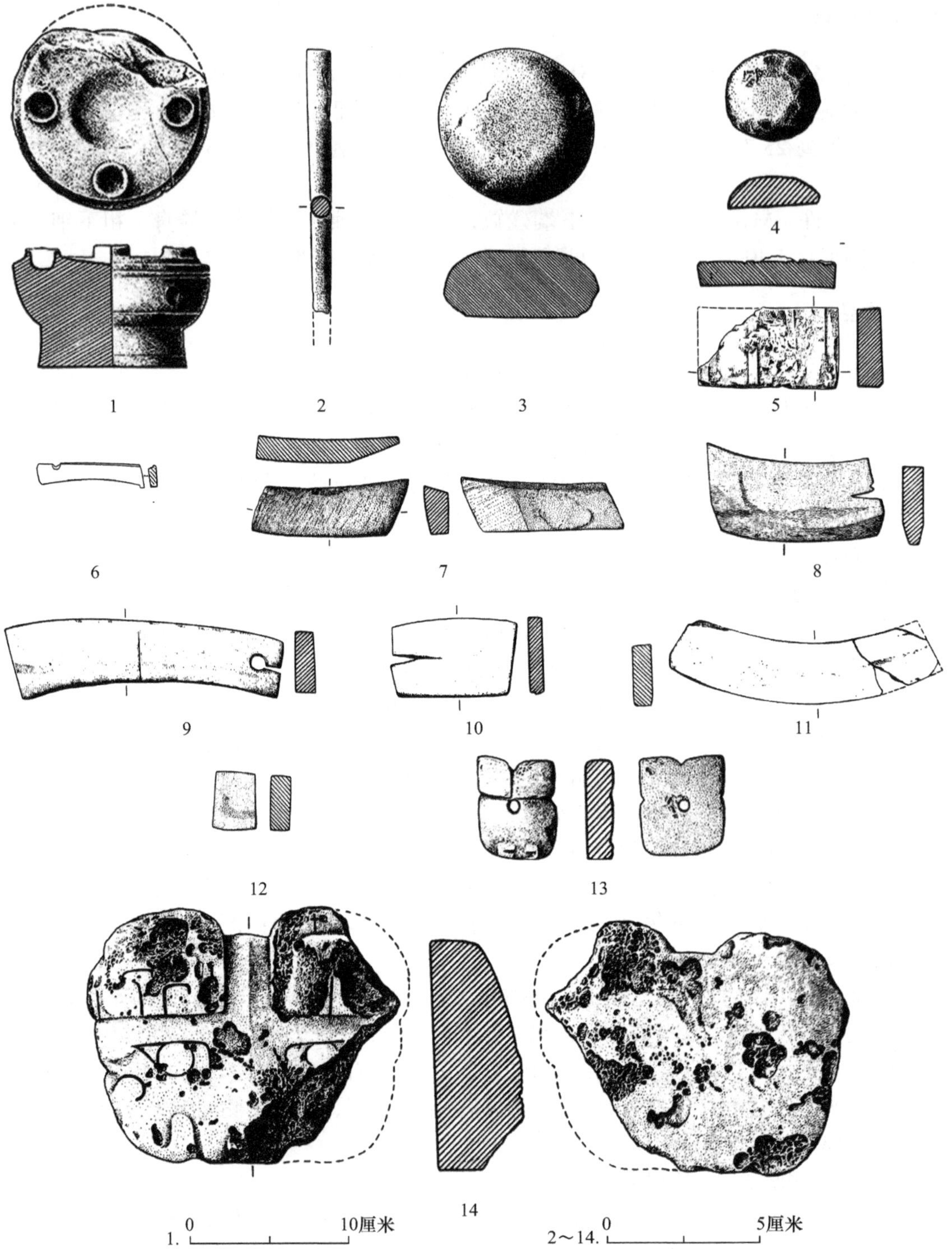

图 27　迁台殷墟石器之生活用具和装饰品

1. 调色碟（M1001：R7512） 2. 石笄（M1001：R3714） 3、4. 石眼（M1217：R4976、M1217：R4978） 5～12. 石嵌片（M1217：R4962、M1002：3：446、M1002：R4907、M1217：R5191、M1217：R5200、M1217：R5215、M1217：R5228、M1217：R5159） 13、14. 石兽面（M1004：R8319、M1004：R8349）

石兽面　13 件。分为长方形石兽面和梯形石兽面。其中以长方形石兽面为多。

M1004：R8319，为一两下角圆化的长方片，中央有一断锥形圆穿。底面平，四侧面竖直。正面纹极简化，在中穿往上有二个一角圆化的方形面，象征兽之有二弯形角，角之轮廓用自两侧面深刻后相对转入正面所成之一横直。原表面打磨光平。高 27.5、宽 24.1、最厚 7.8、穿大口径 4.5、小口径约 3 毫米（图 27-13）。M1004：R8349，为无凸鼻梯形片，兽面之底面平，三侧面皆大体与底面垂直，上有二弯角，角下人眼，眼之左右二耳，眼下为上卷鼻，鼻之左右二上钩下唇。角、鼻、下唇微浮，耳上并有阴线。眼下颚用阴线勾出，正面磨光，背面满布磋文。最高 86.2、最宽 104.4、最厚 30.5 毫米（图 27-14）。

7. 石雕

人像石雕　2 件，均出土与 M1004。为白大理石雕，其中一为跪坐，一为蹲坐。

M1004：R1580，现存部分为肩以下身之右半，膝前、手指、胫外侧、背、肩背全部、臀部皆崩缺或表面风化，上下两段相接之处亦有损缺。胫叠压于股下，臀坐于脚踵上，脚趾向前弯，双手拳置膝上，腰背挺直之跪坐人像。上身穿大领衣，衣长盖臀，右衽。腰束宽带，下身外着裙，长似过膝。胫扎裹腿，足穿翘尖之鞋。衣之领口、襟缘、下缘、袖口缘有似刺绣之花边。腰带亦有刺绣之纹。裙似“百褶”，亦有绣纹。裹腿，鞋无饰。雕刻亦为殷刻所通见之“方”出，肩以下口臂肘与腰间镂空，二足之间有一槽。腰肘间之穿，以攒起头（腰间尚可见二攒窝）。刺绣纹皆刀刻 V 形横断的阴文。裹腿的叠纹为阳文。表面打磨光滑。残存高 126.5、前后厚 98 毫米（图 28-1）。

M1004：R8012，为两手抱膝蹲坐之像，膝以下及胫下端（足及臀下端）以下缺。现存部分为上臂之最下段，下臂全部，腹腰部，臀股之大部，胫之大部，保存情形尚佳。全身除胫下段，无服装之痕。胫之下段有似皮革所制“裹腿”，或靴子上段为一片皮卷于胫，两边外叠与内上，上以绳索交叉绑扎。像硕腹，阔臀，上臂宽胖不合比例，由肩直下，紧贴胸侧。下臂折 90°角向前，与地平。两手（五指伸展）抱膝头之下，胫之最上端。股与腹臀不分。胫似二圆柱，安着于腹股之前。腰本身之模塑尚佳。两手“模制”最精，指甲、指节、腕骨表现甚妙，惟拇指之位置仍不自然。裹腿（或靴）浮雕甚好。整个器物仍是“方”出，表面打磨过。残存高 85.5 毫米（图 28-2）。

虎形立雕　10 件。均为大理石雕刻。其中两件残缺，仅剩虎头部分。

M1550：R22128，为一石虎首人身爪形立雕。此一神话动物，虎首人身虎爪形立雕之姿势为屈膝跪坐，臀压后爪上，前爪正置膝上，头自肩直出，无项，向前突，张口，面向上。与 M1001 所出之白色黄斑大理石虎首人身虎爪形立雕形制和姿势全同，只形体稍较高大。最长 149、最宽 119、最厚 68 毫米（图 29-1）。

M1004：R1604，残存头之全部及颈最前段。左面侧有腐木痕数段。头、面、颈大致“方”出，上唇左右二包及额轻微模塑，弯耳浮雕，其正面弯线为阴线勾，眼双阴线勾，鼻卷，单阴线。口张，前面上下各阴线一道，未刻齿。侧面微凹槽之平行四

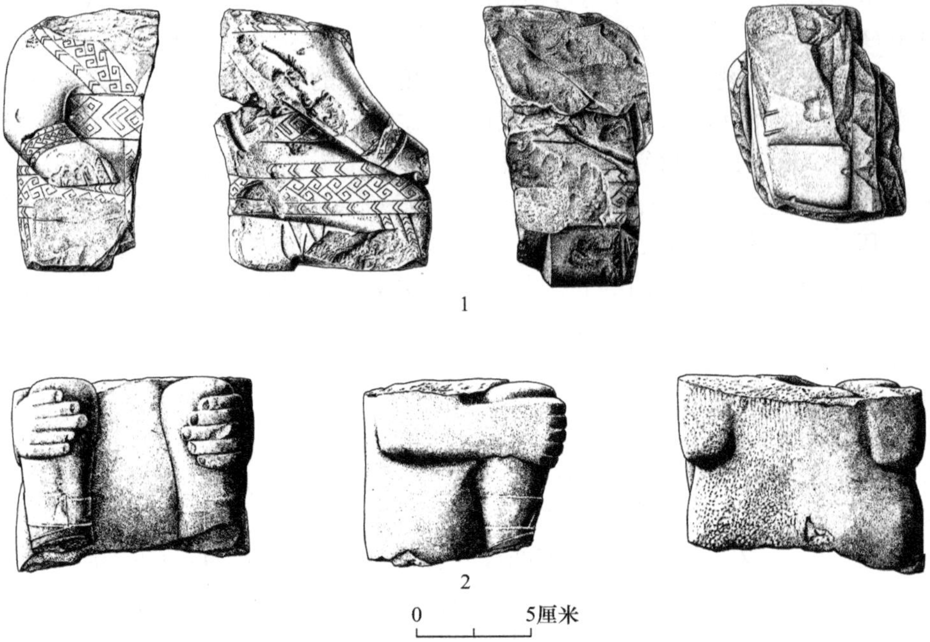

图 28　迁台殷墟人像石雕

1. M1004：R1580　2. M1004：R8012

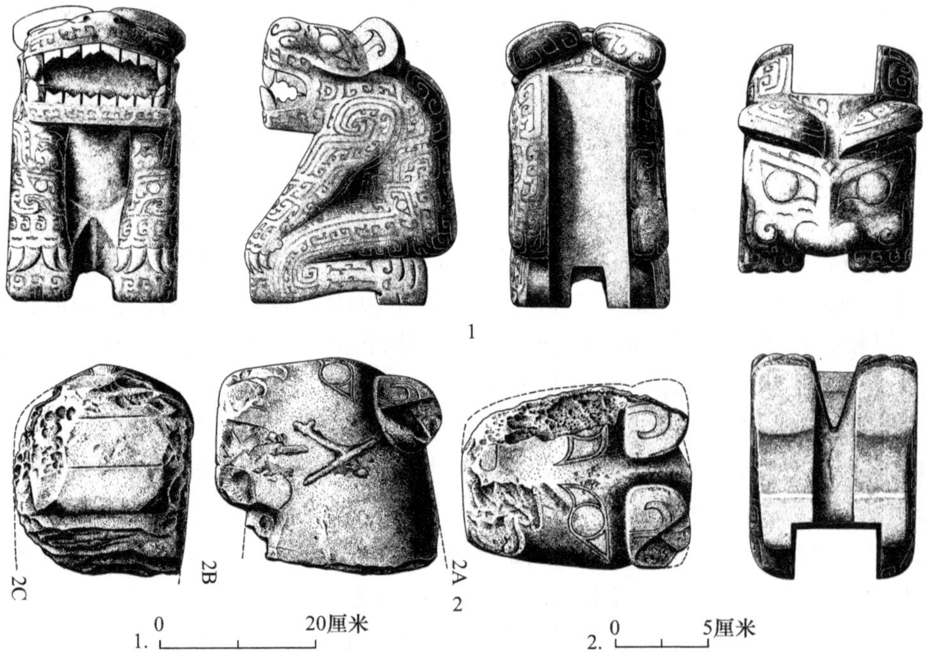

图 29　迁台殷墟虎形石雕

1. M1550：R22128　2. M1004：R1604

边形，底阴线之齿纹，上唇包皮及下颚后弯亦有阴线卷线。头顶两耳之间隆起成脊，表面成众多小平面。错综磨砺之痕极清楚，并未完全完成。残存前后长 115.5、前面高 118 毫米（图 29-2）。

牛　7 件。其中圆雕 5 件，平雕 2 件。

M1001：R7504，于翻葬坑内 9.05 米深处出土。面颚虽全毁，据宽大口腔推断，实际为张口之牛，下颚后弯模塑，角，耳高浮雕。背腹臀模塑颇佳，身首间有颈，短尾下垂两股之际高浮，全身（除了下面）盖满阴纹饰。表面阴文线条准确整齐，打磨亦佳。口腔内面尖底两圆穴表明用实钻。存长 235、最宽 99、最高 113 毫米（图 30-1）。M1500 出土一对石牛，M1500：R14451：1、M1500：R14451：2，形制相同，作伏卧状，方形头，口呈凹槽形，双角后伏，四肢内屈，形似水牛（图 30-2）。M1500：R4760 于翻葬坑中 9.5 米深出土。正面雕一牛头，两弯尖角作平面浮起，角上雕阴线卷纹，角上半月形素地自内向外坡下，角下牛面自中线微向两侧坡下，方眼、鼻形皆用阴线表出，但已不清晰，牛耳雕于片之两侧面，微浮起。背面上侧面染有红色，各面皆不光滑。此外 M1002 翻葬坑内出土两件片状石牛，一为白色大理石质，一似花岗岩。

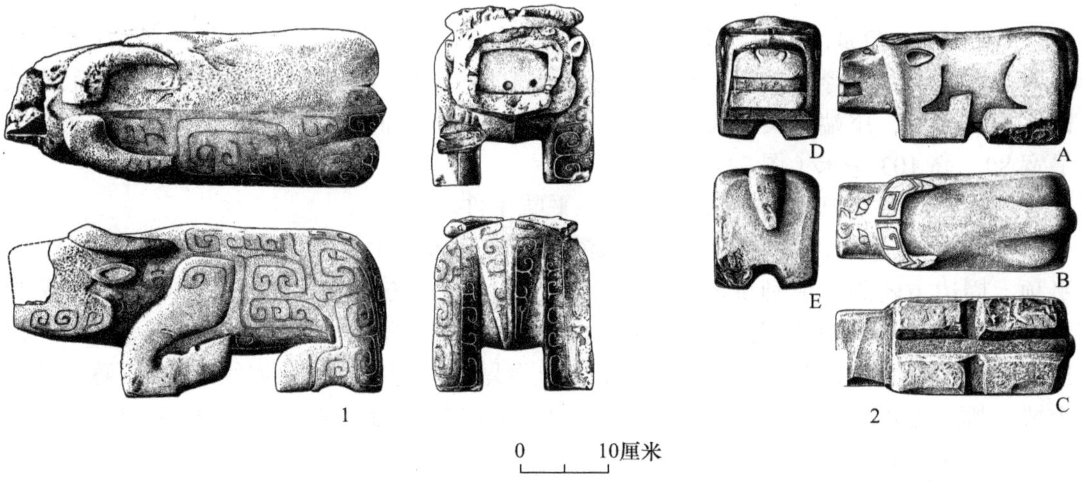

图 30　迁台殷墟石牛

1. M1001：R7504　2. M1500：R14451：1

枭形立雕　6 件，均出土于 M1001。

M1001：R1756，立鸟形，头扁圆，胸部向前凸，两翅贴于身侧，两足出于腹下，尾巴分于左右两边。前出写实之喙，上喙后缘有阳文。下喙后端有阴文向上卷纹，头上满盖鳞纹羽毛，眉冠间刻阴文菱形纹。龙骨隆起将胸部分为左右两面，胸部只刻一个阴文单位，为方角，三角形身，双爪。两翅贴于身侧，两足出于腹下，为垂直椭圆形柱，下出五浮雕爪，上各有阴文。尾巴分于左右两边，尾巴侧面刻有阴文。鸟背由头到底有一深槽，将后面分为左右对称两部分。全体雕刻极佳，打磨亦精。高 341 毫米（图 31-1）。

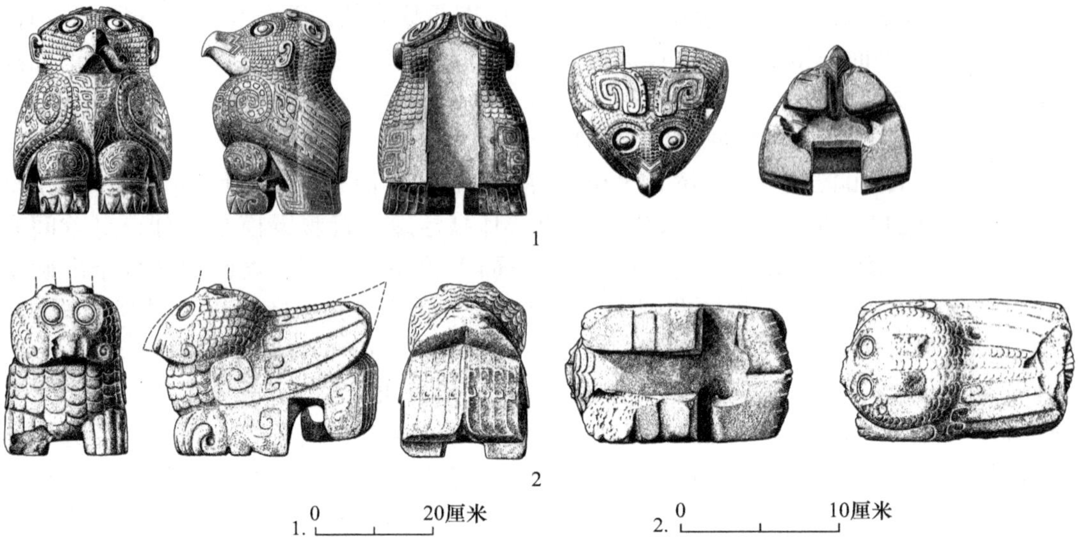

图 31　迁台殷墟枭形立雕

1. M1001：R1756　2. M1001：R5054

M1001：R5054，头扁圆形紧贴身上，双钩圆眼，全盖以浮雕鳞片，身盖浮雕鳞片毛八排，双翅各刻浮雕健羽四片，胸腹下生立雕双足，前屈，六浮雕弯爪，腿上阴纹饰，翅下出尾，尾端分叉，尖向前向上卷，侧面阳纹饰。雕琢，打磨极精。长 139.3、最宽 80、高 103 毫米（图 31-2）。

鸟兽　11 件。其中鸟兽圆雕 10 件，平雕 1 件。

M1001：R1755，于翻葬坑 9.05 米深处出土，兽头由兽身伸出于器之狭端，无项，平顶，周边方转斜下成圆拱形前喙面，顶面上，卷鼻方眼勾条眉浮起，兽背平，两长侧面浮雕四兽足，两长侧面各有两穿。两兽背上各饰假浮雕两侧视兽纹相对并列，兽纹上卷鼻，勾下唇，人眼，钩角，单爪，上卷尾。兽背中央饰几何纹 10 个，菱形纹两个成一排。兽爪上有鳞纹与各种窝卷纹，底面无纹饰。长 847、宽 412、厚 127、穿口径 28.6 毫米（图 32-1）。

M1217：R1607，为一鸟兽平雕。背面正视颇似人脑之上部及脑面起伏之纹形，又似鸭梨（桃形）形，即一端稍尖之长圆形，底为一平面。背脊轻微隆起。口至腹底之穿孔用途不详，或为悬挂穿绳索之用。底口不现磨痕。弧拱之背面刻为一奇怪神话的动物形。最长 149、最宽 119、最厚 68 毫米（图 32-2）。

双鸟面管　2 件。均出土于 M1001。M1001：R5055，翻葬坑内 9.6 米深出土。双鸟面形状相同，相背贴合，正面轮廓梯形，上宽下窄，下角随下颚成圆形，面分左右两半，各为左右微凸之面，耳朵、眼、下颚皆为浮雕。额饰阴文，鼻子上为阳文，环上有弦纹两道。根据管内平行摩擦纹路推测钻孔法为管钻。表面打磨非常光滑。全高 189 毫米。同一翻葬坑内 9.4 米深的地方出土一件形制与 M1001：R5055 完全相同但石料及制作上略逊的双鸟面管 M1001：R5056（图 32-3）。

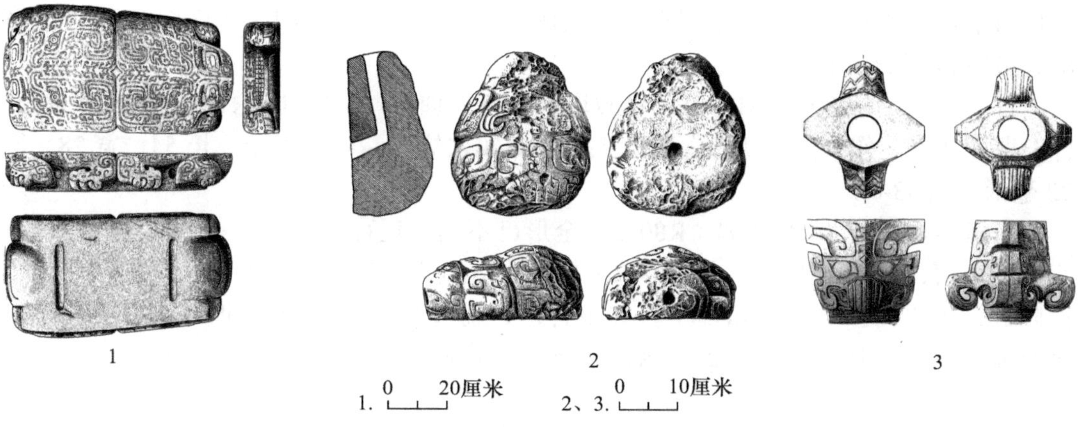

图 32　迁台殷墟石鸟兽

1. M1001：R1755　2. M1217：R1607　3. M1001：R5056

龟　4 件。均出土于 M1001，材质均为灰白色大理石。M1001：R7506，于翻葬坑内 10 米深处出土，伏龟形，头尾，四足皆伸出甲外，四足皆向前曲，尾巴向左弯，颇写实。最长处 165、最宽处 98、最高处 49 毫米（图 33-1）。M1001：R7507，于翻葬坑内 9.4 米深处出土，器物形状与 M1001：R7506 仅以下两点不同：①尾巴撇向右；②颈，足，尾与腹甲间无分界，足尾底面与腹甲面平。最长处 169、最宽处 100、最高处 56 毫米。

蛙　2 件。均出土于 M1001。其中 M1001：R7508 保存得最好。于翻葬坑内 8.8 米深处出土。灰白色大理石，四足缩拢之蜷伏蛙形，为石刻中最写实一个。缝状口，口上圆穴形鼻孔一双，鼻孔上面最前部，浮刻月牙形隆起一道。隆岗后为阴文圆圈眼。眼后浮雕"人眉"，斜刻（向后向外）阴文以示毛，前足缩折于项侧下，五爪阴文，四向外弯，一向内弯，后足折叠于臀，姿态逼真。后胫与爪以浮坎表示分限。雕刻，刻纹，打磨皆极精。最长 125.5、最宽 102、最高 51 毫米（图 33-2）。

爬虫　1 件。M1001：R7986，于翻葬坑内 10 米深处出土。爬虫雕刻为片状，上下两面轮廓纹饰相同。无腹背之分，四足作俯卧式蜷曲，下边伸出于虫身两侧外，上下两面磨光而不平，上下面纹饰为剔地而成"假浮"文，"母题"完全相同。头最前面以卷纹表鼻形，其后并列两"臣字形"目纹，更后为菱形纹。身旁两侧圈以"假浮"线，尾部除了沿边"假浮"线外，以卷纹化之三角纹为饰。残存长约 97、最宽处 46、最厚处 50 毫米（图 33-3）。

龙　3 件。M1001 出土 1 件，M1500 出土 2 件。M1001：3：3524，于翻葬中距地表 9.4 米深处出土，龙形为上卷鼻，人眼，口端平齐，双犬齿，钝角，双爪，双峰身，背上有菱形阳文，尾缺不存。身上纹饰皆阳文，染有红色数处。残长 102、高 34 毫米（图 33-4）。

鱼　2 件。M1550：R1606，鱼身、尾部大面均为长方形，末端两尾尖向外伸张，身尾两大面皆微中凸，身之背面腹面平，尾上下边皆圆，后边则皆自两大面斜下。原表面皆打磨光滑。两大面皆以阴线刻画出翅形与装饰。上翅似以一横线划地其下界，再以自上往下向前斜行若干平行直线表出翅形。下翅之全形不明。残存长 204.5、最宽 87、最厚 30 毫米（图 33-5）。

蝉　4 件。均出土于 M1001，材质均为白色大理石。M1001：R1563，表面风化颇深，背面尤甚。作合翅静伏形，形状大小为写实之蝉形，喙管俱全。长 54、宽 28、厚 22 毫米（图 33-6）。

石雕残块　3 件。M1004：R8013，全形已不明。现存之部分，一大段较粗厚，一小段较扁薄，一大面近平，扁段末端之侧面亦近直立，但皆为折断而成。侧视粗段顶面隆起，中央高拨。前后弧形下垂如龟背形，扁段则如一短颈外伸，末端稍向上翘。无纹饰。残存长 108、最宽 62.5、粗段厚 50.5、扁段厚 31 毫米（图 33-7）。

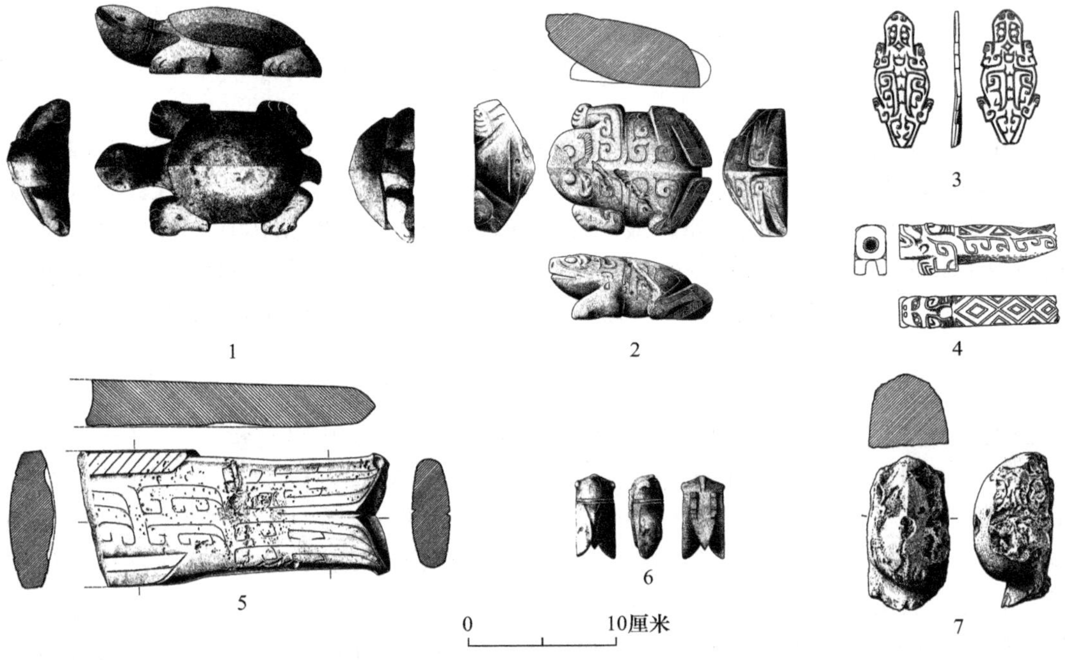

图 33　迁台殷墟动物石雕及残片

1. 石龟（M1001：R7506） 2. 石蛙（M1001：R7508） 3. 爬虫（M1001：R7986） 4. 石龙（M1001：3：3524）
5. 石鱼（M1550：R1606） 6. 石蝉（ M1001：R1563） 7. 石雕残块（M1004：R8013）

8. 建筑构件

石虎面建筑饰　2 件。M1001 翻葬坑出土虎面饰 2 件，M1001：R5033，正面微凸，雕一大眼巨眉咧口的虎面，下部刻有一头两身的虎，阴线双勾，背面中部有“右”字刻纹。高 210、厚 46 毫米。或为嵌在木柱上的“浮柱饰”（图 34-1）。

石门臼　10 件。有的成对，有的是单件，也有 3 件的。M1001：R7501 出土于地下 7.5 米处。完整，上下边缘有旧崩缺小口，形状为微拱边断尖圆锥形，大面平整，中心有圆形臼窝，下部相当陡，上段稍外移，至口处特向外侈周面雕琢后稍微打磨。顶面打磨平整。上径 320、底径 247、高 257 毫米，臼口径 137～141、臼口深 131 毫米（图 34-2）。

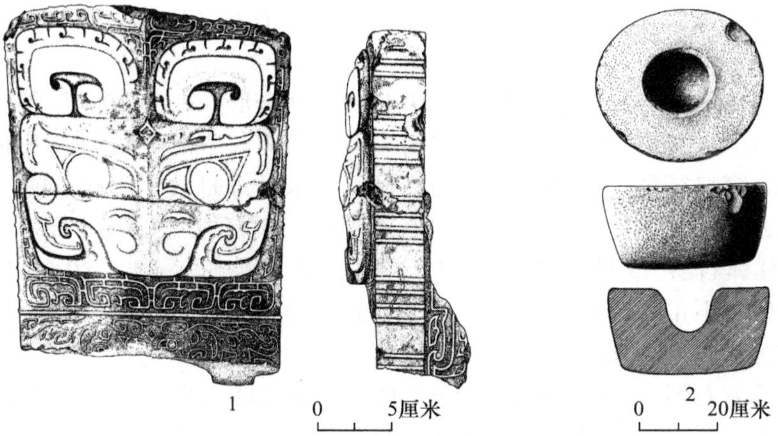

图 34 迁台殷墟石器之建筑构件

1. 石虎面建筑饰（M1001：R5033） 2. 石门臼（M1001：R7501）

9. 杂器

长方形缺口石块 4 件。均出土于 M1001。M1001：R5057，出土于翻葬坑南边内 8.9 米深翻土中，在土中向上之面远缺口端，小片风化凹下，向下一面风化极深，大体形状为砖形，长边一端开一通过全厚深达半砖宽之梯形缺口，两壁微向外移，口阔于底。无纹饰。长 289、宽 136、厚 114 毫米（图 35-1）。

筒形器 3 件。西北冈发掘中共得 3 块之碎块，皆出自 M1002 翻葬坑中。均作圆桶或筒形，中腰微杀，上端直径较下端小。上下两端皆成平面，中央各钻一圆锥形穴，两穴深度略同，最深之一小穴径微小。此种两级形穴尚不知是制作遗痕或有其特殊之用。材料皆大理石制。近上端有平行双线两组环绕，下段为三角浪纹，有四平行线，两尖向上，两尖向下，皆阴文。用途不明，大致为镶嵌类物。其中两件已不得见。

石圈 5 件。均残。M1002：R4759，仅存圈之少半。表面多处风化。圈口平，并非正圆形，直形穿，周壁之厚度亦不十分均匀。上下口面与外面磨光，内面有纵直错线。高 47.2、外周径约 81、周壁最厚 18 毫米（图 35-2）。

甬形石器 6 件。M1004：R8347，仅存口部残片一。原口边平，现有“风化”小坑穴，凸弦纹存 7 道。残存高 51.4、宽 42.5、口边厚 17、下边厚 23.5 毫米（图 35-3）。

石顶钮形石器 1 件。M1443：R1566，钮为一般椭圆球形，下接一面积小于钮底之短圆柱装榫，钮顶上立一伏鸟形片，鸟之细部装饰不可见，即原有轮饰是否如此亦难确定。原表面打磨光平。残存高 44.3、榫高 6、钮横径 30 毫米（图 35-4）。

石鋬形残器 1 件。M1004：R8325，仅存中部之残段，两端段缺。中段横断面作弧线等腰三角形，两侧面直，底边向内，不直立，长径向外中凹。中段外面以上以下之两端更向外凸出，横断面作梯形，小平行边向外。前面与两侧面中段有一阳文三角纹，左右填饰阳文纹，右侧填饰填饰几全磨灭。残存高 37、最宽 18、最厚 17.5 毫米（图 35-5）。

具穿牛距骨形石器　1 件。M1004：R4916，器全形如一牛距骨而有一圆穿。正面背面皆如兽角形或 S 形，两侧面平视如两短边中凹之长方形。两侧面下部贯一时计形圆穿，左侧之穿口径稍大。器表面磋磨痕显著，未经细打磨。用途不明。长 68.4、宽 41.1、厚 38.2 毫米，穿大口径 8.5、小口径 6、中腰口径约 3.5 毫米（图 35-6）。

尖顶圆柱体石器　1 件。M1004：3：3200，为一端齐头一端，尖头之小短圆柱形。齐头磨平，柱身不正圆，顺长径有若干小平面。尖头亦有大小不等的六个长三角形小平面。高 18.4、横径长 16.7 毫米。

平底尖顶方石器　1 件。M1217：4：1237，底面四边形，四侧面平，直立，顶面方尖形，即中央成尖，四周为三角形坡面向四侧面斜下。纵断面如尖顶矮屋形。全高 26、四周围高 12、底面长约 54、宽 54 毫米（图 35-7）。

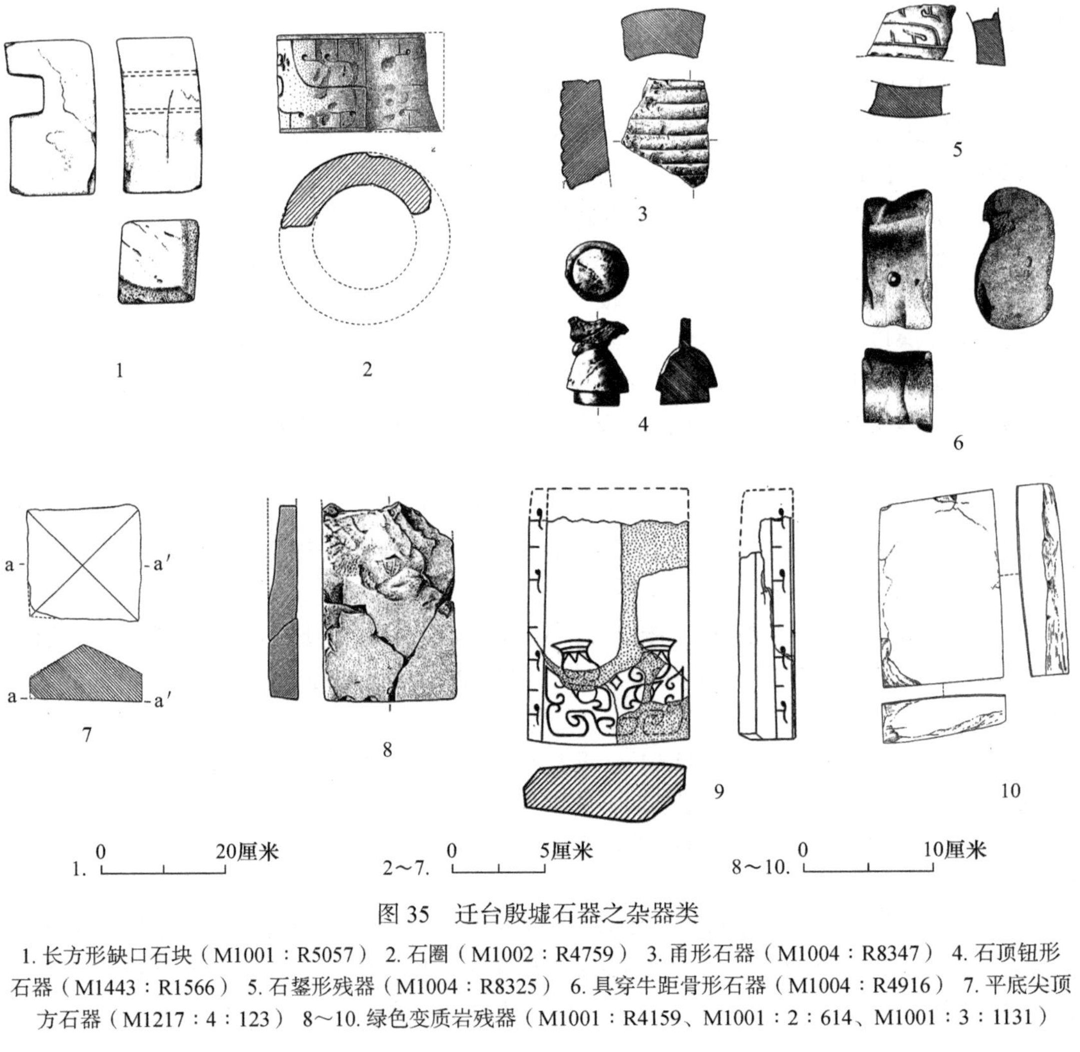

图 35　迁台殷墟石器之杂器类

1. 长方形缺口石块（M1001：R5057）　2. 石圈（M1002：R4759）　3. 甬形石器（M1004：R8347）　4. 石顶钮形石器（M1443：R1566）　5. 石鋬形残器（M1004：R8325）　6. 具穿牛距骨形石器（M1004：R4916）　7. 平底尖顶方石器（M1217：4：123）　8～10. 绿色变质岩残器（M1001：R4159、M1001：2：614、M1001：3：1131）

绿色变质岩残器 12件。有砖形、雕文长方形、拱顶底长方形等形制。M1001：R4159，形如一端残缺长方形薄砖，两宽面两长侧面一短侧面皆磨平。残存最长153、宽102、厚30毫米（图35-8）。M1001：2：614，由五破片拼合而成，顶面微中拱，一长边下有一斜坡面，底面不平，横断面如圆形。顶面一端有阴文兽面纹，斜坡面有一行T形纹与线纹相间排列，常见棱脊饰文为阴文。残存长200、宽123、厚45毫米（图35-9）。M1001：3：1131，一角略损伤，顶面平滑微拱，四侧面平直，底面不平，向一边坡斜，最凸处在器中部偏一侧，长158、宽95.5、最厚32毫米（图35-10）。

综上所述，迁台殷墟石器主要器类情况如表3所示。

表3 迁台殷墟石器主要器类统计表

器类	件数	出土单位
残石琮	5	M1001（2件）、M1004（2件）、M1550（1件）
“盂”	5	M1001（5件）
簋形器	2	M1001（2件）
圆口平唇容器	1	M1001（1件）
石碗	3	M1004（1件）、M1500（1件）、M1550（1件）
石豆	1	M1550（1件）
石罍	1	M1550（1件）
石鬲	1	M1550（1件）
尊形器	3	M1001（2件）、M1550（1件）
石盘	2	M1217（1件）、M1550（1件）
石容器	21	M1002（2件）、M1004（9件）、M1217（2件）、M1550（8件）
皿	3	M1001（2件）、M1550（1件）
残俎	10	M1001（1件）、M1004（5件）、M1217（1件）、M1550（3件）
残石磬	18	M1001（4件）、M1002（7件）、M1004（3件）、M1217（1件）、M1550（3件）
石埙	1	M1550（1件）
石戚	23	M1001（13件）、M1002（4件）、M1003（1件）、M1004（5件）
石戈	1	M1001（1件）
石镞	1	M1217（1件）
石斧	33	M1001（8件）、M1002（16件）、M1004（2件）、M1217（6件）、M1550（1件）
石铲	3	M1001（1件）、M1002（1件）、M1004（1件）
石锛	2	M1004（1件）、M1217（1件）
石粟刀	1	M1004（1件）
石手锤	1	M1002（1件）
石刀	14	M1001（8件）、M1217（6件）

续表

器类	件数	出土单位
砺石	10	M1001（3件）、M1003（1件）、M1004（2件）、M1217（2件）、M1443（2件）
残石器	23	M1001（9件）、M1002（8件）、M1217（6件）
残石杵	3	M1001（2件）、M1550（1件）
石手槌	1	M1004（1件）
边刃石器	1	M1217（1件）
“调色碟”	1	M1001（1件）
石网坠	1	M1001（1件）
石纺锤	1	M1001（1件）
石笄	1	M1001（1件）
石眼	34	M1002（14件）、M1217（15件）、M1550（5件）
石嵌片	133	M1001（2件）、M1002（8件）、M1004（48件）、M1217（71件）、M1443（1件）、M1550（3件）
石兽面	13	M1002（9件）、M1004（2件）、M1550（2件）
跪坐残石人像	2	M1004（2件）
石虎首人身虎爪形立雕	2	M1001（1件）、M1550（1件）
石虎形立雕	6	M1003（1件）、M1550（5件）
石枭形立雕	1	M1001（1件）
石虎头形立雕	2	M1001（1件）、M1004（1件）
石雕双鸟面管	2	M1001（2件）
石虎面建筑饰	1	M1001（1件）
石雕残兽	3	M1004（3件）
石雕残块	1	M1004（1件）
石对尾双伏兽形立雕	1	M1001（1件）
石立鸮小立雕	1	M1001（1件）
石小伏鸮立雕	1	M1001（1件）
石“鸟嘴兽”立雕	1	M1001（1件）
石卧牛立雕	5	M1001（1件）、M1002（1件）、M1550（3件）
石牛头形立雕	2	M1550（2件）
石双首兽形立雕	1	M1001（1件）
石龟形立雕	2	M1001（2件）
石蛙形立雕	1	M1001（1件）
石蛙形伏兽雕	1	M1001（1件）

续表

器类	件数	出土单位
爬虫形石雕	1	M1001（1件）
龙形立雕	5	M1001（1件）、M1550（4件）
石鸟兽	1	M1217（1件）
石鱼立雕	1	M1550（1件）
石蝉	3	M1001（3件）
残石鱼	1	M1217（1件）
石牛头	1	R4760（1件）
石门臼	11	M1001（2件）、M1002（2件）、M1004（2件）、M1217（3件）、M1550（2件）
石钝角残块	7	M1002（5件）、M1004（2件）
石眉	4	M1001（2件）、M1217（2件）
玉牙	3	M1550（3件）
残石片	9	M1001（2件）、M1002（2件）、M1003（1件）、M1004（1件）、M1217（2件）、M1550（1件）
石兽足	5	M1001（4件）、M1217（1件）
石圈	5	M1002（2件）、M1004（1件）、M1550（2件）
石甬形器	6	M1004（6件）
石顶钮	1	M1443（1件）
石鋬形残器	1	M1004（1件）
石筒形器	1	M1002（1件）
具穿牛距骨形石器	1	M1004（1件）
尖顶圆柱体小石器	1	M1004（1件）
平底尖顶方石器	1	M1217（1件）
中穿扁圆球形石器	1	M1004（1件）
石有卡棍状残器	1	M1004（1件）
绿色变质岩残器	12	M1001（12件）

（三）宝石器

主要包括由绿松石、孔雀石等质料制成的雕刻品和镶嵌片。绿松石制品有泡、珠、佩坠、镶嵌片等。孔雀石制品有镶嵌片和蝉。

绿松石嵌片　7829件。有圆形、半圆形、三角形、断尖瓜子形、T形、鸟翼形、翘边刀形等形式。M1001：R4121，上面凸下面平，左右侧面向下向内斜。径长17.5、厚3.1毫米。M1002：2：2157，平面如曲尺形。两宽面上下边面磨光，两垂直边面皆为粗糙面似因折断而成。上平行边厚于下平行边。长13.9、最宽7.3、最厚2.6、最薄2毫米。M1400：R14447：2，为一平行四边形之小片。两大面平，长侧面平直，较短侧面尖拱如钝刃形，两短侧面平直。各面皆打磨光平。长 18.9、宽 3、厚 1.4 毫米。M1001：R4111，形如一端较圆一端较尖瓜子，又将尖端斜切，而成为有一短直边椭圆形，表面有腐蚀伤损，上下面皆平，侧面平直。最长 17.1、最宽 10.2、厚 2.1 毫米。

绿松石泡　1 件。M1001：R4114，圆形，正面中拱，中央突立一凸顶之小泡，小泡外为反时针方向之阳纹涡旋线四道围绕一周之葵纹，泡之周边平直，底面平不凹入，中央伸出一短圆柱形脚以便嵌镶，无横梁或半环钮与一般铜泡不同。径长 25、全高 8.7 毫米。

绿松石珠　182 件。其中管状珠 1 件，圆片状珠 9 件。M1001：R4120，珠一端较粗，一端稍细，两端皆平面，周壁一宽面磨光平。中穿时计形。长 12.4、横径长 9.4、穿径 3 毫米。M1500：R14441：1，圆片状，中穿时计形，两端皆平面，周壁一宽面磨光平。

孔雀石嵌片　5 件。有眼片、四瓣形、正面平行脊等形制。M1001：R4116，底面磨平，近边处有一直沟似为锯解未完成之痕迹，顶面中凸如半圆球体，亦磨光。底径 20.1、厚 9.3 毫米。M1001：R4119，长方片状，直大于宽，正面三眼假浮脊，一短侧边微斜入底面，其余侧边面平直，各面皆磨平。正面及一短侧面粘有朱红色。直长 26、宽 21.6、厚 5 毫米。M1001：R4125，此种四瓣形嵌片为殷代铜器骨器上常见之纹饰，本由龙纹演变而来，中央之目形椭圆，微浮凸，四角之四新月形瓣亦方折化，顶面微中拱，底面亦微向顶面拱，侧面皆平直。横长 18、宽 12、最厚 5 毫米。

绿松石佩坠　1 件。M1001：R4115，坠作四面体形，表面粘有朱红色。坠之上端顶面上为一立锥形圆深穴，与此穴往内相距约 3.5 毫米。为一椭圆口面深穴，此穴为两次用圆钻钻成，底面见二细锥形底，此两穴间有一小穿相通，另一立三角形面近一边处上有一小穴，斜上通顶面之圆穴底成穿形。高约 29、宽约 19、厚约 17 毫米，顶面圆穴口径 5、椭圆穴长径 4.5、三角形面上小穴口径 1 毫米。

孔雀石蝉　3 件。M1550：R1337，出土于翻葬坑中 9.3～9.5 米处。孔雀石制，草绿色，不匀净。靠近前喙之中脊上可有横行短沟，可能表示蝉之有鼻。头背间以相并横行之二阴线为界。背部则以 V 形阴线勾出两翅之前界，以尖向内之三角深沟自后端刻入分出两翅之上界。背面刮磨光平，腹面存若干刮削成之小平面。首尾长 34.1、左右宽 18.9、高 15.2 毫米。

综上所述，迁台殷墟宝石器主要器类情况如表 4 所示。

表 4　迁台殷墟宝石器主要器类统计表

器类	件数	出土单位
绿松石嵌片	7829	M1001（5100 件）、M1002（340 件）、M1003（282 件）、M1004（430 件）、M1217（1 件）、M1400（1 件）、M1500（26 件）、M1550（1649 件）
绿松石泡	1	M1001（1 件）
绿松石珠	182	M1001（164 件）、M1500（9 件）、M1550（9 件）
绿松石佩坠	1	M1001（1 件）
孔雀石嵌片	5	M1001（5 件）
孔雀石蝉	3	M1550（3 件）

三、迁台殷墟玉石器的制作工艺分析

（一）侯家庄玉石器的种类、造型与工艺

1. 种类

生产工具有石铲、石斧、石凿、石刀、玉雕刀、石纺锤、石网坠、玉锛、玉凿、镞、砺石等。装饰品有玉琴拨（有的书上称为柄形器）、玉环、石玉珠、石玉管、玦、镯、玉珮及大量形状不规则的玉石器嵌片等。动物形装饰品较为丰富，走兽类有虎、牛、兔等。禽类有鸟、枭、鸮等。水虫类有鱼、龟、蛙等。昆虫类有蝉、爬虫等。神禽神兽类有龙、兽面、饕餮、虎人合体、夔龙等。礼仪器有簋、盘、豆、尊、琮、圭、戈、璧、环、钺、戚、刀、俎、石磬、碗、罍、盂等。日用器有杵、调色盘、挖耳勺、笄、磨研器等。建筑构建有石门臼、石虎面建筑饰等。另外还有石（玉）兽面、大量种类不明确的石刻“器足”形器、方皿或圆皿、片状环形器及大量残玉石器等。

2. 造型

动物造型比较丰富，形象生动，具有高度写实的特点，各种走兽、水虫、昆虫的原型，皆来自现实生活。造型手段有正视、侧视、整体造型三种。如白色大理石枭形立雕为整体造型，以完整地表现其形体结构和形象特征（图 36）。纹饰造型在石玉器上十分丰富，有直线纹、弦纹、菱形纹、三角纹、勾云纹、鳞纹、兽面纹、饕餮纹、夔纹、蝉纹、虎纹、T 形纹、龙纹、蛇纹等，纹饰的线形多双勾阴线。

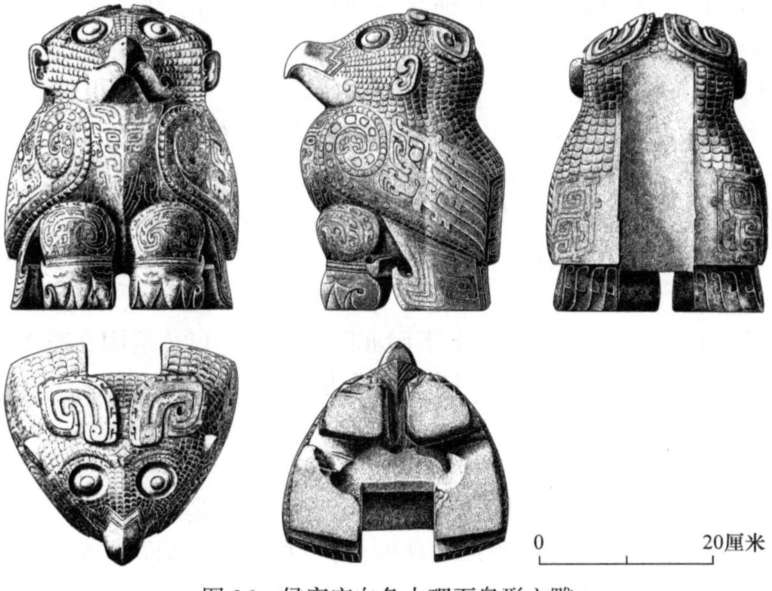

图 36　侯家庄白色大理石枭形立雕

3. 工艺

侯家庄玉器的色泽，绚丽多彩，表面光洁度较高。多数含有与主色不同的色斑，纯色的较少，以深浅不同的绿色最多，有黄绿色、淡绿色（半透明）深绿色、灰绿色、棕绿色、豆绿色、碧绿色等，这些玉器的硬度都在6～7左右，应当为同一种玉料。另外，还有一些白色（包括羊脂白、乳白）、棕色、黄色的玉器。石玉器材质有大理石、绿松石、孔雀石、变质岩、石灰岩、方解石、砂岩、页岩、蛇纹岩、青石、绿玉、白玉、黄玉、棕玉、灰白玉等。其中大理石材质的石玉器占了大部分，原因可能是大理石比玉石或绿松石更容易获得。一件玉器的制成大致要经过选料、开料、造型、钻孔、抛光等一系列工序，下面对一些具体的加工过程做简单介绍。

（1）锯解玉料

即用坚硬的工具把石玉料切割成片状或块状。通过对侯家庄出土部分玉器的观察可以发现很多玉片上还保存有当时锯切加工的痕迹。如长方形石玉片（M1001：R1507）保存完整。上端圆穿为断锥形，各侧边面除上边尚有锯断痕外，均磨平光润。一正面平滑光润，另一面下端稍向下倾斜。长方形石玉片（M1001：R3671）保存完整。两正面光滑微拱凸，上下两端斜下，使上下两端各一部成钝刃，一部小平面形，上下两边各有锯成的小凹。两侧边，一边平面光润，一边锯切痕显著。此外还有孔雀石嵌片（M1001：R4116）、条状残玉片（M1550：R14411）、长方形残石片（M1550：R14415）等等，发现锯切痕迹多集中于各种形状的石玉器片上，它们尺寸都比较小，原来可能是作为一些器物上的装饰。同时通过这些锯切加工痕迹也可以看出当时工匠对小型石玉片的加工不是很仔细。有人通过甲骨文、商代金文中的个别文字分析，加上妇好墓出土玉铲形刀上的细密锯齿提出商代人可能用青铜锯切割玉料。

（2）线纹雕刻

在出土的石玉器中，线纹雕刻装饰是一种重要的装饰手法。无论是片雕，还是圆雕都可以看到线纹装饰的手法，有单阴线、双钩阴线、阳线三种形式。特别是在圆雕作品上加上线纹装饰使得玉器作品看起来更加生动形象，立体感更强。如白色黄斑大理石虎首人身虎爪形立雕（M1001：R1757）造型和花纹都十分出色，是石雕中的精品。该器作屈膝跪坐状，头之大部为长方盒形所占。上颌为面，如屋顶左右两下（坡度不甚大）。眼向上看，眼后眉，皆阴文刻。眼后竖立双耳，弯角形，立雕，由内向外向后微斜，正面平浮雕双卷纹，背面弧刻阴文卷饰。耳后当后脑处又阴文卷饰。额心菱形纹◇。鼻头阴文勾出，鼻孔为圆穴，斜向前向上。上唇包上阴文卷纹。眼，鼻，包间有阴文~纹四个。口喙之侧面，上下唇亦阴文卷饰，口角后阴文◎纹，上下颚边缘凸起一带。两肩圆，阴文卷饰。臂上阴刻瓶角龙纹，身与肘间阴文卷饰。爪皆阴文卷饰，五爪浮雕（图37）。

（3）钻孔

侯家庄石玉器的钻孔方式大致有两种：一是管钻；二是两面对钻。

目前，可以确定是管钻的器物共发现两件大理石雕双鸟面管A（M1001：R5055）和大理石雕双鸟面管B（M1001：R5056）。大理石雕双鸟面管A全管左侧风化颇甚，

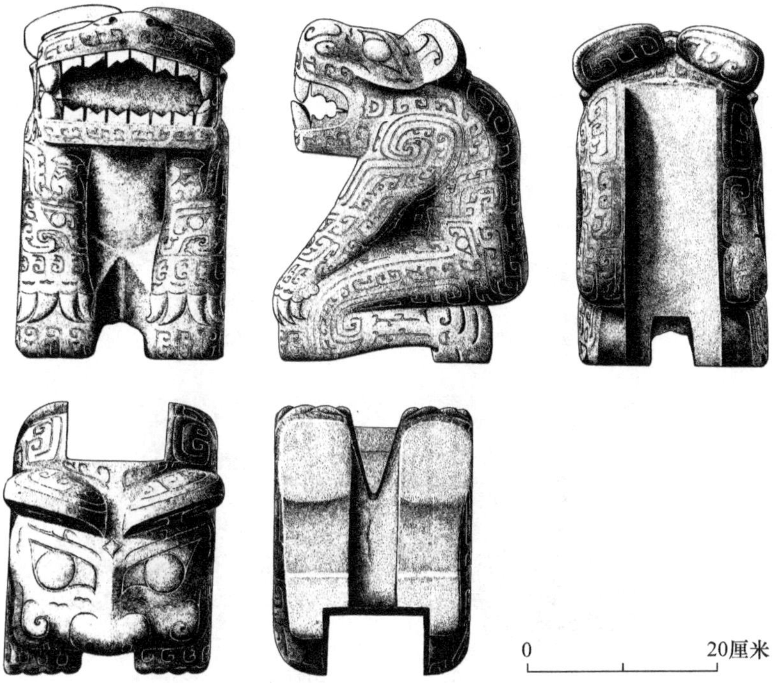

图 37　大理石虎首人身虎爪形立雕（M1001：R1757）

打磨表皮大部分脱落，右侧保存较好，管内保存极佳，表面淡棕色。双鸟面形状相同，相背贴合，正面轮廓梯形，上宽下窄，下角随下颚成圆形，面分左右两半，各为左右微凸之面，耳朵、眼、下颚皆为浮雕。额饰阴文，鼻子上为阳文，环上有弦纹两道。根据管内平行摩擦纹路推测钻孔之法为管钻。表面打磨非常光滑。大理石雕双鸟面管B形式与A同，石料，制作不如A精，管内面不如A平整，管内大致与口平行纹证明为管钻（图 38）。“管钻在商代玉器上广泛使用，妇好墓出土的玉琮、玉璧、玉环等都属于管钻孔，其孔形特点是孔壁垂直，光滑，两面孔径大小差别极不显著，两面对钻的‘台痕’已不见,证明管钻技巧的娴熟。”[①] 虽然侯家庄墓地没有出土像妇好墓一样完整的玉琮、玉璧、玉环等，由于它们同属商代墓葬，所以我大胆猜测目前我们发现的残石玉琮、残玉璧、残玉环等也应当是管钻制成。

两面对钻的石玉器发现的也不多，痕迹明显的有四件。石玉珠（M1001：R2729），色白微发绿，硬度 3。保存大致完整。一端之端面与管身周围面上微有伤损。珠作圆管形两端不等粗，横断面如卵形一端稍粗一端稍细，两端平面向一方坡斜，侧视短梯形。各面皆经打磨。中贯之时计形穿，位置微偏于横断面之粗端，为自珠两端相对各钻一深穴，两穴底间中通一小孔而成，无纹饰。玉斧（M1001：R3016）翻葬坑内出土，仅存器之小半，上边横直，方转角，侧边上部平直，下部突向内斜下，原来刃部情形不明，两正面及原有侧面皆平整光滑。时计形穿，由两面钻成痕迹显著。一面倒置阴文“弜”字。

① 尤仁德：《古代玉器通论》，紫禁城出版社，2002 年，第 89 页。

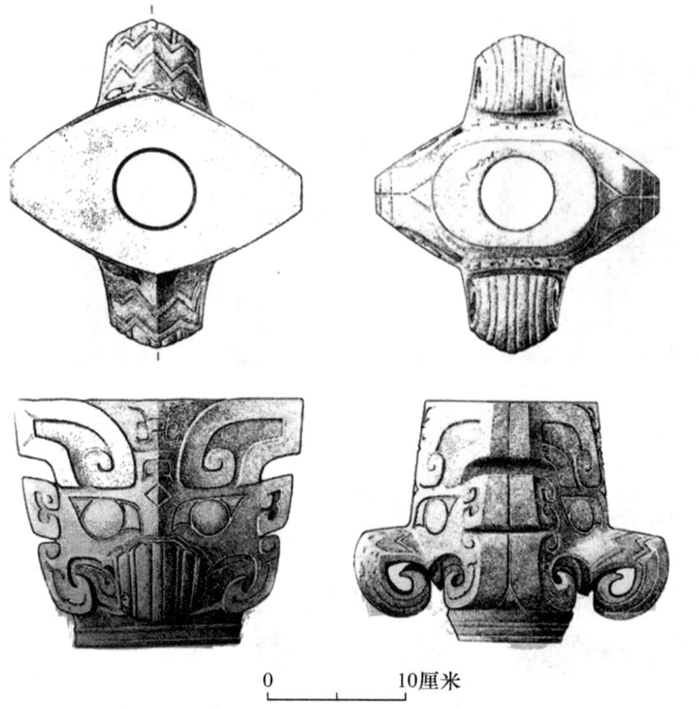

图 38　大理石雕双鸟面管（M1001：R5056）

另外还有∇形玉器（M1443：R1528）孔由两面钻，外大中小，一面外口横宽，一面外口上右下左倾斜。圆管形玉饰（M1002：R1509）中穿自两端制钻而成，相对不准确。

（4）镶嵌

商代玉石器的镶嵌工艺承袭于夏代，并有所发展。镶嵌形式分为三种：其一，玉器上镶嵌绿松石；其二，青铜器嵌玉或石，即嵌玉器或绿松石；其三，其他质料器物嵌绿松石①。镶嵌工艺的发展，增强了玉器的艺术性，提高了工艺水平，丰富了玉器的色彩，增强了器物的欣赏性。镶嵌技艺也体现了商代崇玉文化的高度发展。侯家庄墓地出土了大量不同材质不同形状的嵌片，可见当时镶嵌技艺的发达。

（5）磨光或抛光

磨光或抛光是玉器加工的最后一个步骤，磨光程度往往反映一件石玉器的珍贵程度。不同种类的石玉器，磨光程度不同，侯家庄石玉器磨光程度分为粗磨、细磨、磨光（精磨）三种。比如石铲、石斧、石凿、石刀等生产工具磨制较为粗糙，在琢制成型后表面粗磨或者是仅对局部进行磨制；玉琴拨（柄形器）、玉环、石玉珠、石玉管、玦、镯、玉珮及大量不同形状的玉石器嵌片等装饰品磨制较为细致。簋、盘、豆、尊、琮、圭、戈、璧、环、钺、戚、刀、俎、石磬、碗、罍、盂等礼仪器不仅表面雕刻精美，而且磨制极精。大多数玉器晶莹光润，显示出当时高超的抛光技术水平。有人认为在商代人们可能用兽皮或丝织品作材料，蘸水加细金刚砂对石玉器表面进行抛光。

① 尤仁德：《古代玉器通论》，紫禁城出版社，2002 年。

学者通过对妇好墓出土玉器进行微痕观察，发现传统的手持石制工具除了被用于少量阴刻纹饰的细节制作，很大程度上已被携带解玉砂的旋转砣具所取代。此外，砣具在该时期尚未用于切割、打磨等技术。说明早期砣具在玉器技术体系里的应用存在选择性和局限性。就中国玉器技术史而言，砣具的应用是加工技术从纯粹手工到半机械化的分水岭，而晚商时期正处于这个极为重要的变革阶段。

（二）石质生产工具加工工艺

李济先生将中华人民共和国成立前殷墟出土的四百多件有刃石器的制法，归纳为五种：①剥压法；②打剥法；③锤制法；④琢制法；⑤磨制法，可分为粗磨、细磨和磨光。目前，通过对侯家庄出土石器的观察主要发现有琢制法、磨制法、打剥法三种加工方法。通过对侯家庄墓地出土部分石工具的观察，可以看出石斧、石铲、石刀、石手锤等产工具以磨制为主，一部分似乎是琢制。大多数是采用打点磨修法，即先制成坯，在表面琢出小点，再进行磨制，但是磨光程度不同，有的全体磨光，有的局部磨光（包含只刃部磨光），局部磨光占大多数。如横切面圆角长方形石斧（M1001：HPK1063：1），青石质，斧身圆角长方形横切面，刃部崩缺。只刃部磨光，两宽面略磨但仍显示琢制痕迹，其余面琢制。长条形石刀（M1001：R3986）灰色页岩制，碎为三片，拼凑后大致完整，琢制，两面粗磨，背面磨光，末端磨平，一面凹穴三处，一面凹穴两处，琢制痕迹显著。打剥法制作的石器发现的较少，如弯条形石刀（M1217：R14414）残存长 79.5、最宽 37.3、最厚 9.8 毫米。前段残缺，后边稍崩缺，刀背粗磨，或平，或仍存打剥面，刀刃圆钝，柄端下边平，后边亦未磨平，两大面磨光，惟近背处仍有少许打剥面。

四、迁台殷墟玉石器的装饰艺术

殷墟玉石器的造型丰富多彩，尤其是人、兽、禽的形象更为突出。这些作品以浮雕居多，圆雕较少，浮雕与圆雕相结合的更少。玉石器的造型很大程度上受质料的制约，其造型手法有些是沿袭传统的造型，有些是创新之作，少数则模仿商代青铜器的形制。其中，琮、璧、环、璜、戈、璋等器物多承袭新石器时代以来的传统形式；石虎、石牛，以及少数圆雕与浮雕相结合作品多为在玉石制作造型方面新的创新之作；借鉴和模仿铜器造型的玉石器主要表现在玉簋、石豆、石瓿等器物上，多数形制与同类青铜器雷同。

（一）稿本

当一块玉料按照造型设计雕成型坯，进而在其表面琢雕花纹，应该有如同后世壁画

“粉本”的玉器纹饰“稿本”以供玉工参考、模仿。从此批侯家庄大墓玉器结合妇好墓玉器中的大部分浮雕纹饰玉器来看，玉器各自的两面纹饰基本相同，有些虽然在局部上有小的差异，但总的形象并无变化。这种两面纹饰相同的浮雕玉器作品，在造型和刻纹之前，可能有一幅比较详细的“稿本”。玉工根据“稿本”，在已经磨平的玉版上勾画轮廓，琢出成型，然后再细部雕琢。如爬虫形石雕（M1001：R7986），上下两面轮廓纹饰相同。无腹背之分，四足作俯卧式蜷曲，下边伸出于虫身两侧外，头最前面以卷纹表鼻形，其后并列两“臣字形”目纹，更后为菱形纹，与一龙鳞纹。身旁两侧圈以“假浮”线，尾部除了沿边“假浮”线外，以卷纹化之三角纹为饰（图 39-1）。兔珮（M1550：R1356），合口，圆眼，大耳伏于背，短尾上翘，四足折叠身下（图 39-2）。

从一些玉器半成品来看，雕琢线条并非一次就能完成，而是先雕出极浅的阴线，而后反复雕琢，直到全部线条流畅为止。完成一面后，再在另一面勾画纹饰。如妇好墓出土的一件龙形玉璜半成品（M5：872），一面已琢完纹饰，而另一面则尚未刻纹（图 39-3）。

此外，也有作品是两面纹饰雕琢到一定程度后，再分别加以精琢。例如殷墟妇好墓的一件玉兔（M5：1026），两面纹饰均已琢出，但比较粗糙，还需要分别加以精琢（图 39-4）。

也有少数作品两面纹饰并不完全一致，但均图案结构严谨，仅个别纹饰“元件”有所不同，也应该有“稿本”的参与。如妇好墓出土玉鹰（M5：390）两面纹饰结构基本相同，仅腹部纹饰有所差别，这样的差别可能另有用意。此外，一面为双阴线，一面为单阴线造型，图案虽均完整，但用工程度不同（图 39-5）。

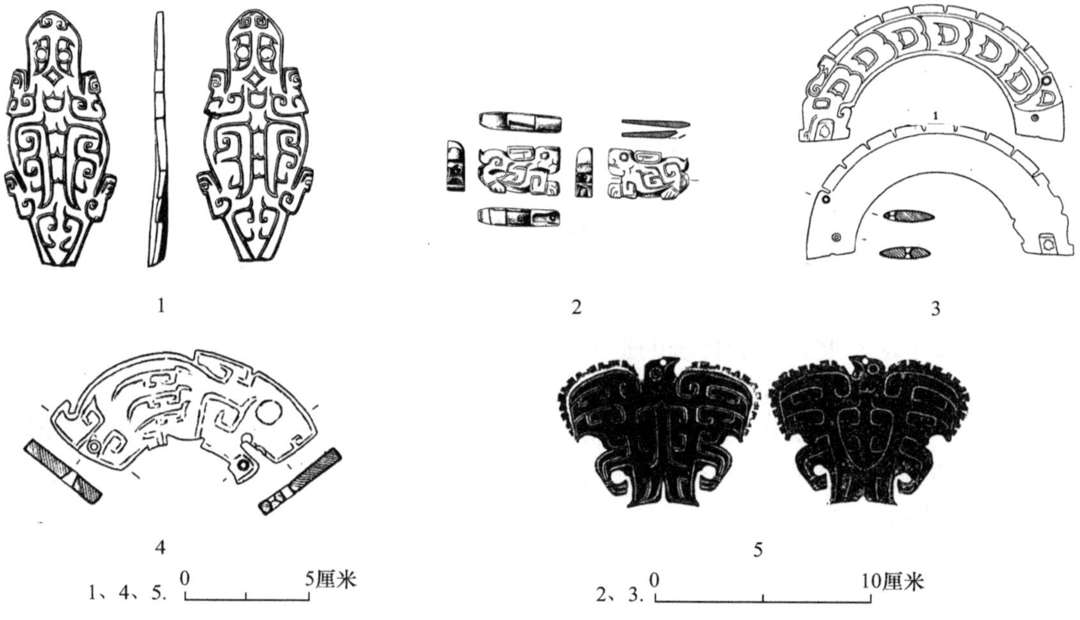

图 39　使用“稿本”的浮雕玉石器

1. 侯家庄爬虫形石雕（M1001：R7986） 2. 侯家庄兔珮（M1550：R1356） 3. 妇好墓龙形玉璜（M5：872）
4. 妇好墓玉兔（M5：1026） 5. 妇好墓玉鹰（M5：390）

（二）装饰手法

1. 阴刻线

将样稿上线条的部分刻去，留下空白的部分，在玉器表面刻画出各式凹下的线纹，形成的图案也就是阴刻图案。它是以凹线条为主要造型手段。

2. 阳刻线

利用浅浮雕的技法，把图稿上的部分保留下来，而去掉空白的部分，剩下的线条就是凸起的棱线，也可称为“减地起线”。雕刻阳线十分耗费工时，不仅要磨减地子，还要将阳线修整圆滑整齐。

3. 双勾线

双勾线技术是商代普遍使用的雕刻技法，普遍出现在商代后期的玉器上。是由小型勾砣旋刻而成的两条均匀平行相距约 0.1 厘米的阴线组成，在视觉上给人以两条阴线中间凸起阳线的感觉。双勾线的技法运用阴刻双线条，使阴阳线相互衬托构成各种纹饰，成为玉石器纹饰主要形式。

4. 镂空

镂空在此批平雕玉器和镶嵌片中被较多采用。其中镂空有两种，一种为全封闭式，另一种为半封闭式。全封闭式镂空在相应部分钻孔，然后向外侧加工出所需的形状，在对镂空处磨平、抛光。半封闭式镂空从相应处钻孔，向孔的外侧加工到一定程度后再从玉“板”外侧向内加工，使两者相接。

5. 镶嵌

镶嵌技术在大汶口文化时期就运用到了骨器上，二里头遗址出土的镶嵌绿松石兽面纹铜牌饰说明夏代镶嵌绿松石技术已经很成熟。商代镶嵌形式分为三种：其一，玉器上镶嵌绿松石；其二，青铜器嵌玉或石，即嵌玉器或绿松石；其三，其他质料器物嵌绿松石。镶嵌工艺的发展，增强了玉器的艺术性，提高了工艺水平，丰富了玉器的色彩，增强了器物的欣赏性。

镶嵌技艺也体现了商代崇玉文化的高度发展。侯家庄墓地出土了大量不同材质不同形状的嵌片，可见当时镶嵌技艺的发达。有倒立 T 形石嵌片、四瓣长条形石玉嵌片、四瓣长条形石玉嵌片、四瓣长条形石玉嵌片、圆形绿松石嵌片、上下面平绿松石嵌片、半圆形绿松石嵌片、断尖瓜子形绿松石嵌片、三角形绿松石嵌片、钩状绿松石嵌片、翘边刀形绿松石嵌片、鸟翼形绿松石嵌片、刀形绿松石嵌片等等。如此大量的材质种类形状多样的嵌片，以其量多，器小而琐碎的特质残存在经盗掘的大墓中，而罕为学界所讨论。所幸墓葬发掘照片和线图为我们了解这些嵌片所使用的情境和工艺特征提供了信息。

M1001幸存的部分木室顶面层上放置着一些仪仗器物，除少数的石刀和玉石质镶嵌片，发现时器物本身已完全腐朽，仅见一些平面轮廓、一层颜色或刻纹的痕迹。从木室顶面南部3件镶嵌玉石嵌片的抬盘痕迹中，可以对晚商镶嵌装饰艺术的发展水平有所了解。

3件抬盘均南北放置，形状、大小、纹饰均相同。为一长方形舆，中间稍凹，两端各出两柄，柄的顶面与舆顶边相平，器底未见，形状不详，可能为平底。舆长170、宽60厘米，柄长30、宽（头端）12厘米，舆心凹下部分长100、宽40、深5厘米，器高应在20厘米左右。器表东西两端各饰一兽头及两足，兽头为半立体雕刻，弯角形角，额心饰菱形纹，两眼皆石片镶嵌，牙齿为蚌片制成，镶嵌片间刻制纹饰。兽足为两条弯曲的夔龙，伸出成为柄部，头面上的重要线条及身形轮廓均为饰片镶嵌而成并辅以刻制纹饰。舆两边下折的立面两端均有起棱的石片镶嵌，有纹饰部分全部涂红色（图20）。

据发掘者观察，有些嵌片类型材料、纹饰、材质、颜色相似，推测可能为先将石料裁成长条，然后切为器片，根据器片上留下的痕迹，切片大概用刃部厚不过1厘米的铜刀，全器成形后，加以粗磨，背面，边面尚可以看到砂石砺磨留下的痕迹。

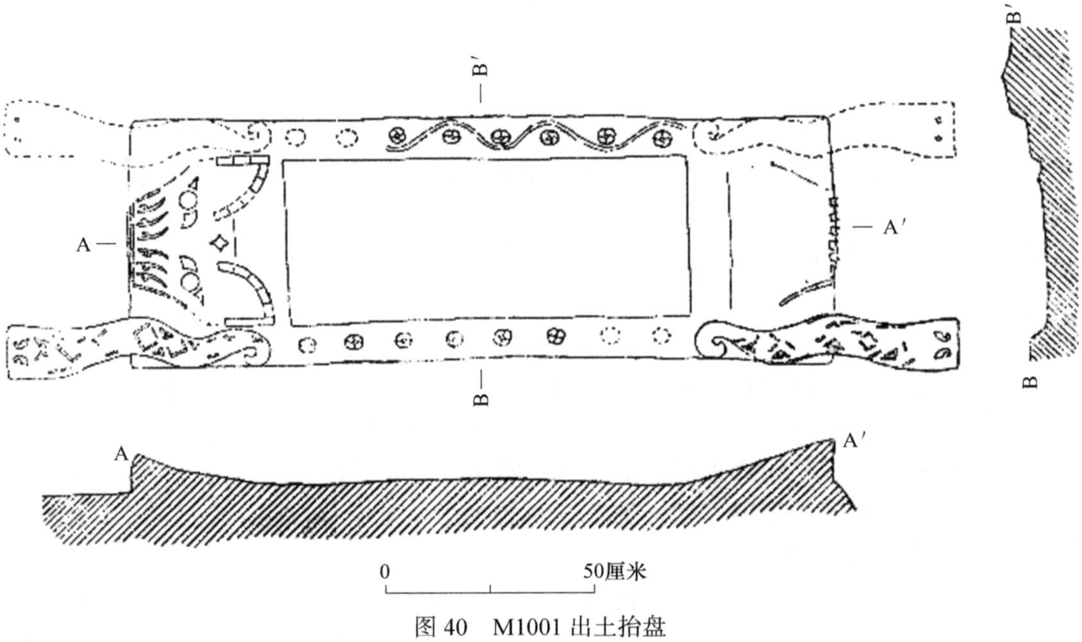

图40　M1001出土抬盘

（三）常见纹饰

与新石器时代至夏代玉器主要是光素无纹饰的现象相反，商代玉器除少数武器及礼仪玉器没有全部饰纹以外，其余玉器多饰华美的纹饰。常见的几种纹饰有直线纹、斜线纹、三角纹、菱形纹、龙鳞纹、勾云纹、扉棱、“臣”字形眼纹、夔龙纹等。这些纹饰本身并不构成具体图形，但合起来却与器物造型合一，表现出纹饰跟随造型的特征。

直线纹：线条较细，雕琢较深，成组饰于器物之上。

菱形纹：用双勾线雕出方格，相邻两格以角部连接，两方连续排列或等距排列。

三角纹：用阴线琢出三角形，有大小两种。小三角纹几乎每条边都等长。三角纹多与菱形纹搭配使用，多见于玉龙或玉璜等表面装饰。

龙鳞纹：也称重环纹。双阴线琢出，形状如盾，一端近椭圆形，一端有 2 个尖锐角。多饰于动物造型玉石器上。

兽面纹：作为商代最富特征的一种纹饰，广泛装饰在玉器、青铜器、刻纹白陶等器物上。它往往采用“剖分式”图案，在一个二度平面空间上成功展示了三维空间的物体，给人以神秘威严的视觉效果。在玉器上多以凸浮的阳文为主纹，细节以单线阴文补充，雕琢成近似浅浮雕的效果。

勾云纹：双勾阴线构成的勾云纹是商代玉器纹饰的主要形式，线条转折方硬而刚劲有力，模仿天空云气并图案化，多饰于各种配饰及人物、动物造型玉器上。

“臣”字形眼纹：呈程式化、图案化的甲骨文“臣”字形。多用于装饰动物造型的眼部，其比例往往比真实的比例大很多。

以上这些抽象纹饰蕴含着商代先民丰富的想象力和创造力，体现了他们对外部世界的独特认识和思维方式。玉工在琢磨玉器的造型和纹饰时，将图像化的观念符号刻在具有象征意义的雕琢对象上，使每一件器物具有文化和宗教意义。这些纹饰均以线条为主，不同的造型中表现手法不同，禽鸟类多用卷曲长条纹表示羽毛，兽类身上多用变形云纹和斑条纹，龙鳞纹（重环纹）大多装饰在龙、虎、凤鸟、人物的胸部、颈部。这一点，似乎与当时的青铜器的使用与装饰有些相似。由于身份地位的不同，玉器的器物造型和图纹也不尽相同，表现出商代先民的等级差别和权利意识。

（四）艺术特点

1. 立体圆雕艺术特点

圆雕玉石器多为动物造型的雕刻，是整体形象的立体雕刻。圆雕是先做出大的形体轮廓然后用“减地”手法雕凸起的部位，再在其上雕琢纹饰，造成既有轮廓、又有凸起的形体和线雕细部。形体是圆雕的主要表现手段，而在表面装饰方面，则根据玉石器造型因形刻纹，因材施艺。如枭形立雕，胸前饰兽纹以显其势，两翅前端饰蛇纹，翅羽以勾云纹表示，头部及身体局部以鳞纹表示羽毛。

2. 扁平类艺术特点

图案表现呈平面化。立体实物被描绘成平面图形，这种手法需要卓越的抽象概括和构图能力，用简洁明快的图案语言表现对象最基本的特征，以适应各种装饰功能的需要。

3. 造型特征

（1）具有超强的写实性

迁台玉器中动物、人物造型均来源于生活，不管是整体的造型轮廓还是细部特征都刻画的准确合理。这要求玉工们对于刻画对象有多角度的细致观察。如虎阔口翘尾表现它是兽中之王的本性。鱼身呈弧形，表现跃出水面动态。

（2）概括与夸张相结合

整体造型轮廓一般较为概括，简洁明快，不追求细部刻画，而是通过具体刻画某些部分来强调对象的整体特征。食肉动物强调阔口獠牙，鸟类则强调喙和冠尾造型。

商代玉器的总体风格表现为崇尚自然玉工将阴阳刻线、浅浮雕、圆雕有机结合制作出的礼仪玉器端庄、典雅，装饰玉器雍容华丽，人物、动物造型玉器质朴古拙，集神秘化、神圣化、礼仪化为一体。

（五）不同质料艺术间的互相联通

商代玉器集新石器时代各区域及夏代玉器之大成，在继承中创新，玉器种类较之前更为丰富，功能趋向多样化。由于技术的进步，工具的革新，出现前所未有的大量纹饰，并流行勾云纹、龙鳞纹、兽面纹、夔龙纹等带有神秘色彩的纹饰装饰玉器，使玉器有神人合一的宗教色彩和神圣化特征。

商代玉器在继承史前玉器传统的基础上，深受青铜文化浸染，具有重复性和对称性特点的阴刻纹饰逐渐发展成为其主流装饰风格。这不仅对之后的玉器艺术风格产生了深远的影响，同时也对一定时期内玉器技术的选择性发展起到了明显的导向性作用。

侯家庄大墓出土的此批玉石器中出现了一些仿铜礼器及同时代陶器的玉石制品，开玉石容器之先河。器形和纹饰发展极为迅速的商代青铜器为同一时代的玉器制作提供了丰富的素材。玉石容器与青铜礼器的相似性主要表现在簋、豆、盘、瓿等几种器型上。纹饰方面商代青铜器上常见的兽面纹、夔龙纹、凤鸟纹等在玉器上也大量发现。双勾线的装饰手法明显是对同期青铜器装饰的效仿，但由于工艺上更为困难，纹饰线条无论阴线或是凸起，线条都整齐挺拔，琢磨起来难度更大，相较同类青铜器纹饰略有简化。商代玉石容器在形制、纹饰等方面极力模仿青铜礼器，源于青铜礼器的社会地位和所承载的礼制。到了商代晚期，青铜器方面的一些技术及装饰大力向玉石质器皿及白陶方面发展。

从形制上来看，侯家庄 M1104 翻葬坑出土的石簋与殷墟 GM2508：2、郭家庄东南 M26：26 这两件铜簋器型相同，均为侈口、敛颈、鼓腹、高圈足。此种簋常见于殷墟青铜器二期晚段至三期早段。从纹饰上来看，石簋在纹饰布局上与铜簋一样，自上而下分颈部、腹部、圈足部三段纹饰带，分别装饰凤鸟纹、三角纹、兽面纹。青铜簋的颈部多装饰表现精美细腻的三角形蝉纹，因此石簋颈部的三角纹饰极有可能是简化的蝉纹。由于质料不同，玉石器纹饰少有如同青铜器上精细繁缛的复层纹饰。在整体风格上，没有青铜器纹饰的端庄凝重、神秘威严，却更加图案化，线条整齐。

（六）承前启后

晚商时期大部分玉器类型，如琮、璧、瑗、环、璜、玦、笄、钺、刀、斧、凿、动物形饰等，在新石器时代晚期都已出现。

红山文化玉器中有代表性的龙及动物形状的配饰、钩形器柄等与殷墟大墓出土的同类玉器很相似，很明显殷墟的这类玉器祖型是来源于北方的红山文化。此外，殷墟玉器典型的勾云纹饰也收到红山文化的影响。

晚商的玉琮很多可以在良渚玉器中找到祖型。侯家庄大墓出土玉琮多饰体型矮，射亦较矮，内圆外方，素面的玉琮，其形制与良渚文化反山 M12：93 和 M12：5 的短筒型玉琮正好相似。侯家庄玉琮的形制能够在良渚玉器中找到祖型并不偶然。在新石器时代文化遗存中，良渚文化的玉琮最为发达。此外，兽面纹和玉石镶嵌技术也受到良渚文化的影响。一些晚商玉琮上的兽面纹和蝉纹等纹饰就是仿效良渚文化玉琮采用浮雕兼阴线刻的工艺方法雕琢出来的。

晚商文化玉器同样受到龙山文化的影响，殷墟出的大量“牙璧”（璇玑）的形制就可以在龙山文化的玉器中找到祖型。

晚商玉器的形制、纹饰、技法等很多都源于新石器晚期，但同时也形成了自身特色。晚商玉礼器在继承前代的基础上创新出仿青铜礼器的玉石器，出现大量的装饰性玉器，圆雕、透雕、浮雕大量出现，尤其是圆雕技术首次出现。各类玉器从以前的大部分光素无纹到出现大量勾云纹、龙鳞纹、菱形纹、凤鸟纹、兽面纹、龙纹等，使得玉器整体更有美感。玉工们运用双勾线技法，有意识地在两条阴线中间呈现出阳纹，使得阴阳线同时发挥刚劲有力的作用，增强了纹饰的丰富程度和立体感。

五、迁台殷墟玉石器的分布与功能分析

由于古今盗掘，致使殷墟墓葬受到严重破坏，侯家庄、武官村一带王陵区的大墓无一幸免。几座大墓的出土物大多数都发现在早期盗掘坑内，坑内器物都经过盗掘时的扰动或破坏，无论保存完整的或是残缺的都已经不是原有的摆放位置和情形。现将各墓出土玉石器的分布与功能分述如下。

1. M1001

M1001 保存情形比较好，坑内的木室在各大墓中残存的最多。在早期不规则圆形

大盗坑盗扰之后近代盗掘者陆续在此墓上掘了 23 个盗坑。

M1001 早期盗掘坑填土中所含古代遗物之多为西北冈各大墓早期盗掘坑之冠，M1001 的玉器绝大多数出自这个早期盗坑。器物大多数为经过盗掘者扰动破坏后随意埋在坑内的劫后残遗，堆积凌乱，已不清楚器物原来的摆放位置。并且，早期盗掘坑所出的残缺遗物中，有几件曾在西北冈其他大墓的早期盗掘坑内发现它们的缺失部分，可以拼合成一片。如 1 件雕花残石磬，为 7 块残块拼合，其中 3 块出于 M1001 早期盗掘坑，余下残块分别出自 M1004、M1550 早期盗掘坑。与此情况类似的还有 1 件残刻纹白陶罍、1 件残豆青釉硬陶罐。

一件器物的残片分散在几座大墓的早期盗掘坑内这一事实表明：M1001、M1004、M1550 三座大墓及 M1567 大方坑的早期盗掘坑为同时所造成，同时被盗掘并同时被填土。此外，早期盗掘坑填土内出土物混乱，M1001 早期盗掘坑所出土的器物不一定是此墓原有随葬品。

M1001 残存木室顶面层所放置的仪仗器物等，除少数的石刀和石质、牙质镶嵌片，全部木及其他易腐朽物均腐化无迹，仅剩下些平面轮廓，颜色及刻纹痕迹。

南墓道北端西边浅槽中，东端放有两件臼形石器，西端约在槽底正中有角质短圆柱形带柄棒槌类器 1 件，槽底似曾铺有木板，痕迹隐约可辨。

2. M1002

早期盗掘坑平面为规则圆形，并有近代盗掘坑二十余处。

M1002 因经历早期与近代盗掘，墓葬内未经盗掘部分除北道口内的一组陶器几乎一无所得，相反早期盗掘坑内却出土了不少遗物，其中石玉制品完整或残缺者约 1145 件。

3. M1003

M1003 的发掘除了发现完整或残破的铜器、陶器、骨角牙制品、盾类物与车舆木器痕迹外，发现完整或残破的玉石器 770 件，其中绿松石嵌片 282 片。

4. M1004

M1004 南道北段和墓坑近南口一带所放置的器物是西北冈墓地中最重要的一处发现。器物的放置可以分为四层，下三层为武器，上一层为礼乐器。

第一层：为盾类及车舆痕迹，器物已完全腐化为泥土，只遗留其表面雕刻的纹饰及涂着的颜色的遗迹。

第二层：铜盔、铜矛、铜戈。铜盔集中放置在器物层西部 2/3 的范围内；铜矛集中散乱搁置于东部；铜戈压在盔，矛上面，分三排放置。

第三层：铜矛头，矛锋一律向下，每十个作为一捆，有绳捆扎，共三十六捆，排列整齐。

第四层：共有 4 件器物，磬、碧玉棒各 1 件，方鼎 2 件。

5. M1217

除早期盗掘坑外，还发现十处近代盗掘坑，大多集中在墓葬东部。在没有经过后世盗扰的地方除了墓道内发现的一个石磬、一个木腔皮面鼓的遗迹与石蚌嵌饰的木架子遗迹及两个大理石质的半圆球形石眼外，几乎没有发现其他遗物。相反，早期盗掘坑中的遗物较为丰富，其中完整或残缺的玉石器共约 506 件。

6. M1500

除平面形状为不规则弧边三角形的早期盗掘坑外，还发现十处近代盗坑，多集中在北墓道上。其中玉石器完整或残缺者共 265 件。

M1500 只有南、西墓道的夯土中还保持着极少数埋葬时原放位置的遗物。南墓道中部偏东，高于墓底 2.5 米的夯土中发现白大理石刻石兽 3 对，每对东西排列，头向墓坑，皆首尾衔接，头北尾南，南北成两行，在同一水平面上。最北为一对“夔龙”石兽，其后为一对水牛石兽，最南为一对老虎石兽。每对形状、纹饰、大小相同（其中龙首尾长 0.42 米，牛 0.28 米，虎 0.3 米）。此 3 对石兽放置的位置、头向和大小说明它们的作用似乎与后代墓前的翁仲象牲相同。后代墓前的翁仲象牲着重表现死者家族的权位财力，和死者生前出行时的仪仗用意相同。因此其位置必须在墓前地面以上左右相对立，其大小则与死者的权位财力成正比例。在为死者役用这一点上，这 3 对石兽与翁仲象牲似乎出于同一种心理，或为牺牲，或为护卫，而非纯粹的艺术玩好之物。

在石兽南部平面距离约 4 米处，发现 1 件白大理石俎。发现时四足朝上，长方形面朝下，全体微斜向东，虽然受到了扰动，但离埋藏时原放置位置不远。石俎与石兽虽不同层，但它们同处于墓道东壁之下，相隔不远。如此的安排可能代表了石兽是牺牲永久的代用品，石俎是放置已经腐化的祭品的家具。

此外，西墓道最内端发现一对白色大理石门臼，形状大小相同，东西并排紧贴放置。墓道西段还发现仪仗痕迹，木质均已腐化，仅存表面涂红的雕花纹饰及玉石蚌镶嵌饰片。从一些残迹可推测原器大概有“鸟纹障”、“虎形器”、“直线波纹杠”三种八件。

7. M1550

M1550 的保存情形是西北冈大墓中最差的一座，不规则的早期盗坑在东西两面都打出了墓坑范围之外。另外有近代盗掘坑 15 处。

除在 4 个殉葬坑内出土少量玉器及绿松石制品外，翻葬坑内出土完整或残缺的玉石器 2300 多件。

M1550 墓坑中早期盗掘没有破坏的地方只有北部一小部分及东北、东南、西南三隅，因此这几处保持着埋葬时原来的状态。其中，殉葬坑共保存了 4 个。墓坑东北角殉葬坑 M1550：49 出土玉器较多，较好地展现了玉器的使用与摆放状况。殉葬者为一贵族妇女，赭石撒尸，骨骼虽已腐朽，但可辨认出为仰身直肢。头顶有骨笄一丛，约八九排，总数在六七十支以上，插成孔雀尾式。最上一排骨笄之间有细碎的绿松石嵌片，纹饰不清。右鬓角上有细小绿松石片贴成的圆片一面，或为发冠遗痕。头左上侧骨笄下有白玉“琴拨”。从以上头饰上可以推断晚商贵族阶级妇女不但高发，且梳编极复杂的发髻。除华丽头饰外，墓主身上带有佩玉四件。在左肩上部有白玉雕兔，应为悬挂于颈上的项饰。胸前偏下处有玉蛙 1 件，凸边璧 1 件，玦 1 件，应为悬挂的装饰。胸边蛙、璧之东有白玉戈 1 件，为殉者所执仪式武器。此外，右手握有 4 贝，左肩上侧有铜觚、爵各 1 件，左脚上压铜鼎 1 件。

8. 东区三墓 M1129、M1400、M1443

M1129 被早期盗掘坑破坏的很严重，限于时间与人力物力仅清理出墓坑和南道口轮廓。墓内出土物只有在早期盗掘坑内发现极少数的残碎遗物，也因战争及数次搬迁而不见实物与记录。

M1400 内除原夯土内发现少量玉石器外，早期盗掘坑内仅出土绿松石嵌片 1 件。

M1443 是西北冈墓地发现大墓中最小的一座，却是受到盗掘最严重的一座。除了早期的大盗坑外，发现近代盗坑 12 处。墓坑墓道内未被扰动部分所保留下的遗存，只剩佩饰一组，璧 1 件。早期盗掘坑内发现劫后残余的玉石器 73 件。

殷墟时期随葬器物的摆放具有一定的规律，陶器常置于二层台上，棺椁上方。铜器多见于棺外椁内或棺椁外二层台上、填土中。玉器则常出自棺内。玉、石器出土的层位和空间关系非常重要，常常能够反映玉、石器不同的社会功能。玉、石器与共出土的其他类型器物的关系，如与铜器的关系，可以反映社会组织的结构和运作方式。

从后世文献记载来看，东周时期的墓道具有一定的祭祀功能。M1001 墓道内的殉人坑和坑内已被打碎的铜器，显然是祭祀后的遗物。M1004 南墓道北段墓口处出土的两个牛鼎和鹿鼎，也应是在墓道口祭祀时所使用的祭器，而非一般的随葬品。M1500 南墓道三对首尾衔接南北成行的石兽及南部石俎放置的位置、大小说明它们有着特殊的功用与象征意义。但历代的盗掘对于玉、石器出土环境造成巨大的破坏，盗掘行为破坏了墓葬的完整性，对于研究商代用玉制度乃至商代礼制造成的损失令人惋惜。

六、对迁台殷墟玉石器的初步认识

由于古今盗掘，致使殷墟墓葬受到严重破坏，侯家庄、武官村一带王陵区的大墓无一幸免。从此批迁台遗珍来看，不难设想原随葬玉器的数量及质量当远远超过现存的劫余数。据《逸周书·世俘解》称：“商王纣取天智玉琰五，环身，厚以自焚。凡厥有庶，告焚玉四千……凡武王俘商旧玉有百万。”① 可见玉器在商代王室礼仪、祭祀、生

① 皇甫谧：《逸周书·世俘解》，辽宁教育出版社，1997 年，第 32 页。

活中有着极其重要的作用。

从西北冈大墓与妇好墓等高等级墓葬与其他考古发掘与传世的商代玉器来看。玉器的种类有数十种，出现了几种开创性的玉器，如用于祭祀、体型较大、仿青铜礼器的玉石簋、玉石盘等；生活用品中的梳、耳勺、各种动物形雕刻玉刀、用于调色和研磨颜料的调色盘等；装饰品中的圆雕玉人，动物形玉雕、龙形璜、鱼形璜；用于礼仪活动的带柄背脊出扉棱的玉刀等；这些精美的玉、石器所反映的社会生活内容极为丰富，生产方式、坐式、服饰、宗教神话、祭祀、礼乐、祖先崇拜等内容均有涉及。

以祭祀礼玉和仪仗玉兵器为代表的礼仪玉器在前代的基础上继续得到了创新。西北冈大墓及妇好墓中出土的玉、石容器表明，商代的玉、石制祭器也承担着祭祀礼器的功能。而显示武功的玉、石兵礼器如钺、戚、戈、矛、刀等，或用于战前誓师，或用于战后凯旋。它们即代表了王室贵族的尊严权利，也是对武功、权威的炫耀。

据鉴定殷墟出土的玉器，其产地并不在安阳附近。依产地分，有辽宁岫岩玉、南阳独山玉和新疆和田玉①。只有王室贵族才有力量把这些地方的玉料用交换的方式运到安阳，并在王室的玉器作坊中加工成各类玉器。

1975 年，小屯北地宫殿区丙组基址西侧曾发掘到两座制造玉石器的小型房址，房内有 600 多件圆锥形石料，260 余块长方形磨石残块，以及半成品、残玉器、玉料、石璋残片和玉鱼、鳖等玉、石器和少量的铜刀、铜镞。这两座房址可能是一处磨制玉石器的作坊②。制造玉器的技术难度较大，从选料、开料、设计到琢磨成器，有一段极复杂的过程，只有专门的生产者才能进行。

西北冈墓葬虽然屡遭盗掘，但墓葬间的地层叠压现象仍为物质遗存的时间顺序提供了若干发展趋势的线索。M1001 压在 M1004、M1550 之下，M1004 又在 M1002 之下。西边的墓群如 M1217 的北墓道打破了 M1500 的南墓道，M1003 的西墓道西端被隶属于 M1500 的小墓 M1421 打破。因此，M1003 早于 M1500 早于 M1217。例如大理石在时代最早的 M1001 已经出现，表现出以大理石表达动物母题的高度兴趣。在此后的 M1004、M1500、M1550 等墓葬中，大理石雕动物母题形象一直存在。统治者（赞助人）对于大型的大理石材质及赋予的形式表现出持续的趣味。

此外，随着迁台殷墟出土材料的公布和大量新时期的发掘工作为我们探讨诸如风格分析、溯源分析等提供了更丰富的材料。玉料和器物的溯源分析能帮助我们理解不同区域各种文化间的交互作用的方式及性质，社会结构和运作方式。这种溯源并不简单就是原料产地，还应还包括器型、风格和年代。

狭义的玉仅指以透闪石为代表的软玉，广义的玉不仅涵盖了软玉，还包括蛇纹石、绿松石、石英质和大理石质矿物。软玉和其他质料的石器物理特性各异，加工难度不同，使用方式亦有差异。结合妇好墓及花园庄东地 M54 出土玉器来看，殷墟高等级墓葬中出土的广义玉器中软玉占大多数。戈、钺、戚、圭、璧、环等大型礼器几乎均以

① 中国社会科学院考古研究所：《殷墟玉器》，文物出版社，1982 年。

② 中国科学院考古研究所安阳工作队：《1975 年安阳殷墟的新发现》，《考古》1976 年第 4 期。

软玉制作，说明软玉在晚商时期是社会礼制的载体和身份地位的象征。蛇纹石、大理石、绿松石、石英等材质矿物相对容易获得，加工难度与软玉也有差别，多用作管珠类饰品或部分戈、璋、璧等礼器。这充分说明了商人对于不同质料的认识并赋予了不同的文化含义。而墓葬中出现的对玉器半成品、边角料、残损器的改造和利用也足以说明商人对于玉料的珍视。

殷墟所出玉器反映了期生产和品种的多源性，很多玉器可能是与其他地区交换所得或是仿造“外来品”，也有些是传世品。如果不考虑时代和区域风格所指示的这些问题，纯粹对玉料产地的讨论往往会失去其意义。

一方面要从玉、石器本身出发，研究其材质、工艺、纹饰、形制、次生变化等；另一方面要从玉石器的社会属性出发，研究其出土位置、使用方式、器物组合、葬俗葬制等。将墓葬中出土的玉、石器放入其特定的墓葬背景、时代背景、社会背景中观察，这样才能复原其所具有的文化内涵。

玉石器从开采、雕琢、使用、埋葬等一系列过程“凝聚了社会价值和文化内涵，可以用来象征社会群体、个人的社会身份、表达不同人群和个人间的文化差别，并被用于维护或重建社会秩序”①。目前由于材料的缺乏，殷墟时期小至各类玉器的选择、使用方式、器物组合，大至整个社会用于行为都有待深入研究。

附记：在资料整理过程中，首都师范大学研究生房鑫、王克瑞提供了较多帮助，特此致谢。

参考书目

[1] 梁思永、高去寻：《侯家庄》（第三本・1002号大墓），“中研院”历史语言研究所，1965年。
[2] 梁思永、高去寻：《侯家庄》（第四本・1003号大墓），“中研院”历史语言研究所，1966年。
[3] 梁思永、高去寻：《侯家庄》（第五本・1004号大墓），“中研院”历史语言研究所，1970年。
[4] 梁思永、高去寻：《侯家庄》（第六本・1217号大墓），“中研院”历史语言研究所，1971年。
[5] 梁思永、高去寻：《侯家庄》（第七本・1500号大墓），“中研院”历史语言研究所，1974年。
[6] 梁思永、高去寻：《侯家庄》（第八本・1500号大墓），“中研院”历史语言研究所，1976年。
[7] 梁思永、高去寻、石璋如：《侯家庄》（第九本・1129号、1400号、1443号大墓），“中研院”历史语言研究所，1996年。
[8] 石璋如：《侯家庄》（第十本・小墓分述之一），“中研院”历史语言研究所，2001年。
[9] 中国社会科学院考古研究所：《殷墟的发现与研究》，科学出版社，2001年。
[10] 中国社会科学院考古研究所：《殷墟妇好墓》，文物出版社，1980年。
[11] 中国社会科学院考古研究所：《殷墟玉器》，文物出版社，1982年。
[12] 李济：《殷墟有刃石器图说》，《历史语言研究所集刊》（第二十三本），1952年。
[13] 邹衡：《试论殷墟文化分期》，《北京大学学报》（人文科学）1964年第4期。

① 荆志淳、唐际根：《商代用玉及其反映的社会关系》，《中国社会科学报》2010年11月25日第11版。

甲骨文与古文献所见殷商玉文化

徐义华

（中国社会科学院历史研究所）

玉作为中国古代政治、宗教生活中的重要物品，占有重要地位。商代甲骨文和古代文献中即有大量关于玉的记载，表明用玉为礼器和弄器的制度与风习在商代已经形成。

一、甲骨文中的玉字

甲骨文有字作“”、“”、“”、“”、“”形，罗振玉、商承祚等学者皆释玉字[①]。甲骨文以玉为偏旁的字很多，有玨（）、豐（）、俪（）、玫（）、朋（）、珱（）、琶（）、玴（）、叒（）、璞（）等字。与玉直接相关的主要有玨、豐等字。

“珏”，作“”、“”、“”等形，王国维、于省吾、姚孝遂等学者释玨（珏）[②]，《说文·玨部》：“玨，二玉相合为一玨。”意思是指二玉，可以用作计玉的单位。在甲骨文中则常指某种具体的玉。

甲骨文中的豐字，作两玉盛在器中之形。王国维说豐字“殷虚卜辞有𧯛字……象二玉在器之形，古者行礼以玉，故《说文》曰：‘豐，行礼之器。’其说古矣……实则豐从玨在凵中……盛玉以奉神人之器谓之𧯛若豐，推之而奉神人之酒醴，亦谓之醴，其初当皆用𧯛若豐二字”[③]。裘锡圭认为豐指以玉装饰的大鼓[④]。考释虽有不同，但两者皆与玉有关，说明玉在商代礼仪性场合中占重要地位。

---

① 罗振玉：《殷虚书契考释》，东方学会，1915年，第40页；商承祚：《殷契佚存考释》，《金陵大学中国文化研究所集刊》，1933年。

② 于省吾主编：《甲骨文字诂林》，中华书局，1996年，第3287页。

③ 王国维：《释礼》，《观堂集林》（第1册），中华书局，1959年，第291页。

④ 裘锡圭：《甲骨文中的几种乐器名称》，《中华文化论丛》1980年第2辑。

甲骨文中有作“”“”“”“”“”，或释玉，或释琮，或释琡，皆与玉有关[①]，同时也作为偏旁构成较多文字，如宝（）、、（）、等字。

甲骨文中与玉相关的较为集中的字还有“辛”字，学者分析了甲骨文璋、瓒等与玉相关的文字，将其部首抽取出来，列为下表：

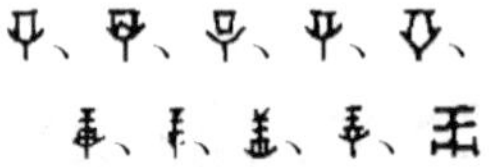

认为“辛”与玉器形状有关[②]，以此为偏旁的字也可能与玉有关，如、、、、、、、等。

二、甲骨文中所见玉事玉物

甲骨文中与玉相关的物品与事务很多，大多与祭祀、礼仪、贡纳等有关，与文献所载“礼云礼云，玉帛乎云哉”[③]可相印证。

（一）甲骨文所见到的玉器

1. 玉

甲骨文中玉字出现在多种场合。卜辞有“奏玉”：

戊戌卜，争，贞王归奏玉，其伐。　　《合集》[④]6016 正

……奏玉……　　《合集》16086

有学者认为“奏”即献，《说文》：“奏，进也。”“奏玉”即进献玉，这条卜辞是占卜的是献玉并举行伐祭。“奏”也可解为演奏，《孟子·万章下》：“集大成也者，金声而玉振之也。”朱熹集注：“玉，磬也。”即“奏”是指演奏玉制的乐器。接受“奏玉”之祭的祖先有成汤：

甲午卜，敲，贞王奏兹玉，成弗左。

甲午卜，敲，贞王奏兹玉，成弗左。　　《合集》6653

成，即成汤。占卜商王献祭玉成汤是不是喜欢。以玉祭成汤的卜辞还有：

① 董作宾：《今后怎样研究甲骨文》，《平庐文存》，台北艺文印书馆，1963 年；沈之瑜：《释》，《上海博物馆集刊——建馆三十周年特辑》（总第 2 期），上海古籍出版社，1983 年，第 3～6 页；陈剑：《说殷墟甲骨文中的玉戚》，《历史语言研究所集刊》（第七十八本）（第二分），2007 年。

② 方稚松：《释殷墟花园庄东地甲骨中瓒、祼及相关诸字》，《中原文物》2007 年第 1 期。

③ 孔子：《论语·阳货》，《论语全鉴》，中国纺织出版社，2010 年，第 263～277 页。

④ 《甲骨文合集》，以下简称《合集》。

贞玉……唐，若。　　《合集》1312

黄尹也受到“奏玉”之祭：

甲辰卜，殻，贞我兹玉，黄尹若。
贞我兹玉，黄尹弗若。　　《合集》10171

黄尹，有学者认为即伊尹，为成汤的重臣，死后受到商王朝的隆重祭祀。先王祖丁也受到以玉致祭：

……汏玉于祖丁，贞乙。　　《合集》3068

此辞残，不能知其详细意思，但汏在卜辞多用作人名，如《合集》672 正有子汏，另外《合集》33201 中又有“汏人以珏”也就是汏人进贡珏的记载，所以“汏玉”大约是汏所献的玉，此辞是占卜用汏所献的玉祭祀祖丁或名某乙的祖先。卜辞中还有“爯玉”之祭：

贞叀大玉爯。　　《合集》9505

“爯”，《说文》释“并举也”，即呈献之义，此辞中用为祭名，占卜是否进献大玉于某位祖先。玉也可用于燎祭或沉祭：

……二玉，燎眔沉。　　《合集》30777

燎祭在文献中有记载，《吕览・季冬》：“燎者，积聚柴薪，置璧与牲体于其上而燎之，升其烟气。”燎玉在考古中亦有发现，如良渚文化江苏寺墩 M3 随葬的玉璧、玉琮都被焚烧过。沉祭，《尔雅・释天》云“祭川曰浮沉”，沉是祭礼祀流的通常方式。此辞记载供呈二玉，占卜是用燎的方式还是沉的方式献祭。甲骨文中还有其他具体的燎玉和沉玉的例子，详后。有时候侑祭也用玉：

宾，贞侑玉。　　《合集》16088

即是侑祭时用玉。玉可以与其他牺牲并用，如：

其鼎用三玉、犬、羊。　　《合集》30997

即是玉、犬、羊并用或选择其中某种作为祭品，类似的例子还有：

……玉、宰、牛。　　《合集》16089

是玉、小牢和牛的祭品组合。“玉”字有时会用作为祭祀动词使用，如：

勿玉。　　《合集》3990 正

很可能是表示用玉进行祭祀。

除在祭祀中用玉外，玉也是商代贡纳中的重要物品，卜辞中有：

壬寅卜，殻，贞正玉。　　　　《合集》7053 正
□辰卜，□，贞正玉，亡囚。　　《合集》16536

正，即征，征取之意，《左传·僖公十五年》："于是秦始征晋河东，置官司焉。"杜预注："征，赋也。"上辞即是占卜王朝是否征取玉。卜辞中也有"取玉"的记录：

庚子卜，争，贞令睘取玉于龠。　　《合集》4720

"睘"为人名，即是商王命令睘到龠地去取玉。另有：

□玉于甘。　　《合集》8004

也可能是到甘地取玉。另外卜辞中还有"乞玉"：

乙亥卜，我乞玉……，入马二十于。　　《合集》22075

乞，索取意，即占卜是否索取玉及其他物品。

除征取玉外，商王还赐玉给臣下，商代金文中有：

己亥，王易亚雀玉十玉（珏）、璋，用作祖丁彝。　　《集成》[①]03940

即记录了王赐亚雀十玉和璋，雀因此作祖丁祭器以纪念。

另外，卜辞中有"玉臣"：

庚午，贞秋大隻于帝五臣，血□，在祖乙宗卜。兹用。《合集》34148
癸酉，贞帝五臣其三小宰。　　《合集》34149
贞其宁秋于帝五臣，于日告。　　《屯南》[②]930

"五臣"，陈梦家释"五工臣"[③]，郭沫若释"五介臣"[④]，从字形看，应该是"五玉臣"，玉在古代用作形容或限制词的情况也很多，有美好、珍爱、珍重等意思，如《诗·大雅·民劳》有"王欲玉女，是用大谏"，朱熹集传："玉，宝爱之意。"那么"五玉臣"即是上帝重视的五个下属神灵。

总之，如上所述，玉在商代是主要用祭祀，同时在贡纳、赏赐等政治生活中也起着重要作用。由于玉受到重视，玉字已经衍生出美好、珍爱等含义。

2. 珏

甲骨文中，珏可以用于祭祀：

---

① 《甲骨文献集成》，以下简称《集成》。
② 《小屯南地甲骨》，以下简称《屯南》。
③ 陈梦家：《殷虚卜辞综述》，科学出版社，1956 年，第 572 页。
④ 郭沫若：《殷契粹编考释》，科学出版社，1965 年，第 5 页。

贞酒于河十牛。
二十牛。
丁□卜，□贞□于二珏𡈼五人卯十牛。
卯五人五牛于二珏。　　　　　　　　《合集》1052 正

此处于字，可解“与”[①]，即二珏与牛、人同是献祭的祭品。类似的祭祀记录还有：

丙子卜，宾，贞𠂤、珏酒河。　　　　《合集》14588

𠂤，大约是用人作牺牲[②]，即用𠂤、珏等为祭品，酒祭河。接受以珏祭祀的神灵还有大甲：

戊辰，贞刚于大甲𠂤珏、三牛。
刚于大甲𠂤珏、一牛。　　　　　　《合集》34233
戊辰，贞刚于大甲𠂤珏、二牛。　　《屯南》280

刚，祭名。𠂤，学者多释为“次”，于省吾认为此处指大甲的神主位次[③]，上二辞记录的是占卜是否用珏和二牛刚祭大甲。以珏祭祀的相关卜辞还有：

贞于……申酒……珏。　　　　《合集》16091

辞残，但应该是酒祭中用珏以献。从甲骨文资料看，有珏的祭祀卜辞多与河相关，这一点值得注意。

除用于祭祀外，珏也经常出现在贡纳关系的记录中：

□河珏，叀王自正。十月。　　　　《合集》24951

此辞所记载的应该是占卜商王是否亲自参加征取做供献给河的珏的活动。卜辞还有：

辛酉卜，㱿，贞呼师般取珏……屯。　　　　《合集》826

师般，是武丁时期的著名大臣，也参加取玉的行动。还有臣下进贡珏的情况：

丁亥卜，贞汏人以珏，呼芀召幸。在四月卜。
贞弜汏人（以）珏。　　　　　　　　《合集》33201

即是汏人进贡珏的记录。

---

① 陈梦家：《殷虚卜辞综述》，科学出版社，1956 年，第 122 页。
② 于省吾主编：《甲骨文字诂林》，中华书局，1996 年，第 500 页。
③ 于省吾主编：《甲骨文字诂林》，中华书局，1996 年，第 3047 页；于省吾：《甲骨文字释林》，中华书局，1979 年，第 418 页；曹锦炎认为应读“大甲师珏”，珏为私名，即大甲之师名珏者，见曹锦炎：《说大甲𠂤珏》，《纪念殷墟甲骨文发现一百周年国际学术研讨会论文集》，社会科学文献出版社，1999 年。

3. 瑊

甲骨文中有作“”、“”、“”、“”、“”等形，学者对此字的考释意见较多，有“玉”、“宝”、“朋”、“珏”、“䀠”、“琮”等多种说法[①]，陈剑先生认为此字为不纳柲的玉戚之象形，读为瑊[②]，可从。

在甲骨文中，瑊可用于祭祀，可见“爯瑊”之祭：

丙寅贞王其［爯］瑊（于祖乙），乙亥燎三小宰，卯三大牢。
《合集》34657
丁卯贞王其爯瑊、緷，燎三小宰，卯三大牢于☐　《合集》32721
丁卯贞王其爯瑊，燎三宰，卯□□牢祖乙。　《合集》32420
庚午贞王其爯瑊于祖乙，尞三宰☐乙亥酒。
王爯瑊于祖乙，尞三宰，卯三大［牢］。兹用。　《合集》32535

“爯瑊”即呈献玉瑊以祭祖先。甲骨文中还有“瑊”之祭：

贞王祖乙瑊，燎三小宰，卯三大（牢）。　《合集》40510

陈剑认为，“”字与“爯”字意思相近[③]，也是进献玉瑊祭祀。在岁祭中有时也用瑊，如：

乙巳卜，宾，贞翌丁未酒，皋岁于丁，尊有瑊。　《合集》4059 正

“尊”，意思是“置”，是占卜岁祭丁时是否置美玉以献。燎祭中也可以用玉瑊：

甲申卜，争贞尞于王亥，其瑊。
甲申卜，争贞勿瑊。
贞勿三牛。
贞尞十牛。
贞尞于王亥十牛。
贞勿十牛。　《合集》14735 正

“‘其瑊’可以理解为‘其用瑊’”，是燎瑊以祭祀王亥[④]。此辞中燎瑊与燎十牛同问，显然玉瑊的价值是极高的。献瑊以祭的例子还有：

甲申卜，其三瑊。　《屯南》225
乙亥卜，亘，贞其瑊。　《合集》5815

也是用玉祭祀。

---

① 于省吾主编：《甲骨文字诂林》，中华书局，1996 年。
② 陈剑：《说殷墟甲骨文中的玉戚》，《历史语言研究所集刊》（第七十八本）（第二分），2007 年。
③ 陈剑：《说殷墟甲骨文中的玉戚》，《历史语言研究所集刊》（第七十八本）（第二分），2007 年。
④ 杨州、卢文勇：《说殷墟甲骨文中的“”》，《山西大同大学学报》（社会科学版）2009 年第 4 期。

在战争时的祭祀中有时也用玉琡，如：

庚子卜，告方弹琡。　　《合补》[①]10657

即是“告方”时用玉琡祭祀神灵。“告方”卜辞中习见，是战争中常见的祭祀仪式：

乙巳卜，争，贞告方出于祖乙，于大……　　《合集》651
贞告𠮷方于上甲。　　《合集》5521
贞告方于唐。　　《缀集》[②]284
己亥卜，告方于父丁。　　《合集》32678
于大示告方。　　《缀续》[③]518

“告方弹琡”应该是用琡祭祀以求得到神灵的护佑和帮助。

商人在祭祀自然神也用玉琡：

戊午卜，王燎于淹三宰，埋三宰又一琡？　　《合集》14362

淹为水名，即是燎祭淹水，同时又埋祭，《仪礼·觐礼》谓祭地曰瘗，《周礼·春官·司巫》：“凡祭事，守瘗。”郑玄注：“瘗，谓祭地祇有埋牲玉者也。”

除祭祀外，琡还用于日常礼仪，是王室和贵族的重要的礼仪用器。有“爯琡”：

己亥卜，于廷爯琡、璋。用。　　《花东》[④]29

是子占卜是否在庭中向丁进献琡和璋。庭指院落，从考古发掘的商代建筑基址看，庭是四合院中的院子[⑤]。在庭院中进献琡、璋，当是比较重要的礼仪活动。类似的例子还有：

己亥卜，叀今夕爯琡、璋，若，侃。用。　　《花东》149

也有“见琡”：

戊寅卜，翌己子其见（献）琡于丁，侃。用。　　《花东》427

见，同“献”，即占卜子是否向丁进献玉琡。同类的卜辞还有：

己卯卜，子见（献）暄以琡丁。用。
以一鬯献丁。用。　　《花东》37

① 《甲骨文合集补编》，以下简称《合补》。
② 《甲骨缀合集》，以下简称《缀集》。
③ 《甲骨缀合续集》，以下简称《缀续》。
④ 《殷墟花园庄东地甲骨》，以下简称《花东》。
⑤ 中国社会科学院考古研究所安阳工作队：《河南安阳市洹北商城宫殿区1号基址发掘简报》，《考古》2003年第5期。

⿰目卣为人名，“⿰目卣以琡”即⿰目卣所贡来之玉琡，此辞是卜问是把⿰目卣所贡来之玉琡进献给武丁。

甲子卜，乙，子肈丁璧眔琡。　　《花东》180

肈，有给予、付予、效纳之意[①]，此辞记载的是子向丁效纳玉璧和玉琡。相似的例子还有：

甲午卜，丁其各，子叀⿰彳冉琡肈丁。不用。⿱丨口祖丁彡。　　《花东》288

⿰彳冉为人名或地名，表明玉琡的来源或产地。另外还见“入琡”：

琡、□其入于丁，若。　　《花东》90

本辞是占卜向丁进献琡和□。□字不识，应该也是某种玉器。除进献玉器外，还以玉为礼邀请君主者：

乙卜，速丁以琡。　　《花东》90

“速”，意思为如请[②]，即是用琡为礼，呈而请武丁前来。琡同时也是商王朝贡纳中的重要器物：

贞求琡于壴。　　《合集》16976 正

即是向壴地征取琡。

琡还常与珥、璧、璋、圭、□、□等其他玉器一同使用或选择使用，如在祭祀场合中：

丁卯贞王其再琡、⿰纟耳，燎三小宰，卯三大牢于☐　　《合集》32721

是卜问向祖先进献玉琡和玉珥。在礼仪场合中多种玉礼器出现的例子更多，如：

甲子卜，乙，子肈丁璧眔琡。　　《花东》180
己亥卜，于廷再琡、璋。用。　　《花东》29
己卯，子见（献）⿰目卣以璧、琡于丁。用。
己卯，子见（献）⿰目卣以圭眔□、璧丁。用。
己卯，子见（献）⿰目卣以圭于丁。用。
己卯，子见（献）⿰目卣以琡丁，侃。用。　　《花东》490
琡、□其入于琡丁，若。　　《花东》90

以上卜辞中即是琡与其他玉器共同或选择使用的情况。

另外，甲骨文中还有“□”字，从琡从又，陈剑认为“□”字也是琡字：

---

① 杨州、卢文勇：《说殷墟甲骨文中的“□”》，《山西大同大学学报》（社会科学版）2009 年第 2 期。
② 陈剑：《说花园庄东地甲骨卜辞的“丁”——附：释“速”》，《故宫博物院院刊》2004 年第 4 期。

癸巳卜，叀璧肇丁。
癸巳，叀珏（瑕）肇丁。不用。 《花东》198

此二条卜辞中珏与璧对贞，占问向丁进献璧还是瑕。卜辞还有：

壬子卜，子以妇好入于𫊸，肇（瑕）三，往䨻。 《花东》37
辛亥卜，子肇妇好瑕，往䨻。在𫊸。 《花东》195

是子在𫊸向妇好效纳三枚玉瑕。

另外，卜辞中还有商王因梦到玉瑕而占卜的情况，

己巳卜，亘，贞王梦瑕，隹……
己巳卜，亘，贞王梦瑕，不隹小臣𡧊。 《合集》5598+《合集》17394
贞王梦瑕，隹囚。
贞王梦瑕，隹囚。 《合集》6033反

卜辞中还有子梦到有人向自己进献玉瑕而进行的占卜：

己亥卜，子梦［人］见（献）子瑕，［亡］至艰。 《花东》149

因为梦到有人向自己献玉瑕，所以占问是否会有不吉之事发生。

从以上卜辞可以看出，玉瑕是商代非常重要的祭祀、礼仪用器，不仅用出现在各种场合和对各种神灵的祭祀中，而且在日常政治礼仪中经常使用，与其他玉礼器成组使用的情况也较多。同时，玉瑕又是贡纳中的重要物品。甚至商王、贵族因为梦到玉瑕而卜问吉凶。

4. 玉戚

甲骨文中“”、“”、“”、“”、“”，为瑕，是不纳柲的玉戚之形。甲骨文中有戚字，作“”、“”形，是纳柲之形。卜辞有：

□亥，贞陟大御于高□以戚。 《合集》34287
□亥，贞陟以戚。 《合集》34400

占卜用戚祭祀祖先。另外还有：

甲辰卜，𢆶叀戚、三牛。 《屯南》783
［甲］辰卜，𢆶叀戚。
乙巳卜，五小宰𢆶。 《屯南》2842

戚与牛、小宰一样成为进献给祖先的祭品。卜辞中还有戚、戈献祭的记录：

叀兹戈用。

叀兹戚用。　　《屯南》2194 +《屯南》3572

戚与戈对贞，以戚和戈两种兵器献祭给祖先。

甲骨文中的戚，可能有部分为铜戚，但也应该有相当一部分为玉戚，是将“琡”纳秘后进献。

5. 玉戈

殷墟甲骨文中有玉戈，卜辞有：

其[illegible]戈一緷（珥）九。　　《合集》29783

“[illegible]”字为进献之意[①]，此辞意思为占卜是否进献一戈和九珥，珥为玉制品，戈为何种品质，李学勤将此辞与《花东》480相比勘：

丙寅卜，丁卯子劳丁，再黹圭一緷九。在[illegible]。来狩自罘。　　《花东》480

认为“‘戈’指玉戈，而当时的玉戈与圭璋是有密切关系的，因此，‘戈一，珥九’正相当《花东》卜辞的黹圭一、珥九”[②]，即进献的是戈是玉戈。

玉戈在商代是重要的祭祀、礼仪用器，在考古发掘中，郑州商城、殷墟、盘龙城、望京楼等遗址都曾出土大量商代玉戈，其中盘龙城李家嘴出土的大玉戈，长达94、内长21、宽11厘米，是迄今发现的最大玉戈，被称为“玉戈之王”[③]。其中有的玉其上书有文字或刻有铭文，表明这些玉戈确是进贡所来的玉戈，如1976年出于殷墟妇好墓的玉戈[④]，上有铭文为“卢方[illegible]入戈五”，“[illegible]”是人名，卢方[illegible]应是卢方首领名[illegible]者，“入戈五”即一次进贡玉戈五枚。卢方也见于甲骨文：

甲戌卜，翌日乙王其寻卢伯，不雨。大吉。　　《合集》27041
卢伯漅其延乎飨。　　《合集》28095

关于卢方的地望，有今关中地区[⑤]、江汉流域[⑥]、甘肃地区[⑦]等多种观点，虽然有分歧，但大致都在商王朝的边疆地带。这说明边疆地区与商王朝之间有玉器的贡纳。小屯M18出土一件玉戈[⑧]，上有朱书文字：

在沘（[illegible]）執（执）[illegible]在入。

---

① “[illegible]”字有多义，见于省吾主编：《甲骨文字诂林》，中华书局，1996年，第423～426页。
② 李学勤：《从两条〈花东〉卜辞看殷礼》，《吉林师范大学学报》（人文社会科学版）2004年第3期。
③ 湖北省文物考古研究所：《盘龙城：1963年—1994年考古发掘报告》，文物出版社，2001年。
④ 中国社会科学院考古研究所：《殷墟妇好墓》，文物出版社，1980年，第136页图七五。
⑤ 曹定云：《殷代的卢方》，《社会科学战线》1982年第2期。
⑥ 江鸿：《盘龙城与商朝的南土》，《文物》1976年第2期。
⑦ 卢继旻：《卢水胡居地与族源再探》，《丝绸之路》2010年第6期。
⑧ 中国社会科学院考古研究所安阳工作队：《安阳小屯村北的两座殷代墓》，《考古学报》1981年第4期。

有学者认为此可句读为“在兆，执叀（秉），在（兹）入”，是指进贡在兆地（）执之戈[①]。美国哈佛大学赛克勒博物馆藏一件玉戈，上有铭文：

曰䰞王大乙，在林田，艅𢦏。

“䰞”为祭名[②]，“𢦏”意为进献[③]，即此戈为林地的田官艅所进贡的玉戈。1977年甘肃庆阳发现一件玉戈，上刻有“作册吾”三字，应该是商王朝私名为吾的作册所有的玉戈，出土于庆阳的原因不知，有可能是中央王朝与边疆诸侯贡纳和赏赐的结果。

甲骨文中还有“戈”祭祀的卜辞：

丙申卜，叀兹戈用于河。
叀旧戈（用于）河。　　　《合补》10641
己酉卜，叀兹用。
叀兹戈用。
叀兹戈用。
叀兹戚用。　　　　　　　《屯南》2194

其戈字作“”形，戚字作“”形，是装柲的戈、戚之形，因为卜辞简单难以断定是铜戈还是玉戈。

1985年殷墟刘家庄南地商代墓葬出土了17片带有朱书文字的玉璋，其上的书有向祖先献祭的文字：

𢍏于□，戓一。
𢍏于□辛，戓一。
𢍏于小史，戓一。
（𢍏）于□□，戓（一）。
（𢍏）于□，戓一。
□白，戓一。
𢍏于□。
𢍏于史。
𢍏于史公。[④]

“戓”字作“”形，学者有多种考释，李学勤认为“”是“玉”省去上一横笔，“戓”为玉戈专用字[⑤]。王蕴智认为“应是由‘’，字所派出的区别文，当读为‘圭’”[⑥]，季旭

① 吴雪飞：《安阳小屯18号墓出土朱书玉戈考》，《殷都学刊》2016年第2期。
② 李学勤：《论美澳收藏的几件商周文物》，《文物》1979年第12期。
③ 陈剑：《说殷墟甲骨文中的玉戚》，《历史语言研究所集刊》（第七十八本）（第二分），2007年。
④ 孟宪武、李贵昌：《殷墟出土的玉璋朱书文字》，《华夏考古》1997年第2期。
⑤ 李学勤：《〈周礼〉玉器与先秦礼玉的源流——说裸玉》，《东亚玉器》（第1卷），香港中文大学中国考古艺术研究中心，1998年。
⑥ 王蕴智：《中原出土商代玉石文及其释读》，《中国国家博物馆馆刊》2013年第4期。

升认为“”字从士从戈，从士表示“戓”是一种像斧钺类的东西，从戈表示“戓”和戈同形，戈即圭[①]。王辉认为“可看作从戈，从土，土亦声之字。……‘土’应为圭之象形”[②]。即或认为是玉戈，或认为是玉圭。

6. 玉圭

甲骨文有字作“”“”“”“”等形，李学勤认为“‘’是象形字，上端有三角形尖，下部为长方条形，当释作‘圭’”[③]。

圭字在甲骨文中多见，在多种祭祀仪式中都会用圭，有燎圭、沉圭、登圭等多种方式。有燎圭：

> 戌卜，㱿贞尞王亥圭。
> 贞勿圭，尞十牛。　　《合集》11006 正

此卜辞占卜燎向王亥致祭，燎圭与燎十牛为同等的选项，可见圭的价值很大。燎字在甲骨文中作“”、“”等形，象交木而燃之形，祭祀时将牺牲、祭品置于柴上焚烧，燎圭即烧圭。这种祭祀方式，文献中也有记载，《礼记・郊特牲》疏引《韩诗内传》：“天子奉玉升柴加于牲上。”另外考古资料也见燎祭的遗迹，三星堆一号祭祀坑内，有玉器和铜器一起被焚烧的现象，二号祭祀坑有部分玉器出土于灰烬内[④]，这些都应该与燎祭有关。甲骨文中还有“”，其字如圭在火上之形，卜辞有：

> 戊子□□若。　　《合集》16408
> □□……　　《合集》21462

有学者认为这是燎祭用圭[⑤]。另外还有沉圭之祭：

> □烄□□。　　《合集》15678

“”字为“沉圭”合文[⑥]。沉圭于河，文献中也有见，如《左传•昭公二十年》载“王子朝用成周之宝圭沉于河”，即是沉圭以祭。甲骨文中还有登圭：

> 丙午，宜。
> 贞弜酒翌丁未。　　《合集》34596
> 贞勿。　　《合集》15819

---

① 季旭昇：《谈甲骨文中“耳、戊、巳、士”部中一些待商的字》，《第三届国际中国古文字学研讨会论文集》，中华书局，1997 年。

② 王辉：《殷墟玉璋朱书“戓”字解》，《于省吾教授百年诞辰纪念文集》，吉林大学出版社，1996 年。

③ 李学勤：《从两条〈花东〉卜辞看殷礼》，《吉林师范大学学报》（人文社会科学版）2004 年第 3 期。

④ 四川省文物管理委员会，等：《广汉三星堆遗址一号祭祀坑发掘简报》，《文物》1987 年第 10 期；四川省文物管理委员会，等：《广汉三星堆遗址二号祭祀坑发掘简报》，《文物》1989 年第 5 期。

⑤ 杨州：《说殷墟甲骨文中的“圭”》，《山西档案》2016 年第 3 期。

⑥ 杨州：《说殷墟甲骨文中的“圭”》，《山西档案》2016 年第 3 期。

“[illegible]”作两手奉圭之形，系“登圭”之合文[①]。另外，还有其他祭祀中也用圭，如

贞我□卢□令□圭告于丁。用一牛。　　　《合集》1950
癸亥，贞伐……祖乙圭，寻获。　　　《合集》33085
□□卜，宾，贞□彝竹□一牛□三圭。

即在告祭丁、伐祭祖乙等仪式中使用玉圭。有时候，“圭”字会用作动词，当为祭名，应该是用圭祭祀：

丙辰卜，王于来丁圭祖丁。　　　《屯南》附 14

即是把圭作为祭祀动词使用。

除用于祭祀外，在日常政治生活中，圭也起着重要作用：

丙卜，叀子[illegible]圭用罘珥爯丁。用。　　　《花东》203

“[illegible]”即见，进献之义。即是占卜子是否进献玉圭和玉珥给丁。圭还与其他玉器共同出现在礼仪场合，如：

己卯，子见（献）䀠以璧、琡于丁。用。
己卯，子见（献）䀠以圭罘[illegible]、璧丁。用。
己卯，子见（献）䀠以圭于丁。用。
己卯，子见（献）䀠以琡丁，侃。用。　　　《花东》490

即是子向丁进献璧、琡、圭等玉器的占卜。商代晚期的青铜器《乙卯尊》（或称《子黄尊》）记载了礼仪场合中进贡和赏赐多种玉器的情况，其中圭是重要的一种：

乙卯，子见（献）在大室，白圭一、珥琅九、又百牢。王赏子黄瓒一、贝百朋。子光赏姒丁贝，用作己宝盘。举。　　　《集成》6000

铭文记载了子在太室向商王进献一枚白圭、九枚玉珥和百牢牺牲。商王赏赐子一枚玉瓒、一百朋贝。

圭的用途很广泛，种类也很多，甲骨文中可见者有白圭、小白圭、瑳圭、玄圭、 黹圭等。白圭见于下列材料：

乙亥，子叀白圭爯。用。隹子见（献）。　　　《花东》193
乙卯，子见（献）在大室，白圭一、珥琅九、又百牢。　　　《集成》6000

花园庄东地甲骨卜辞中有小白圭：

丙卜，叀小白圭（子？）□。　　　《花东》359

① 杨州：《说殷墟甲骨文中的“圭”》，《山西档案》2016 年第 3 期。

另有瑳圭、玄圭：

> 丙卜，叀𢀛（瑳）吉圭爯丁。
> 丙卜，叀玄圭爯丁，亡珥。　　《花东》286

姚萱认为“𢀛”字释瑳，表述玉之颜色，《说文》：“瑳，玉色鲜白也。”吉，也是修饰圭的，意思为坚实，“‘𢀛’和‘吉’用作‘圭’的修饰语，是分别说明其色彩光泽和质地的”[①]那么上辞中瑳圭和玄圭对贞，是问用白色圭还是黑色圭爯祭丁。另有㡀圭：

> 丁卯卜，子劳丁，爯㡀圭一、珥九。在[illegible]。狩自罕。　　《花东》363
> 丙寅卜，丁卯子劳丁，爯㡀圭一、珥九。在[illegible]。来狩自罕。　　《花东》480

“㡀”义为绣，“㡀圭”应该是指有绣纹纹饰的玉圭[②]。

从相关资料可以看出，戈与圭之间存在着密切的联系，如王辉在考释“戓”字时认为，“戓”所从之“圡”为“圭”的本字，字从戈，说明圭与戈类兵器有渊源关系，有时戈即是圭[③]。而孙庆伟认为“根据戈、圭在器物形制、制作工序和出土位置上的相似性，可以判定两者其实是同一类器物，所谓的圭不过是省略了内部的戈而已。戈与圭异名同实，只是因为其使用场合不同而名称有别。……玉戈不可能用于实战，而当是礼仪用器。在周代，当某种日常用器被用于礼仪和宗教场合时，它们也通常被赋予新的名称。……由此推断，当一件形状为‘戈’的瑞玉完成后，为区别于其日常用器以示珍重，故被赋予新名而称为‘圭’”[④]。

7. 玉璋

甲骨文中璋字的情况比较复杂，初作“[illegible]”形，后演化出“[illegible]”、“[illegible]”、“[illegible]”、“[illegible]”等形[⑤]。

“[illegible]”形璋字，主要见于花园庄东地甲骨，如：

> 己亥卜，于廷爯琡、[illegible]。用。　　《花东》29
> 己亥卜，惠今夕爯琡、[illegible]，若，侃。用。　　《花东》149

“[illegible]”字“读为玉章（璋）的‘章（璋）’”[⑥]，指牙璋而言。“爯璋”即举璋呈献，此二条卜辞是占卜是否向丁进献玉琡、玉璋等物品。

---

① 姚萱：《殷墟花园庄东地甲骨卜辞的初步研究》，线装书局，2006年，第199～213页。
② 李学勤：《从两条〈花东〉卜辞看殷礼》，《吉林师范大学学报》（人文社会科学版）2004年第3期。
③ 王辉：《殷墟玉璋朱书文字蠡测》，《文博》1996年第5期。
④ 孙庆伟：《周代墓葬所见用玉制度》，北京大学考古文博学院博士学位论文，2003年，第143～144页。
⑤ 杨州：《说殷墟甲骨文中的章（璋）》，《首都师范大学学报》（社会科学版）2009年第3期。
⑥ 杨州：《说殷墟甲骨文中的章（璋）》，《首都师范大学学报》（社会科学版）2009年第3期；杨州、卢文勇：《说甲骨文中的“[illegible]”》，《山西大同大学学报》（社会科学版）2009年第2期。

壬寅卜，子金，子其屰璋于妇，若。用。　　《花东》492

“屰”字在此有献义[①]，即子卜问向妇好进献玉璋是否有利。

商末金文中的璋字作“[illegible]”形，亚雀作祖丁簋铭文为：

己亥，王易亚雀玉十玉（珏）、璋，用作祖丁彝。　　《集成》03940

记录商王赏赐给亚雀十枚玉和璋，亚雀因此作了祖丁的祭器。璋在商代应该是一种经常使用的赏赐品，《商周青铜器铭文暨图像集成》（以下简称《铭图》）3089收录了一件铜觥，作者认为是西周早期晚段，但细审其形制与铭文，应该是商末器物，《铭图》录其铭文作：

癸亥，小臣[illegible]易伯工王，作册殿（[illegible]）友小夫丽，赐圭一、璧一、璋五，陶用作上祖癸尊彝。隹王司册，在九月。或。[②]

铭文中“小臣[illegible]易伯工王，乍册殿友小夫丽”句读应该为“小臣[illegible]易伯工，王乍册殿友小夫丽”，王乍册，是指王的史官，区别于贵族家中的史官。此处铭文记录的是小臣[illegible]和作册的下属丽受命赏赐诸工之长，陶受到一圭、一璧和五璋的赏赐。由上可见，以璋赏赐在商代已经形成一定规制。这一形式被“因于殷礼”的周人所接受，周人也常以璋赏赐，如《庚嬴鼎》（《集成》2748）有“赐裸瓒、贝十朋”，“瓒”在此则假借为玉璋之“璋”，即是以璋用于赏赐。

以上都是在日常礼仪场合用璋的例子，在被用为礼器之外，玉璋还经常用于祭祀。甲骨文中有“[illegible]”字，隶为“瓒”，卜辞中有：

其瓒滝，玉其焚。

其[illegible]。　　《屯南》2232

宋镇豪认为“像双手持礼璋形，我释璋之本字，字从辛，辛为凿玉具，盖借凿玉具示意是玉礼璋”[③]。即是以玉璋祭祀淯水，并问是否焚璋以祭还是沉璋以祭。按文献记载祭河应用沉祭，此处祭滝水却卜问是焚还是沉，则滝水还有其他神灵性质，或者商代还没有形成的严格的以沉的方式祭水的规则。另外卜辞中有：

叀旧[illegible]用五十。　　《屯南》2621

“[illegible]”字，亦是璋，是占卜是否用旧璋献祭。

在研究中可以看到，商周时代，璋具有非常广泛的用途，在丧葬、祭祀、外交等多种场合使用并占有特殊地位。因为璋具有重要性和代表性，所以在造字中被当作典型要

① 姚萱：《殷墟花园庄东地甲骨卜辞的初步研究》，线装书局，2006年，第130页。

② 吴镇烽：《商周青铜器铭文暨图像集成》（第3卷），上海古籍出版社，2012年，第201页。

③ 宋镇豪：《甲骨文中反映的农业礼俗》，《纪念殷墟甲骨文发现一百周年国际学术研讨会论文集》，社会科学文献出版社，2003年。

素，除上引“”、“”外，还有一批以璋为偏旁和主体的字，如“”、“”、“”[①]等，这些字大多都献璋以及其他玉器有关。三星堆二号祭祀坑出土一件小铜人，双腿跽跪，双手持璋，反映的应该是璋在使用时的情状，是甲骨文造字所反映的形象。

1985年刘家庄南出土的殷墟玉璋朱书中有一个字作“”、“”等形，由于玉璋残破，能够连读的文辞较少且不全：

> 于□，一。
> 于□辛，一。
> 于小史，一。
> 于史。
> 于史公。[②]

“”字作人以手持璋形，王辉释此字“从八，下从双手捧持章以会意，章亦声”，“从双手持章，应即䵼字异构”[③]是持章而献祭之形。从上述几辞看，“”字用作动词，“”于某后多有“一”，“”当是所献祭的物品，有学者认为是玉戈[④]。

另外卜辞中还有：

其兄辛，叀右车用，有正。	《合集》27628
伊三十朋。	《屯南》2196
庚子卜，多母眔，吉。	
弜眔。	《英藏》[⑤]2274

以上卜辞中的祭名“”、“”、“”都以璋为主要构件，很可能是包含用玉璋进献的环节。

由于璋具有多种用途和意义，其影响也极为深远和广泛，除中原地区外，四川三星堆遗址、香港大亚湾遗址甚至越南冯原遗址都出土过商代玉璋，表明玉璋在古代社会具有特殊的意义。

8. 祼与瓒

甲骨文中有“”、“”、“”等字，学者认为这些字与金文中“”字相同，可以释为瓒。关于瓒字有多种观点，虽然分歧较大，但瓒与玉的紧密联系则是共同的。

一种观点认为瓒是祭祀时用酌取鬯酒的某种特殊的勺[⑥]，其柄作圭或璋形。但也有玉瓒，如《诗经·大雅·旱麓》载“瑟彼玉瓒，黄流在中”，是用玉瓒酌黄色的鬯酒。

---

① 杨州：《说殷墟甲骨文中的章（璋）》，《首都师范大学学报》（社会科学版）2009年第3期。
② 孟宪武、李贵昌：《殷墟出土的玉璋朱书文字》，《华夏考古》1997年第2期。
③ 王辉：《殷墟玉璋朱书文字蠡测》，《文博》1996年第5期。
④ 李学勤：《从两条〈花东〉卜辞看殷礼》，《吉林师范大学学报》（人文社会科学版）2004年第3期。
⑤ 《英国所藏甲骨集》，以下简称《英藏》。
⑥ 孙庆伟：《周代祼礼的新证据——介绍震旦艺术博物馆新藏的两件战国玉瓒》，《中原文物》2005年第1期。

考古中也有发现，如滕州前掌大 M213 出土玉勺形器[1]，震旦博物馆藏战国玉勺形器二枚，学者即认为是玉瓒[2]。

也有学者认为，瓒不只是形状如圭、璋之形，而是确实与玉有关，例如陈晓明认为“”、“”等为瓒字，是举行祼礼时盛放祼礼玉器的器皿[3]。臧振认为甲骨、金文中的以上诸字，“上部似玉字或璋字或圭形，象玉件或璋或圭植于鬲中待灌之形。所谓瓒，正是以郁鬯灌注盛于器中之玉。”[4]方稚松大致认同臧振的意见，只是认为下面所从的部首不是鬲，“从甲骨文字形看，‘瓒’字的字形是将玉件置于‘同’中，并非置于鬲中”[5]。同，古代酒器名，《书·顾命》：“太保承介圭，上宗奉同瑁。”孔传：“同，爵名。”无论瓒字下部所从的是鬲还是同，其本义是置玉于容器中而灌以酒的祭祀方式。卜辞中有用“瓒”为祭名的记录：

……瓒上甲。 《合集》19805
辛巳卜，王贞：余瓒酒娥御三匚。十二月。 《合集》19814

此二卜辞记载的即是用瓒祭祀上甲娥、三报等祖先。

从文献记载看，瓒与祼是紧密关联的。祼是商周时代的重要祭祀、礼仪内容，祼用瓒，《诗经》、《尚书》、《礼记》、《周礼》等文献常见祼与瓒并提，如《周礼·春官·典瑞》：“祼圭有瓒，以肆先王，以祼宾客。”《礼记·祭统》：“君执圭瓒祼尸，大宗执璋瓒亚祼。”《周礼·春官·司尊彝》：“春祠夏禴，祼用鸡彝、鸟彝，皆有舟。”郑注：“祼，谓以圭瓒酌郁鬯，始献尸也。”《尚书·洛诰》：“王宾，杀禋，咸格，王入太室祼。”孔颖达疏：“‘祼’者，灌也。王以圭瓒酌郁鬯之酒以献尸，尸受祭而灌于地，因奠不饮谓之‘祼’。”

甲骨文中有字作“”、“”、“”、“”、“”、“”等形，学者认为这即是祼字，其右边所从字形为“瓒”[6]。甲骨文中祼祭的资料很多，如：

庚申卜，㱿贞，王祼于妣庚。 《合集》2472
祼于父甲。 《合集》1248
于妣己祼子𠃬。
贞祼于母庚，冐。 《合集》8425

另外，商周金文中也见祼祭，如《毓祖丁卣》：

辛亥，王在廙，降令曰：归祼于我多高。処山易釐，用作毓后且丁尊，。 《集成》5396

① 中国社会科学院考古研究所：《滕州前掌大墓地》，文物出版社，2005 年。
② 孙庆伟：《周代祼礼的新证据——介绍震旦艺术博物馆新藏的两件战国玉瓒》，《中原文物》2005 年第 1 期。
③ 陈晓明：《祼礼用玉考》，《鸡西大学学报》2011 年第 8 期。
④ 臧振：《玉瓒考辨》，《考古与文物》2005 年第 1 期。
⑤ 方稚松：《释殷墟花园庄东地甲骨中瓒、祼及相关诸字》，《中原文物》2007 年第 1 期。
⑥ 贾连敏：《古文字中的“祼”和“瓒”及相关问题》，《华夏考古》1998 年第 3 期。

在《我方鼎》铭文中也有祼祭祖先的记录：

> 隹十月又一月丁亥，我作御且祖乙、匕乙、且己、匕癸，延礿二母，咸孚。遣祼，二荣，贝五朋，用作父己宝尊彝，亚若。　　　　《集成》2763

祼字有两种形式，一种作“”形，卜辞有：

> 癸丑卜，子祼新鬯于祖甲。　　　　《花东》248
> 癸丑卜，子祼新鬯于祖甲。　　　　《花东》459
> 甲子卜，祼咸鬯祖甲。　　　　《花东》318

另一种作“”、“”等形，其右边从“”，方稚松认为“花东中的就是金文中的，应释为瓒”①，此类的卜辞有：

> 壬辰卜，子，离。　　　　《花东》290
> 己卜，子有梦妣庚，亡至艰。
> 己卜，有至艰。　　　　《花东》403
> 癸卯卜，翌于昃。用。　　　　《花东》475
> 壬辰卜，向癸巳梦丁子用，亡至艰。　　　　《花东》493

尤其是《花东》493，祼与瓒连用，与文献可相印证。

另外，瓒还被用作赏赐物，例如陕西西咸新区沣西新城大原村出土的《子黄尊》：

> 乙卯，子见（献）在大室，白圭一、珥琅九（又）百、王赏子黄瓒一、贝百朋。子光赏姒丁贝，用作己宝盘。举。

即是商王赏赐给子诸多物品，其中有瓒，杨州认为这很可能是中置璜的瓒②。类似的赏赐还见于天津市历史博物馆藏的商代玉柄型器，铭文作：

> 乙亥王赐小臣𪎇瓒，在大室。　　　　《铭图》19788

另外《宜侯夨簋》也有赐瓒的记录：

> 侯于宜，易鬯一卣、商瓒一□、彤弓一、彤矢百、旅弓十、旅矢千……　　　　《集成》5373

这里称“商瓒”，很可能是原为商人所有后来被周人所俘获而流传下来的瓒。

9. 玉璧

甲骨文中有璧字，作“”（《花东》37）、“”（《花东》180）、“”（《花东》

① 方稚松：《释殷墟花园庄东地甲骨中瓒、祼及相关诸字》，《中原文物》2007年第1期。
② 杨州：《金文“品”及“祼玉三品”梳析》，《山西师大学报》（社会科学版）2007年第3期。

198）、“”（《花东》198）、“”（《花东》475）等形，“此字从〇从辛，当是璧字的早期形态”[①]。花园庄东地甲骨卜辞中有：

癸巳卜，叀璧肇丁。
子肇丁璧。用。　　《花东》198

是占卜是否向丁进献玉璧。类似的卜辞还有：

丙午卜，在麗：子其呼多尹入璧，丁侃。　　《花东》196

即命令多尹向丁贡献玉璧，并占卜丁会不会喜欢。花东卜辞中还有璧与琅的同见的情况：

乙巳卜，叀璧。用。
乙巳卜，惠良（琅）。　　《花东》475

此辞是询问用玉璧还是玉琅进献给丁。卜辞中还有白璧：

癸巳卜，子敕，叀白璧肇丁。用。　　《花东》37

白璧即指白色玉璧。另外还有黄璧和牙璧：

甲子卜，乙，子肇丁璧眔琡。
叀黄璧眔♉。　　《花东》180

“♉”当是牙璧[②]，牙形璧在妇好墓中即有出土[③]。在此一占卜中，璧与琡、黄璧与牙璧形成两个组合。璧与其他玉器组成组合的情况也见其他卜辞：

己卯，子见（献）䀠以璧、琡于丁。用。
己卯，子见（献）䀠以圭眔𤣩、璧丁。用。　　《花东》490

辞中见到璧和琡、璧与圭和𤣩的组合，这说明璧与其他玉器一同使用的情况比较常见。

在花园庄东地甲卜辞以外，关于璧的记录少见，只在《合集》19681正中见到一例：

□戌卜，宾，贞呼璧考弓大……　　《合集》19681正

由于辞甚残，很难确定准确意思，从其在呼后看似乎是人名，但璧与弓同见，也不排除与贡纳有关。

综合甲骨文中所见的璧相关的卜辞，与文献中璧大量用于礼仪场合的记载丁契

---

① 中国社会科学院考古研究所：《殷墟花园庄东地甲骨》，云南人民出版社，2003年，第1574页。
② 中国社会科学院考古研究所：《殷墟花园庄东地甲骨》，云南人民出版社，2003年，第1629页。
③ 刘一曼、曹定云：《殷墟花园庄东地甲骨卜辞考释数则》，《考古学集刊》（第16集），科学出版社，2006年。

合。尚未见到用于祭祀的例子，从文献看，璧在祭祀中也起重要作用，如《周礼·春官·宗伯》谓“以苍璧礼天”，《周礼·春官·典瑞》载“圭璧以祀日月星辰”。甲骨文中不见璧用于祭祀，或者以璧祭天的礼制在商代尚未形成。

10. 玉珥

甲骨文中有：

其烼戈一九。　　《合集》29783

“”字，学者认为从耳从系，隶作緝，释为珥，郭沫若释“疑顛（瑱）之古字”[①]，李学勤认为“‘緝’，读为‘珥’，郭沫若同志在《萃编》释文里释此字为‘瑱’，意义是一致的，《说文》：‘珥，瑱也。’”，“珥九”就是九件玉珥[②]。但从刘家庄南地出土的玉璋朱书文字“”字看，“”应是是“玉”字省去上面的横笔[③]，“”字应该也是这种情况，所以是从耳从玉，而非从耳从系，释作珥字是正确的。上引“其烼戈一九”即是占卜是否进献一枚玉戈或九枚玉珥，这里很可能是用于祭祀。另外，卜辞中还有：

丁卯，贞王其爯琡、珥，燎三小宰，卯三大牢于☐。　　《合集》32721

是在祭祀中进献琡、珥等玉器以及小宰、大牢等牺牲。

在更多的情况下，玉珥用于礼仪场合，如花园庄东地甲骨卜辞中有多处关于玉珥的记录：

乙巳卜，又，叀之畀丁，珥五。用。　　《花东》475
丁卯卜，子劳丁，爯黹圭一、珥九。在。狩自斝。　　《花东》363
丙寅卜，丁卯子劳丁，爯黹圭一、珥九。在。来狩自斝。　　《花东》480

记载的都是关于子是否进献玉珥、玉圭等给丁的占卜。另外《乙卯尊》也有玉珥：

乙卯，子见（献）在大室，白圭一、珥琅九、又百牢。　　《集成》6000

以上都是政治礼仪场合的记载。就目前的所见资料看，玉珥之见于政治生活中的礼仪场合远多于祭祀，这大约与玉珥是生活用器有关。

11. 琅

甲骨文中有良字，作“”（《合集》1121 臼）、“”（《花东》475）等形，学者在

---

① 郭沫若：《殷契粹编》，科学出版社，1965 年。

② 李学勤：《沣西发现的乙卯尊及其意义》，《文物》1986 年第 7 期。

③ 李学勤：《〈周礼〉玉器与先秦礼玉的源流》，《东亚玉器》（第 1 卷），香港中文大学中国考古艺术研究中心，1998 年。

考释花东“”字时认为，“花东 H3 的良字作、形，中部的◯、▭象征该玉器为圆形。玉珠是较小的圆形玉饰，人们披戴时需用细线将连缀，‘//’可能就是表示柔软的细丝线之形”，“一些玉器的名称，在典籍中常省去玉旁，如璋作章，珪作圭……所以我们认为良就琅”[①]。花东卜辞有：

> 乙巳卜，叀璧。用。
> 乙巳卜，惠良（琅）。
> 乙巳卜，又，叀之畀丁，珥五。用。 《花东》475

是占卜用璧、琅还是五珥进献给丁，在这里璧、琅、珥是三种不同的玉器。由此，我们考察《乙卯尊》中的琅：

> 乙卯，子见（献）在大室，白圭一、珥琅九、又百牢。王赏子黄瓒一、贝百朋。子光赏姒丁贝，用作己宝盘。举。 《集成》6000

“琅”，作“”形，李学勤认为“琅”即古书中的琅玕[②]，《书·禹贡》：“厥贡惟球、琳、琅玕。”孔传谓“琅玕，石而似玉”，也是古玉的一种。李先生认为“珥琅九”即九件玉珥，则是将琅视作珥的材质。但根据《花东》475 的内容看，琅也可能是独立的玉器，即《乙卯尊》中相关句子的句读应该为：

> 乙卯，子见（献）在大室，白圭一、珥、琅九、又百牢。

即是子向商王进献白圭一、珥、琅九。

12. 瑞与琮

商代还见瑞、琮，也是重要的玉礼器，商代晚期的六祀邲其卣铭文作：

> 乙亥，邲其赐作册一、一，用作祖癸尊彝。在六月，隹王六祀翌日。亚獏。 《集成》5414

“”，李学勤释“瑞”[③]，此处瑞是指一件具体的玉器。但在文献中，瑞多用于代指各种礼仪场合用的玉器，具有玉器通称的意思。《尚书·舜典》：“（舜）肆类于上帝，禋于六宗，望于山川，尽于群神，辑五瑞。既月，乃日觐四岳群牧，班瑞于群后。”《周礼·典瑞》：“以玉作六瑞，以等邦国。”《大戴礼记·朝聘》：“天子之所以明章著此义者，以朝聘之礼也。……各执其圭瑞，服其服，乘其辂……”在诸侯朝聘中，有一个环节就称作“受瑞”。《左传·僖公十一年》：“晋侯其无后乎？王赐之命，而惰于受瑞，

① 刘一曼、曹定云：《殷墟花园庄东地甲骨卜辞考释数则》，《考古学集刊》（第 16 集），科学出版社，2006 年。
② 李学勤：《沣西发现的乙卯尊及其意义》，《文物》1986 年第 7 期。
③ 李学勤：《邲其三卣与有关问题》，《全国商史学术讨论会论文集》，《殷都学刊》增刊，1985 年，第 458 页。

先自弃也已。其何继之有？”“”，陈剑释琮[1]，即玉琮。此器铭文记载的是邲其赏赐给作册一枚瑞和一枚琮。

13. 玉鼓

甲骨文中有字作“”形，学者释为壴，为鼓之初文，甲骨文中壴、鼓可通用[2]，卜辞中有：

> 己卯卜，其将玉壴于□。
> 弜将玉壴□。
> 己卯卜，□玉壴于祖乙。
> 己卯卜，叀□玉壴。　　《屯南》441

意思是要用玉鼓祭祀祖乙。甲骨文中有字作“”形，王国维认为是礼字的初文[3]。在有的卜辞中，“”字明显是指某种具体的事物，如：

> 叀兹用。
> 弜用。
> 叀兹用，王受（佑）。
> 弜用（兹）（壴）。　　《合集》30725

裘锡圭认为“”字与“（壴）”对贞，可释为“豊”，从玨从壴，是指用玉装饰的大鼓[4]。上引卜辞是占卜是否奏玉饰之鼓或奏鼓以祭祀。鼓在商人的祭祀中起着重要作用，《诗·商颂·那》云“置我鞉鼓，奏鼓简简，衎我列祖”，即奏鼓以祭。有卜辞中，豊也就玉饰之鼓用于祭祀的例子很多，如：

> 弜作豊。
> 其作豊有正，受佑。　　《合集》31180
> 贞日于祖乙其作豊。　　《合集》32557

作豊也是演奏鼓乐之义。有时，玉饰之鼓也称玉豊：

> 其品亚，叀玉豊用。吉。
> 毋用。　　《屯南》2346

品为祭名或演奏，亚意为宗庙，此辞是占卜是否在宗庙中演奏玉鼓以祭。

豊也用于日常礼仪，花东卜辞有：

---

① 陈剑：《释“琮”及相关诸字》，《甲骨金文考释论集》，线装书局，2007年。
② 郭沫若：《卜辞通纂》，科学出版社，1956年，第54页。
③ 王国维：《释礼》，《观堂集林》（第1册），中华书局，1959年，第291页。
④ 裘锡圭：《甲骨文中的几种乐器名称——释“庸”“丰”“鞀”》，《中华文史论丛》1980年第2辑。

丁卜，今庚其作豐，速丁饮。若。

丁卜，今庚其作豐，速丁饮。若。　　《花东》501

即是子占卜是否演奏鼓乐并邀请丁来宴饮。

14. 石与玗

甲骨文中有关于石的记载：

取保石。　　《合集》21494

此条卜辞记载了到保地取石这件事。这里的石应该是指某种石或玉器，有学者则认为是石磬①。石制品在考古发现中也很多，有的明确是贡纳的物品，如殷墟妇好墓出土的石磬，上刻有“妊竹入石”②，与上面的卜辞可以相印证。另外，殷墟侯家庄1001号大墓出土的双首兽石雕上有“乇入石”③，侯家庄1003号大墓出土一件石簋，上刻“辛丑，小臣系入禽宜。在叀，以簋。”④这些都说明，商代石制品在贡纳体系中起着重要作用。

另外商代金文中有“玗”字：

子赐𠭯𡧊玗一。　　《集成》5373

《说文》：“玗，石之似玉者。”也是指视同玉器的美石。则是上级赐给下级玉器制度的记录。

（二）甲骨文所见玉器制作

甲骨文中有关于玉器制作的资料：

甲午卜，子作琡分卯，告于丁，亡以。用。　　《花东》372

甲午卜，子作琡分卯，子弜告丁。用。若。　　《花东》391

“这两条卜辞的‘分卯’，义为将玉料剖开、分开。将玉料分开，这是制作玉料的第一道工序，称之为‘开料’。”此辞是子占卜向丁报告玉器制作的情况⑤。

花东甲骨文还有“玉羌”：

辛亥卜，贞玉羌有疾，不死。子肩占曰：羌其死，隹今，其瘧亦隹今。

《花东》241

① 刘桓：《关于商代贡纳的几个问题》，《文史》2004年第4辑。

② 中国社会科学院考古研究所：《殷墟妇好墓》，文物出版社，1980年，第199页。

③ 梁思永、高去寻：《侯家庄》（第二本·1001号大墓），“中研院”历史语言研究所，1962年。

④ 梁思永、高去寻：《侯家庄》（第二本·1003号大墓），“中研院”历史语言研究所，1967年。

⑤ 刘一曼、曹定云：《殷墟花园庄东地甲骨卜辞考释数则》，《考古学集刊》（第16集），科学出版社，2006年，第257页。

这里的玉羌应该是从事制玉工作的玉匠，其族属可能是羌人。

结合前文中的取玉、乞玉等资料，可以看到，商代已经有发达的制玉手工业，形成获取玉料与制作玉器的完备手工业体系，这可以从殷墟等地发现的玉器作坊得到印证。另外，商代有以玉为族徽者，如《集成》6836所录商代晚期的玉已觚，其中的“玉”字，应该是以职官为族氏。

三、古文献中所见的商人用玉

从甲骨文看，玉具有祭祀物品、礼器、贡物等多种属性。文献中关于商代玉的记载较少，难以与甲骨文直接对应，但玉作为货币是其重要的功能之一。《尚书·盘庚》：“兹予有乱政同位。具乃贝玉。”孙星衍疏：“言有乱政之臣在位，惟知其具货币，以致民俗奢侈。”王国维也认为“殷时玉与贝皆货币也，《尚书·盘庚》曰：‘兹予有乱政同位，具乃贝玉。’于文，宝字从宀，从玉，从贝，缶声”①。也有学者认为商代“贝玉”并非货币，而是随葬物品②。从甲骨文资料和出土资料看，贝应该也是具有多种属性，既有随葬品属性，也有货币属性。首先，贝用于赏赐，这在商代甲骨文和金文尤其是金文中很常见：

庚戌……贞赐多女又贝朋。　　《合集》11438

叀贝十朋。　　《合集》29694

丙午，王赏戍嗣子贝廿朋，在□□，用作父癸宝鼎。隹王□□大室，在九月。犬鱼。　　《集成》2708

丁亥，赏又正贝，在穆，朋二百，扬赏，用作母己尊。。　　《集成》2702

王卿酒，尹光逦，隹各，商贝。　　《集成》2709

戊寅，王曰：马，酒。赐贝，用作父丁尊彝，亚受。　　《集成》2594

乙未，卿史赐小子贝二百，用作父尊簋。举。　　《集成》3904

这种赏赐大多是事务性或礼仪性场合，看不出贝有作为随葬品的属性，应该是作为财富赏赐的。另外，西周时期的青铜器铭文中，有用贝作货币的明确记录：

遽伯还作尊彝，用贝十朋又四朋。　　《集成》7363

乙未，公大保买大琮于美亚，在五十朋。公令亢归美亚贝五十朋。　　《铭图》2420

① 王国维：《说珏朋》，《观堂集林》，中华书局，1959年，第160页。

② 姚朔民：《“具乃贝玉”新说》，《中国史研究》2002年第2期。

记载了公大保用五十朋贝向美亚购买一枚大玉琮。这可与作为商代众多赏赐贝的参考，见其货币的功用。同时，甲骨文中也有贝用作祭祀物品的记录：

丙戌卜，□贞巫曰集贝于妇。用。若。一月。　　《合集》5648

集，为祭名，此辞是向妇献贝以祭。另外，甲骨文中也的确有用贝作为随葬品的明确记载，如：

戊申卜，殻，贞□有其葬贝。　　《合集》11426
围不葬，赐贝二朋。一月。　　《合集》40073

这两卜辞中，贝与葬紧密联系，显示出贝极有可能是作为随葬品使用的。但随葬贝的原因，可能是因为贝的经济与宗教价值。

综合考察之，贝具有政治、经济、宗教多方面的功能和属性，作为一种具有多种社会价值的物品得到商人的重视。这种综合属性正与玉相似。所以商代的“贝玉”不仅指其为货币，还指其各种功用，是一种综合性的财富。所以，盘庚警告臣下不要只顾“具乃贝玉”而不顾政事。

因为玉具有多种属性和功能，在商王朝的政治、经济、宗教生活中起着重要作用，因此，商人制作和收集了大量玉器，《逸周书·世俘解》：“商王纣取天智玉琰五，环身厚以自焚，凡厥有庶告焚玉四千。五日，武王乃俾千人求之，四千庶玉则销，天智玉五在火中不销。凡天智玉，武王则宝与同。凡武王浮商旧宝玉万四千，佩玉亿有八万。”清代王念孙《读书杂志》校为：“凡武王俘商，得旧宝玉万四千。”《史记·殷本纪》也记载了此事：“甲子日，纣兵败。纣走，入登鹿台，衣其宝玉衣，赴火而死。”记载商纣王在牧野战败后，退到鹿台取大量玉器环身自焚，武王进入商都后，俘获了大批商人玉器。从殷墟发现的玉器作坊遗址及大量墓葬玉器看，这一记载是可信的。武王克商后，曾把俘获的重器展览，《史记·周本纪》载武王入商都后“命南宫括、史佚展九鼎保玉”，集解引徐广说“保，一作宝”，“保玉”即“宝玉”。即派南宫括、史佚把得到的商王朝的九鼎和宝玉向商都的民众展示，宣示自己取得了天下共主的地位。九鼎和玉器同展，说明玉礼器和九鼎一样，具有国家政权的象征意义。

周人立国之后，实行大规模分封，许多商人重器被分给诸侯。《左传·昭公十五年》“诸侯之封也，皆受明器于王室”，杜预注解“明器”为“明德之分器”。《史记·周本纪》记载更为详细，称武王克商后“封诸侯，班赐宗彝，作《分殷之器物》”。分给诸侯的器物中，玉器是其中重要的一部分。《书·旅獒》：“分宝玉于伯叔之国，时庸展亲。”《国语·鲁语上》：“古者分同姓以珍玉，展亲也。”韦昭注：“展，重也。”即是分给同姓诸侯以宝玉，以示重视血缘关系。同样的记载还见于《史记·孔子世家》：“先王欲昭其令德，以肃慎矢分大姬，配虞胡公而封诸陈。分同姓以珍玉，展亲；分异姓以远职，使无忘服。故分陈以肃慎矢。”

鲁国作为周初分封的重要诸侯，即得到了宝玉。《左传·定公四年》：“分鲁公以大路、大旂；夏后氏之璜、封父之繁弱……命以伯禽，而封于少皞之虚。”夏后氏之璜即是鲁国得到的宝玉。鲁国一起持有这些宝物，到春秋时期依然是国家的重器，《左传·定公八年》载阳虎“窃宝玉大弓”，杜预注“宝玉，夏后氏之璜。大弓，封父之繁若”。夏后氏之璜从名字上看应该是原属夏王朝的宝玉，夏王朝灭亡后，曾有大量玉器为商人所俘得。《尚书·汤誓》：“夏师败绩。汤遂从之。遂伐三朡。俘厥宝玉。”《史记·殷本纪》也说“夏师败绩，汤遂伐三鬷，俘厥宝玉，义伯、仲伯作《典宝》”，记载了商人灭夏后收获大量玉器。所以，夏后氏之璜很可能先商人俘取自夏，周人灭商后又俘取自商，最终分给鲁。

周人分商人玉器的情况，在考古资料也可以得到印证。1990～1993年河南三门峡上村岭虢国墓地的考古发掘中，出土了大批玉器，其中有数件是商代玉器。有三件出土于M2009虢仲墓，其中一件是小臣系瑗，上刻“小臣系䧹”四字，“䧹”字读作献，表明此件玉瑗是名叫系的臣下进献给商王的[①]；另一件是小臣妥琮，上刻“小臣妥见”，“见”即献，表明这原是小臣妥献给商王的玉琮；还有一件玉管，上契“王伯”二字，也是商代器物。M2012虢季夫人墓出土一件玉戈，上刻“小臣𢦏”，其形制为商代器。M2006孟姞墓中出土一件玉觿，也契“王伯”二字，为商代器物。这些商代玉器出土在虢国墓地中，应该是分封虢国时所分的器物。虢国是周初建立的重要封国，很可能武王时期已经立国，《左传》僖公五年载：“虢仲、虢叔，王季之穆也，为文王卿士，勋在王室，藏于盟府。”杜预注：“虢仲、虢叔，王季之子，文王之母弟也。”孔颖达《疏》引贾逵曰：“虢仲封东虢，制是也。虢叔封西虢，虢公是也。”《国语·晋语四》也说“文王在母不忧，在傅弗动，处师弗烦，事王不怒，孝友二虢”，韦昭注“善兄弟为友。二虢，文王弟虢仲、虢叔也”。虢仲、虢叔为文王母弟，分别分封于西虢、东虢。作为武王的叔辈，东西二虢的分封不会太晚，而且西虢在今宝鸡地区，处于陈仓道的出口，东虢在今三门峡地区，控制东方进入关中平原的要冲，正与《左传·僖公二十四年》所说“昔周公吊二叔之不咸，故封建亲戚，以蕃屏周”的战略决策相符合，所以虢国应是周人平定三监之乱后分封的国家，而且虢仲、虢叔也可能在克商、东征的过程有所作为。所以，虢国分得周王俘获的商王朝的玉器。2005年陕西省韩城梁带村芮国墓地M26出土一年玉戚，上刻“小臣系䧹”，与虢国出土的完全相同，也是一件源自商代的玉器。1975年陕西凤翔纸坊公社瓦窑头大队出土一件玉琮[②]，有学者认为与小臣妥琮相似，应该是商代玉器[③]。此外，1902年在岐山县刘家原出土过三件玉戈[④]，上有铭文：

> 六月丙寅，王在丰，令太保省南国，遇汉诞殷南。令厉侯辟，用郲走百戈。

学界多认为是西周召公奭之物，称太保戈。林小安认为太保戈形制与商代玉戈相同，应该是周初分封时召公分得的俘获自商王朝的玉戈。这些周墓地中出土商代玉器的例

① 李学勤：《谈小臣系玉瑗》，《故宫博物院院刊》1998年第3期。
② 赵从苍：《记凤翔出土的春秋秦国玉器》，《文物》1986年第9期。
③ 姜涛、贾连敏：《虢国墓地出土商代小玉器铭文考释及相关问题》，《文物》1998年第12期。
④ 庞怀靖：《跋太保太戈——兼论召公奭的有关问题》，《考古与文物》1986年第1期。

子说明，文献中关于周人俘获大量商玉以及分殷人宝物的记载都是有据的。

文献中关于商人之玉的记载，大多都是从财富和国家重器的角度记录的。这与甲骨文、金文中记载的玉的具体作用有所区别。这是两种载体的情境和功能不同的缘故。

综上所述，商代已经有多种形制复杂的玉器，用于各种宗教、政治和生活中的场合，既是重要的礼仪用器，也是奢侈的生活、装饰用器，深受商人重视，甚至“梦玉”也要占卜，生活中还用作人名，如“妇宝”、“妇琅”、“子⬆”等。玉器在商人的政治生活、宗教生活和日常生活中都起着重要作用，为后来的用玉制度和礼俗奠定了基础。

殷墟丧葬用玉制度研究

李 楠[1,2]

（1. 北京大学考古文博学院；2. 北京大学中国考古学研究中心）

玉器，由于质料难得、加工不易，天然地成为社会分化的指征和精神信仰的载体。继新石器时代后，晚商时期的殷墟玉器无论在数量还是质量上都有明显提高，迎来玉器发展史上又一高峰。

以20世纪70年代妇好墓的发掘为契机，有关殷墟玉器的研究从零星记录走向系统深入。然而，受限于研究理念方法和资料公布程度，长期以来殷墟玉器的研究焦点集中在玉器本身，如分类和分期研究①、地质学和矿物学研究②、特定器类研究③、工艺美学研究④等，鲜有对使用制度的探讨。近来，有学者开始关注到玉器背后反映的社会状况，进行了区域性考察⑤，但未有对整个遗址跨时段的全面统计。有鉴于此，本文系统研究了殷墟遗址自发掘以来公布有详细资料的近两千座墓葬⑥，从横向等级特征与纵向时代特征两方面对殷墟丧葬用玉制度进行了尝试性探索。

---

① 夏鼐：《商代玉器的分类、定名和用途》，《考古》1983年第5期；刘建芳：《商代玉戈之分期——中国古玉断代研究之一》，《中国古玉研究论文集》，众志美术出版社，2001年，第94～100页；《商代玉雕分期研究——中国古玉断代研究之二》，《中国古玉研究论文集》，众志美术出版社，2001年，第127～146页。

② 张培善：《安阳殷墟妇好墓中玉器宝石的鉴定》，《考古》1982年第2期；申斌：《“妇好墓”玉器材料探源》，《中原文物》1991年第1期；荆志淳、徐广德、何毓灵、唐际根：《M54出土玉器的地质考古学研究》，《安阳殷墟花园庄东地商代墓葬》，科学出版社，2007年，第345～387页。

③ 张剑：《商周柄形玉器（玉圭）考》，《三代文明研究》，科学出版社，1998年，第399～411页；刘钊：《安阳后岗殷墓所出“柄形饰”用途考》，《考古》1995年第7期；曹楠：《三代时期出土柄形玉器研究》，《考古学报》2008年第2期；李学勤：《〈周礼〉玉器与先秦礼玉的源流——说祼玉》，《东亚玉器》（第1册），香港中文大学中国考古艺术中心，1998年，第34～36页；李小燕、景中伟：《玉柄形器名“瓒”说》，《考古与文物》2012年第3期。

④ 北京市玉器厂技术研究组：《对商代琢玉工艺的一些初步看法》，《考古》1976年第4期；吴棠海：《从殷墟妇好墓玉器探讨商代玉器的制作与风格》，《故宫文物月刊》1995年第13卷4期；陈启贤、徐广德、何毓灵：《M54出土玉器制作工艺显微痕迹探索》，《安阳殷墟花园庄东地商代墓葬》，科学出版社，2007年，第388～390页。

⑤ 丁思聪：《殷墟墓葬的用玉制度——以安阳黑河路墓葬出土玉器为例》，中国社会科学院研究生院硕士学位论文，2013年。

⑥ 所谓“公布有详细资料的墓葬”是指统计有墓内是否随葬玉器及随葬玉器的数量、种类甚至位置的一般性墓葬，本文统计共1998座，不包括具有祭祀意义的杀殉坑、车马坑、奠基坑等。

一、殷墟丧葬用玉的等级特征

殷墟遗址内墓葬数量众多,截至1984年已有各类墓葬约5000座[①]。按照墓葬形制、面积大小、墓室结构、随葬品数量、殉人及殉牲情况，我们将随葬有玉器的墓葬分为六种类型[②]：

第Ⅰ型：带四条墓道的大墓。平面“亚”字形，墓室口大底小，面积在200平方米以上，有大型椁室，墓内殉人殉牲众多，墓外有大量祭祀坑及陪葬墓。此类墓葬分布在侯家庄西北冈王陵区，是遗址内所见等级最高的墓葬，墓主应为历代殷王。

第Ⅱ型：带两条墓道的大墓。平面“中”字形，两墓道形制各异，一般北墓道为台阶式，南墓道为斜坡式。此类墓葬墓室面积差异较大，从15平方米到170平方米不等，殉人殉牲情况各异。

第Ⅲ型：带一条墓道的大墓。平面“甲”字形，墓道一般在墓室南端，以斜坡式为主，有些在近墓室处有数级台阶。墓葬内均有殉人，个别有殉牲，有些在墓道内殉葬马车。此型墓葬数量略多于第Ⅰ、Ⅱ型。

第Ⅳ型：大型长方形竖穴墓。无墓道，墓室为长方形，面积在12平方米以上，有棺有椁有腰坑，殉人约2～16人、殉犬约2～15只。这种墓葬（如妇好墓、郭家庄M160、花园庄东地M54）较前三类数量少，但等级明显高于中小型竖穴墓，随葬品种类齐全且玉器数量十分可观。

第Ⅴ型：中型长方形竖穴墓。墓室长2.5米以上，宽1.5～2米，面积3～12平方米，有棺有椁有腰坑，墓内1～8个殉人，1～5只殉犬，随葬品数量丰富但种类不全，多有玉器。此类墓葬数量众多，公布有详细资料的已达500多座。

第Ⅵ型：小型长方形竖穴墓。墓室长1.8～2.5、宽0.7～1.2米，面积小于3平方米，多在2平方米上下。一般有棺无椁，有些还以草席裹尸，无殉人，个别殉犬1只。随葬品以陶容器为主，个别有数枚海贝或一两件玉饰。此类墓葬是殷墟遗址中数量最多的墓葬，公布有详细资料的有1500余座。

（一）各类型墓葬随葬玉器的比例

整体而言，在殷墟近2000座晚商墓葬中随葬玉器的只有271座，约占总数的13.6%[③]。这说明“以玉随葬”对晚商社会而言并不普遍,而玉器作为昂贵消费品只能在特定人群内使用，一般不会跨阶层在大范围内流通，相对其他物品而言具有更长期的稳定性。因此，是否随葬玉器可作为社会分化程度的一个指征。我们统计以上六类墓葬中随葬玉器的比例，发现有明显的集聚现象（图1）。

---

① 杨宝成:《殷墟墓葬发掘与研究》,《殷都学刊》1984年第2期。

② 灰坑和地层中发现的无墓坑墓葬几无玉器出土，此处不纳入研究范围。

③ 考虑到未计入总数的大量未公布资料的小型墓葬，这个比例将会大大降低，应在10%以下。

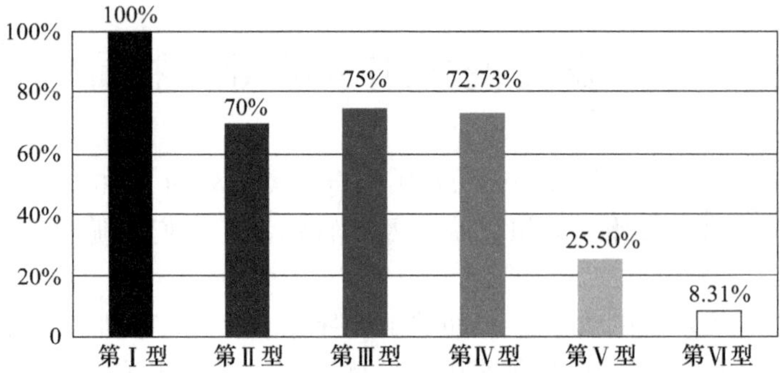

图 1　殷墟各类型墓葬随葬玉器的比例

从图 1 可以看出，殷墟墓葬在随葬玉器比例上存在四大集团：第一集团是第Ⅰ型墓葬即“亚”字形大墓，这类墓葬虽然数量极少且经过盗扰，但劫余随葬品中必有玉器且数量众多；第二集团是第Ⅱ～Ⅳ型墓葬，这类墓葬数量较少但大多数都随葬玉器（70%～75%）；第三集团是第Ⅴ型墓葬，其数量较多，但随葬玉器的比例并不高，与第二集团有明显差距；第四集团是第Ⅵ型墓葬，数量最多但随葬玉器比例最小，与第三集团间也存在明显差距。

以上四个集团是对殷墟墓葬的总体概括，考虑到殷墟遗址“族墓地”的存在，家族传统及区域间差异是否会超越等级制度？我们对殷墟各发掘报告内的中小型墓葬随葬玉器比例进行了对比分析，认为这种差异与等级差异相比是次要的，不足以影响整个用玉集团的划分。下面以《殷墟发掘报告 1958—1961》[①]、《1969—1977 年殷墟西区墓葬发掘报告》[②] 和《安阳殷墟郭家庄商代墓葬 1982—1992 年考古发掘报告》[③] 为例，对不同区域的中小型墓葬随葬玉器比例进行说明[④]（表 1）。

表 1　殷墟部分中小型墓葬随葬玉器比例统计表

	1958～1961 年			1969～1977 年			1982～1992 年		
	总数	有玉器	比例	总数	有玉器	比例	总数	有玉器	比例
第Ⅴ型	12	4	33.3%	462	104	22.5%	48	12	25.0%
第Ⅵ型	280	6	2.1%	1228	140	11.4%	129	10	7.8%

注：表中以年份指代原报告名称

① 中国社会科学院考古研究所：《殷墟发掘报告 1958—1961》，文物出版社，1987 年。

② 中国社会科学院考古研究所安阳工作队：《1969—1977 年殷墟西区墓葬发掘报告》，《考古学报》1979 年第 1 期。

③ 中国社会科学院考古研究所：《安阳殷墟郭家庄商代墓葬 1982—1992 年考古发掘报告》，中国大百科全书出版社，1998 年。

④ 这 3 个报告内中小型墓葬数量较多且出版年代、发掘区域不同，具有广泛的代表性。

由表1不难看出，虽然这三个报告中两类墓葬随葬玉器比例有所不同，但第Ⅴ型墓葬随葬玉器比例在22%～34%区间浮动，第Ⅵ型墓葬随葬玉器比例则远低于此，在2%～12%区间之内。这说明中小型墓葬随葬玉器比例间的差异是大范围、跨时段存在的一种现象，两种墓葬代表了丧葬用玉方面情况迥异的两类人群。同理，其余两个集团内部也存在差异，但都在平均值误差区间内变动。故而，这四大用玉集团不仅界限清晰而且长期共存，当与晚商社会内人群的等级结构有关。

（二）各类型墓葬随葬玉器的数量与类型

除随葬玉器比例外，殷墟四大用玉集团在随葬玉器的数量和类型上也不同。第Ⅰ型墓葬由于数量较少且被盗严重，残存玉器数量差异巨大，在20～160件之间。考虑到这些玉器只是墓葬内原有玉器的一小部分，我们推测此类墓葬中原有玉器数量应更为庞大。从类型上来看，第Ⅰ型墓葬内随葬玉器器类齐全且特殊，多见礼器、武器及仪仗器和各类玉片。这些玉片常有凸起或凹槽，可能是作为装饰品镶嵌在其他材质器物上。以玉装饰，原始器物的华美程度可见一斑，这在其他用玉集团中极为少见。

第二用玉集团按照墓葬形制是否有墓道又可进行细分，其中第Ⅱ型和第Ⅲ型墓葬几乎全被盗掘，有些甚至被盗空，只有WKGM1（武官村大墓）保存较好。从现存玉器和铜器看，第Ⅱ型和第Ⅲ型墓葬似乎随葬品并不丰富。以武官村大墓为例，墓内殉人多达41个，但随葬品中铜器仅有73件，玉器更少仅14件。而无墓道的第Ⅳ型墓葬情况却截然不同，不仅保存状况良好且出土大量随葬品。例如，妇好墓共有随葬品1928件，其中玉器755件，占总数的39.2%；郭家庄M160随葬品353件，其中玉器33件，占总数的9.3%；花园庄东地M54随葬品577件，其中玉器222件，占总数的38.5%。在玉器种类上，这类墓葬具有浓厚的礼仪色彩和军事氛围，往往出土有琮、璧、玦、圭以及钺、戚、矛等器类，数量虽然不多但器型巨大、制作精美，极少见于其他墓葬中。

以妇好墓为例，墓内出土的755件玉器中礼器①约160件，武器及仪仗器、工具及用具分别有60多件，装饰品及艺术品约300件。礼器类以璜最多，琮、璧、玦各10余件，不见有璋；武器及工具类以戈最多，另有戚9件、钺2件，一般无使用痕迹；用具有臼、杵、簋、盘和梳等。其中，簋和盘作为玉容器不见于同等级墓葬，只在第Ⅰ型墓中出土有残片。妇好的身份为“武丁之妻”，属于王室中人，除具有郭家庄M160和花园庄东地M54墓主掌握的军事权力外，在亲缘关系上更接近商王。因此，我们推测玉容器这种器型上的垄断可能是王室中人身份和特权的一种象征（图2）。

---

① 本文所指“礼器”中许多是前代遗留或经改制而成，晚商时期可能并未直接用作礼器。但从随葬等级和摆放位置来看与一般装饰品性质不同，或是带有礼仪色彩的器物。

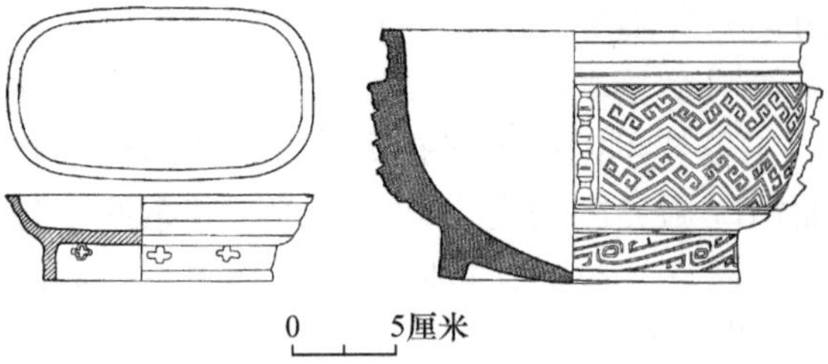

图 2　殷墟妇好墓出土玉盘和玉簋

第Ⅳ型墓葬的墓主一般被认为是王室贵族或部族首领，与第Ⅰ型和第Ⅱ型墓葬墓主身份相当。虽然这两类墓葬有诸多不同，但我们认为二者都体现了高级贵族的埋葬习俗，只是在形式和内容上各有侧重，使用大量随葬品或许是不修建墓道的一种代偿机制，造成这种现象的原因还有待深入探讨。

第三用玉集团在墓葬形制上统一采用第Ⅴ型墓，与前两个集团相比在用玉制度上呈现出随葬比例小、随葬数量少的特点。我们对 128 座有玉器随葬的此类墓葬进行了数据统计，共计出土玉器 265 件，平均每座墓葬随葬约 2 件玉器，具体数据如下（表 2）。

表 2　殷墟第三用玉集团随葬玉器数量与类型统计表

类别		各器型数量	总数
礼器		璜 22、璋 20、环 10、玦 8、璧 7、瑗 1	68
武器及仪仗器		戈 37、镞 1、矛头 1	39
工具及用具	工具	刻刀 9、凿 1、镰 1、槌 1、刀 2	14
	用具	笄 4、觿 2、耳勺 1、簪 1	8
装饰品及艺术品	装饰品	鸟 21、鱼 21、管珠 14、兔 8、雁 1、圆珠 6、蝉 6、虎 5、龙 1、螳螂 1、牛 1、鳖 1	86
	艺术品	兽头 2	2
其他		柄形器 41、棒形器 3、玉片 4	48

与第二用玉集团相比，第三用玉集团在玉器使用方面更具生活化和实用性色彩（图 3）。器类上以装饰品为主，鸟和鱼的形象依然占多数；礼器类则以璜和璋为主，无琮、圭之类，璧和玦极为少见，呈现出与第二用玉集团不同的礼器组合，这种礼器种类的不同可能与墓主参与礼仪活动的规模和性质有关；武器和仪仗器方面以玉戈为主，绝无钺和戚之类象征军事权力的大型器类。另外，集团内部在随葬玉器数量上存在差异，绝大多数墓葬随葬 1～5 件玉器，个别墓葬随葬有 10 件以上玉器[①]，其中以工具及用具、装饰品及艺术品为主。这两类玉器在四个用玉集团内都占据较为稳定的比例，说明此器类本身并不具有等级上的排他性，但玉器本身属于稀有资源，可视为财富的象征。这种在随葬玉器数量上的差异说明第三用玉集团内部在个人财富程度上存在一定分化。

第四用玉集团在墓葬形制上采用第Ⅵ型。我们对 271 座有玉器随葬的此类墓葬进行了数据统计，共计出土玉器 342 件，平均每座墓葬随葬约 1.5 件玉器，具体数据如下（表 3）：

① 如小屯西地 M202、小屯西北地 M18、大司空村 M25、文源绿岛 M15、孝民屯 M17、高楼庄 M1 等。

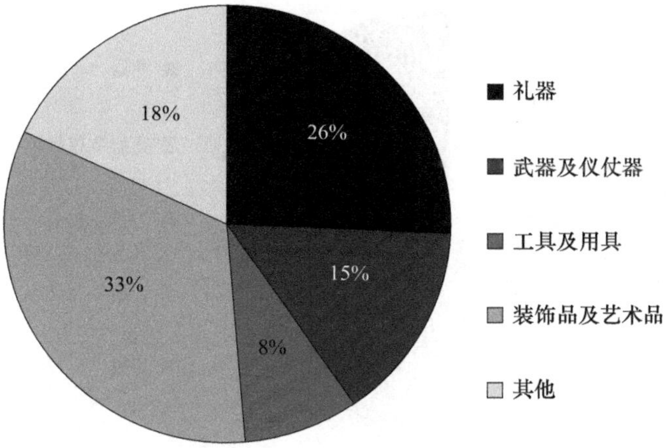

图 3　殷墟第三用玉集团随葬玉器的器类比例

表 3　殷墟第四用玉集团随葬玉器数量与类型统计表

<table>
<tr><th colspan="2">类别</th><th>各器型数量</th><th>总数</th></tr>
<tr><td colspan="2">礼器</td><td>璜 20、玦 15、璧 9、环 8、瑗 3、琮 2、圭 1</td><td>58</td></tr>
<tr><td colspan="2">武器及仪仗器</td><td>戈 36、镞 1、矛 1、戚 1、刀 2</td><td>41</td></tr>
<tr><td rowspan="2">工具及用具</td><td>工具</td><td>刻刀 3、凿 1</td><td>4</td></tr>
<tr><td>用具</td><td>觿 2</td><td>2</td></tr>
<tr><td rowspan="2">装饰品及艺术品</td><td>装饰品</td><td>鸟 38、鱼 27、圆珠 16、管珠 10、兔 5、虎 5、蝉 4、牛 2、鸭 2、蚱蜢 1、龟 1、坠 2、玉饰 58</td><td>171</td></tr>
<tr><td>艺术品</td><td>0</td><td>0</td></tr>
<tr><td colspan="2">其他</td><td>柄形器 29、其他 37</td><td>66</td></tr>
</table>

第四用玉集团随葬玉器的最大特征是小型玉件居多，尤以各类动物形装饰品为主（图 4）。在器类比例上，第四用玉集团继续减少礼器，扩大装饰品及艺术品所占比例。在礼器方面，第Ⅵ型墓内以璜和玦为主，璧和环其次，不见璋。这些礼器虽然在器形方面与第二、第三用玉集团使用的类似，但在玉料选择、工艺技术等方面都难以媲美，而且有些器物形制明显偏小且制作粗糙，但在使用级别上却很高（如琮、璧等），似乎只是为随葬而生产的明器，并不用于实际礼仪活动。在装饰品及艺术品方面，几乎皆是采用平面线刻技术、可用来佩带的装饰品，没有立体圆雕的艺术品，实用性更加突出。

内部分化方面，第四用玉集团并不显著，绝大多数墓葬内无殉人，部分有殉犬，随葬玉器在 1～3 件，青铜器中以小型兵器、工具和乐器为主，陶器多在 3～5 件。但个别墓室面积接近 3 平方米的墓葬中不仅使用一棺一椁而且有殉人殉犬，随葬超过 5 件玉器，青铜器中也有礼器类，这类墓主可能在社会身份上与第三用玉集团的底层相当。

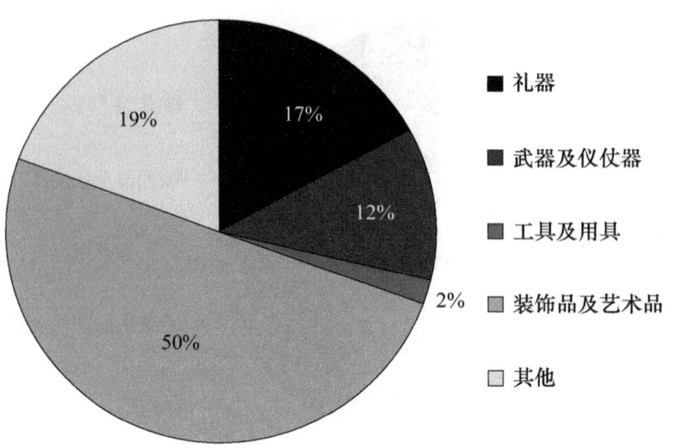

图 4　殷墟第四用玉集团随葬玉器的器类比例

二、殷墟丧葬用玉的时代特征

“以玉随葬”作为一种习俗，是特定社会文化的产物。而社会作为人群共同体，面临着来自外界环境和内部成员双向压力，并由此形成一套完善的应对机制（如政治体制、观念信仰、道德舆论、风俗习惯等）。这套机制会随时代变迁在各种力量的互动中不断调整，从而影响生活于其间的人群的行为。因此，殷墟丧葬用玉制度在静态等级框架基础上也会随时代推移产生变化。

整体来看，殷墟随葬玉器的墓葬比例呈现出下降的趋势。从对近 2000 座墓葬①的统计中，我们发现殷墟六类墓葬中随葬玉器的比例从第一期的 30% 多下降到第四期的 16% 左右，尤其以第二期和第三期下降比例最大，到第四期时已经基本稳定。这说明殷墟整个社会的丧葬用玉制度在第二、三期时发生了重大调整，是殷墟遗址丧葬用玉制度化过程中的关键时期，到第四期时逐渐确定下来（图 5）。

这一过程中，各个用玉集团随葬玉器墓葬比例的变化幅度并不等速。第一和第二用玉集团持续较高的随葬比例，尤其是第一用玉集团从早到晚每墓必出玉器，丝毫不受时代变迁的影响。而第三、第四用玉集团则分别在第二、第三期发生了重大变化，随葬玉器比例一增一减，对比显著（图 6）。不仅如此，第三、第四用玉集团在玉器数量和类型上也呈现出不同的时代特征。从等级角度看，在殷墟用玉制度化过程中低等级用玉集团受到的影响远大于高等级用玉集团。因此，殷墟丧葬用玉的制度化过程很可能是通过对较低社会阶层进行限制而实现的。由此，高等级用玉集团逐渐在丧葬用玉方面取得优势甚至垄断地位，并形成一套用玉制度。

① 各期墓葬的数量及比例：第一期 23 座，占总体的 1.2%；第二期 219 座，占总体的 11.0%；第三期 486 座，占总体的 24.3%；第四期 746 座，占总体的 37.3%；期别不明 524 座，占总体的 26.2%。

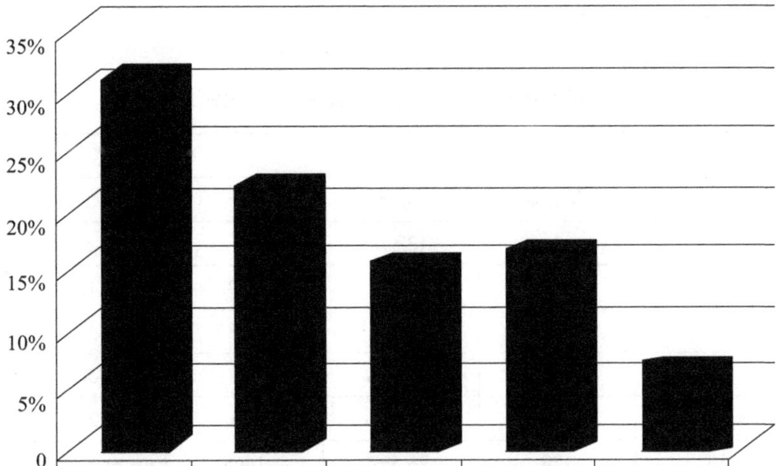

第一期	第二期	第三期	第四期	不明
30.43%	21.92%	14.40%	15.82%	5.34%

图 5 殷墟遗址各期墓葬随葬玉器比例

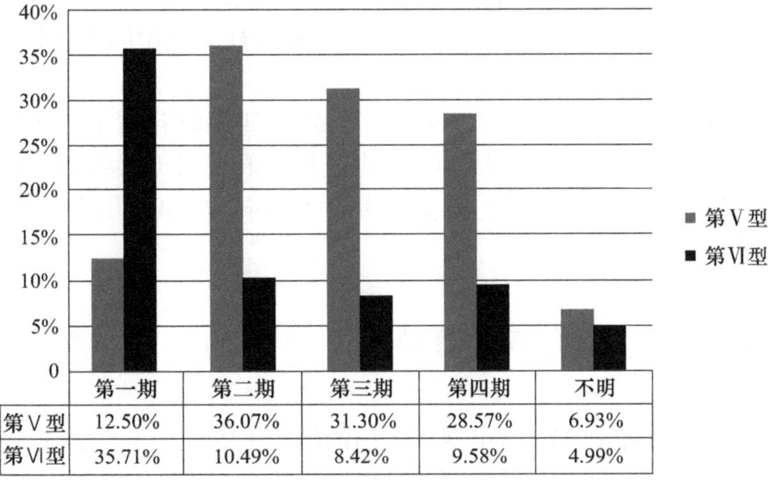

	第一期	第二期	第三期	第四期	不明
第Ⅴ型	12.50%	36.07%	31.30%	28.57%	6.93%
第Ⅵ型	35.71%	10.49%	8.42%	9.58%	4.99%

图 6 殷墟第三、第四用玉集团各期墓葬随葬玉器比例

我们探讨殷墟丧葬用玉时代特征时选择第Ⅴ、Ⅵ型墓葬为切入点，原因有二：其一，这两类墓葬等级较低，随葬玉器时受时代影响更为显著；其二，这两类墓葬数量较多，统计时样本容量大，可尽量减少特殊墓例对整体的影响，从而得出更为准确的认识。

（一）中小型墓葬随葬玉器比例的时代特征

我们对 502 座中型墓和 1468 座小型墓进行了分期统计（表 4），这两类墓葬数量在殷墟文化第一期时都极少，到第二期时开始大幅上升并持续以成倍的速度增长，随葬玉器的墓葬比例也随之发生巨大变化。

表 4 殷墟中小型墓葬各期别随葬玉器比例统计表

	中型长方形墓			小型长方形墓		
	总数	有玉器	比例	总数	有玉器	比例
第一期	8	1	12.5%	14	5	35.71%
第二期	61	22	36.07%	143	15	10.49%
第三期	115	36	31.3%	368	31	8.42%
第四期	217	62	28.57%	522	50	9.58%
不明	101	7	6.93%	421	21	4.99%
合计	502	128	25.5%	1468	122	8.31%

从随葬玉器比例来看，殷墟文化第二期是丧葬用玉制度开始形成的阶段。这一时期中型墓随葬玉器的比例从 12.5% 增长到 36.07%，而小型墓随葬玉器的比例则从 35.71% 下降到 10.49%。这一增一减的过程反映了殷墟丧葬用玉开始从风俗性习惯向制度化行为发展，是否使用玉器与墓葬形制及其代表的社会地位间相关性加大，并呈现向优势阶层集中的趋势。

这种趋势在殷墟文化第三期时继续发展，到第四期时各用玉集团间的对比已十分强烈，基本完成了丧葬用玉行为制度化的过程：第一用玉集团的玉器随葬比例为 100%，第二用玉集团为 70%，第三用玉集团为 28.6%，而第四用玉集团只有不到 5% 的墓葬内随葬有玉器。

（二）中小型墓葬随葬玉器数量与类型的时代特征

我们对 133 座中型墓和 112 座小型墓[①]内的随葬玉器进行了类别统计，其中殷墟文化第一期墓葬数量极少，随葬玉器类别具有很大偶然性，此处不再深入讨论。

1. 中型墓随葬玉器数量与类型

就中型墓而言，殷墟文化第二期到第四期的墓葬共有 105 座，随葬玉器共 285 件。其中第二期墓葬 22 座，出土玉器 67 件；第三期墓葬 29 座，出土玉器 78 件；第四期墓葬 54 座，出土玉器 140 件。这类墓葬随葬玉器器类的整体时代特征表现在以下两点（图 7）：

① 以装饰品及艺术品类、礼器类为主；

② 除装饰品及艺术品类外，其他器类所占比例均呈下降态势，以第三期最为显著。

---

① 只说明有无玉器陪葬却无器类描述的中小型墓不计入此项统计中。

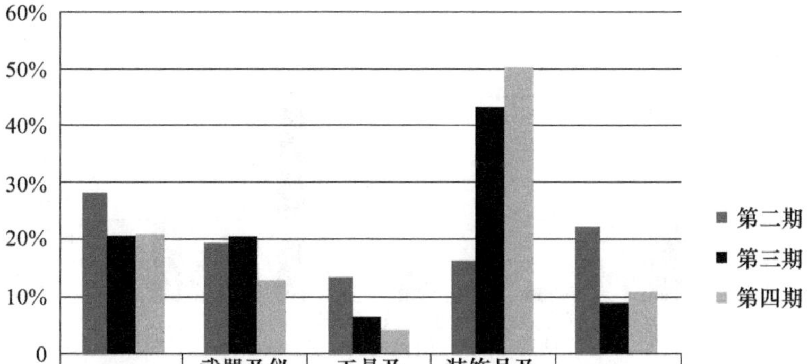

	礼器	武器及仪仗器	工具及用具	装饰品及艺术品	其他
第二期	28.36%	19.41%	13.42%	16.42%	22.39%
第三期	20.51%	20.51%	6.42%	43.59%	8.97%
第四期	21.71%	12.86%	4.29%	50.41%	10.73%

图 7　殷墟文化第二～四期中型墓随葬玉器种类及比例

另外，当我们仔细考察各器类内部器型组合时也可发现，殷墟文化第三期对中型墓随葬玉器而言是一个重要转折期。

首先，在礼器的器型组合方面：殷墟文化第二期时，中型墓内随葬的玉礼器以璜、玦、环为主，不见有璋；到第三期，除传统的璜和玦外，出现了璋这一器型，并逐渐占据重要地位；到第四期，礼器类出现大量璋，仅完整器就有 11 件，另有碎片 59 个，大大超过了璜、玦、环的数量，成为主要礼器类型。

其次，在装饰品及艺术品方面：第二期时装饰品动物形象仅见鸟、鱼和兔三类；第三期时动物形象大大增多，出现了虎、龙、螳螂、鳖等；第四期延续了这一特点，在保留第三期动物形象基础上又出现了雁、猪、蝉、螺蛳、鹦鹉、牛等。这种从程式化到生活化的风格转变也是从第三期开始的。

上文在分析"中小型墓随葬玉器比例的时代特征"时我们指出，中型墓葬随葬玉器比例在第二期时出现大幅增长，到第三、四期时逐渐稳定下来。但中型墓葬随葬玉器的器类却在第三期发生大的改变，并不与随葬比例的变化相同步。这种滞后现象说明第三用玉集团在制度化过程中，走的是一种"先推广后提高"的道路，即先扩大集团内部使用玉器的成员比例，在普及过程中形成新的内容和风格并逐渐固定下来。

2. 小型墓随葬玉器数量与类型

就小型墓而言，第二期到第四期的墓葬共有 108 座，随葬玉器共 217 件。其中第二期墓葬 14 座，出土玉器 37 件；第三期墓葬 44 座，出土玉器 61 件；第四期墓葬 50 座，出土玉器 119 件。这类墓葬随葬玉器器类的整体时代特征表现在以下两点（图 8）：

① 装饰品及艺术品类占绝对主导地位；

② 除武器及仪仗器类外，其余器类呈现上升态势，礼器类最为突出。

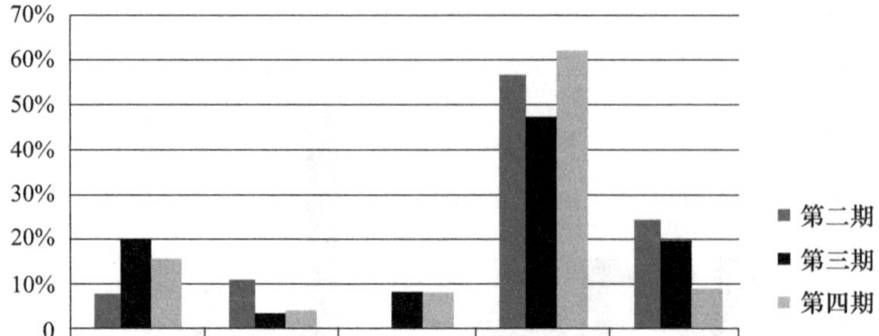

	礼器	武器及仪仗器	工具及用具	装饰品及艺术品	其他
第二期	8.11%	10.81%	0	56.76%	24.32%
第三期	19.67%	3.28%	8.42%	48.96%	19.67%
第四期	15.97%	4.20%	8.41%	62.18%	9.24%

图 8　殷墟文化第二～四期小型墓随葬玉器种类及比例

造成第四用玉集团礼器类比例上升的原因，可能与礼器明器化有关。上文提到这些礼器形制明显偏小且制作粗糙，但在使用级别上却很高，这一特点在各期礼器的器型组合上也有所体现：在殷墟文化第二期，小型墓内礼器组合仅见玦和璧两类；到第三期开始以璜、玦为主，且出现环和琮类；第四期则以璜、玦、环三类为主，新出现璋和瑗，礼器器型不断丰富。值得注意的是“璧”和“璋”这两种器型：“璧”作为礼器只在第一、二用玉集团中出现，不见于第三用玉集团，这说明它属于礼器中的高等级器型。但在第四用玉集团中，“璧”虽然数量极少但每期都能发现。这两种“璧”虽然形制类似，但功能及意义很可能迥异。“璋”作为礼器进入中型墓葬是在第三期，到第四期时已经十分常见。而小型墓葬中出现“璋”则是在第四期，很有可能受到了中型墓葬所代表的第三用玉集团的影响。这说明在殷墟丧葬用玉制度化的过程中，高等级用玉集团对低等级用玉集团有引导作用。

整体来看，殷墟遗址中丧葬用玉方面存在四大集团，彼此在随葬玉器的比例和器型组合上都各特色，具有鲜明的等级色彩。从动态角度审视，殷墟遗址内随葬玉器的墓葬比例逐期降低，尤其是第二、三期降幅最大，直至第四期稳定下来。这说明殷墟社会是通过限制用玉人群的比例而逐步将丧葬用玉行为制度化，其中殷墟文化第二、三期是关键时期。在丧葬用玉制度化的过程中，中小型墓所代表的低等级用玉集团受到的影响最大，不仅在丧葬用玉的比例上发生了重大调整还逐渐形成了各自的器类组合和基本风格。到殷墟文化第四期时，丧葬用玉的制度化已经十分完善，四大用玉集团界限清晰、风格各异，所用玉器从质料、造型到组合均有明显差别，反映出殷墟遗址晚商时期社会内部的结构性差异。

殷墟宫殿区玉石手工业遗存研究

杜金鹏

（中国社会科学院考古研究所）

在安阳殷墟，制陶、制骨、青铜器铸造等手工业作坊遗址均有发现，可证明陶器、骨器、青铜器等，均属当地生产[①]（图1）。而且，宫殿区屡屡发现与青铜铸造、骨器制造有关的遗迹遗物。抗日战争前，在甲一基址叠压的商代窖藏7：H20中发现大量龟甲和鹿角，甲五基址叠压的灰坑中出土大量铸铜遗物[②]；20世纪70年代在小屯附近发现的H27，出土有一些陶器以及铜镞、骨锥、骨笄、陶范、铜锈渣，坑外0.6米处发现一处圆形烧土面，发掘者认为可能同属铸铜遗存[③]；2004～2005年对殷墟宫殿区的考古勘探中，发现大量骨料或半成品骨器，并伴出小型磨石。因此，考古专家认为“殷墟宫殿宗庙区北部靠近洹河附近可能存在着由王室控制管理的作坊区”[④]。由此推测宫殿区存在玉石制作手工业作坊的可能性很大。而自20世纪70年代以来的考古发现，已印证这一点（图2）。

一、玉石手工业作坊遗存

中华人民共和国成立以来，在对殷墟宫殿区的考古发掘中，发现一些与玉石手工业作坊相关的遗迹遗物，证明宫殿区内曾经存在着制造玉石器的专业作坊。

---

① 中国社会科学院考古研究所：《殷墟的发现与研究》，科学出版社，1994年。

② 石璋如：《小屯建筑基址》，《小屯》（第一本·遗址的发现与发掘）（乙编），“中研院”历史语言研究所，1959年，第28、37页。

③ 中国社会科学院考古研究所：《安阳殷墟小屯建筑遗存》，文物出版社，2010年，第66页。

④ 中国社会科学院考古研究所安阳工作队：《2004—2005年殷墟小屯宫殿宗庙区的勘探和发掘》，《考古学报》2009年第2期。

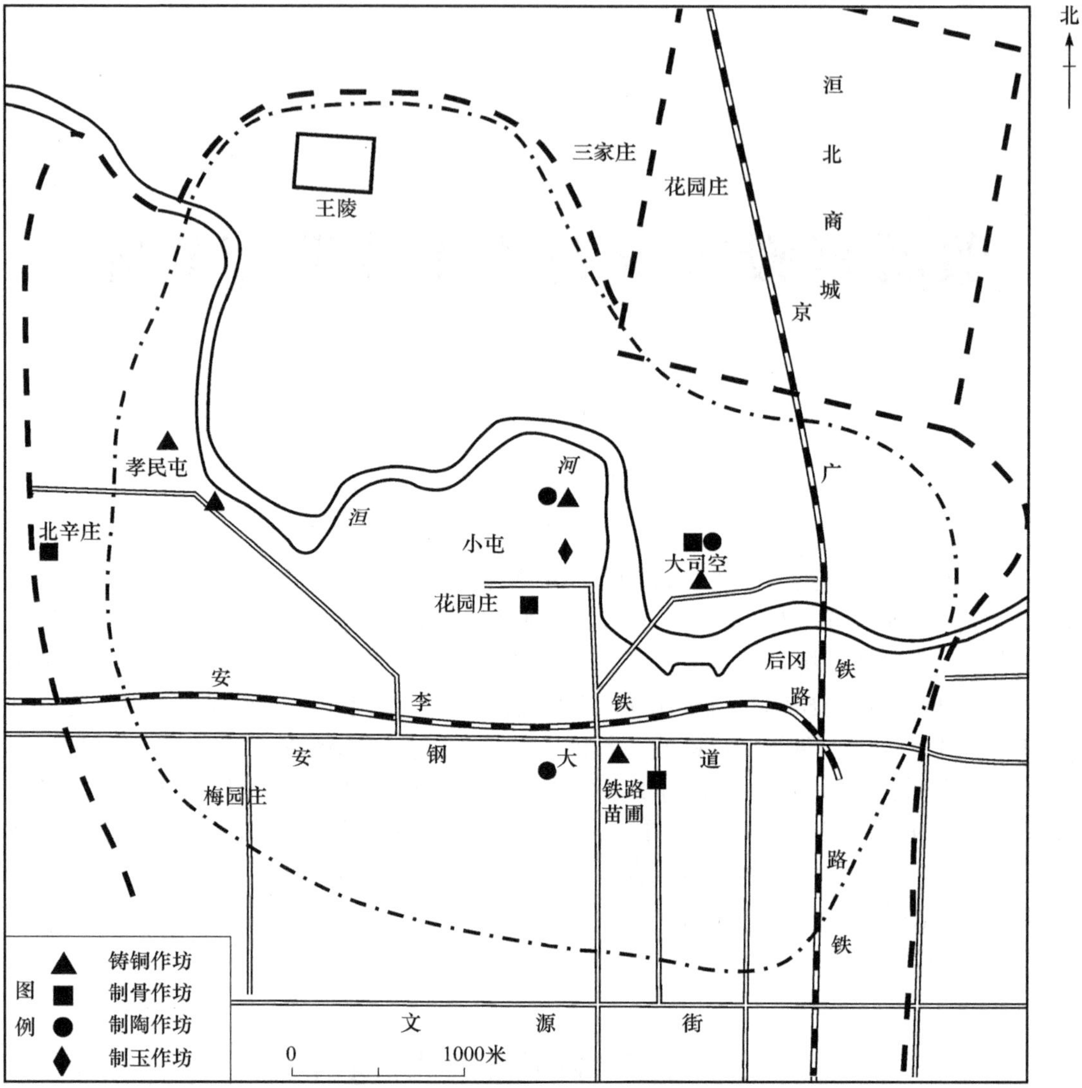

图 1　殷墟遗址手工业作坊分布图

（一）小屯东北地建筑遗存

1975 年冬季，在殷墟小屯村东北地（西距妇好墓约 100 米，东距丙组基址约 40 米）发掘出两座商代晚期的房址。其中，F10 建造年代稍早，F11 稍晚，F11 局部打破 F10，但都是殷商帝乙、帝辛时候建筑物[①]（图 3）。

① 中国科学院考古研究所安阳发掘队：《1975 年安阳殷墟的新发现》，《考古》1976 年第 4 期；中国社会科学院考古研究所：《安阳殷墟小屯建筑遗存》，文物出版社，2010 年。

图 2　殷墟宫殿区制玉遗存分布图

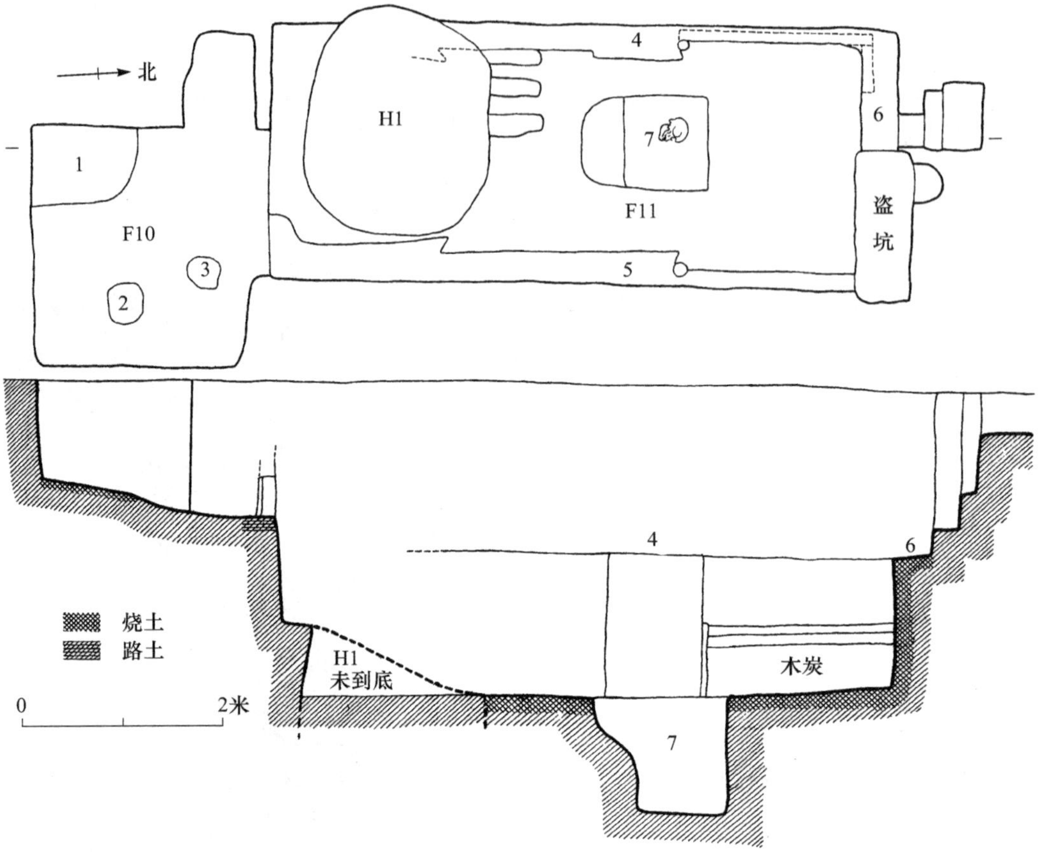

图 3　小屯东北地 F10、F11 平面、剖面图

1～3. 烧土面　4～6. 烧土台面　7. 祭祀坑

F10 是半地穴式建筑，平面近方形，上口东西长 2.5、南北宽残存 2.1 米。底部居住面保存较好，东西长 2.3、南北宽 2.1 米，使用面积 4.8 平方米。东、西、南三面墙壁存高 1～1.3 米，北壁残高 0.4 米。西壁北端外扩有一个耳室，面宽 0.55～0.7、纵深 0.9 米。室内地面用黄褐土铺成，十分坚硬，厚约 0.1 米。西南角有一片红烧土面，地面和墙壁均被烧成红色。室内东半部地坪上另有两处近圆形的红烧土面，直径分别是 0.3、0.4 米。门道朝北，南北存长 0.4 米。从残存遗迹现象分析，该建筑的地面以上墙壁，下部可能是土坯垒砌墙（完整土坯长约 40、宽约 25、厚约 12 厘米），上部则是木骨泥墙，以木棍和芦苇秸秆为骨、涂抹细泥并粉刷白灰，有的残块上绘画着红色的勾云纹和黑色圆点纹（图 4-1）。有木柱支撑屋顶。房顶内面抹细沙泥，表面涂有白灰。室内填土的上层夹杂较多建筑材料碎块，下层土质疏松。填土中包含少量陶片，还有一些釉陶（即所谓“原始瓷器”）残片。房中还出土若干石璋残片和少量精美的玉石雕刻品、绿松石制品、蚌器、骨器等。同时还有铜刀、铜镞等小件青铜器。已经公布的出土文物有：

陶瓶 6 件，出自 F10 耳室附近，泥质陶，橙黄色。形制相同，圆形，正面隆鼓，表面饰交错绳纹，背面设拱形钮，上有三角纹。直径 9～9.5 厘米（图 5）。此类器物曾经在殷墟西北冈王陵区 M1400 中出土 5 件，其中 3 件有明显的使用磨损痕迹，因其与

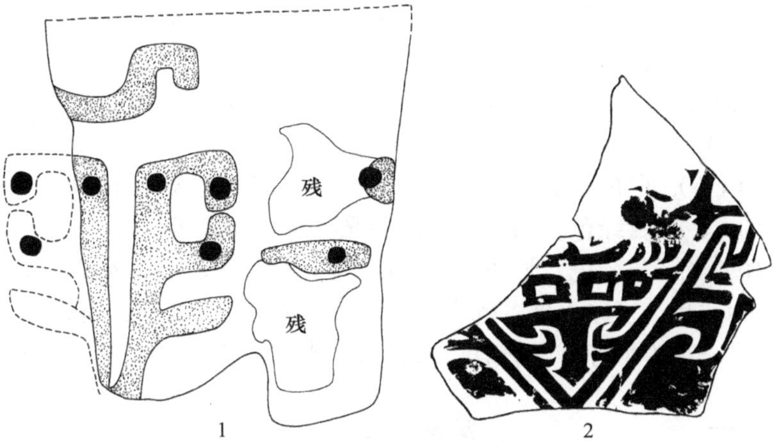

图 4　F10 壁画残片与 F11 漆绘陶片

1. F10 壁画残片　2. F11 漆绘陶片（F11∶15）

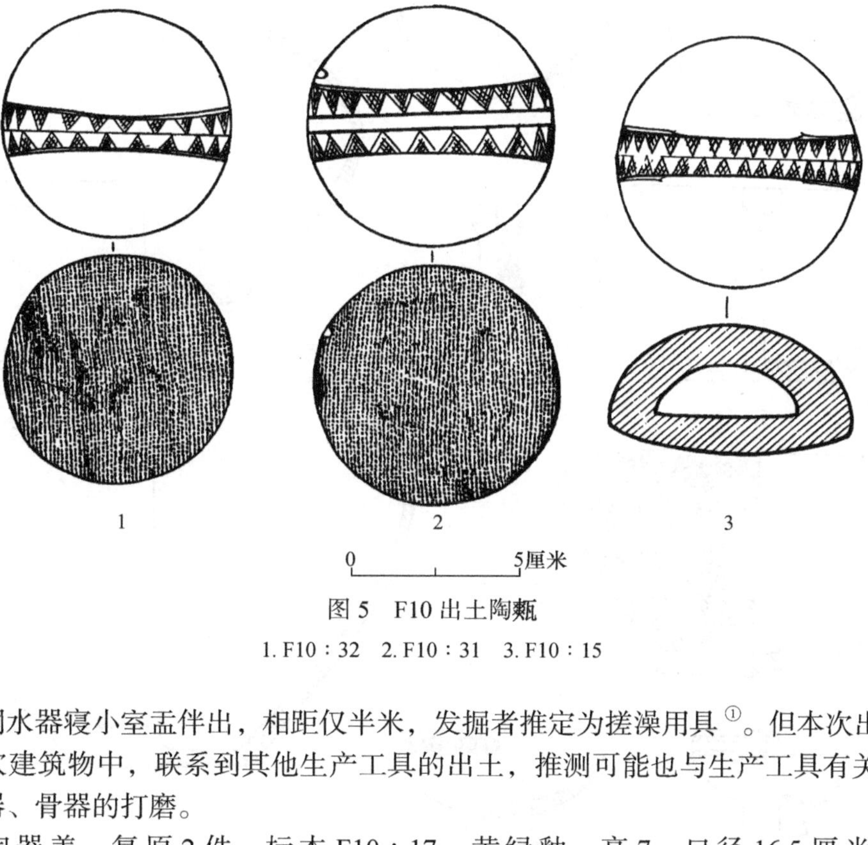

图 5　F10 出土陶甗

1. F10∶32　2. F10∶31　3. F10∶15

著名青铜水器寝小室盂伴出，相距仅半米，发掘者推定为搓澡用具[①]。但本次出土者出自半地穴建筑物中，联系到其他生产工具的出土，推测可能也与生产工具有关，譬如用于玉器、骨器的打磨。

釉陶器盖，复原 2 件。标本 F10∶17，黄绿釉，高 7、口径 16.5 厘米；标本

① 梁思永、高去寻、石璋如：《侯家庄》（第九本 • 1129、1400、1443 号大墓），"中研院"历史语言研究所，1996 年，第 58 页。

F10：18，表面绛紫色，光亮似釉。高 6.1、口径 21 厘米（图 6-2）。

小铜刀（F10：6），长 10.5 厘米。

铜镞，共出土 16 枚，均双翼。标本 F10：28、F10：30，通长均为 5.7 厘米（图 7-6、图 7-5）。

玉璜（F10：5），白色，晶莹透亮，半圆形，作屈身龙状。长 8.1 厘米（图 8-1）。

玉玦（F10：8），黄绿色，圆形，双面抛光。直径 3 厘米。

石锛（F10：4），灰绿色，长条状，磨制，两面刃。长 3.5、宽 2.2 厘米。

石璋，多为残片，复原 1 件。标本 F10：10，灰白色，石质细腻，扁平长条状，一端呈三角形，另一端为平齐，两侧有边刃，表面光滑。长 23.1、宽 3.5 厘米。

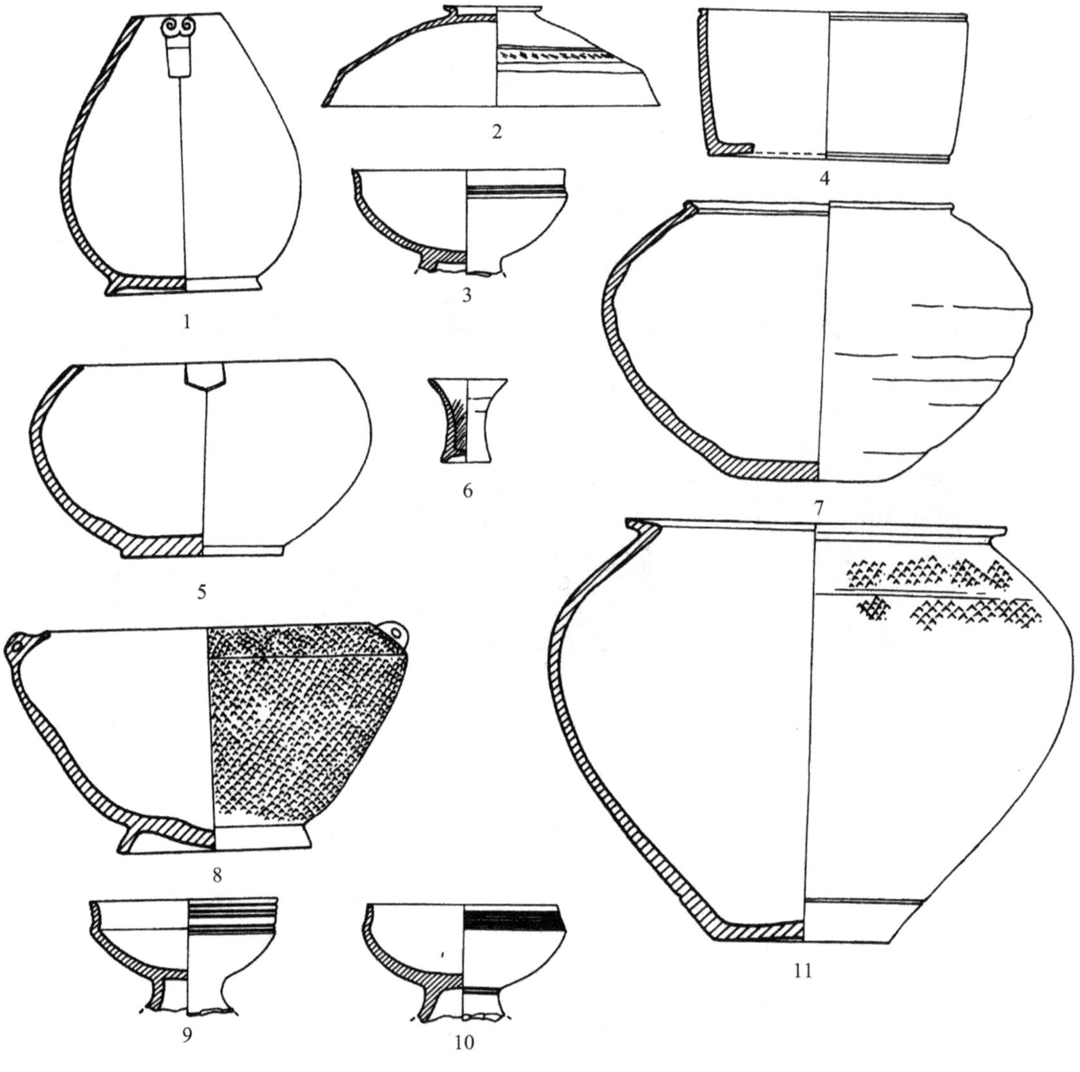

图 6　F10、F11 出土釉陶、硬陶和陶器

1. 釉陶壶（F11：50）2. 釉陶器盖（F10：18）3、9、10. 釉陶豆（F11：47、F11：48、F11：49）4. 平底盆（F11：45）5、7、11. 釉陶罐（F11：62，F11：46，F11：64）6. 陶觚（F11：51）8. 釉陶瓿（F11：63）

石鸭（F10：1），昂首站立，双翼前端饰云纹，双目双翼呈褐色，头、足、背部为白色，即所谓“俏色”石雕品。长5、高5厘米（图8-7）。

骨笄（F10：13），帽上有三角形凹槽，内嵌绿松石片，制作十分精良。通长37厘米（图7-1）。

雕花骨器（F10：7），近方形，上端呈马鞍形，中间有圆孔，雕饰兽面纹。高2、宽1.8厘米。

骨镞（F10：11），铤残，有火烧痕迹，残长5.5厘米（图7-7）。

蚌镬（F10：2），下端作三角形，上端为圆銎。长3.9厘米（图7-3）。另一标本经火烧，残长4厘米。此类物小巧精致，绝非实用工具，应是玩具。

蚌戈（F10：3），直内有胡，前锋略残，细长柄。通长7.7厘米（图7-4）。此物也应当是玩赏之物。

在一座半地穴房子中发现釉陶、铜器、玉器等高级生活用品，在殷墟属于罕见特例①，表明房子的主人具有较特殊的社会地位，其职业或可从出土文物中看出端倪——若干石璋残片和一些精美的玉石雕刻品、绿松石制品以及小巧精致的蚌器、镶嵌绿松石片的骨器等，反映了房主很可能系玉石手工业者。此建筑应是加工制作玉石器（包括绿松石器、蚌器）的工场。

F11为地穴式建筑，叠压打破了F10，长方形，南北长5.95、东西宽2.5、深约3米。房内分为前后两室，后室是主室，修建比较讲究，墙壁光滑平整，在东、西、北三面墙壁下部嵌有高0.6～0.65米的防潮木炭。后室安有门。北壁建有一个通往室外的气道。前室南北长2.2、宽1.8米，面积约4平方米。结构相对简单，墙壁未嵌木炭。前后室地坪连为一体，均为非常光滑的红烧土硬面。房子中央地坪下有0.8见方的祭祀坑，埋葬一具被肢解的人骨。人头下面随葬一件带有铭文的青铜器盖。

该建筑面积虽然不是很大，但经过精心设计，精心施工。房内填土夹杂少量经火烧的土坯块和木骨泥墙残块。包含陶片不多，以泥质灰陶为主，多属罐类。还有不少釉陶片，以罐为主，也有豆和器盖等。出土600多件圆锥形“石料”、260多件长方形磨石以及少量玉石雕刻品和蚌器等。

F11出土文物主要有：

彩绘陶罍残器（F11：15），表面磨光，涂黑漆，肩部装饰红色弦纹夹雷纹，腹部主纹为兽面纹，地纹为勾连云雷纹，近底部是三角纹。这是一种仿青铜器的高级陶器（图4-2）。

釉陶罐有四种型式。标本F11：46，小口，折沿，鼓腹，平底，表里施釉，釉色深绿泛黄。高17.5厘米（图6-7）。标本F11：62，敛口，鼓腹，小平底，深绿釉。高12厘米（图6-5）。标本F11：64，小口，平折沿，广肩，深腹，小平底，浅绿釉微泛黄，肩部釉下饰方格纹、弦纹。高26.5厘米（图6-11）。标本F11：61，小口，短沿，鼓腹，平底，黄绿釉。高28.3厘米。

---

① 发掘者已经指出“这种釉陶残片在殷墟居住遗址中很少见”。中国社会科学院考古研究所：《安阳殷墟小屯建筑遗存》，文物出版社，2010年，第139页。

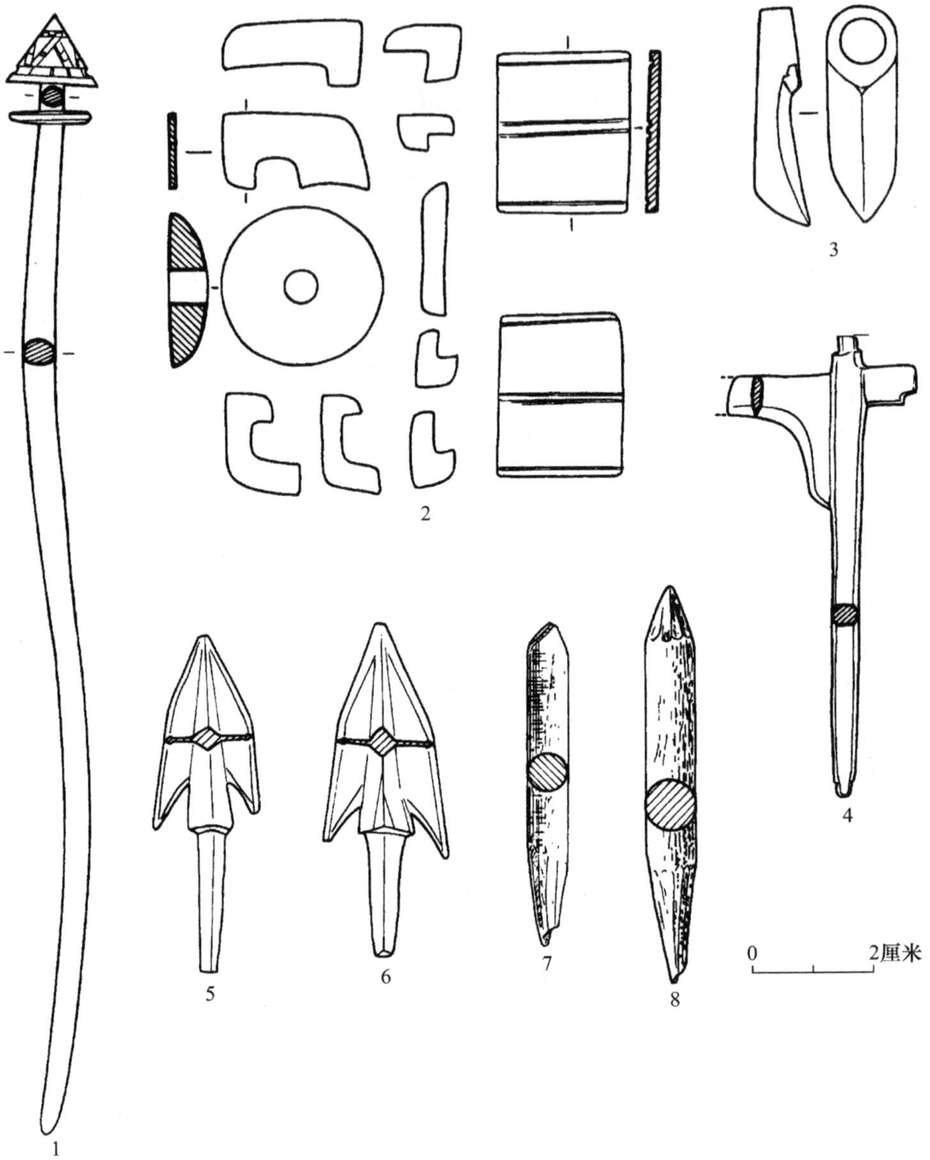

图 7　F10、F11 出土铜器、骨器和蚌器

1. 骨笄（F10∶13） 2. 组成蚌饰（F11∶52） 3. 蚌䦆（F10∶2） 4. 蚌戈（F10∶3）
5、6. 铜镞（F10∶30、F10∶28） 7、8. 骨镞（F10∶11、F11∶38）

釉陶瓿（F11∶63），敛口，广肩，收腹，小圈足。腹饰方格纹，口至肩施浅绿釉，肩部以下呈绛紫色，无釉。高 12.4 厘米（图 6-8）。

釉陶壶（F11∶50），小口，腹部垂鼓，平底，小圈足。口下一对附耳，饰卷云纹。器表施深绿釉。高 15.5 厘米（图 6-1）。

釉陶豆，可复原 3 件，均为浅盘、矮圈足。标本 F11∶48，绛紫色釉，残高 7.5 厘米（图 6-9）。标本 F11∶47，黄绿色釉，残高 7.5 厘米（图 6-3）。标本 F11∶49，黄褐色釉，残高 7.1 厘米（图 6-10）。

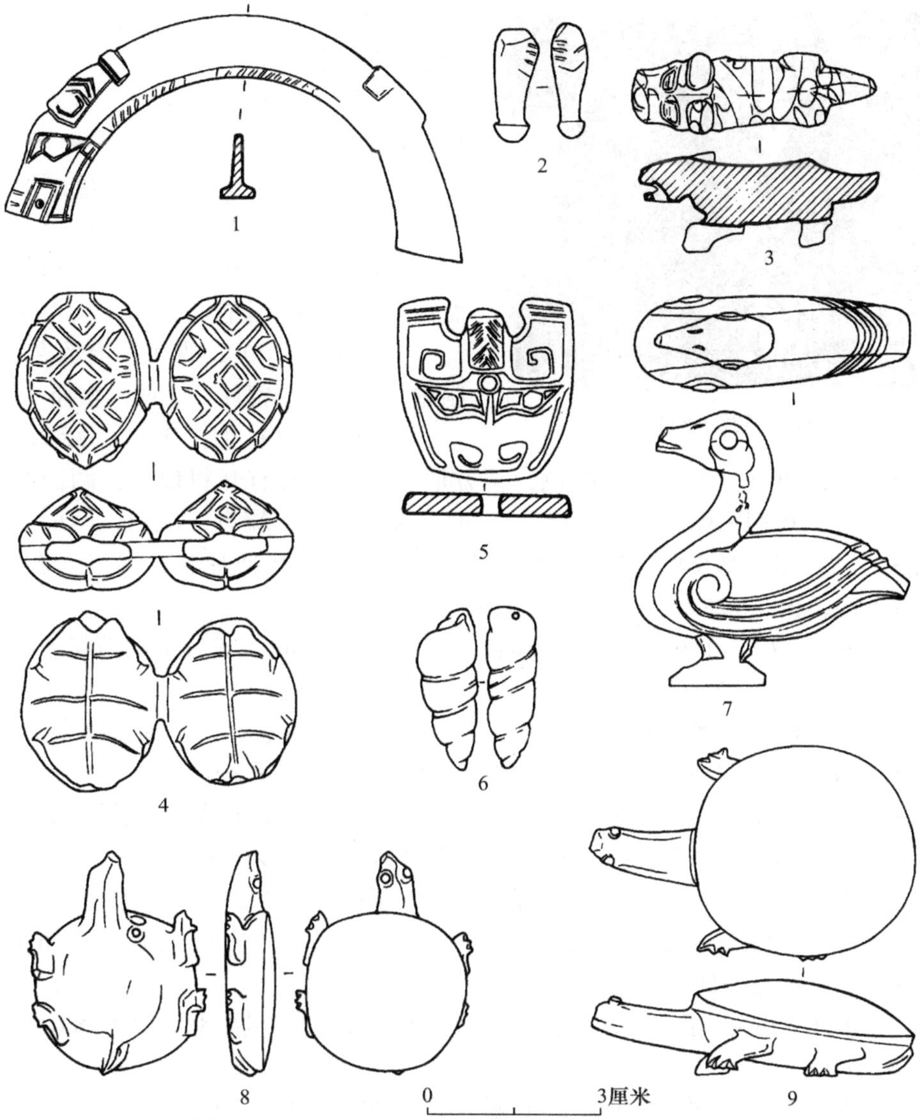

图 8　F10、F11 出土玉石器

1. 玉璜（F10∶5） 2. 石祖（F11∶13） 3. 石虎（F11∶7） 4. 玉龟（F11∶4） 5. 玉兽面（F11∶1） 6. 玉螺（F11∶6） 7. 石鸭（F10∶1） 8. 玉鳖（F11∶5） 9. 石鳖（F11∶18）

铜鼎盖（F11∶12），长方形，盖面隆起，拱形钮。器表周缘饰四组夔纹。内壁铸有铭文四字“王作䢅弄”。边长 6.3、宽 2.5 厘米。盖很小，为弄器。（图 9）

玉珠（F11∶11），白玉，圆管形。长 1.8 厘米。

玉龟（F11∶4），墨玉，有黑斑。两龟并列，甲桥相连，背部菱形纹。长 3、宽 5 厘米（图 8-4）。

玉鳖（F11∶5），墨玉，圆雕。巧妙运用玉料色泽，背甲呈黑色，头、颈部与腹部为灰白色，腹上有穿孔可佩带。通长 4 厘米（图 8-8）。

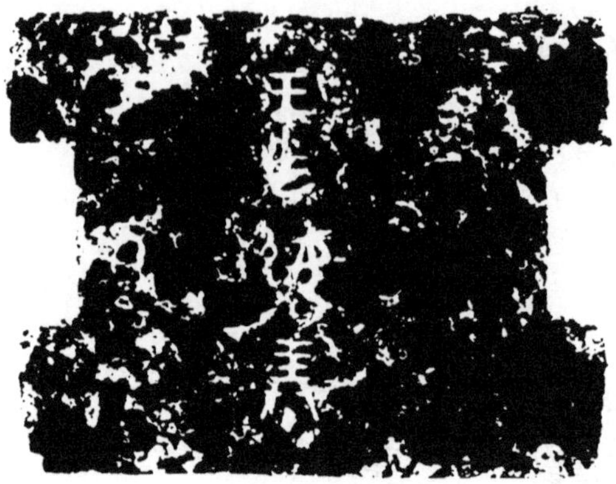

图 9　铜鼎盖拓片（F11：12）

玉螺（F11：6），青玉，灰色有黑斑。长 3 厘米（图 8-6）。

玉蝉（F11：9），青玉，灰色有黑斑。长 3.7 厘米。

玉兽面（F11：1），棕褐色，浮雕，作牛首正面状。高 3.1 厘米（图 8-5）。

玉饰（F11：10），乳白色，形似簇，两面抛光，上端中部有圆穿孔。长 36 厘米。

玉环（F11：9），青玉，有深灰色斑点，制作精致，似是臂环，已残。直径 7 厘米。

玉料，4 块有加工痕迹，疑为边角料。标本 F11：23，碧玉，青色间墨绿色，长方形片状，两端有开料痕迹，两面磨光。长 5.5、宽 3.2、厚 0.3 厘米。标本 F11：22，形近椭圆形，上端有一缺口，两面磨平未抛光。长 3.2、宽 2.5、厚 0.4 厘米。另有两片玉料，作长条形薄片状，墨玉，表面磨光。标本 F11：39，长 3.6 厘米；标本 F11：40，长 2.8 厘米。

石虎（F11：7），红褐色石料，圆雕，虎作昂首站立状。虎背上的石材条纹恰似老虎斑纹。长 4.5、高 1.2 厘米（图 8-3）。

石鳖（F11：18），鳖作仰首爬行状，圆润丰满，造型逼真。根据石材斑纹，鳖目、背甲和爪呈深褐色，腹甲呈肉红色。长 5.8、高 1.5 厘米（图 8-9）。

石祖（F11：13），白石雕制，形如初生蘑菇状，前端呈半球形，后端刻画有纹线，高 2 厘米。发掘者以其“形似面部轮廓”而称之为“人面形石雕”（图 8-2）。

绿松石牛头（F11：2），浮雕，有孔可佩戴。高 2.2 厘米。

石锤（F11：33），青灰色，圆柱状，磨制，下端有使用痕迹。高 6.8、直径 2.8～3.6 厘米。这是一件加工精细的工具（图 10-1）。

石锥（F11：45），红褐色，圆锥体，表面磨光，一端呈尖状。残长 8.6、直径 0.5 厘米（图 10-4）。

砺石，砂岩制，扁平长条形，均残断。共有 260 多块，以柄端计算至少属于 80 件个体，有的可以拼合。标本 F11：34，红褐色砂岩，柄端有穿孔。表面磨制平整，制作精致。长 2.5、宽 3～4.2、厚 1 厘米。标本 F11：35，红褐色砂岩，石质细腻。长 18.6、宽 2.8～4.1、厚 0.8 厘米。砺石具有打磨兵器的用途，所以在陪葬青铜兵器的墓葬中往往伴出一两件砺石。但是在房基中集中出土这么多砺石，且制作得如此精致，充分说明该建筑物与手工业作坊的密切关系。

穿孔石料 2 件，经过加工。标本 F11：24，绛紫色，椭圆形，两面磨光，有一穿孔。长 3、宽 1.6、厚 0.7 厘米。标本 F11：25，外形近似三角形，有穿孔，长 1.5 厘米。这应是半成品，仅在坯料上按设计要求打孔。

锥形石锉，共出土 600 多件，绝大多数出自 F11，多已残断。圆锥体状，锥尖一端弯曲。表面布满斜道锉痕、刮痕。标本 F11：41，长 10.2 厘米（图 10-2）；标本 F11：42，残长 9.3 厘米（图 10-3）；标本 F11：43，长 9.5 厘米（图 10-6）；标本

F11：44，长 8 厘米（图 10-5）。这些形状奇特的石器，曾被称作“石料”，即石器坯料，恐不确，从其形状及布满斜道锉痕和刮痕分析，应是具有锉磨作用的工具，或可称为石锉——专门用于玉石器加工时对穿孔、透雕等狭窄空间的打磨。

骨镞（F11：38），长 6.8 厘米（图 7-8）。

蚌饰数量较多，包括有穿孔的蚌泡和各种用于镶嵌的蚌片。出土时多已散乱，但可以判定是木器上的镶嵌之物。其中一组标本 F11：52，可以窥见原形，大约是兽面纹的左半边（图 7-2）。

殷墟考古专家指出：“从上述两座房子的出土物判断，有可能是磨制玉石器的场所。”① 确实，这两座房子中出土有玉石加工过程中所产生的半成品、边角料，一些玉石制品的废品，甚至还有少量成品，更有加工玉石器所必需的工具，其为玉石加工场所的性质可以肯定。

在同一个地点反复建造性质相同的房子，说明这个地方具有特定的聚落空间定位，即专门从事玉石手工业的场地。

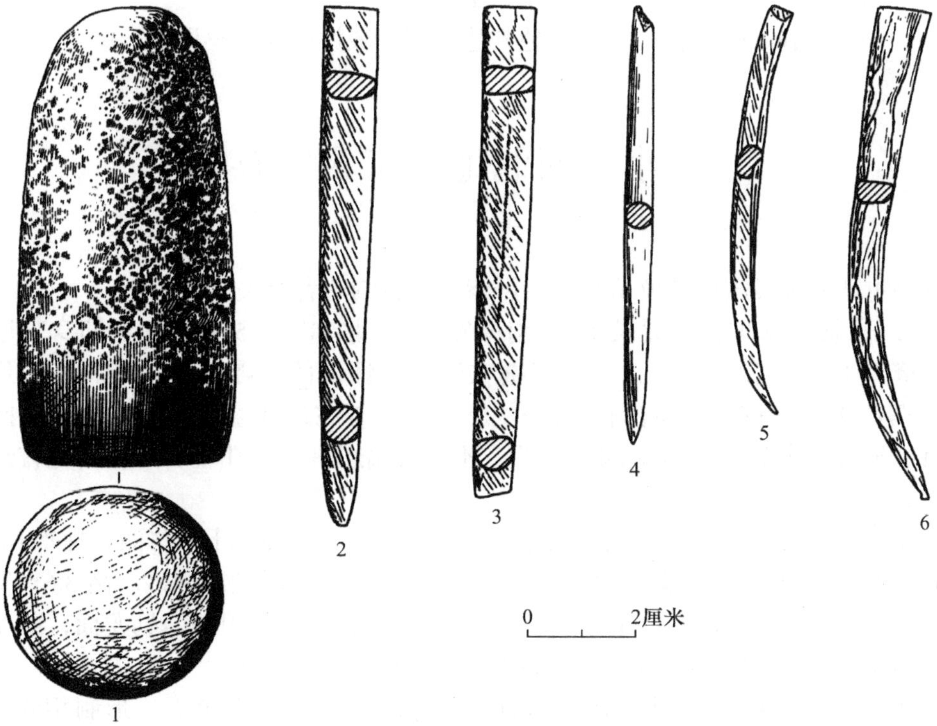

图 10 F11 出土石锤和锥形石料

1. 石锤（F11：33） 2、3. Ⅰ式石锥半成品（F11：41、F11：42） 4. 残石锥（F11：45）
5、6. Ⅱ式弯锥形石料（F11：44、F11：43）

① 中国社会科学院考古研究所：《殷墟的发现与研究》，科学出版社，1994 年，第 77 页。

（二）小屯西北地建筑遗存

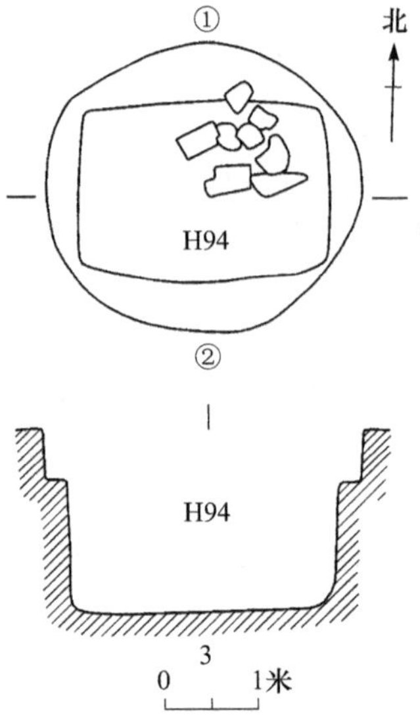

图 11　小屯西北地 H94 平剖面图

在小屯村西北地，也发现有与制玉相关的殷商文化遗存①。

地穴式建筑物 H94，位于 T3 与 T4 之间，打破三期房基 F23，深 2.1 米，口部呈圆形，直径 3.3 米，至 0.6 米深时变为长方形，东西长 2.7、南北宽 1.9 米。坑外南北两侧各有一个柱基，联系到坑内上部堆满经过火烧的草拌泥建筑材料，证明坑上当初有棚顶（图 11）。坑内出土物除了灰陶和釉陶残器之外，还有一些石料，以及 8 块有明显开料痕迹、大致可复原的石臼残件。发掘者认为“联系到坑内有石料等遗物分析，有可能是一个简陋的石料加工场所”。可惜，发掘报告没有具体介绍该地穴式建筑内出土文物。

此地穴建筑属于殷墟第四期早段。

二、小屯西北地“玉人”墓葬

在小屯西北地发现的两座墓葬，很可能与玉石制造者有关②。

M7，长条形墓圹，南北长 1.8、南端宽 0.6、北端宽 0.5 米，死者仰身直肢。墓穴被一条近代沟拦腰打破。此墓不仅墓穴形状奇怪，而且随葬品也很新奇：死者头端整齐摆放 10 块磨石，头右侧也有一块磨石，另外在破坏墓葬的土沟中出土同样磨石 5 件，原先应放置在死者胸部。此外，死者头端还有两件孔雀石雕制的龙首形佩饰（图 12）。

孔雀石龙首形佩饰，不仅雕琢工艺精湛，而且包金装饰，十分华丽。标本 M7：1，浮雕正视龙头，竖目，立耳，短角。外包一层金叶。出土时粘有朱砂。高 3.6、宽 2.6、厚 0.3 厘米，重 4.4 克（图 13-1）。标本 M7：2，浮雕，正面阴刻勾勒龙面，蘑菇状双角。外包金叶。高 2.8、宽 2.1、厚 0.5 厘米，重 4 克（图 13-2）。

长条形砂石，共计 16 块。多数上面附着有朱砂。完整者 10 条，形制相同，唯大小有别。均为扁平长条形，一头宽一头窄。有的上面依稀可见朱砂绘制的花纹。一般长约 16～19 厘米，厚 1 厘米左右。其中标本 M7：6，长 18.3、上宽 2.8、下宽 4、厚 1 厘米（图 14）。

---

① 中国社会科学院考古研究所：《安阳小屯》，世界图书出版公司，2004 年，第 74 页。

② 中国社会科学院考古研究所：《安阳小屯》，世界图书出版公司，2004 年，第 150～152 页。

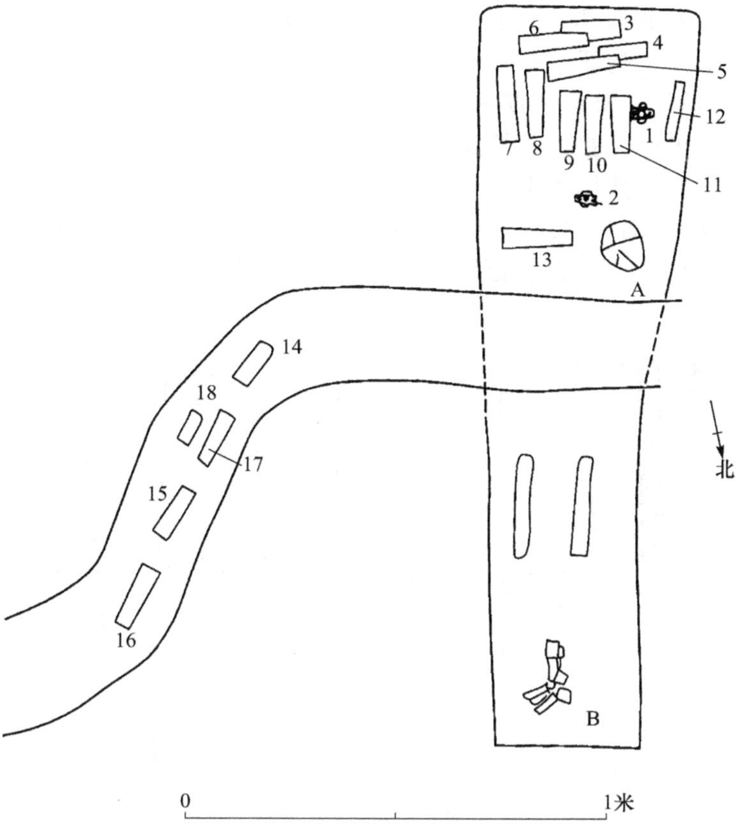

图 12　小屯西北地 M7 出土石器位置图

A. 人头　B. 人足　1、2. 孔雀石龙首形佩饰　3～18. 长条形砂石

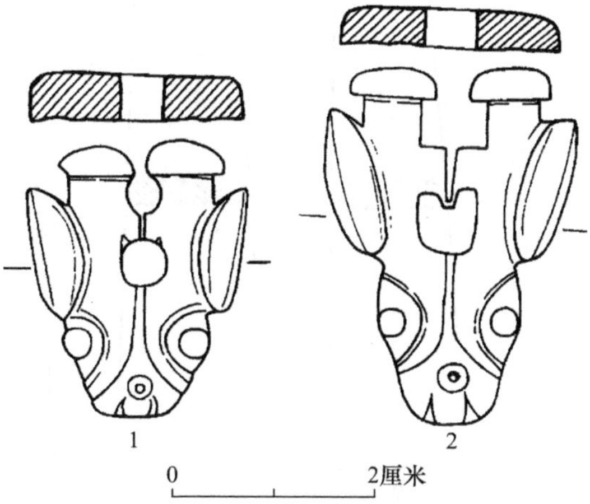

图 13　孔雀石龙首形佩饰

1. M7：1　2. M7：2

此墓随葬如此精美珍贵的孔雀石包金龙首佩饰，却没有一件青铜器；随葬大量制作规整并涂抹朱砂的磨石，表明墓主人身份特殊。这些砂石应该与手工业有关，譬如铸铜、制骨、制玉（石）等。把磨石制作得如此精美，而且大量随葬墓中，推测与玉石制作族群有关。

M11，长方形墓圹，南北长 10.85、东西宽 0.95、深 1.65 米（图 15）。口大底小。坑内有熟土二层台。墓底铺撒有一层朱砂，范围长 1.3、宽 0.45 米，大约是棺木范围。葬具已朽无存，死者骨架腐朽呈粉末状，仅有头骨保存尚好，身高 1.05 米，应是儿童。葬式不明。随葬品有 16 件玉器和一些零散的绿松石片。玉器包括：2 件玉戈放置在头部，玉牙璧在胸部，玉牛在腹部，玉燕在右胯旁侧，3件玉管分放身体两侧，2件镂空玉器在头部右侧。绿松石片则分散在头前、胸部，有的可以拼合。此墓打破一期房基F20和二期房基F7，被第三期房基F2所压，被第四期灰坑H37打破，发掘者据此并结合出土玉戈的形制特征，推定“墓的年代可能属于殷墟第二期”。

M11随葬玉器十分引人瞩目：

玉戈2件。标本M11：4，玉材呈淡绿色、灰白色，有褐色沁痕。援短宽，援首呈三角形，上下均有刃，较厚钝无使用痕迹。援末雕刻简化兽面纹象征阑。内近方形，

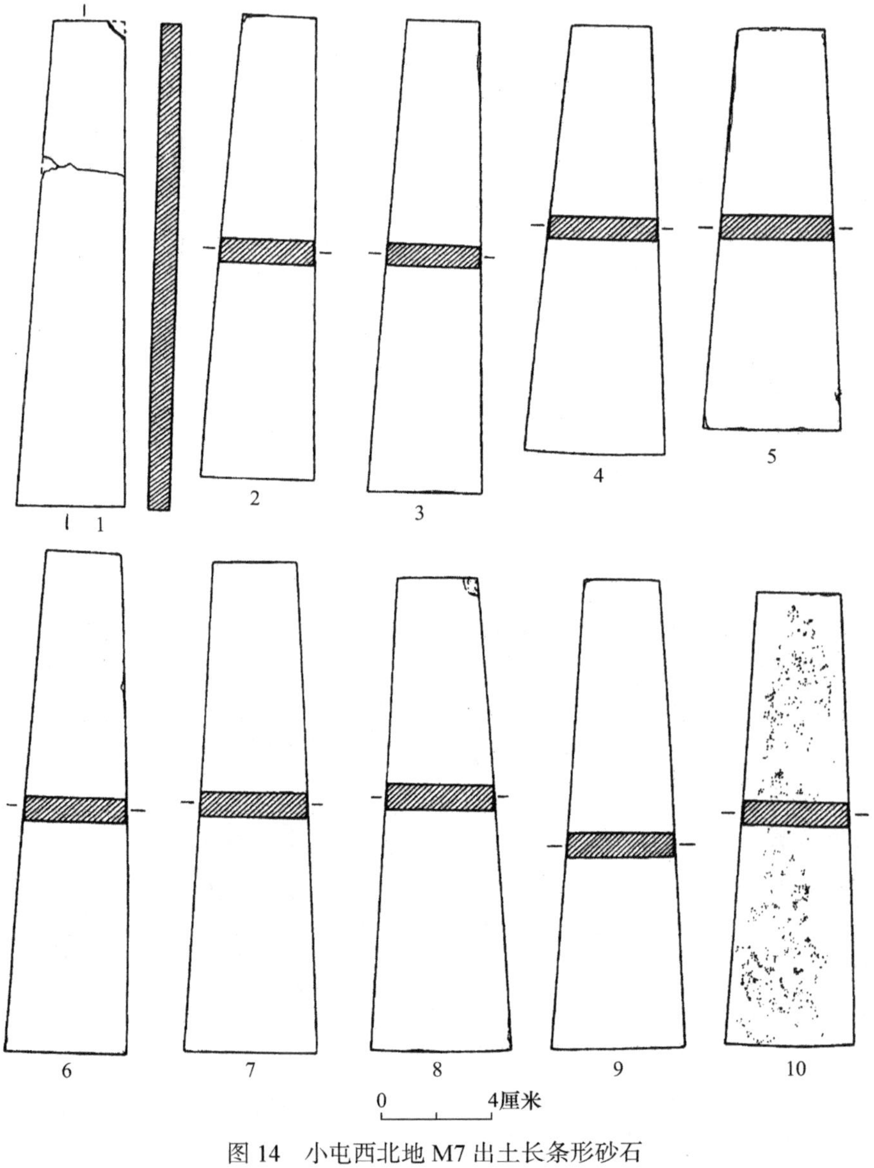

图14　小屯西北地M7出土长条形砂石

1. M7：6　2. M7：13　3. M7：18　4. M7：16　5. M7：8　6. M7：12
7. M7：15　8. M7：7　9. M7：5　10. M7：11

前部纳柲处有两穿孔，内尾雕刻四组扉棱。雕琢细腻，工艺精致。通长24.7、援宽7.3、内厚0.6厘米，重242.7克（图16-1）。标本M11：5，乳白色，有淡绿色斑痕和褐色沁痕。援较长，前窄后宽，三角形援首，上下两面刃，无使用痕迹。阑部雕刻扉牙和简化兽面纹。内部纳柲处有一圆形穿孔，内尾雕六组扉棱。器表抛光精细。通长31、内厚0.5厘米，重139.9克（图16-2）。

玉牙璧（M11：3），一面绿色间青灰色，一面为灰白色，有绿斑。圆形，中心为大圆孔，外缘雕刻三个同向凸齿，间以三个冠形突饰。最大直径12、器厚0.7、孔径6.7厘米，重114.9克（图17-1）。

玉牛（M11：6），淡绿色，有白斑。圆雕，作跪伏状，体肥而短，腹背雕刻简化勾云纹，前肢相连处有一上下贯通的穿孔，可系挂佩戴。通长5、高3.1、厚2.5厘米，重58.3克（图17-2）。

玉燕（M11：10），白色有灰斑。浮雕，作燕子展翅飞翔状。腹部以阴线雕刻双足，线槽内有朱砂。此燕小巧精致，生动形象。体长2.2、宽2.3、厚0.2厘米，重1.4克（图17-9）。

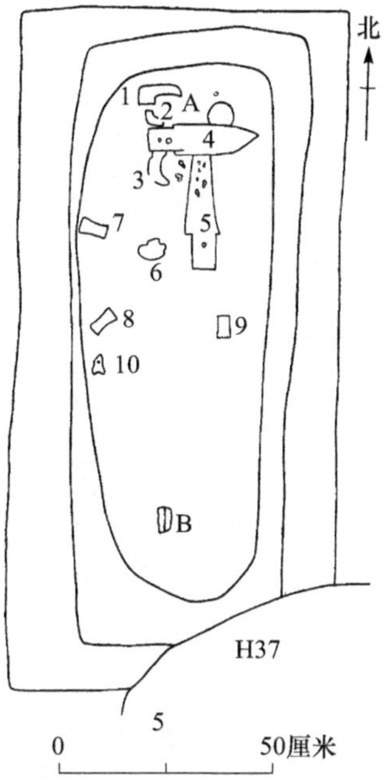

图15　小屯西北地M11出土玉器位置图

A. 人头　B. 人脚　1. 玉鸟　2. 镂空玉片　3. 玉牙璧　4、5. 玉戈　6. 玉牛　7~9. 玉管形坠　10. 玉燕

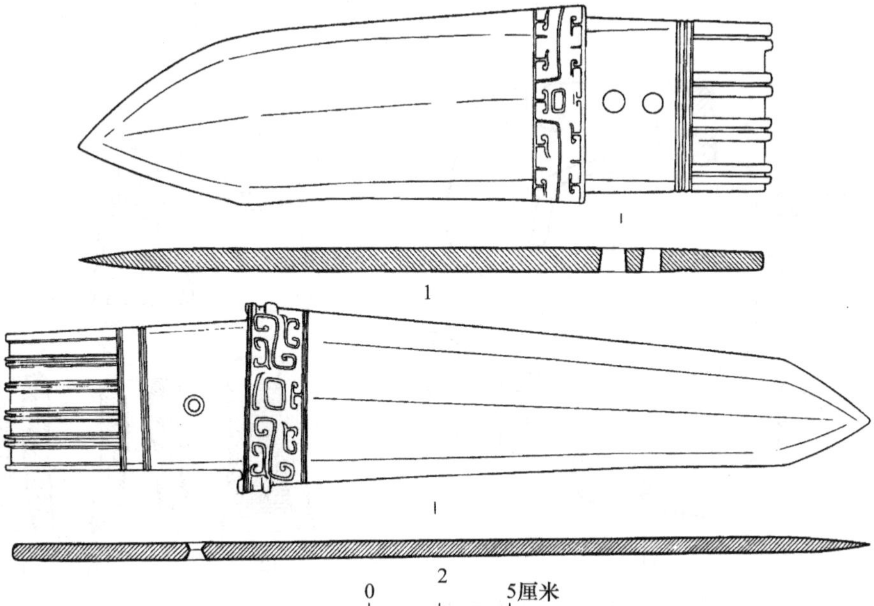

图16　小屯西北地M11出土玉戈

1. Ⅰ式（M11：4）　2. Ⅱ式（M11：5）

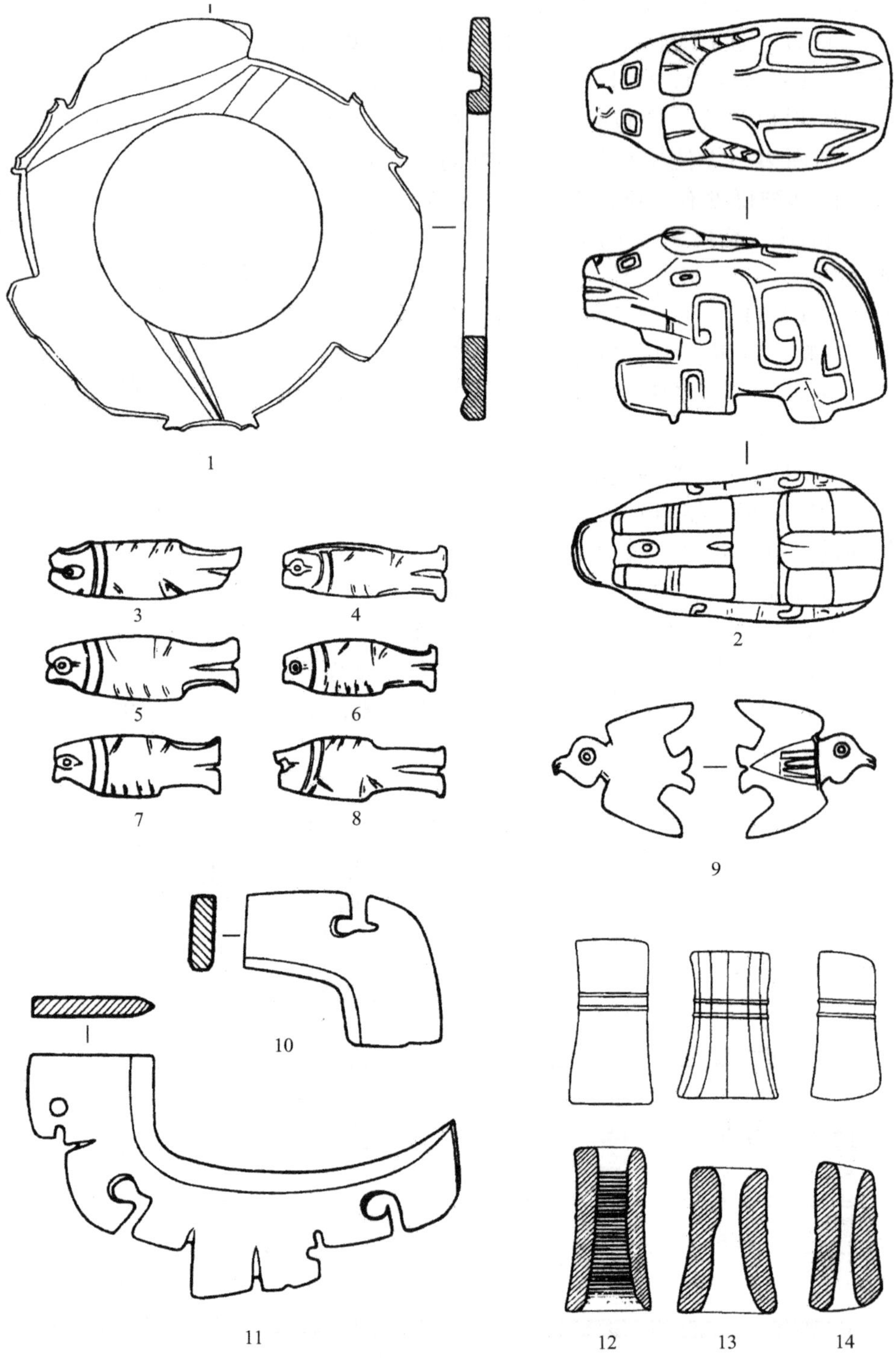

图 17　小屯西北地 M11 出土玉器

1. 玉牙璧（M11：3）2. 玉牛（M11：6）3～8. 玉鱼（M11：12、M11：15、M11：13、M11：14、M11：11、M11：16）9. 玉燕（M11：10）10. 镂空玉片（M11：2）11. 鸟形饰（M11：1）12～14. 管形坠（M11：8、M11：9、M11：7）

玉鱼6件，白色或灰白色，浮雕，玉质不佳。体肥短，两面雕刻鱼目、鳃、背鳍和胸鳍。头部有穿孔可系挂。出土时均含在死者口中，实为玉琀。出土时较完整者3件。标本M11：14，长2.5、宽0.9、厚0.2厘米（图17-6）。标本M11：15，长2.6、宽0.9、厚0.2厘米（图17-4）；标本M11：13，长3.1、宽1、厚0.2厘米（图17-5）。另外3件出土时均有残损（图17-3、图17-7、图17-8）。

玉雕残件2件。均为带有扉棱装饰的器物残件。形体作拐尺状，内缘为弧线直角，外缘透雕有扉棱。标本M11：1，灰白色，有绿色斑点。长6.8、宽2、厚0.3厘米，重10.4克。发掘者认为是抽象鸟形，称为"鸟形饰"（图17-11）。标本M11：2，灰白色，长3.1、宽1.6、厚0.3厘米。发掘者称为"镂空玉片"（图17-10）。

管形坠3件。扁圆形管状体，一端细一端粗，凹腰，腰部饰两周凸棱。纵向两面钻孔，可穿系。标本M11：8，淡绿色，遍体白斑。长5、最大径2.5厘米，重31.3克（图17-12）。标本M11：9，灰白色，淡绿色斑。长4.4、最大径2.9厘米，重42.7克（图17-13）。标本M11：7，淡绿色，有白沁，附着有朱砂。长4.2、最大径2.3厘米，重31.4克（图17-14）。

一个未成年儿童，享受如此丰厚的玉器随葬品，却没有随葬陶器和青铜器，是非常值得注意的特殊现象。在殷墟，有身份的人通常首先使用青铜礼器随葬，同时配用玉礼器。因此，推测这个儿童的家族可能与制玉业有关，便比较合情合理。

三、洹河南岸"玉料坑"

2004～2005年，为了配合安阳殷墟遗址申报世界文化遗产，中国社会科学院考古研究所对殷墟宫殿区进行了一次比较全面的考古勘探，除了新发现一些宫殿建筑基址、一座巨型水池遗迹和水井、灰坑等，还在洹河南岸甲五基址西北附近发现一处"玉料坑"。在距离地表2米左右，大约20平方米范围内发现普遍堆积一层玉石料，探铲"带出的玉料多为绿色或浅绿色，偶有密度较大的小石块，没有加工痕迹"。考古勘探报告介绍了5件标本，"其中有两块呈绿色，一块为灰色。荆志淳鉴定，此玉非玉石"。据当地村民说，早年此处有一条排水沟从"玉料坑"上面通过，每当下雨冲刷，水沟底部会暴露若干玉石，晶莹透亮，可惜已经散失。"种种迹象表明，殷墟宫殿宗庙区北部靠近洹河附近可能存在着由王室控制管理的作坊区。"①

据观察，在探铲带出的几块玉石料中，体量较小的2块（临时编号D、E）均有一个磨制光亮的平面，经拼对实际上为一块材料。其他4块标本（临时编号A、B、C、F）则是未经加工的原料（彩板一，1）。其中标本A淡绿色，局部绿色，不规则梯形片

① 中国社会科学院考古研究所安阳工作队：《2004—2005年殷墟小屯宫殿宗庙区的勘探和发掘》，《考古学报》2009年第2期。该考古报告公布5件铲探出土的"玉石"标本，而该考古项目负责人岳洪彬研究员2016年提供给国家社会科学基金项目"殷墟妇好墓出土玉器综合研究"课题组进行科学检测的标本为6件，其中体量最大的一件在上述考古报告中未曾发表，可能当时认为不是"玉石"而予省略。

状，长 7.75、宽 4.55、厚 1.9 厘米，重 67.62 克，比重 2.65；标本 B 淡绿色，约呈长方形，纹理清晰，长 4.9、宽 3、厚 2.38 厘米，重 57.84 克，比重 2.66；标本 C 灰白色，表皮有淡绿色，皮下局部呈淡紫色，长 9.05、宽 4、厚 3.7 厘米，重 141.9 克，比重 2.65；标本 D、E，灰白色微泛淡绿，薄片状，一面光平，应是人工加工面，一个断面是自然成形面，其余三面为自然断裂状态，长 3.57、宽 2.57、厚 0.8 厘米，重 8.34 克，比重 2.64；标本 F 为灰色，不规则长方形片状，致密坚硬，无切割打磨痕迹。长 2.79、宽 2.36、厚 1.12 厘米，重 7.16 克，比重 2.03。

经专业人员运用拉曼光谱仪、红外光谱仪、X 射线衍射仪等仪器对殷墟宫殿区“玉料坑”出土上述“玉石”标本的科学检测，证明那些淡绿色或灰白色的标本是石英岩（彩板一，1-A～E），而“密度较大”的灰褐色标本，应是石灰岩[①]（彩板一，1-F）。

从现有考古发现分析，这些玉石料有原材料，也有初步加工的原料，证明附近应有玉石加工场所，而并非单纯的贵重物品库藏地。

从建筑物整体布局看，殷墟宫殿区乙组基址主要为“朝”，丙组基址为“社”，丁组基址为“宗”，而甲组基址是属于“寝”的一组建筑物，即商王及其家属燕居之处[②]。而“玉料坑”位于“寝”北地带，地处洹河南岸，也许就是一处玉石制造场所在地。

四、结　　语

殷墟宫殿区发现有加工玉器的作坊遗址——包括 1975 年在小屯村东北地发现的半地穴式建筑 F10、F11，1984 年在小屯村西北地发现的地穴式建筑 H94，都有作为玉石加工场所的直接证据；2004～2005 年发现的“玉料坑”，是宫殿区贮存有大量玉石原料的直接证据；而随葬精美孔雀石雕制包金龙首形佩饰和大量磨石，却并无一件日用陶器的特殊墓葬 M7 与随葬 16 件精美玉器，没有任何陶器的儿童墓 M11，也许正是属于上述制玉手工业作坊的“玉工”家族成员。

即便是王室作坊，也生产一些并非“真玉”（透闪石、蛇纹石）的玉石产品。正如妇好墓出土“玉器”中，虽然透闪石制品占据绝大多数，但是也有少量石英岩、大理岩制品[③]。《周礼·考工记》说：“天子用全，上公用駹，侯用瓒，伯用埒。”郑玄注曰：“全，纯玉也……駹、瓒、埒，皆杂（玉）名也。”“玉多则重，石多则轻。公侯四玉一

---

① 国家社会科学基金项目“殷墟妇好墓出土玉器综合研究”成果。

② 杜金鹏：《殷墟宫殿区建筑基址研究》，科学出版社，2010 年，第 421 页。

③ 张培善指出，妇好墓玉器多为软玉即透闪石玉，此外还有孔雀石、绿松石、石英岩、大理岩、绿色磷块岩以及玛瑙等原料制品，见张培善：《安阳殷墟妇好墓中玉器宝石的鉴定》，《考古》1982 年第 2 期。2016 年，中国社会科学院考古研究所“创新工程”项目“殷墟妇好墓出土玉器综合研究”课题组，通过对妇好墓出土 180 多件玉器的科学检测分析，验证其材质主要是透闪石玉，但也有少量石英岩、大理岩等。

石，伯子男三玉二石。”[①] 即身份不同，用玉等级有别，只有天子可以全部使用真玉，而其他人则使用比例不一的美石充数。这种制度似乎在商代已露端倪。

2006 年在安阳殷墟铁三路发现的商代墓葬 2006ATSM89 共出土各类随葬品 48 件，其中青铜器 8 件，铜觚圈足内有铭文[illegible]。陶器 2 件。最引人注目的是玉石器，共有 36 件，有 12 件为软玉，13 件为大理岩，此外还有蛇纹岩、白云岩、伊利岩、细砂岩、泥岩、辉绿岩等。根据出土文物特性，发掘者认为该墓葬主人“身份应是制玉家族[illegible]族的族长”[②]。

有学者指出，殷墟甲骨文中不但记载了大量玉器名称、玉器用途，甚至还有关于玉器制作的记录，有专门从事制玉工作的玉匠。另外，商代有以玉为族徽者，如商代晚期青铜器玉己觚铭文中的“玉”字，应该是以职官为族氏[③]。

上述资料表明，商代具有玉石手工业专业工作者，可能是家族式组织。殷商时期王室直接控制着部分玉石手工业。这种传统，大约承传自夏代，偃师二里头遗址宫城南面有专门的“工城”，绿松石废料储存坑表明有玉石制造作坊[④]，王室掌控玉石手工业是爱玉、重玉的表现之一。

据统计，殷墟小屯东北地 F10、F11 出土陶瓷残器中，陶器约占 59%，硬陶和釉陶约占 40%。普通陶器与釉陶、硬陶的这种比例，在殷墟一般的居住遗址十分罕见。众所周知，在殷商时期，硬陶和釉陶是高级奢饰品，只供上层社会专享。而且，祭祀坑埋藏的青铜器盖，是商王所作“弄器”，该房主能够拥有此器，说明与商王关系密切。由此可见，房屋的主人享有特殊的社会地位。小屯西北地 M7、M11，随葬了大量精美、珍贵的玉石器，甚至还有大量磨石等生产工具，却不曾享有一件青铜礼器，似乎表明其并不具备使用青铜礼器的社会地位。

无论是 F10、F11，还是 M7、M11，在殷墟都是比较少见的特例，其主人似乎有点“富而不贵”的意思，这大概正是殷商时期某些“官办”手工业从业者之社会地位的真实写照。

---

① 戴震《考工记图》引《说文解字》曰：“礼，天子用全，纯玉也；上公用駹，四玉一石；侯用瓒，三玉二石也；伯用埒，玉石半相埒也。此盖泛记用玉为饰之等。石谓石之次玉者，如《诗》之‘充耳琇莹，贻我佩玖’，琇与玖皆美石。”戴震：《考工记图》，商务印书馆，1955 年，第 65 页。

② 何毓灵：《试析殷墟一座玉匠墓》，《三代考古》（七），科学出版社，2017 年。

③ 徐义华：《甲骨文与古文献所见殷商玉文化》，《殷墟妇好墓出土玉器研究》，科学出版社，2019 年。

④ 中国社会科学院考古研究所二里头工作队：《河南偃师二里头遗址中心区的考古新发现》，《考古》2005 年第 7 期。

殷墟铁三路 M89 玉匠墓研究

何毓灵

（中国社会科学院考古研究所）

据不完全统计，殷墟出土玉器约 2600 件[①]，以妇好墓、花园庄东地 M54、郭家庄 M160 等出土玉器最多，其中仅妇好墓就出土玉器 755 件。有学者对殷墟玉器的发现与研究进行了很好的总结，并提出今后研究的新思路[②]。

虽然相关的研究比较全面、深入，但尚有一个重要环节很少论及，即从事玉器制作的工匠。他们的身份、等级、组织与管理如何，我们几乎一无所知。其根本原因在于，虽然殷墟至今发掘了上万座墓葬，但却无法认定哪些墓葬主人从事玉器生产与管理。2006 年，笔者曾发现一座墓葬，为揭开殷墟时期制玉工匠神秘面纱提供了契机。

一

图 1　M89

2006 年，笔者在安阳殷墟铁三路北段进行考古发掘。该区域是一处殷墟时期大型制骨作坊遗址[③]。此次发掘共清理 150 余座殷墟时期墓葬，其中编号为 2006ATSM89（以下简称 M89）的墓葬（图 1）出土较多玉石器[④]。为研究殷墟时期玉石工业提供了直接证据。

M89 为长方形竖穴土坑墓，方向 10°。墓壁略向外倾斜，墓底长 2.85、宽 1.35 米。墓室

① 中国社会科学院考古研究所：《殷墟出土玉器》，科学出版社，2005 年。

② 丁思聪：《殷墟玉器的发现、研究与新思考》，《三代考古》（六），科学出版社，2015 年。

③ 中国社会科学院考古研究所安阳工作队：《河南安阳市铁三路殷墟文化时期制骨作坊遗址》，《考古》2015 年第 8 期。

④ 中国社会科学院考古研究所安阳工作队：《河南安阳市殷墟铁三路 89 号墓的发掘》，《考古》2017 年第 3 期。

底部有不规则长方形腰坑，长 1.1、宽 0.68、深 0.13 米。墓室四周有椁室和棺室的二层台。葬具为木质椁、棺，其中木椁长 2.4、宽 1.2、高 0.7 米；木棺长 2.05、宽 0.9 米，高度不详。棺板之上有红色髹漆。墓主人头向北，面向西，侧身屈肢，胸部以下部分基本腐蚀。在椁室北部之上放置一牛腿骨，中部西侧有一条殉狗，头向北。

二

M89 共出土各类随葬品 48 件，全部放置在棺内，主要位于墓主人头部两侧。

其中 8 件青铜器分别为觚、爵、戈、锛、削、凿各 1 件，铜铃 2 件。铜觚出土时锈蚀严重。柄以上部位素面，柄与圈足各饰两组兽面纹。圈足内有铭文[illegible]。通高 24.8、口径 14.5、底径 9.2 厘米。铜爵出土时完整，但也锈蚀严重。颈部饰三周凸弦纹。鋬下有铭文“[illegible]”。通高 19.4 厘米，流、尾间距 17.8 厘米。

陶器共有 2 件。小型陶方鼎在殷墟较为少见。整器素面，通高 5.9 厘米。另一件陶器残碎不明。该墓未随葬殷墟墓葬中最为常见的陶觚、爵。此外还有骨匕和文蛤各 1 件。

M89 最引人注目的就是玉石器，共有 36 件。采用 PIMA SP 便携式近红外矿物分析仪进行矿物学无损检测，结果发现，36 件器物中有 12 件为软玉、13 件为大理岩，此外还有蛇纹岩、白云岩、伊利岩、细砂岩、泥岩、辉绿岩等。殷墟时期的玉匠对各种不同玉石矿料的性能应有相当的了解，不同器类使用玉石矿料相对集中，如 M89 柄形器多用大理岩，而戚、矛等多是软玉。

圭　M89：46，为大理岩，首端残缺。侵蚀白化。整体窄长条形头，柄部倾斜。残长 7.3、宽 1.6～2.2、厚 0.6 厘米。

戚　长方形，两侧有扉牙，斜刃或平刃。共 4 件。

M89：15，软玉。完好，为一件铜、玉复合型器物。玉戚为深绿色，略受沁。戚作长方形，两侧有扉牙，双面打磨刃部。柄部两面略下凹，以便于安装铜柄。铜柄作铜矛的骹部形状，椭圆形銎腔，内部残存有腐蚀木柄痕迹。前端作蛇口形，张口内嵌玉戚柄部。整器通长 17.9、玉戚长 7.2 厘米（图 2-1）。M89：17，软玉。完好。原材质柄部已残，做倾斜状。深绿色，色彩不纯净，抛光圆润。通长 8.7 厘米（图 2-2）。M89：23，蛇纹岩。柄部残失。青灰色，受沁严重。残长 8.3 厘米（图 2-3）。M89：8，软玉。柄部残失。灰褐色。该器未完工就断裂。两侧扉牙缺口不明显，刃部平齐，未经打磨。残长 6.7 厘米（图 2-4）。

戈　3 件。

M89：10，软玉。完整，做工精致。青灰色，器体轻薄，边刃打磨锋利。无中脊。器身有一圆形单面钻孔。通长 17.9 厘米（图 3-6）。M89：21，大理岩，残损严重，受沁白化。残长 8.3 厘米。M89：20，石云岩。严重粉沙化，青灰色，断为两截。长 15.5 厘米。

1　2　3　4

图 2　M89 出土戚

1. M89：15　2. M89：17　3. M89：23　4. M89：8

矛　3 件，2 件安有铜骹。均完好，青灰色，抛光圆润。

M89：25，软玉。前锋尖锐，边刃略呈圆弧状，略显中脊。尾部为圆弧三角形，略薄，便于装柄。铜骹截面呈椭圆形，两侧有穿孔。前端呈蛇头状以纳玉援。骹部双面均用绿松石镶嵌纹饰，部分已脱落，图案不清晰。通长 22 厘米（图 3-7）。M89：31，软玉。形制与 M89：25 相近，只是形体较小。铜骹部素面，未用绿松石镶嵌，而且锈蚀严重。通长 17.4 厘米（图 3-8）。M89：29，软玉。只有矛头。援部没有中脊，边刃与前锋较利。通长 8.5 厘米（图 3-4）。

柄形器　共 15 件。一端亚腰略窄，一端做插榫状。依材质和大小，基本可分为三型。

A 型　9 件。整体窄长，较短。均为青灰色，受沁微粉化。素面无纹饰，多数器物表面似未经抛光打磨，切割痕迹明显。

M89：13，大理岩。表面明显有切割时的斜向印痕。一侧两面纵向切割未透，断碴明显。通长 7.3 厘米（图 3-1）。M89：27，蛇纹石化大理岩。柄部略残。表面抛光不彻底。通长 7.1 厘米（图 3-2）。M89：38，大理岩。完整，未经抛光。通长 7.2 厘米（图 3-5）。M89：42，大理岩。榫端残失。两面均留有对切不齐留下的凹陷。残长 10 厘米。

M89：39，软玉。表面经抛光，滑润。通长 5.5 厘米（图 3-3）。

B 型　3 件。形体较大，榫部不明显。均受沁严重。

M89：18，大理岩。一面受沁白化严重，剥落。通长 14.2 厘米。M89：34，软玉。沁蚀严重，榫端残断，有圆形钻孔。残长 12 厘米。M89：14，大理岩。榫端沁蚀并残缺。器表有丝织品包裹物痕迹。残长 12 厘米。

C 型　3 件。青玉，整体宽扁。器表经抛光，加工精致。M89：26，大理岩。柄部略残。通长 10 厘米。M89：45，软玉。榫部斜刃，双面磨制。通长 6 厘米。M89：11，蛇纹岩。可能是改制器，榫部留有原器之钻孔。通长 4.4 厘米（图 4-1）。

管　2 件。均为伊利石，纯净的青色。圆柱状，中部对钻穿孔，素面无纹饰。

M89：22，对钻穿孔在管中部错位。通长 7.3、直径 2.3～2.7 厘米（图 4-3）。M89：43，横截面略呈方形，两端未打磨平齐。一面中部有一道深凹弦纹。通长 7.9 厘米（图 4-5）。

图 3　M89 出土柄形器、戈和矛

1、2、5. 大理岩 A 型柄形器（M89：13、M89：27、M89：38） 3. 玉 A 型柄形器（M89：39）
4、7、8. 玉矛（M89：29、M89：25、M89：31） 6. 玉戈（M89：10）

钻形器　M89：30，大理岩，钻头残断，断碴明显。整体呈圆柱形，顶端呈圆锥塔形。钻头尚残留一段。残长 6.6、直径 1.2 厘米（图 4-2）。

鸟　M89：16，软玉。青灰色，十分纯净。整体做展翅飞翔之鸟状。中部身体较厚，翅较薄。但未表现鸟的细部特征，如眼、口等，器身也是素面无纹饰，因而该器应是未完工之半成品。双翅间宽 9.4、头尾间距 6.9 厘米（图 4-4）。

残玉片　M89：41，软玉。青灰色，应是随葬前就残。有穿孔。长 3.5 厘米。

磨石　大、中、小号共 3 块。

M89：47，褐色石英细砂岩。出土时残断，修复。长方形，一端斜直，一端平。通长 17.9 厘米（图 4-7）。M89：35，青灰泥岩，基本完整。长方形。通长 14.3 厘米（图 4-8）。M89：37，灰色长石石英细砂岩。长方形。通长 4.5 厘米（图 4-6）。

刀　M89：19，辉绿岩。深灰色。表面很多斑痕，尤其是刀背处更多。刃部双面磨制。通长 15.6 厘米（图 4-9）。

半圆形石器　M89：33，大理岩。粉沙化。半圆形，基本完整。一面平整，一面微凸。直径 3.8 厘米。

图4　M89出土器物

1. C型柄形器（M89：11）2. 钻形器（M89：30）3、5. 管（M89：22、M89：43）4. 玉鸟（M89：16）
6～8. 磨石（M89：37、M89：47、M89：35）9. 石刀（M89：19）

三

从地层关系及 M89 出土的青铜觚、爵判断，M89 的年代属殷墟二期之时。

与 M89 同一级别的墓葬在该遗址内尚发掘几座，除了常规的青铜觚、爵随葬之外，该墓内大量的玉石器引人注目，这在殷墟同级别的墓葬中并不多见。

殷墟墓葬出土玉器最多者为妇好墓，各类玉石器达 755 件[①]；其次当属 2001 年在殷墟花园庄东地发掘的 M54，共出土玉石器 222 件[②]；1990 年在殷墟郭家庄发掘的 160 号墓，共出土玉器 33 件[③]。上述墓葬均出土有大量青铜礼器，妇好墓共有 210 件，其中铜觚 53 件、铜爵 40 件，分为多组；花园庄东地 M54 共有青铜礼器 40 件，其中铜觚、爵各 9 件；郭家庄 M160 有青铜礼器 41 件，其中铜觚、铜角各 10 件。可以看出，出土大量玉器的墓葬一定会有大量的青铜礼器。但有大量青铜礼器出土的墓葬未必有大量的玉器出土，如殷墟大司空 M303 共有 39 件青铜礼器，其中铜觚 6 件、铜爵 10 件，有玉器 14 件[④]。1999 年在殷墟刘家庄北地 M1046 共有青铜礼器 33 件，其中铜觚 3 件、铜爵与角共 7 件，有玉器 6 件[⑤]。

随葬青铜礼器的多少被认为是墓主生前身份、地位的标志，更有学者认为与西周列鼎制度类似，殷墟时期青铜觚、爵配套使用，觚、爵套数直接反映墓主等级，最多为十套[⑥]。这种观点基本是正确的。目前在殷墟发现有随葬一、二、三、五、九、十套觚、爵的墓葬。妇好墓随葬铜觚 53 件、铜爵 40 件，不过依据其形制、铭文的不同，明显可以分为多组[⑦]。另外，到了殷墟四期之时，觚、爵配套已不十分严格，如大司空 M303 有铜觚 6 件、铜爵 10 件，刘家庄北地 M1046 有铜觚 3 件、铜爵 7 件。但基本可以认为青铜礼器的数量及铜觚、爵的多少与墓主等级有极大的关系。

依上述可知，只随葬一套青铜觚、爵的墓葬最多只有几件玉器，一般是没有玉器的。M89 有如此大量的玉石器显然与一套铜觚、爵的礼制不相符。而且铜骹玉戚、铜骹玉矛等多在等级较高的墓葬如妇好墓、花园庄东地 M54 等才有出土。这应与墓主人的特殊身份有关。

---

① 中国社会科学院考古研究所：《殷墟妇好墓》，文物出版社，1980 年。

② 中国社会科学院考古研究所：《安阳殷墟花园庄东地商代墓葬》，科学出版社，2007 年。

③ 中国社会科学院考古研究所：《安阳殷墟郭家庄商代墓葬》，中国大百科全书出版社，1998 年。

④ 中国社会科学院考古研究所安阳工作队：《殷墟大司空 M303 发掘报告》，《考古学报》2008 年第 3 期。

⑤ 中国社会科学院考古研究所安阳工作队：《安阳殷墟刘家庄北地 1046 号墓》，《考古学集刊》（第 15 集），文物出版社，2004 年。

⑥ 黄铭崇：《从考古发现看西周墓葬的“分器”现象与西周时代礼器制度的类型与阶段》（上篇），《历史语言研究所集刊》（第八十三本），（第四分），2013 年；黄铭崇：《从考古发现看西周墓葬的“分器”现象与西周时代礼器制度的类型与阶段》（下篇），《历史语言研究所集刊》（第八十四本）（第一分），2013 年。

⑦ 何毓灵：《日本收藏的三件“先”族青铜器》，《中原文物》2014 年第 2 期；汤毓赟、唐际根：《“组合”与“构成”：妇好墓出土青铜器背后的人物与社会关系》，《王后·母亲·女将——纪念殷墟妇好墓考古发掘四十周年》，科学出版社，2015 年。

M89 除了上述玉石器较多、与墓葬等级不相称特点之外，其玉石器本身尚有以下几点特征。

其一，有未完工器物。

M89 玉器有一些明显尚未完工，如 M89：16 玉鸟只是初步切割出鸟的轮廓，有头、尾、足及双翅。但边角锋利，显然未经打磨、抛光。玉鸟的喙、眼等细部尚未雕刻，身上也未饰纹饰。因而笔者判断，这件玉鸟应是未制作完成的半成品。

石质柄形器多为大理岩，这些柄形器基本都未经抛光，表面留有清晰的切割痕迹，边角部分也是棱角锐利。这些均为未制作完成的特征。

其二，有制作过程中残损的器物。

有些则有可能在完工前受损，如 M89：8 玉戚，该器较薄。两侧刚开始雕刻扉牙。沿中部钻孔处断裂，显然是钻孔过程中，因器物很薄钻孔不慎造成的断裂。

其三，有制作玉器的工具。

M89：30 钻形器形制与陕西周原制玦作坊出土的大量石钻[①]（图 5-1）有相似之处，钻头残断。在妇好墓中也出土有 2 件同类器，报告称其为“石壶形器”（图 5-2），是一种石质礼器。但其“形制小巧，不能开合，当为弄器”[②]。笔者认为，这样的认识并不可靠，殷墟未出土过如此形制的壶。这类器物可能是用于钻孔的钻头。

1

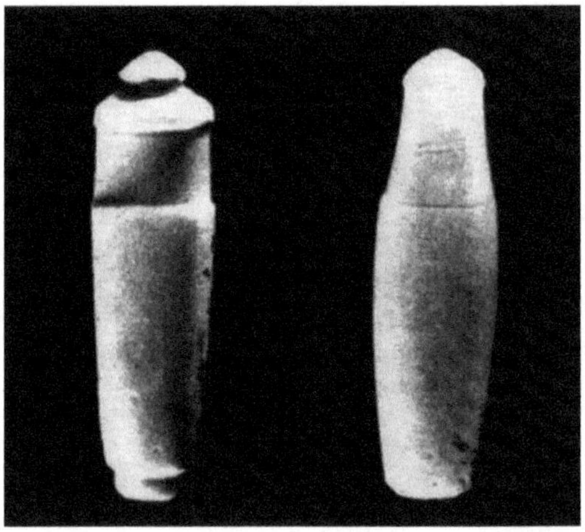

2

图 5　石钻

1. 周原齐家石钻（H21：29）　2. 妇好墓石壶形器

除了钻形器外，该墓中还出土一些可能与制玉相关的工具，如磨石、半圆形石器、铜削、铜锛等。

---

① 陕西省考古研究院、北京大学考古文博学院、中国社会科学院考古研究所周原考古队：《周原：2002 年度齐家制玦作坊和礼村遗址考古发掘报告》，科学出版社，2010 年。

② 中国社会科学院考古研究所：《殷墟妇好墓》，文物出版社，1980 年，第 198 页。

在 M89 铜觚、爵上均有铭文。铜爵铭文可释为“□”（图 6）。在 M89 附近有一个同时期的灰坑中出土 1 件陶簋，其底部外侧刻有陶文，亦是该字。相同铭文见于《殷周金文集成》06795、06796、10726。

铜觚铭文为□（图 7-4），显然具有族徽性质。此铭也为殷墟首见，相似铭文见于《殷周金文集成》14.8707（图 7-2）、15.9262（图 7-3）、16.10532（图 7-1）及《近出殷周金文集录》3.654。该铭显然为带有扉棱的牙璋之形。众所周知，牙璋主要流行于二里头文化时期[①]（图 8），以二里头遗址为中心强力辐射周边广大区域，应是二里头文化时期重要的礼制性器物[②]。但到殷墟时期，这种柄部还有扉棱、首端凹刃的牙璋几乎销声匿迹了。

图 6　铜爵铭文

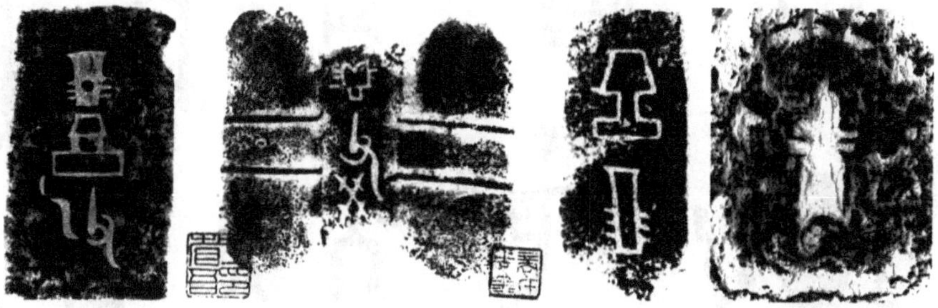

1　2　3　4

图 7　铭文

1～3.《殷周金文集成》铭文（16.10532、14.8707、15.9262）4. 铜觚铭文

殷墟时期有“百工”[③]，他们多以所从事的职业为氏[④]（图 9），笔者曾专门讨论殷墟时期手工业生产的组织与管理，认为以家族方式从事手工业生产更有利于技术的传承，同时更有利于重要的礼制性器物如青铜器、玉器等生产技术的控制[⑤]。由于殷墟时期牙璋已经消失，显然铜觚铭文□的形状并不是模仿殷墟时期的器物，而是取自二里头文化时期的牙璋形状。这说明，制玉工匠在二里头文化时期就可能以职业为氏，取最有代表性的牙璋之形作为家族姓氏，并一直传承到殷墟时期。

综上所述，我们有理由相信，M89 墓主生前从事的职业与制玉相关。其墓葬规模与随葬一套青铜爵、觚是相符的，表明其可能是低等级贵族，生前可能直接从事玉器制作，同时也会管理自己的家族从事生产活动。但我们也看到，铜爵、觚上铭文并不

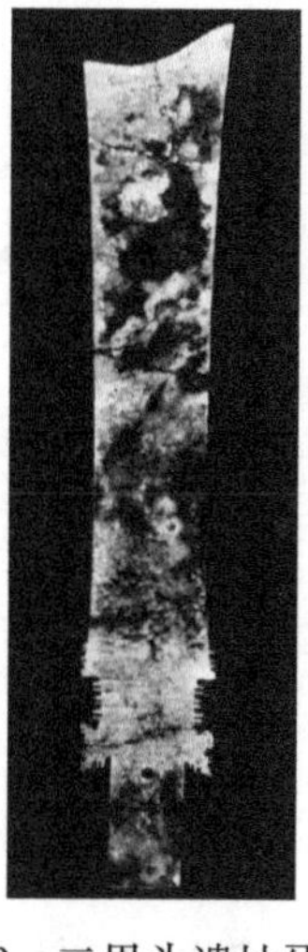

图 8　二里头遗址牙璋

① 古方主编：《中国出土玉器全集·河南卷》，科学出版社，2005 年，第 12 页。

② 许宏：《最早的中国》，科学出版社，2009 年，第 219～221 页。

③ 肖楠：《试论卜辞中的“工”与“百工”》，《考古》1981 年第 3 期。

④ 张光直：《商代文明》，北京工艺美术出版社，1999 年。

⑤ 何毓灵：《殷墟手工业生产管理模式探析》，《三代考古》（四），科学出版社，2011 年。

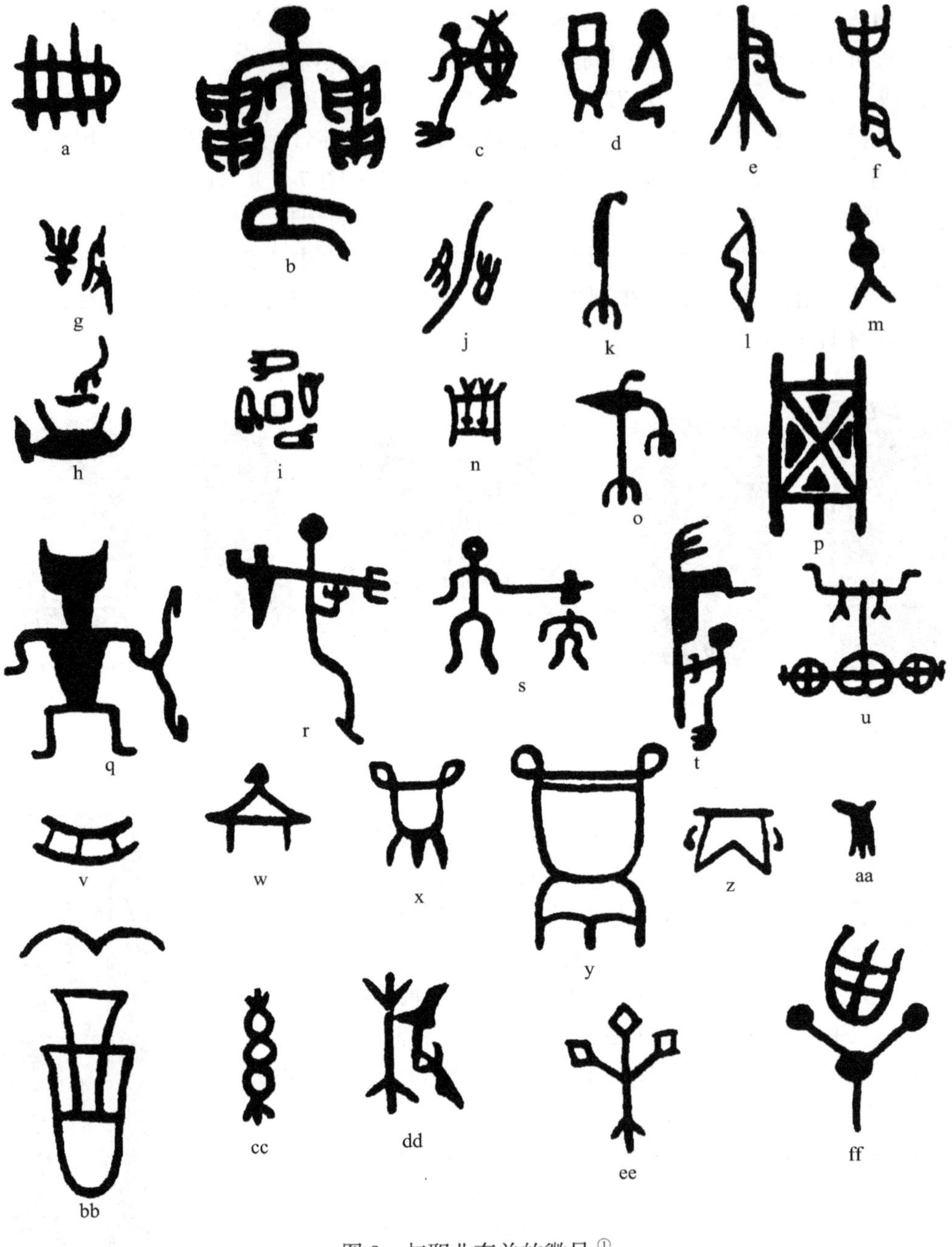

图 9　与职业有关的徽号[①]

a. 牧者　b. 商人　c. 运输者　d. 厨师　e. 画工　f. 史官　g. 牧者　h. 屠夫　i. 卫士　j. 差使　k. 刀匠　l. 弓匠　m. 做箭者　n. 做箭筒者　o. 做戟者　p. 做盾者　q. 弓手　r. 持戟者　s. 刽子手　t. 制旗者　u. 制车者　v. 制船者　w. 建房者　x. 做鼎者　y. 做鬲者　aa. 做爵杯者　bb. 酿酒者　cc. 制丝者　dd. 木匠　ee. 果园管理人　ff. 采坚果者

（原书缺 z 注释）

① 采自张光直:《商代文明》，北京工艺美术出版社，1999 年。

一致，显然有不同来源。考虑到在附近发现了与铜爵铭文一样的陶文，这至少说明该家族也生活在周边区域，二者有一定的交往。

四

殷墟手工业作坊布局有很强的规划性。笔者把殷墟手工业按位置不同分为中、南、东、西四个“工业园区”[①]，中部工业园区位于小屯宫殿区，主要有铸铜、制玉、制骨等手工业作坊；南部工业区位于宫殿区以南 1 千米处，以苗圃北地、刘家庄北地为主要分布区，有铸铜、制陶、制骨等手工业作坊；西部工业区位于宫殿区以西约 2 千米，主要有孝民屯及其东南地的铸铜作坊、北辛庄制骨作坊；东部工业区隔洹河与宫殿区相望，以大司空村南为主要区域，主要是制骨作坊，也有铸铜、制骨作坊的线索。

上述工业区手工业种类、持续的时间、规模等均有所不同，但都发现大量与手工业生产相关的遗迹、遗物。同时，在工业区内也发现大量的墓葬，有些墓葬随葬有生产工具，说明墓主生前就是从事手工业生产的工匠。殷墟时期的“聚族而居、聚族而葬”的族邑模式得到很好的体现。

M89 就位于南部工业区内，具体位于南部工业区的东部即制骨作坊内。从以上的论述中可知，M89 墓主应与玉器生产相关，级别属低等级的贵族。从其随葬品及铭文分析，其可能是制玉家族的族长，也可能同时从事着玉器的制作及家族的运营、管理，不可能仅仅只是普通的制玉工匠。因为在一些被认为是铸铜、制骨的工匠墓中，一般只随葬几件陶器和生产工具，未见青铜礼器，也几乎不见玉器。这种差异恰好说明 M89 墓主的身份应是制玉家族[redacted]族的族长。

---

① 拙作:《论殷墟手工业布局及其源流》，待刊。

妇好墓玉器切割技术研究

叶晓红[1]　唐际根[2]　徐　飞[3]

（1、2. 中国社会科学院考古研究所　3. 香港中文大学历史系）

我国早期玉器技术的发展在不同地区有先后或快慢的差异，但整体而言具有强烈的连续性和阶段性突破两大特点。比如，新石器时期玉器切割技术包括砂绳切割和锯片切割两大类，这两类切割技术在距今8000年前的兴隆洼文化中均已出现，此后一直被应用于各地玉器加工，直到龙山时期结束，切割技术才发生了根本性的变革，锯片切割技术不仅取代了砂绳切割技术，而且出现了大型开片技术，这一技术变革在二里头文化玉器上达到极致。发展至商周时期，随着玉器礼制功用式微，逐渐成为身份、权力甚至是财富的象征，阴刻、透雕等工艺所制成的纹饰呈现盛行之势，精美流畅、变化多端而又具有明显的程式化特点，极具装饰性的艺术风格成为商周玉器的时代特色。

社会功能的演变，或许是导致商周玉器的开料技术没有进一步朝着大器型稳定发展下去的原因之一，然而商周玉器除了阴刻或浅浮雕的纹饰之外，其精致的形制不得不说得益于商人的创新，尤其是各式圆雕或片状的龙、禽、鱼、兽及人等像生类玉器，外形轮廓加工得错落有致且形象生动，据观察其制作工艺主要涉及精细的透雕，工序大体包括钻孔、切割和打磨等，切割是其中最不可少的技术环节。由此看来，切割技术发展到商时期，或许没有停滞不前，而是顺应时代需要产生了新的变革和选择性的发展。

妇好墓属于殷墟第二期墓葬，约公元前13世纪末至公元前12世纪前期。作为殷王武丁的配偶，其随葬玉器不仅数量多、制作讲究，而且玉料和工艺俱佳、保存状况良好，对于研究该时期用玉、治玉都是极为重要的材料①。然而，妇好墓出土玉器来源复杂，存在不少前期和旧玉改制而成的器物②，黄翠梅曾对中原商墓出土玉器做过前期、

① 中国社会科学院考古研究所：《殷墟妇好墓》，文物出版社，1982年，第114～195页。

② 林巳奈夫：《中国古玉器总说》，吉川弘文馆，1999年，第303～341页。

当代制品及当代改制器的区分[①]。结合前辈观点，将选择妇好墓出土的玉器数件，以肉眼观察、微痕复制及扫描电子显微镜（Scanning Electron Microscope，以下简称 SEM）观察，尝试对殷墟晚商的玉器切割技术做个初步探讨。

一、研 究 方 法

（一）玉器技术属性的观察和测量

科学的观察、记录玉器上所保留的技术信息，再加上合理的实验验证，是开展玉器技术研究的基础。玉器技术属性包括：其一，矿物种属、尺寸、形状以及明显的器表特征等宏观属性；其二，显微结构、微痕的形态、尺寸等微观特征。下文仅就关乎工艺的技术属性的观察和测量简介如下。

1. 宏观观察与测量

基于肉眼观察，可对玉器表面残留的痕迹进行简单描述和必要的测量。高倍数码拍摄技术在一定程度上弥补了肉眼的不足，细节的微距拍摄可初步揭示加工情况，是进一步开展微痕复制和 SEM 观察的前提步骤。本次研究中，使用的相机型号 Nikon D3X，有效像素 2450 万。

玉器表面的痕迹包括两大类：加工痕和使用痕。玉器特定的使用功能会在表面留下使用痕，观察使用痕可以进一步推测玉器的使用方式。邓聪曾对二里头文化的圭、钺等进行使用痕观察，进而解释此类玉器装柄的捆绑方式[②]。进行加工痕分析之前，首先要排除使用痕迹，仅从加工造成的痕迹进一步判断其中的技术问题。

2. 微观观察与测量

Margaret Sax 等通过观察微痕的正面、侧面形态来判断玉器加工方式[③]。近年来，我们通过实验考古和 SEM 对比分析，利用 SEM 的精确测量技术，尝试更深入地解决一些问题，如加工工序、工具性质以及解玉砂的粒级等[④]。

微痕复制采用硅胶的化学成分为乙烯基聚二甲基氧烷，无毒、无味，混合之后快速凝固成结构致密的印模，可以高精度复制玉器表面微痕。操作人员必须在保证文物

---

① 黄翠梅在分析中原商代墓葬出土玉器的形制及用途时，先对前期遗物、当代制品以及当代制品中的改制器进行了检视与分类。黄翠梅：《中原商代墓葬出土玉器之分类及相关问题》，《玉魂国魄——中国古代玉器与传统文化学术讨论会文集》，北京：燕山出版社，2002 年，第 223～249 页。

② 邓聪、许宏、杜金鹏：《二里头文化玉工艺相关问题试释》，《中华文明探源工程文集 • 技术与经济卷》（Ⅰ），科学出版社，2009 年，第 487～503 页。

③ Margaret Sax, Nigel D Meeks, Carol Michaelson, Andrew P Middleton. The identification of carving techniques on Chinese jade. *Journal of Archaeological Science*，2004（10）：1413-1428.

④ 中国社会科学院考古研究所：《二里头 1999—2006》，文物出版社，2014 年，第 191～202 页。

安全的前提下，以解决工艺问题为目的，科学地开展微痕复制[①]。

微痕观察使用的SEM是中国社会科学院考古研究所的FEI Quanta650。实验参数：高真空，束斑直径3，加速电压20kV，压力100Pa，采用二次电子成像模式。

（二）实验考古

开展玉器实验考古的目的是：科学地分析实验结果与实验条件之间的因果关系，探索特定文化下的玉器技术。玉器实验考古需要遵循两个原则：其一，根据玉器所处文化背景，合理地限定实验条件，其中最重要的是实验工具，当然很多时候因发掘材料和相关研究进展的局限而做不到无懈可击；其二，科学地对比分析实验制品和出土玉器，寻找各类技术的规律性特点，不同实验人员的制品会存在差异，但是同类技术造成的微痕应该存在规律性。

以往，我们曾针对玉器切割技术开展过以砂绳、竹片、石片等为工具的相关实验，发现不同切割技术在玉料表面形成的微痕可明确区分：较软的工具如麻绳添加解玉砂（石英含量大于50%）制成的切割面存在凹凸不平的“桔皮效应”（彩版一，2），此类现象同样会出现在竹片、竹管等实验制品的表面[②]；与硬性石片有极大区别（彩版一，3）。

此次SEM下观察妇好墓玉器在二次加工中产生的切割痕，发现所用切割工具的尺寸极小，刃部可小至0.25毫米左右，厚处也不过1.2毫米。就玉器切割技术而言，解玉砂在最大程度上解决了工具硬度问题，但携带解玉砂的工具需要具备相当的韧度，太脆则不适用。殷墟的制骨作坊中出现了青铜锯和刀，但尺寸较大，从机械性能上考虑，尺寸过小的青铜工具能否进行玉器切割还有待验证。而石质材料脆性大，尺寸太小也无法完成玉料的切割。迄今为止，仅小屯村北一处建筑遗址被认为可能是殷晚期的玉器作坊，所出遗物除玉器、玉料外，与制玉有关的主要是两类石器：其一，600多件锥形石器，多残断，尖端为锥状或弯曲形，厚度或直径约0.5～0.6厘米（此数据应指石器中部尺寸，其尖部应该会更小）；其二，260余件砺石[③]。这两类石器与玉器切割工艺可能关系不大。据韩汝玢、陈建立研究，铁工具、农具替代青铜约在战国时期，大部分用生铁和生铁脱碳处理制成。自商中期至迟公元前14世纪，我国存在使用陨铁制作兵器刃部的情况，公元前8世纪至公元前9世纪虢国还在使用，虽然目前仅出土7件陨铁制品，一定程度上可说明古代工匠已经认识到铁与青铜在性能上的差别[④]。唐际根认为中国境内的人工冶铁最早于公元前1000年出现在新疆，西周期间东传至中原地

① 叶晓红、刘新、蒋宏杰、乔保同：《河南省南阳市桐柏月河一号春秋墓出土玉器阴刻技术的微痕分析》，《南方文物》2015年第4期。

② 叶晓红：《西朱封龙山文化玉器加工技术研究》，《临朐西朱封龙山文化玉器研究》，科学出版社，2015年，第199～226页。

③ 中国科学院考古研究所安阳发掘队：《1975年安阳殷墟的新发现》，《考古》1976年第4期。

④ 韩汝玢、陈建立：《中国古代冶铁替代冶铜制品的探讨》，《广西民族大学学报》（自然科学版）2013年第19卷第3期。

区，之后在中原地区得到发展，至迟于春秋晚期发明了生铁冶炼技术，春秋战国之际又掌握了铸铁柔化技术①。

囿于条件，此次未能以陨铁制成的工具开展切割实验，仅采用现代普通合金材料开展了锯片切割技术实验（锯片参数：莫氏硬度6级、长14、宽2、厚0.1厘米）和线锯切割实验［线锯参数：莫氏硬度6级、线长13、宽0.1、厚0.05厘米，（彩版一，6）］，观察到的实验结果仅作参考。经检测，实验用的合金材料化学元素为：碳（C，0.85%）、硅（Si，0.25%）、锰（0.30%）、铬（Cr，0.26%）、钨（W，0.40%）②。实验所用解玉砂为河滩砂，未筛选，中—粗砂级，石英含量大于50%。金属锯片携带解玉砂时，切割玉料造成的表面留下了肉眼可见的切割痕，切割痕垂直于切割方向平行排列［（彩版一，4）黄色箭头表示切割方向］；金属线锯携带解玉砂时，肉眼可见的切割痕几乎平行排列，由于线锯受反作用力会产生形变，切割痕略呈现出与切割方向相反的弯曲状［（彩版一，5）黄色箭头表示切割方向］。

二、样品选择

妇好墓出土的玉器，依形制可简单归为两类，一类为扁平片状，居多，另一类为立体圆雕。两类玉器的表面多以装饰纹样填充，形成独特而和谐的艺术风格③。此次选择4件片状玉器、2件圆雕玉器（表1），依微痕复制原则，开展硅胶印模复制和微痕SEM分析。

表1　开展微痕复制和SEM分析的妇好墓玉器

器物编号	名称	尺寸（厘米）	简单描述
M5：560	玉戚	9.0/6.4/0.5	黄绿色，局部受沁白化，戚呈“风”字形，平顶弧刃，近顶端和刃一侧各有一小圆孔，两侧各有扉棱6齿，两面均残留大量弯曲状的切割痕
M5：473	龙形玦	5.3/1.0/0.6	黄褐色，玦口未全开，“目”字形眼，角呈尖状，背脊呈扉棱形，尾尖外卷，表面有平直的开料痕迹，中孔一面较平，一面呈斜坡面
M5：430	玉熊	8.0/0.4	黄褐色，抱膝蹲坐状，身饰云纹等
M5：355	玉鹦鹉	7.7/4.1/0.7	淡绿色，“臣”字形眼，爪前屈，呈立状，冠后有一小斜孔，颈部饰羽毛纹，身饰云纹，腹部有一较大的圆孔
M5：973	玉扳指	2.7～3.8/2.4/0.4（壁厚）	深绿色，有褐斑，圆雕，上端前高后低，下端平齐，中空，背面下端有一条凹槽，正面雕有兽面纹，双目下各有一圆孔

① 唐际根：《中国冶铁术的起源问题》，《考古》1993年第6期。
② 检验报告来自湖南省黑色金属产品质量监督检验授权站，编号：20151635W。
③ 赵铨：《绚丽多彩的殷代玉雕艺术》，《殷墟玉器》，文物出版社，1982年，第19～24页。

续表

器物编号	名称	尺寸（厘米）	简单描述
M5：466	玉龙	5.2/1.8	墨绿色，圆雕，头尾衔接，尾尖内卷，两角竖起，背饰云纹，有一对斜对向钻孔，身两侧饰云纹

三、切割工艺观察和 SEM 分析

1. 玉戚（M5：560）

妇好墓共出土玉戚 9 件，两侧扉棱多为 6 齿或 4 齿。玉戚（M5：560）两侧雕有 6 齿扉棱，但稍显独特的是，两面器表残留大量弯曲状的切割痕，扉棱的制作较其他玉戚也显得粗糙和随意（彩版二，1）。黄翠梅认为该玉戚是旧料改制，笔者认为不排除这种可能性。

肉眼观察，玉戚表面因开片造成的弯曲状切割痕导致整个器物不平整，此类技术痕迹看起来似乎与新石器时期盛行的玉器砂绳切割技术开片特征极为相似，如红山文化、良渚文化、薛家岗文化大量玉器表面存在这种现象。SEM 下观察砂绳切割技术痕迹，砂绳的柔软特性，会导致切割痕弯曲、切割面起伏不平，微痕却因解玉砂的硬度不够高、粒度不均匀，表现出坑坑洼洼的“桔皮效应”（彩版一，2）。而 M5：560 的切割微痕经 SEM 观察却显得深刻而锋利，相互或平行或斜交地排列在起伏不平的切割面上［（彩版二，2、3）黄色箭头指示切割方向］。这件玉戚表面的切割痕特点可初步反映开料所用切割工具的两个特点：其一，肉眼可见的弯曲状切割痕说明携带解玉砂的工具具有一定的柔软性，不排除使用了麻绳之类，或许如《淮南子·说山训》中所记载的“马氂截玉”；其二，从单条微痕的深刻、锋利程度看，解玉砂的硬度高过石英砂，其绝对硬度可能远高过软玉材料。

M5：560 一侧扉棱的 3、4 齿之间有一小孔［（彩版二，1）箭头所指］，打破器表开片切割痕，又被分割两齿的切割痕打破。各齿面多被打磨修整过，仅在齿的根部残留少量切割痕，无法观察到切割面整体形态（彩版二，4、5）。SEM 下观察，齿根部的切割微痕粗细均匀、深刻而锋利，从磨面叠压住的一道切割痕测其宽度约 0.58 毫米［（彩版二，4）右下角 SEM 图为观察点 3 处放大至 50×］，由于工具不断调整位置造成切割面略显起伏（彩版二，5）。相比较而言，本次开展的实验中，虽然携带解玉砂的有金属线锯，但由于未筛选的粗—中砂，导致微痕不仅粗，且粗细不均匀，又因石英为主要成分，微痕缺少深刻、锋利感。故而推测 M5：560 的二次加工上所使用的切割工具具备两个特点：其一，所用解玉砂硬度高，经过筛选，粒度均匀；其二，携带解玉砂的工具细窄，半毫米左右，接近线状，应该具有较高的硬度和韧度，材质不明但可初步排除麻绳等。

2. 龙形玦（M5：473）

妇好墓总共出土玉玦 18 件，类似于 M5：473 的龙形玦有 9 件，仅 1 件为单面纹饰，其他为双面阴刻纹饰。此类器物上常见开片时形成的锯片切割痕贯穿整个器表，如 M5：473[（彩版三，1、2）红色虚线指示开片造成的切割痕位置]。M5：473 玦口的二次加工也使用了锯片切割技术，切割方向垂直于器表，切割位置经过多次调整，玦口外侧和内表面均可见平直的切割痕[（彩版三，1、2、4）其中 1、2 中黄色虚线表示切割痕位置]。

龙形玦 M5：473 上有 3 孔，齿部先钻一孔再穿入细窄切割工具进行透雕，卷尾的制作亦是如此，中孔内壁已打磨成光滑的斜坡面，无钻孔痕迹（彩版三，2）。齿部透雕出的内表面在 SEM 下观察，切割面略呈起伏状，沟槽底部略显弧状（彩版三，3）。由于龙形玦的首、角及脊背处表达扉棱而切割出的凹槽中多残留有朱砂，仅在较干净的卷尾处开展了局部微痕复制和 SEM 观察[（彩版三，1）观察点 1、2]。SEM 观察卷尾处，孔的内壁分布有均匀的圆周状微痕，是钻孔留下的痕迹，孔被切割痕打破，然而该切割动作发生至卷尾尖处时，玉工并未调整切割方向与之前垂直后继续进行，而是取出切割工具，从玉器的外侧向内垂直切割直至打破原先方向上的切割痕[（彩版三，5）黄色箭头指示不同切割方向]。SEM 测量切割痕底部尺寸约 0.245 毫米，切割工具如果存在刃部，其刃部厚度应该接近或略小于该数据，无论工具宽度多小，在自身切割出的空间内调整 90° 继续施工都困难，也容易折断，反而换做柔软的砂绳则不存在这种问题。上述处理方式同见于龙形玦 M5：600 的卷尾处。SEM 观察凹槽内的侧表面，微痕粗细均匀而且深刻，或平行或斜交，凹槽底部略呈弧状的形态暗示工具在加工中可能产生了形变（彩版三，7、8）。同样的特征还可以在中孔内壁上位于龙下巴部位的两道凹槽上观察到（彩版三，9）。说明透雕齿、尾及外缘凹槽的切割工具，除了解玉砂硬度高，粒度均匀之外，携带解玉砂的工具虽然纤细但具备较好的硬度和韧度，可排除麻绳之类。另外，中孔内表面打磨精细，打磨方向与孔延伸的方向一致（彩版三，10）。

3. 玉熊（M5：430）

妇好墓共出土 4 件玉熊，3 件圆雕，仅 M5：430 为阴刻纹饰的片状玉器，其形制和纹饰都颇为简洁流畅，玉器两面未留下明显的切割痕，据其平整的器表推测开片使用了锯片切割技术（彩版四，1）。玉器的侧面多被不同程度打磨修整，局部不便打磨处残留有制作外形的切割痕。如玉熊的耳朵根处，SEM 下可见切割痕粗细均匀、深刻，排列较整齐，但整个切割面存在起伏（彩版四，2）。又如下肢的关节处，切割面明显呈现出弯曲状（彩版四，3）。可见玉熊 M5：430 外形的二次加工上，使用了与 M5：560、M5：473 同类的切割工具。玉熊侧面腰至臀部有破裂面未被磨去，使用痕迹明显（彩版四，4）。后背处打磨平整，磨痕与切割面上的切割痕分布特征不同，后者沿着切割方向整齐排列分布，前者往往分布于多个打磨方向（彩版四，5）。

4. 玉鹦鹉（M5：355）

妇好墓共出土玉鹦鹉 21 件，1 件圆雕，其余为片状，器表阴刻纹饰或浅浮雕，共同特点是钩喙有冠。M5：355为片状玉鹦鹉之一，据其平整的器表，判断开片使用的是锯片切割技术。外形的加工属于殷墟晚商时期典型的工艺风格，选择6处观察点进行微痕复制和观察(彩版五，1)。SEM下侧面观察冠部两处观察点，切割出的槽底部均呈弯曲状，观察点1处微痕特征与上述几件玉器二次加工的切割微痕相同[(彩版五，2)黄色箭头指示切割方向]。观察点2处至少可以分辨出两个方向的切割痕，均被磨痕叠压，打磨工具应为近似圆柱或扁圆柱状砺石[(彩版五，3)黄色箭头指示切割方向]。观察点3处，正面可见切割方向在中部略经调整，底部经过打磨，打磨工具宽约2.3毫米(彩版五，4)。观察点4处，侧面可见切割方向经过调整，未打磨(彩版五，5)。观察点5处位于冠后斜对穿的小孔上方，凹槽底部切割面有明显起伏(彩版五，6)，放大观察可见微痕粗细均匀，深刻而锋利(彩版五，8)。观察点6处于鹦鹉的冠、背、尾连接处，表面呈起伏状，切割痕略呈弯曲状(彩版五，7)。玉鹦鹉M5：355的外形的二次加工上，同样使用了携带粒度均匀、高硬度解玉砂的机械性能较好的线状工具。

5. 玉扳指(M5：973)

妇好墓仅出土了1件玉扳指(M5：973)，圆雕，背面下端有一凹槽，是射箭时纳入弓弦的位置，肉眼观察已可见凹槽表面不平坦(彩版六，1)。在凹槽内选择3处观察点进行SEM观察。观察点1处于凹槽中部，两侧面呈起伏状(彩版六，2)，放大可见微痕粗细均匀，深刻而锋利(彩版六，3)，局部可见切割方向调整现象(彩版六，4)。观察点2位于沟槽较窄一端，可见到切割工具调整位置时造成的起伏(彩版六，5、6)。观察点3位于沟槽较宽一端，一侧有一条切割痕，宽度约0.25毫米(彩版六，7)。玉扳指M5：973背面凹槽的微痕特征，说明该部位的二次加工使用了携带粒度均匀、高硬度的解玉砂的机械性能好的线状工具。

6. 玉龙(M5：466)

妇好墓共出土玉龙9件，片状6件，圆雕3件，M5：466为其中1件圆雕玉龙，该器物隐约可见红山文化典型玉器的遗风，但表面阴刻纹饰、龙角、卷尾以及表示腹部的镂空部位则是晚商玉器的典型风格(彩版六，8)。观察点1处位于龙的卷尾外表面，有一宽约4.44毫米的浅槽，打磨之后的凹槽表面被阴刻上纹饰(彩版六，9)。初步推测此凹槽的成因，为开料时造成的切割痕经打磨但未去除干净，打磨工具应是圆柱或扁圆柱状砺石。观察点2位于玦口处，切割痕看起来粗细均匀，切割面平整，应是使用了锯片切割技术(彩版六，10)。

四、初步认识和问题

通过上述6件妇好墓出土玉器的观察和分析，初步判断殷墟晚商玉器除了继承二里头文化先进的锯片切割技术外，还产生了新变化。主要包括以下几点：

其一，大型锯片切割技术显著减少，但玉器开片技术仍以锯片切割技术为主，切割工具应是硬度较高的石质材料制成。正因此，殷墟晚商的片状玉器以器形平整端庄为主流。

其二，切割技术在玉器的二次加工方面的应用相对较复杂，存在两类技术：锯片切割技术以及某种细窄的线状工具携带解玉砂进行切割的技术。前一类技术承自早期玉器技术传统。然而，后一类技术与新石器时期盛行的砂绳切割技术并不相同，携带解玉砂的工具可能是由具有一定硬度和韧度的材料制成，其形制纤细，细窄处可达0.25毫米。

其三，殷墟晚商时期玉器切割技术中所使用的解玉砂发生了明显变革。以往所使用的石英砂或以石英为主的砂，被硬度更高的砂替代。同时，解玉砂在使用前需要筛选，粒度小而均匀。

此外，上述精细的切割技术被用于透雕等二次加工之后，造成的切割面大多被打磨，仅文中列举的几件玉器看，打磨工具也甚是精巧，磨面可小至2.3～4.44毫米，倒是与小屯北玉作坊中所出的锥形石器的尺寸相近。

经过此次妇好墓玉器的观察和分析，除了上述几点初步认识，更重要的是产生了不少疑问，亟待更全面地检视材料、合理地开展实验和深入思索。疑问如下：

其一，玉戚（M5：560）的开片技术很可能使用了砂绳切割技术。虽然砂绳切割技术在龙山晚期仍然少量用于玉器开料，但此件玉戚形制与龙山晚期、二里头文化的玉戚均不同，扉牙制作还使用了更先进的切割技术。这件玉器是旧玉改制？或是来自其他地区？或者说中原地区此时还存在砂绳切割技术？

其二，二次加工中所用的携带解玉砂的工具是什么材质制成的？青铜？陨铁？

其三，解玉砂的相关问题。章鸿钊曾列举解玉砂有红砂（石榴子石）、紫砂（刚玉砂）和玉田砂（石英砂）①，其中以石英砂硬度最低。那么，殷墟晚商时期玉工采用了哪种解玉砂，产自何地？

据考古出土玉器情况，中原地区早期玉器制作技术并不发达，在受到各地影响之后，二里头文化玉器大型锯片切割技术的出现可谓是中国古代玉器技术发展史上的一次重要变革。此前我们通过微痕分析认为，殷墟晚商时期玉器的阴刻技术已开始使用旋转砣具，这是玉器技术史上另一个重要变革。此次尚未发现旋转工具在晚商玉器切割技术上的应用证据。然而，解玉砂的应用自8000年前始见于兴隆洼文化玉器切割技术，延续数千年至二里头文化似乎一直未产生明显的变化，但在殷墟晚商阶段确已产生变革。解玉砂技术的变革，一方面与当时玉器的社会功能及社会需求发生显著变化有关，另一方面与当时国家经济技术条件和较成熟的手工业管理模式可能也有关联。

① 章鸿钊：《石雅》，百花文艺出版社，2010年，第108～110页。

妇好墓圆雕玉器工艺研究

叶晓红

（中国社会科学院考古研究所）

中国社会科学院考古研究所安阳工作队于1976年春季发掘了殷墟妇好墓（M5），该墓室未遭破坏，随葬器物精美丰富，是殷王室墓中最完整的一批资料。根据墓中所出的青铜铭文和器物形制，参照甲骨卜辞中的相关记载，墓主为殷王武丁的配偶“妇好”，庙号“辛”，死于武丁晚期。妇好墓的发现，对于研究殷代的历史，尤其是武丁时期的政治、经济、手工业、文化艺术、方国、礼制等都有重要价值[①]。除青铜器这一大宗外，妇好墓出土755件（组）玉器（一些穿孔玉髓小圆片和玉器残片未计入），约占出土器物的39.2%。这批玉器不仅数量多，而且造型多样，品种齐全。虽然被埋藏了3000多年，但多数玉器的光泽极为鲜润，一方面说明当时选料颇为讲究，另一方面也说明玉工的琢玉工艺已达相当高的水平[②]。

妇好墓出土的各种题材的玉器以片状居多。具有三维立体形制的除了玉簋（M5：321、M5：322）、玉盘（M5：16）、玉杵臼（M5：596、M5：1）等生活用具，以及部分柄形饰（M5：1297、M5：1298、M5：555等）、玉扳指（M5：973）玉箍形器（M5：1003、M5：1004、M5：1061、M5：1107等）、玉琮（M5：1051、M5：997等）、直筒形玉饰（M5：593、M5：946、M5：1197等）、束腰筒形玉饰（M5：1187、M5：1190、M5：1209等）、喇叭筒形玉饰（M5：1196、M5：1240、M5：1241等）之外，主要是神兽、动物和人等像生类圆雕玉器。据不完全统计，包括神兽和怪鸟在内的动物类圆雕玉器有：龙（M5：408、M5：413、M5：422、M5：466、M5：986、M5：992）、虎（M5：366、M5：405、M5：406、M5：409）、象（M5：510、M5：511）、熊（M5：303、M5：509、M5：597）、兽首怪鸟（M5：393、M5：403、M5：404、M5：508、M5：990）、牛（M5：410、M5：419、M5：982、M5：1301）、猴（M5：407）、鸱鸮（M5：402、M5：465、M5：507、M5：513）、鹰

① 中国社会科学院考古研究所：《殷墟妇好墓》，文物出版社，1980年。

② 中国社会科学院考古研究所：《殷墟妇好墓》，文物出版社，1980年。

（M5：464）、鹦鹉（M5：996）、鸽（M5：379）、雏燕（M5：380）、鸬鹚（M5：381）、螳螂（M5：382）、蝉（M5：378）、龟（M5：994）、羊头（M5：364、M5：365）和其他兽头（M5：387、M5：939、M5：1308）等；人像类包括玉人（M5：371、M5：372、M5：373、M5：375）、石人（M5：376、M5：377）、玉人头（M5：374、M5：534）、玉人面（M5：576）和玉人兽面（M5：577）等。其中，部分玉器较其他圆雕玉器略偏扁薄，如牛（M5：982）、龟（M5：994）、兽头（M5：387）及玉人面（M5：576）等，但整体是以三维立体雕琢方式制成。上述玉器中，以玉簋、玉盘及各类像生类圆雕玉器最具代表性，无论从形制还是从工艺上考察，均属于典型器物，可真实地反映殷墟晚商时期玉器艺术风格和工艺技术水平。有少数器物的材质为大理岩类，但其加工技术与工艺水平与多数闪石玉器无异，因此在本文讨论中不会刻意将其排除在外。

像生类圆雕玉器在新石器时期已出现，如牛河梁遗址出土的玉猪龙、玉龟壳、玉鳖、玉蝈蝈、玉人等[①]，巴林右旗那斯台遗址出土的玉蚕、玉鸮、玉鱼等[②]，半拉山遗址出土的玉兽首形柄端饰等[③]，凌家滩遗址出土的玉人、玉龟甲等[④]，良渚文化出土的蛙、龟、鱼、蝉、神人等[⑤]。新石器时期圆雕玉器的加工工序可笼统总结为四步：其一，以砂绳切割或锯片切割技术开料；其二，以砺石打磨修整毛坯成型，再以砺石减地打磨，使玉器呈现立体效果，比如玉人的五官和颈部、腰部等；其三，往往还需以硬度较高且具有尖刃端的石器阴刻出关键细节，如龟背甲表面的纹饰、玉猪龙的口、眼、鼻部或玉人的眉、眼、口部及五指等；其四，钻孔。

玉簋、玉盘及玉杵臼类等生活器具，不仅有圆雕工艺制成的立体外形，更重要的是加工中使用了掏膛工艺。朱乃诚先生认为这类玉器是殷商玉工的创新作品，其掏膛工艺可能与夏家店下层石容器的制作技术发展有关[⑥]。

笔者曾对妇好墓出土玉器的切割技术[⑦]、阴刻技术[⑧]进行过分析和探讨，主要是针对剪影式片状玉器。此次，在上述研究基础上，对妇好墓出土的圆雕玉器进行专门考察，选择数件典型器物进行拍摄、微痕复制和扫描电子显微镜下的微痕观察，从开料、减地和打磨、阴刻、钻孔、透雕及掏膛等方面对妇好墓圆雕玉器工艺进行探讨。

---

① 辽宁省文物考古研究所：《牛河梁——红山文化遗址发掘报告（1983—2003年度）》（下），文物出版社，2012年。

② 巴林右旗博物馆：《内蒙古巴林右旗那斯台遗址调查》，《考古》1987年第6期。

③ 辽宁省文物考古研究所、朝阳市龙城区博物馆：《辽宁朝阳市半拉山红山文化墓地的发掘》，《考古》2017年第2期。

④ 安徽省文物考古研究所：《凌家滩——田野考古发掘报告之一》，文物出版社，2006年

⑤ 南京博物院：《江苏吴县张陵山遗址发掘简报》，《文物资料丛刊》（第6辑），文物出版社，1982年；江苏省赵陵山考古队：《江苏省赵陵山遗址第一、二次发掘简报》，《东方文明之光——良渚文化发现60周年纪念文集》，海南国际新闻出版中心，1996年；浙江省文物考古研究所：《反山》，文物出版社，2006年。

⑥ 朱乃诚：《蛰伏升华，推陈出新——殷墟妇好墓出土玉器概论》，《妇好墓玉器》，岭南美术出版社，2016年。

⑦ 叶晓红、唐际根、徐飞：《殷墟晚商玉器切割技术试析》，《南方文物》，2016年第4期。

⑧ 叶晓红、唐际根、何毓灵：《殷墟妇好墓玉器阴刻技术试析》，《考古学集刊》（第20集），社会科学文献出版社，2017年。

一、开 料 工 艺

自新石器时期玉器成组合出现时，锯片切割技术和砂绳切割技术便已颇为成熟地应用于开料，众所周知的是距今约8000年的兴隆洼文化玉器[①]。考古新发现距今9000年左右的小南山遗址早期遗存所出的玉器，目前被认为是我国境内最早的玉器[②]，这批玉器虽然形制古朴简单，器表无纹饰，但在管、珠等小型立体玉器上同样可见两类开料技术的应用。此外，无论是西辽河流域的红山文化，还是长江流域的凌家滩、良渚文化，两类切割技术在开料上的使用程度都不分伯仲。然而，黄河流域的情况却不太一样，在出土玉器较多的清凉寺[③]、陶寺[④]、西朱封[⑤]等新石器晚期文化遗址中，明显以锯片切割为主流开料技术，砂绳切割可见于少量开料和透雕等二次加工。二里头文化玉器上则完全未见砂绳切割技术[⑥]。

纵观殷墟晚商时期玉器，开料工艺继承了中原地区的技术传统，如片状玉器中，仅发现一例妇好墓出土的玉戚（M5：560）开料痕迹似为砂绳切割技术所致[⑦]。肉眼观察妇好墓圆雕玉器，开料之后几乎全部经过反复打磨修整，又以多种减地方法使器物呈现立体感，以阴刻手法在器表制出精细纹饰。因此，基本辨别不出因开料而留下的加工痕迹。这些玉器共同特点是：器表平整、器形上下左右匀称，即使底面也极为平坦，完全没有砂绳切割技术开料造成的器表起伏不平、器形厚度不均等特征。因此，妇好墓圆雕玉器应该是以锯片切割技术进行开料，如兽首怪鸟（M5：990）（彩版七，1）、玉龙（M5：466）（彩版八，1）、玉牛（M5：982）（彩版九，1）、玉象（M5：511）（彩版一〇，1）、玉蝉（M5：378）（彩版一一，1）、玉虎（M5：366）（彩版一一，4）、玉盘（M5：16）（彩版一二，1）及跪坐石人（M5：376）（彩版一二，4）等。

---

① 中国社会科学院考古研究所、香港中文大学中国考古艺术研究中心：《玉器起源探索——兴隆洼文化玉器研究及图录》，香港中文大学中国考古艺术研究中心，2007年。

② 承蒙小南山遗址发掘者李有骞先生应允，笔者于2016年10月初获得机会，前往小南山遗址对这批新出土的早期玉器进行了观察和学习，具体发掘情况与研究成果有待相关简报与报告的发表。

③ 山西省文物考古研究所、运城市文物工作站、芮城县旅游文物局：《清凉寺史前墓地》，文物出版社，2016年。

④ 中国社会科学院考古研究所、山西省临汾市文物局：《襄汾陶寺——1978～1985年考古发掘报告》，文物出版社，2015年。

⑤ 叶晓红：《西朱封龙山文化玉器加工技术研究》，《临朐西朱封龙山文化玉器研究》，科学出版社，2015年。

⑥ 中国社会科学院考古研究所：《二里头1999—2006》，文物出版社，2014年。

⑦ 叶晓红、唐际根、徐飞：《殷墟晚商玉器切割技术试析》，《南方文物》2016年第4期。2017年9月下旬，于成都金沙博物馆的夏商时期玉文化国际学术研讨会期间，故宫博物院杨晶教授同笔者谈到此件器物，认为妇好墓玉戚560可能属于早期器物，看来我们还需对其进一步考察分析。

二、减地和打磨工艺

圆雕玉器表现出来的或夸张灵动或栩栩如生的立体感，主要归功于减地工艺。打磨是为了进一步修整开料和二次加工痕迹，使器表干净圆润。这两类工艺有时并不好区分，所以放在一起讨论。

早在兴隆洼文化玉器上，减地与打磨偶尔还可明显区分。如有些玉匕形器，一面往往呈内凹状，内凹面上布满密集的琢击痕，为经琢制之后再以砺石打磨而成[①]，这种琢制法可谓最原始的玉器减地技术。但是从新石器中晚期起，在很长一段时间里，这两类技术所用工具均为砺石类石器，加工时同样手持砺石添水研磨，玉工会根据需要，选择不同粒度的石料，将其制成大小、形状不同的研磨工具。

至殷商时期，减地与打磨工艺依然要依赖各种形状、大小、粗细不一的砺石。但随着圆雕玉器的器形和制作呈复杂化、精细化发展趋势，另外两类技术被运用到减地环节。

其一，局部切割技术，用于去除较大块材料或者比较复杂的部位，以形成需要的表面立体形状。

兽首怪鸟（M5：990）的双足之间，以及足与尾部之间的玉料被切割去除（彩版七，1）。这件器物的口内以及颈部、足、尾部的凹槽处黏附大量朱砂，无法进行大面积微痕复制。肉眼观察，足内侧平坦的切割面上可见略呈弧状的切割痕［（彩版七，1）黄色箭头所示］。对腹部进行微痕复制时略入两足间，SEM 下放大观察，可见底部残留有起伏状切割面，但切割痕却细腻均匀［（彩版七，2）黄色箭头所示］。根据以往的实验和对比分析，此类切割面很可能是某种金属“线锯”[②]添加硬度较高的解玉砂切割制成。器表的“线锯”切割面通常会经过更精细的打磨，如颈后部（彩版七，3），放大可见磨面上的磨痕多次改变方向，相互斜交（彩版七，4）。

玉龙（M5：466）头顶部与两角之间应是“线锯”切割制成，但后期打磨使龙头顶部略呈弧度，相交的磨面肉眼可见，龙角内表面上也无明显切割痕，仅见均匀的磨痕（彩版八）。

玉牛（M5：982）脖子两侧的凹槽应是先以“线锯”切割去除材料，再以砺石打磨，SEM 下可见磨面两侧残留些许切割痕［（彩版九，2）黄色箭头所示］。两牛角之间与玉龙（M5：466）龙角之间做法相同，角根部残留“线锯”多次切割相互叠压的痕迹［（彩版九，3）黄色箭头所示］。前足之间的凹槽［（彩版九，4）黄色箭头所示］和后足之间的凹槽［（彩版九，5）黄色箭头所示］也是先以“线锯”切出凹槽，再经

① 邓聪：《兴隆洼文化玉器工艺诸问题》，《玉器起源探索——兴隆洼文化玉器研究及图录》，香港中文大学中国考古艺术研究中心，2007 年。

② 叶晓红、唐际根、徐飞：《殷墟晚商玉器切割技术试析》，《南方文物》2016 年第 4 期。文中“线锯”加上双引号，原因是目前我们根据妇好墓玉器的微痕分析，发现使用了一种硬度、韧度较高，但极为纤细（最细可至 0.25 毫米）的切割工具，推测只能是金属工具，但具体材料性质无法确定，相关遗址中也未见此类工具出土，因此根据工具形状暂且称其为“线锯”，以与现代金属线锯区分。

打磨。

玉象（M5：511）与兽首怪鸟（M5：990）一样，四肢间以“线锯”减地，因腹部涂胶未做微痕复制（彩版一〇，1）。此外，鼻、口、尾部，应该都是先以“线锯”技术切割去除多余材料，再进行打磨。由于打磨不彻底，一些较细的“线锯”切割痕迹肉眼可识别，如尾巴两侧减地面、口部凹槽内。SEM下观察，可见打磨造成的磨面叠压在“线锯”切割面上，如口（彩版一〇，2）、鼻（彩版一〇，3）等处，但部分减地面上只能看见磨痕，如耳的周围（彩版一〇，4）等。打磨过程中，砺石会不断改变方向，因此诸多小磨面不断斜交而成圆雕状器表（彩版一〇，3）。

玉蝉（M5∶378）腹部下端切割去除部位，正面看切割面平整，侧面可见“线锯”抖动造成的起伏，因附近孔内有土，未做微痕复制（彩版一一，1）。但眼部在SEM下仅见减地打磨造成的小磨面（彩版一一，2），此处可能只用了砺石类工具。

玉虎（M5∶366）的大耳、四肢均以“线锯”切割，再经打磨制成立体形态（彩版一一，4）。如大耳周围、前肢侧面尚可见“线锯”切割痕[（彩版一一，5、6）黄色箭头所示]。

上述“线锯”切割减地手法在妇好墓圆雕玉器中最为常见，其他圆雕玉熊、玉虎、玉怪鸟等玉器上也可见。

其二，以实心钻技术浅钻小圆坑的方式，用于某些细节部位的减地工艺，是殷商时期玉工的创新做法之一。如兽首玉鸟（M5：990）两足旁卷曲的尾羽梢部，分别以一浅浅的小圆坑表示立体感（彩版七，1），SEM下形状规整，应是实心钻技术（彩版七，5）。又如玉虎（M5：366），一对卷曲的大耳中部，同样各以一个实心钻的小圆坑表达立体感（彩版一一，5）。这种做法在妇好墓圆雕玉器上并不少见，比如羊头（M5：365）卷曲的一对羊角中部，猴（M5：407）的双耳中部、玉怪鸟（M5：393）头顶一对似卷曲羊角的中部、浅浮雕玉鸱鸮（M5：368）尾部卷曲的尾羽等。另外，圆雕的“司辛”石牛，工艺虽不如玉器精湛，但其双耳各浅钻一较大圆坑，坑内再深钻一小圆坑，辅以耳廓外的减地工艺，将耳朵表达得极为生动，其饰满全身的云纹虽属简单阴刻，但在每组云纹中心钻一小圆坑，顿显立体感。又如跪坐石人（M5：376）（彩版一二，4）的双耳。这种独特的减地工艺起到了事半功倍的圆雕效果。也正因此，这类工艺在两周时期的圆雕、浅浮雕动物题材玉器上较常见，尤其是动物的耳部处理，到西汉时期更是灵活地运用于兽面减地。

三、阴刻工艺

玉器阴刻工艺始见于新石器晚期，如红山、龙山、良渚等文化，主要是手持具尖刃端的石制工具进行施工。受青铜文化浸染，殷商时期玉器阴刻纹饰成为最具时代特色的玉器艺术风格。我们曾针对部分妇好墓玉器做过专门的考察和实验对比分析，发现携带解玉砂的旋转砣具已普遍用于阴刻工艺，仅片状玉熊（M5：430）的眼珠刻画使用了手持石制工具[①]。此次对圆雕玉器表面的阴刻纹饰进一步观察，结果表明基本都是由携带解玉砂的旋转砣具制成。与片状玉器类似，通常较长直的阴刻线更为平滑，如兽首怪鸟（M5∶990）身饰的羽纹（彩版七，5～7）、玉蝉（M5∶378）背部的直阴刻线（彩版一一，3）等。诸如眼部或皿纹、卷云纹等纹饰则多为小段阴刻线组成，如玉龙（M5∶466）（彩版八，2、5、6）、玉牛（M5∶982）的卷云纹及眼部（彩版九，6、7）、玉虎（M5∶366）的皿纹（彩版一一，7）等。

此外，与片状玉器相同的是，圆雕玉器的阴刻纹饰也是在减地、打磨完成之后进行的。殷商时期，玉工一定是一丝不苟地完成这道锦上添花的工序，故而此时的阴刻痕与之前手持石制工具所制阴刻痕的特征不难区分。但是这些玉器在埋藏过程中可能会受到人为的、环境的影响而发生次生变化，次生变化过程中器物表面的材料结构发生变化，会或多或少破坏阴刻痕，可能会干扰我们对其加工技术的判断。如玉象（M5∶511）局部阴刻纹饰受到次生变化影响，SEM 下发现痕迹变得混沌、粗细不均（彩版一〇，4、5），但放大观察，仍可见携带解玉砂的旋转砣具的加工特征［（彩版一〇，6）黄色箭头所示］，而其他未受影响部位的阴刻痕依然光滑、均匀而流畅（彩版一〇，7）。因此，在微痕观察时，要小心排除次生变化或其他因素造成的影响，对背后的工艺技术做出科学判断。

四、钻孔工艺

兴隆洼文化出土的部分玉玦、玉弯条形器的孔以对向琢制技术开孔，但更为常见的是以石锥进行实心钻开孔[②]。兴隆沟遗址 22 号房址出土长达 9.8 厘米的石管，以对向实心钻开孔，可见当时实心钻技术已相当精湛[③]。除上述两类钻孔技术外，管钻也是极为常见的钻孔技术，兴隆沟遗址 22 号房址出土的蚌人面饰，眼部外圈似为管钻技术[④]。

妇好墓玉器的钻孔工艺除了未见原始的琢制技术，实心钻和管钻技术都极为常见，圆雕动物类玉器上实心钻可能更占多数，如玉蝉（M5∶378）从头至腹部贯穿的中孔（彩版一一，1 左下），又如兽首怪鸟（M5∶990）（彩版七，6、7）、玉龙（M5∶466）（彩版八，6）、玉象（M5∶511）（彩版一〇，3）等。

钻孔技术在妇好墓玉器上的应用可谓淋漓尽致，除了用于悬挂、绑缚、固定之用的开孔之外，该技术还用于其他二次加工环节，如前述减地工艺，又如下文将述之透雕、掏膛工艺。

---

① 叶晓红、唐际根、何毓灵：《殷墟妇好墓玉器阴刻技术试析》，《考古学集刊》（第 20 集），社会科学文献出版社，2017 年。

② 邓聪：《兴隆洼文化玉器工艺诸问题》，《玉器起源探索——兴隆洼文化玉器研究及图录》，香港中文大学中国考古艺术研究中心，2007 年。

③ 中国社会科学院考古研究所、香港中文大学中国考古艺术研究中心：《玉器起源探索——兴隆洼文化玉器研究及图录》，香港中文大学中国考古艺术研究中心，2007 年。

④ 中国社会科学院考古研究所、香港中文大学中国考古艺术研究中心：《玉器起源探索——兴隆洼文化玉器研究及图录》，香港中文大学中国考古艺术研究中心，2007 年。

此外，通过 SEM 观察，可以发现孔洞总是叠压在阴刻线之上，说明钻孔（此处不包括减地之小圆坑）总是在阴刻工艺完成之后进行，如兽首怪鸟（M5：990）（彩版七，6、7）、玉龙（M5：466）（彩版八，6）等。

五、透 雕 工 艺

新石器晚期玉器透雕工艺已颇为发达，多用于片状玉器。通常钻孔后穿入携带解玉砂的麻绳以砂绳切割技术透雕，凌家滩、良渚、龙山等文化出土的透雕玉器基本如此；也有不钻孔直接从器物外表面向内以砂绳切割技术进行透雕的情况，如西朱封出土玉簪（M202：3）[①]；还有直接以砺石打磨至薄至透，如牛河梁遗址出土的部分玉勾云形器等[②]。殷商时期所盛行的剪影式片状玉器，如虎、鸟、龙形玦等，其外缘或内部形状的制作，与新石器时期砂绳切割技术透雕方式颇为相似，只是将砂绳换成了携带解玉砂的“线锯”。目前我们尚未能确定这种金属“线锯”的具体材质成分，但这种新出现的技术无疑是殷墟时期玉工的一个创举。

一些妇好墓圆雕玉器的透雕上，可能同样使用了“线锯”工艺，其中在外形轮廓的雕琢上往往与“线锯”切割减地工艺相辅相成，共同完成玉器毛坯的制作。

玉龙（M5：466）的卷尾表面有一凹槽，此前我们以为是开料残留下的痕迹，后来通过 SEM 观察，发现这个凹槽确实为圆柱面的一部分，虽然槽面又经打磨并叠压了阴刻纹（彩版八，2），但其形态表明这是由于钻孔留下的孔内壁。玉龙卷曲侧表面看不到切割痕，但在龙角后侧凹槽处可见切割留下的痕迹（彩版八，3）。同样的痕迹还可在龙身中部卷曲的内表面上看到（彩版八，4）。上述切割痕与之前在片状玉器透雕面上看到的“线锯”造成的切割痕相同。因此推测，这件玉龙卷曲的身体内、外侧的制作工艺相同，均是先钻孔，后以“线锯”切割技术透雕。另外，玉虺（M5：414）背部的半圆形孔也属于此种情况。

玉牛（M5：982）外形轮廓也使用了“线锯”，只是后被打磨并阴刻纹饰，因此除了局部因减地残留的“线锯”痕迹（彩版九，2～5）外，器表基本不见“线锯”透雕痕迹。可能这种情况在圆雕玉器中是占多数的。

玉盘（M5：16）的圈足两侧各有十字形孔 3 个，两端各有十字形孔一个（彩版一二，1）。取一侧的十字形孔进行观察，SEM 下不见钻孔痕迹（彩版一二，2），放大之后也仅见平整的磨痕（彩版一二，3）。圈足上的 8 个十字形孔，应是先钻孔，再以“线锯”加工，最后打磨完成，由于大理岩类硬度低，孔壁稍经打磨便极为平整。

---

① 叶晓红：《西朱封龙山文化玉器加工技术研究》，《临朐西朱封龙山文化玉器研究》，科学出版社，2015 年。

② 辽宁省文物考古研究所：《牛河梁——红山文化遗址发掘报告（1983—2003 年度）》（下），文物出版社，2012 年。

六、掏膛工艺

掏膛工艺在玉石器上的使用，可能在新石器晚期已初见端倪。比如牛河梁遗址出土的玉龟甲（N2Z1M21：10）腹甲内残留管钻痕迹，应为管钻之后去除玉芯再经打磨而成的腹部空腔（彩版一二，5）。又如凌家滩遗址出土的煤精钮（98HCLT1213），内部为空腔，底部残留明显的实心钻痕迹和周围大量刮剔痕迹（彩版一二，6）。虽然两件器物均非容器，但从工艺上考虑，掏膛技术无疑已初见雏形。至殷商时期，该技法已被玉工运用得极为成熟。如兽首怪鸟（M5：990）的口部，由正面、两侧面总共不少于7次的实心钻所制成，不仅表现了张口露齿的凶猛状态，同时呈现出立体的口腔（彩版七，1）。类似工艺还见于玉虎（M5：405、M5：409）等。玉虎（M5：336）稍有不同，直接以一较大的实心钻圆孔表达口腔，两侧的小圆孔与其形成三通，张口而不露齿，凶态顿弱，此孔可能更偏于实用（彩版一一，4）。

玉制容器在殷商之前少见，妇好墓集中出土了白玉簋（M5：321）、青玉簋（M5：322）、玉盘（M5：16）、玉杵臼（M5：596、M5：1）、石豆（M5：25）、带盖石觯（M5：1321）及石罐（M5：54）等。虽然这些器物的材质均属于大理岩类，但从工艺角度看，这些器物不仅使用了掏膛技术，而且立体的器表阴刻有精美纹饰，因此在研究妇好墓玉器时不容忽略。比如玉盘（M5：16），器物内表面打磨圆润光滑（彩版一二，1），已不见任何加工痕迹，但我们推测，应该是先使用管钻或实心钻技术，并将多余材料去除之后，再精细打磨而成。近期我们通过微痕分析发现，西汉时期楚王室玉工正是使用钻孔手法的掏膛技术制出了玉卮、玉耳杯和玉酒杯等精美绝伦的玉容器①。

七、结　语

通过对妇好墓圆雕玉器的器形、纹饰、加工痕迹的综合考察，对殷商时期圆雕玉器工艺有以下几个初步认识：

① 像生类圆雕玉器的加工工序大约为：开料，减地或透雕辅以减地，使毛坯成型，打磨，阴刻纹饰，最后钻孔；

② 上承中原玉器技术传统，殷商圆雕玉器主要以锯片切割技术开料，但随着器形减小，大型锯片切割技术相应减少，打磨与钻孔技术也尚未发现有明显变革；

③ 在圆雕玉器阴刻工艺上添加解玉砂的旋转砣具基本取代了手持石制工具；

④ 某种金属“线锯”携带硬度较高的解玉砂切割技术出现，在二次加工方面的应用可谓殷墟时期圆雕玉器工艺的创新之一，此类技术用于减地、透雕等，应该比砂绳

① 宗时珍、叶晓红：《略论徐州狮子山楚王墓出土玉器工艺》，特刊。

切割或砺石打磨的效率和准确率都要高出很多；

⑤ 钻孔技术在圆雕玉器二次加工上的创造性应用，主要体现在减地和掏膛工艺，这对于突出器物立体感和制作容器内膛，起到了事半功倍的作用。

在整个中国玉器技术史和文化史上，殷商时期的圆雕玉器都极其令人瞩目，妇好墓圆雕玉器则是最为重要的代表。从技术层面看，旋转砣具、解玉砂及“线锯”等关键性技术革新以及钻孔技术的创造性应用，都是重要的基础。从社会文化层面看，随着青铜器崛起，玉器的社会功能和需求发生演变，促进了玉器艺术风格突变。殷墟时期玉器工艺变革与文化发展，对后世产生了极为深远的影响。

妇好墓玉器半成孔测量与对比研究

张友来

（古玉研究联合工作室）

半成孔玉器在中国有着悠久的历史。利用现代科学技术，对不同时期的半成孔玉器观察与测量，获取精确测量数据，并且将数据进行梳理和对比，力求找出其中规律，是一项有趣的研究工作。

本文采用妇好墓出土玉器、红山文化时期的牛河梁遗址出土玉器、春秋晚期的河南桐柏月河墓出土玉器作对比，是因为这3个墓葬在当时均属较高等级，且墓葬相对完整、未被盗扰，都出土了大量精美玉器，基本代表了那个时代的治玉最高水平。此外，牛河梁遗址是细石器时代，桐柏月河墓是春秋晚期的铁器时代，妇好墓是商晚期的铜器时代，把3个不同时期的治玉工艺痕迹放在一起比较，更容易发现工具进步对治玉的影响，以及治玉工艺的变化和发展脉络。

一、半成孔的定义及分类

（一）半成孔的定义（本文特指桯钻钻孔）

本文中半成孔是指玉器在桯钻和解玉砂的共同作用下留下未钻透的孔，或有小部分钻透、孔底大部分还未钻透，能较清晰地反映钻头形状的钻孔。利用现代仪器设备，对半成孔进行观察测量，对钻孔的工艺及工具研究发展有着重要作用。

（二）半成孔的分类

1. 由于加工失误或工艺误差造成半成孔

此类半成孔可分为3种类型：①由于治玉加工失误形成的半成孔。此类孔洞痕迹较浅，一般深度只有几十至几百微米，如不仔细观察，或者不借助显微镜常常被遗漏

图 1　治玉工艺误差造成的半成孔

忽视，能较真实反映钻头工具的形状及尺寸。可以确定钻孔开始工作的位置。②由于治玉工艺误差而形成的半成孔。在玉器两面对钻时由于工艺误差，造成两孔的中心线不重合（图 1），此类钻孔常见。如玉圭（M5：919），虽然钻孔底部已钻通，但由于钻孔中心线偏差较大，孔底部大部分保留，对底部的测量基本没有影响。③治玉至中途时改变钻孔位置，或者由于改变用途放弃继续加工而形成的钻孔。此类钻孔已经接近完成，属人为放弃，一般钻孔痕迹较为明显。

2. 为满足玉器的造型要求而使用的半成孔

此类半成孔是纹饰和造型的组成部分，其孔径尺寸和孔深度根据纹饰设计需要而不同，反映了当时人们的审美和对钻孔工艺的熟练使用。如踞坐玉人（M5：376）的耳朵眼儿、玉耳挖勺（M5：965）、牛河梁兽面纹玉珮（N2Z1C：7）的眼睛，都是采用钻孔工艺而成。

3. 治玉工艺角度形成的半成孔

由于造型要求，或者为满足工艺要求，在玉器相邻的两个面成 L 形孔或同一平面 U 形穿孔（俗称牛鼻穿）（图 2）。如玉琥（M5：419）、桐柏月河墓玉片饰（M1：290）。

以上 3 种类型的钻孔中钻头位置都有比较好的痕迹存留，满足测量条件，是研究古玉钻孔工艺和工具的珍贵资料。

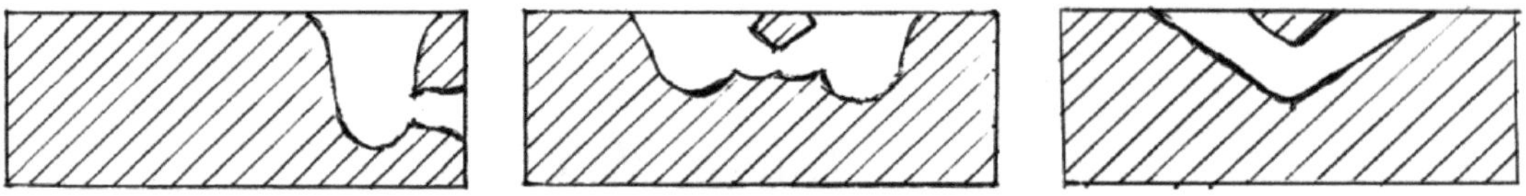

图 2　治玉工艺角度形成的半成孔

二、妇好墓出土玉器的半成孔观察与测量

1. 治玉工艺误差造成的半成孔

玉勾形器（M5：1120），1 号观察点曲面半径 2.75 毫米，2 号观测点曲面半径 2.78 毫米（彩版一三）。推测两孔可能是同一钻具。

玉马（M5：362）耳后部的钻孔边有钻孔痕迹，深度仅仅 0.03 毫米（彩版一四），是曾经钻孔位置，但是现在的成孔位置更加合理。

玉圭（M5：919），两个面对钻孔位置偏差，造成钻孔底部大部分保留（彩版一五）。

2. 纹饰造型的半成孔

玉人（M5：376），耳孔深3.2、底部半径1.33毫米（彩版一六）。此器材质为大理岩。

玉耳挖勺（M5：965），挖勺深度0.86、内径3.31毫米，勺底平坦（彩版一七）。

3. 治玉工艺角度而形成的半成孔

玉琥（M5：419），钻孔底面倾斜角度分别是27°与25°（彩版一八）。

三、牛河梁遗址出土玉器的半成孔观察与测量

1. 治玉工艺失误造成的半成孔

牛河梁玉片饰（N2Z4L：24），钻痕直径0.607、钻痕深0.043毫米（彩版一九）。

牛河梁玉珮（N2Z1M24：3），半成孔痕直径3.881、钻痕深0.636毫米（彩版二〇）。

牛河梁玉片饰（N2Z1M26：4），钻痕直径0.748、钻痕深0.075毫米（彩版二一）。

2. 纹饰造型的半成孔

牛河梁玉珮（N2Z1C：7），钻痕深1.038、钻痕剖面半径0.96毫米，造型立体感强烈（彩版二二）。

3. 治玉工艺角度而形成的半成孔

牛河梁玉珮（N2Z4L：24），玉器背面的U形“牛鼻孔”边缘过度圆滑自然，极少崩碴。U形孔水平深度分别为0.478和0.558毫米（彩版二三）。

牛河梁有孔玉珠（N5Z2M2：1），两个孔与表面的夹角都是48°，孔底深分别是2.55、2.57毫米，高差仅仅0.02毫米（彩版二四）。

牛河梁玉鹰首（N2Z1M17：C8），两个孔与上表面的夹角都是35°，孔底深分别是3.17、3.41毫米（彩版二五）。

四、桐柏月河墓出土玉器的半成孔观察与测量

1. 治玉工艺失误造成的半成孔

河南南阳桐柏月河墓出土玉器，具有典型的铁器时代特征。相比新石器和铜器时代，铁质工具更加坚硬锋利，在玉器加工工艺上，纹饰更加细腻与繁复，如玉璜（M1：321）（彩版二六），治玉工艺失误造成的半成孔仍然常见。

桐柏月河墓玉璜（M1：345），半成孔钻痕直径 1.505、钻痕深度 0.225 毫米（彩版二七）。

桐柏月河墓玉刀（M1：110），柄部桯钻对钻所形成的半成孔是两面对钻时钻孔中心错位造成（彩版二八）。

2. 纹饰造型的半成孔

桐柏月河墓出土玉琥（M1：350）（彩版二九）与玉圭（M1：123）（彩版三〇）的显微剖面具有极高的相似性，钻孔边缘清晰，剖面弧线几乎是一正圆。显示了加工中工具与玉器的良好固定关系和玉工熟练的加工技艺。

3. 治玉工艺角度而形成的半成孔

桐柏月河墓玉片饰（M1∶290）（彩版三一），在玉器互相垂直的两个面上钻孔，孔径分别是 2.17、2.19 毫米，孔径极为相近，似乎是同一工具加工（彩版三二）。

五、结　　语

为了便于比较，将半成孔按钻孔用途和成因分为三类，分别是：①由于工艺偏差或加工失误留下的半成孔；②用于纹饰造型的半成孔，即钻孔之前就目的明确的半成孔；③用于穿系或缝缀的“牛鼻孔”。

1. 孔径尺寸变化比较

在与妇好墓出土玉器相比较的红山文化时期的牛河梁玉器和春秋时代的桐柏月河墓出土玉器，桯钻钻孔工艺已经无本质区别，解玉砂在桯钻的带动下对玉器产生研磨，达到预期的加工形状。经过大量的观察与测量表明，不同时代工具对钻孔孔径尺寸有直接影响。

红山时期牛河梁遗址出土玉器孔径普遍更大，孔与平面相交处边缘过渡平缓，推测由于桯钻钻杆较短或钻杆迅速磨损导致钻头增粗所致。在所观察测量的牛河梁遗址的出土玉器中，最小孔径也在 3 毫米以上，一般都在 5 毫米左右。孔口边沿普遍过渡平缓圆滑。

春秋时期桐柏月河墓出土玉器钻孔孔径明显细小精致，一般孔径在 1～3 毫米之间，小于 1 毫米的孔径也屡见不鲜。钻孔边沿规矩整齐，平面与孔边界清晰。有趣的是，在月河墓出土的玉器中，有些钻孔较大且孔边沿平缓的玉器，恰恰是被专家认为是前朝的器物。

妇好墓出土玉器中，玉匕（M5：572）的柄上有一钻孔，孔径 2.89 毫米。另一玉玦（M5：600）的钻孔，孔径 2.87 毫米。但其余 180 余件玉器的钻孔孔径，实测均大于 3 毫米，且大部分钻孔孔沿整齐清晰，与桐柏月河墓出土玉器钻孔边缘类似。据此分析可知，钻孔孔径大于3毫米是妇好墓出土玉器的一个普遍现象。

2. 纹饰造型的半成孔比较

对于纹饰造型上的半成孔而言，从红山文化牛河梁遗址到商代妇好墓直至春秋桐柏月河墓出土玉器，经历了细石器、铜器、铁器时代，但在玉器的表现上似乎变化不大，孔底部呈较平缓，圆滑过渡至孔壁。孔径和孔深度根据造型需要，尺寸大小运用得当，工艺技术上已无障碍。仔细观察牛河梁玉珮（N2Z1C：7）会发现，作为眼睛的钻孔，似乎是使用了专门的工具，在两个眼睛周围均有一圈明显的刮擦痕迹，此种痕迹看似由于固定钻头的夹具在解玉砂的作用下造成，经测量表示为眼睛的钻孔最大直径为3.1毫米，孔周围是钻孔后修磨痕迹（彩版三三，1）。而春秋时期的桐柏月河墓出土的玉器孔径清晰，模拟切面具有很好的圆形符合性，如玉圭（M1：123）（彩版三三，2）。妇好墓出土的踞坐玉人（M5：376）的耳孔采用桯钻加工完成（彩版三四，1），玉耳挖勺（M5：965）内壁为圆弧而勺底呈平面，推测先采用桯钻加工后又采用平头磨具旋转磨平，应为二次加工而成。

3. U形穿孔的分析比较

"牛鼻穿"是红山文化时期较为盛行的穿孔形式，这种穿孔是以桯钻倾斜于玉器表面的方式对钻而成。值得注意的是，在牛河梁遗址出土的有孔玉珠（N5Z2M2：1）和玉鹰首（N2Z1M17：C8）两件玉器上，钻孔孔壁与器物表面的倾斜角度惊人的一致。有孔玉珠（N5Z2M2：1）的两个孔与上表面的夹角都是48°，孔底深分别是2.55和2.57毫米，高差仅仅0.02毫米。玉鹰首（N2Z1M17：C8）的两个孔与上表面的夹角都是35°，孔底深也几乎相同。如果没有专用的夹具固定被加工的玉器，没有精确固定工具的方式方法与娴熟的技术，绝无可能加工出倾斜角度如此一致的钻孔。这也从一个侧面揭示出，红山文化时期玉器制作具有发达的工艺技术，使用高效实用的治玉工具。妇好墓出土玉琥（M5：419）的两个孔，角度分别是27°和25°，仅相差2°；深度分别是3.47和3.49毫米，仅相差0.02毫米。在商代玉器中，"牛鼻穿"治玉工艺精度保持着极高水准，应该是与早期工艺一脉相承。在桐柏月河墓出土玉器中，由于工具与工艺的提高，玉料弥足珍贵，把玉料剖切成薄片能把有限的玉料最大限度地利用起来，同时也显现出玉工的高超技艺。在很薄的玉片上无法运用U形"牛鼻穿"这一传统技法，改为在玉器边沿采用互相垂直的钻孔方法，同样起到固定缝缀而正面见不到缝线的美化功能。

妇好墓玉器材质检测研究

王　强

（山东大学历史文化学院）

一、绪　论

妇好墓（M5）位于河南省安阳市境内，1976年由中国社会科学院考古研究所安阳工作队所发掘，由于未被盗掘，故出土遗物丰富，为研究晚商社会提供了大量珍贵资料。发掘资料于1980年以《殷墟妇好墓》之名出版[①]。其中玉器出土量非常惊人，除部分玉器残件未统计之外，共报道755件，其数量占墓葬所出随葬品的39.2%。此外，报告中还列出宝石器47件，包括绿晶（应为萤石）、玛瑙、绿松石、孔雀石四类，如果按照广义玉器概念而言，这类宝石器也可归入玉器之列。如此，则玉器数量超过800件。

其中约300多件玉器当时经北京玉器厂、安阳市玉雕厂以及中国科学院地质研究所的相关专家裸眼鉴定，鉴定结果为：大部分为青玉，白玉及青白玉很少，黄玉、墨玉及糖玉更少。并认为这几种玉料基本都是新疆软玉。同时也提出有3件器嘴形饰（M5：11-13）近似岫岩玉，另有1件玉戈（M5：14）可能为独山玉。其中3件圆雕玉器（怪鸟M5：393、羊头M5：364、牛M5：419）被认为是新疆籽料。

1982年，张培善发表了对妇好墓12件器物的鉴定结果[②]，检测标本主要是玉器碎片，且大多为发掘时未编号之器物。

2007年，王时麒等学者出版了《中国岫岩玉》一书，书中对妇好墓所出部分玉器进行了观测分析，认为玉熊等一些玉器可能为岫岩玉[③]。

2016年，于平等对妇好墓8件玉器进行了科技检测，结果发表于《王后·母亲·女将——纪念殷墟妇好墓考古发掘四十周年（玉器篇）》一书中[④]。该书还收录了

---

① 中国社会科学院考古研究所：《殷墟妇好墓》，文物出版社，1980年。

② 张培善：《安阳殷墟妇好墓中玉器宝石的鉴定》，《考古》1982年第2期。

③ 王时麒、赵朝洪、于洸，等：《中国岫岩玉》，科学出版社，2007年。

④ 于平、赵瑞廷、辛爱罡，等：《妇好墓八件玉器科技检测研究》，《王后·母亲·女将——纪念殷墟妇好墓考古发掘四十周年（玉器篇）》，科学出版社，2016年。

王金霞等对妇好墓44件玉器的检测结果①。

为了更全面科学地鉴定妇好墓出土玉器的材质，我们科研团队于2015年11月对其中168件进行了检测。检测仪器主要为拉曼光谱仪和傅立叶变换红外光谱仪（以下简称红外光谱仪）。在检测过程中，我们于同一玉器上选取3-5个微区进行检测，以使结论更为可靠。如遇受沁明显的器物，便将基质部分和受沁区域分开进行检测。另外，为了验证这两台仪器的准确性，我们还对其中59件器物进行了静水密度测试，对80件器物进行了硬度检测。

拉曼光谱仪为美国必达泰克公司生产的BWS415-785S型，光谱范围65～3200 cm^{-1}，分辨率为4.5cm^{-1}，激发光源波长为785nm。红外光谱仪为德国布鲁克光谱仪器公司生产，为tensor27型，光谱范围650～4000cm^{-1}，分辨率≤1cm^{-1}，波数精度为0.01cm^{-1}。硬度仪为日本生产的diamond selector Ⅱ型。净水密度首先采用高精密天平以及超纯水测量，再根据阿基米德定律计算出静水密度。下文从所测标本中选择典型者予以详细介绍。

二、检 测 结 果

M5：14戈，整器为白色及青绿色交杂，微透光。经拉曼光谱仪及红外光谱仪分别对不同颜色部位进行检测，结果均为方解石大理岩。援及内交接部位附着的红色物质经拉曼光谱仪检测为朱砂。

M5：15圭，整器大部分被风化层覆盖，基质为白色，微透光。静水密度为2.73克/立方厘米。经拉曼光谱仪及红外光谱仪检测为方解石大理岩。

M5：16高足盘，基质灰白色，微透光。静水密度为2.70克/立方厘米。经拉曼光谱仪及红外光谱仪检测为方解石大理岩。

M5：42蛙（残），基质为绿色，可见明显层纹。经红外光谱仪检测为孔雀石（图1-1）。

M5：79器盖，基质为白色，表面出现风化痕。经拉曼光谱仪及红外光谱仪检测为方解石大理岩。

M5：91璧，基质为黄绿色，通透度高，莫氏硬度为4～4.5。经拉曼光谱仪和红外光谱仪检测为蛇纹石（图2-1）。

M5：335柄形器，基质为黄绿色，可见絮状物。局部可见绺裂。半透光。局部可见白色及土色沁。经红外光谱仪检测为透闪石。

M5：339弦纹环，基质为青色，可见絮状物，微透光。局部可见白色沁。静水密度为2.99克/立方厘米。未受沁部位莫氏硬度为6～6.5。经拉曼光谱仪及红外光谱仪检测为透闪石。

① 王金霞、徐琳、辛爱罡，等：《安阳殷墟妇好墓部分出土玉器的检测分析》，《王后·母亲·女将——纪念殷墟妇好墓考古发掘四十周年（玉器篇）》，科学出版社，2016年。

M5：355 凤鸟，基质为青白色，可见絮状物，微透光。油脂光泽明显。局部可见土色沁。静水密度为 2.94 克 / 立方厘米。未受沁部位莫氏硬度为 6～6.5。经拉曼光谱仪及红外光谱仪检测为透闪石。

M5：357 玉人，基质为黄绿色，半透光。局部可见土色沁。静水密度为 2.89 克 / 立方厘米。未受沁部位莫氏硬度为 6～6.5。经拉曼光谱仪及红外光谱仪检测为透闪石（图 2-2）。

M5：358 虎，基质为青色，可见絮状物，微透光。油脂光泽明显。局部可见白色、糖色及黑色沁。未受沁部位莫氏硬度为 6～6.5。经拉曼光谱仪及红外光谱仪检测为透闪石。

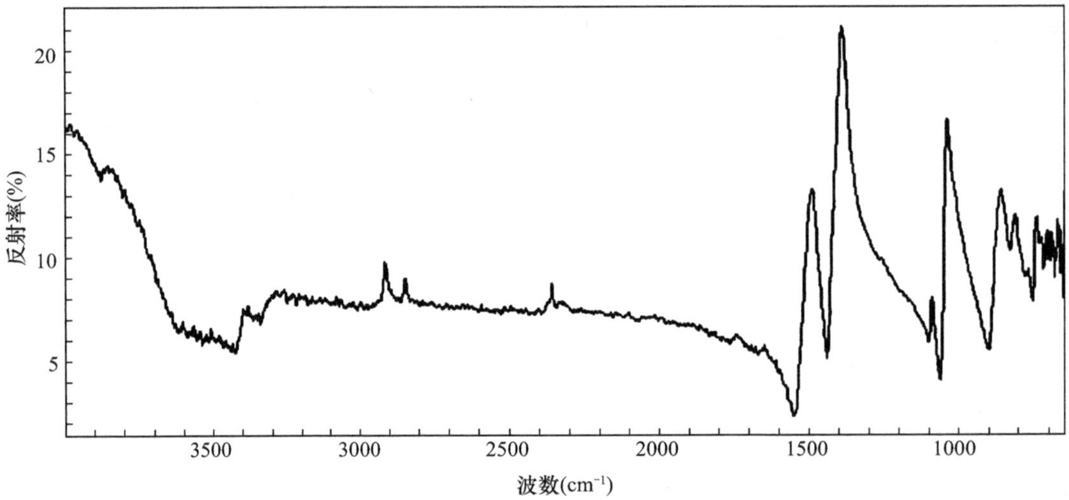

1

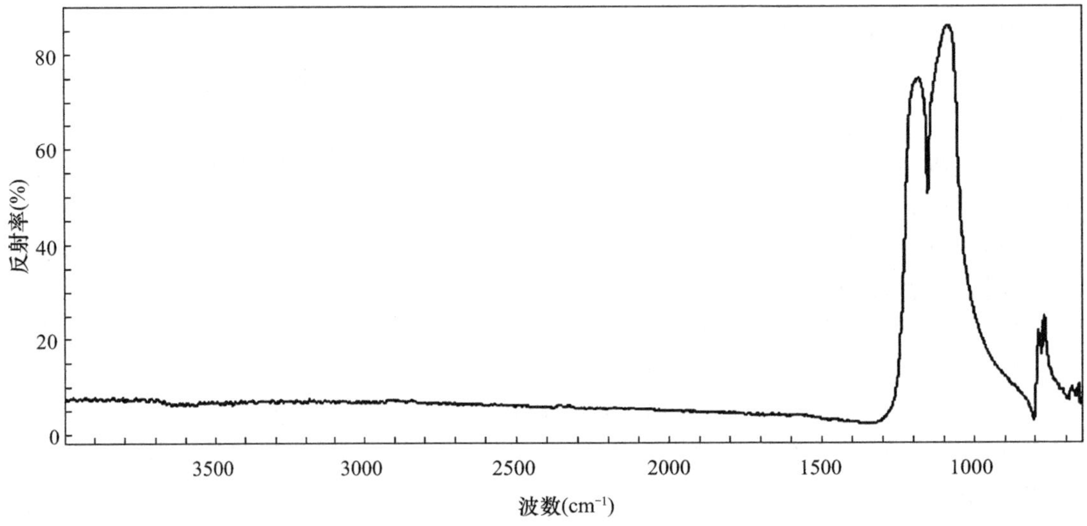

2

图 1　典型器物的红外光谱图

1. 蛙（M5：42），孔雀石　2. 玉料（M5：1252），石英岩

M5：361 鹿，基质为青色，可见絮状物，局部可见绺裂。微透光。油脂光泽明显。局部可见白色沁。静水密度为 2.98 克 / 立方厘米。未受沁部位莫氏硬度为 6～6.5。经拉曼光谱仪及红外光谱仪检测为透闪石。

M5：362 马，基质为青白色，可见絮状物及节理面，半透光。局部可见土色沁。未受沁部位莫氏硬度为 6～6.5。经拉曼光谱仪及红外光谱仪检测为透闪石。

M5：364 羊首，基质为青白色，可见絮状物，微透光。油脂光泽明显。局部可见糖色及黑色沁，部分区域可见毛孔。糖色及青白色区域莫氏硬度均为 6～6.5。经拉曼光谱仪及红外光谱仪检测为透闪石。

M5：376 玉人，基质为白色，表面出现风化痕。静水密度为 2.67 克 / 立方厘米。经拉曼光谱仪及红外光谱仪检测为方解石大理岩（图 2-3）。

M5：378 蝉，基质为碧绿色，可见絮状物及节理面，局部可见绺裂。微透光。油脂光泽明显。局部可见白色沁。静水密度为 2.99 克 / 立方厘米。未受沁部位莫氏硬度为 6～6.5。经拉曼光谱仪及红外光谱仪检测为透闪石。

M5：385 凤鸟，基质为青色，可见絮状物。微透光。油脂光泽明显。局部可见白色沁。未受沁部位莫氏硬度为 6～6.5。经拉曼光谱仪及红外光谱仪检测为透闪石。

M5：393 怪鸟，基质为白色，可见絮状物及节理面，局部可见绺裂。微透光。油脂光泽明显。局部可见糖色沁。未受沁部位莫氏硬度为 6～6.5。经拉曼光谱仪及红外光谱仪检测为透闪石。

M5：412 兔，基质为青黄色，微透光。局部可见白色及褐色沁。静水密度为 2.92 克 / 立方厘米。经拉曼光谱仪及红外光谱仪检测为透闪石。

M5：419 牛，基质为青白色，可见絮状物。局部可见绺裂。微透光。器身局部可见糖色沁。未受沁部位莫氏硬度为 6～6.5。经拉曼光谱仪及红外光谱仪检测为透闪石。

M5：422 龙，基质为碧绿色，可见絮状物。局部可见绺裂。微透光。油脂光泽明显。局部可见土色沁。未受沁部位莫氏硬度为 6～6.5。经拉曼光谱仪及红外光谱仪检测为透闪石。

M5：424 龙，基质为白色，可见絮状物及节理面。微透光。油脂光泽明显。局部可见糖色沁。未受沁部位莫氏硬度为 6～6.5。经拉曼光谱仪及红外光谱仪检测为透闪石。

M5：428 鸟，基质为黄绿色，半透光。局部可见土色沁。未受沁部位莫氏硬度为 6～6.5。经拉曼光谱仪检测为透闪石。

M5：430 熊，基质为青白色，可见絮状物，局部可见绺裂。微透光。油脂光泽明显。局部可见土色及黑色沁。静水密度为 2.84 克 / 立方厘米。未受沁部位莫氏硬度为 6～6.5。经拉曼光谱仪检测为透闪石。

M5：431 鸟，基质为黄绿色，可见絮状物。微透光。局部可见白色及黑色沁。未受沁部位莫氏硬度为 6～6.5。经拉曼光谱仪检测为透闪石。

M5：434 鱼形璜，基质为青白色，可见絮状物。微透光。油脂光泽明显。局部可见糖色沁。未受沁部位莫氏硬度为 6～6.5。经拉曼光谱仪及红外光谱仪检测为透闪石。

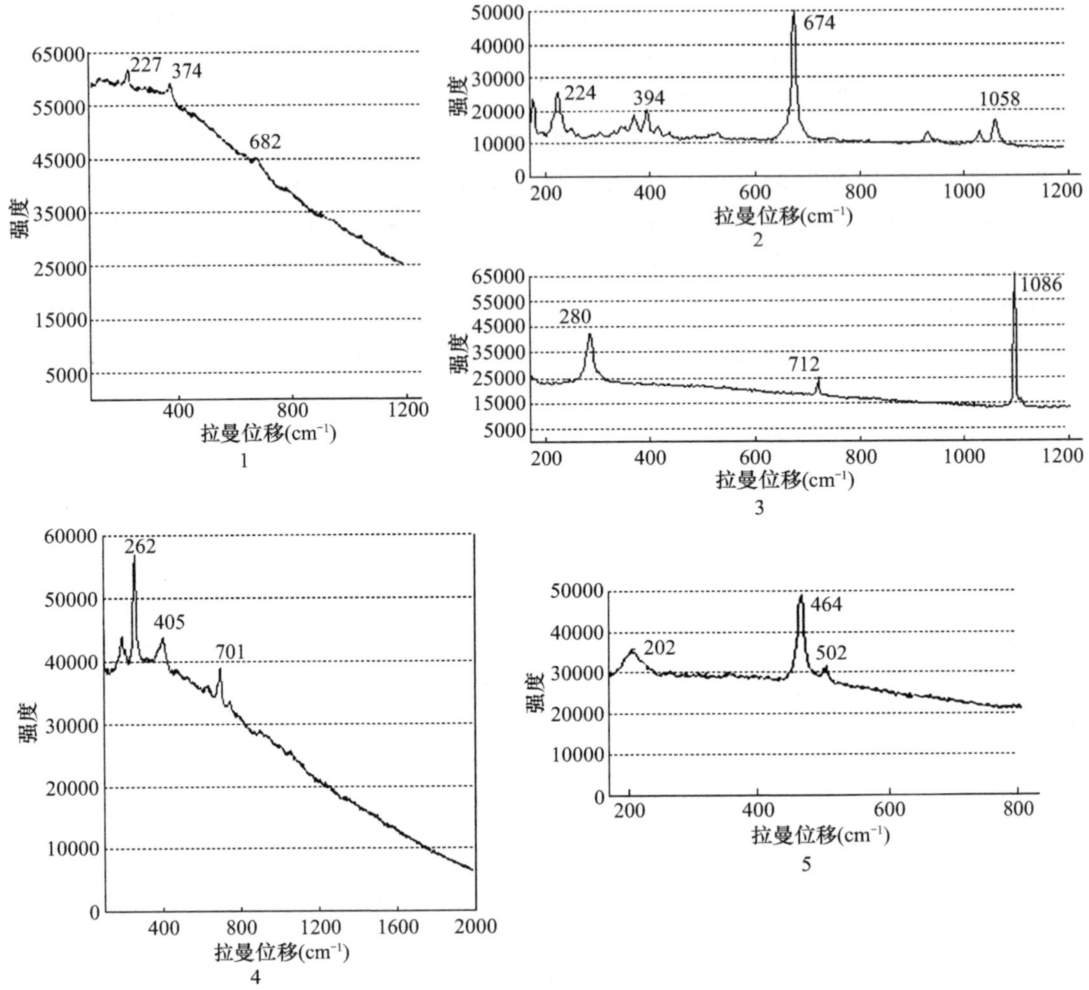

图 2　典型器物的拉曼光谱图

1. 璧（M5：91），蛇纹石　2. 玉人（M5：357），透闪石　3. 玉人（M5：376），方解石大理岩
4. 管 (M5：1231)，白云母　5. 珠（M5：1332），玛瑙

M5：445 戈，基质为青绿色，可见絮状物及节理面，绺裂明显。不透光。局部可见白色及黑色沁。未受沁部位莫氏硬度为 6～6.5。经拉曼光谱仪及红外光谱仪检测为透闪石。

M5：462 圭，基质以青色为主，颜色斑杂，局部可见绺裂。微透光。局部可见土色及黑色沁。静水密度为 2.77 克 / 立方厘米。未受沁部位莫氏硬度为 6～6.5。经拉曼光谱仪及红外光谱仪检测为透闪石。

M5：464 鹰鸮，基质为青色，可见絮状物及节理面，绺裂明显。微透光。油脂光泽明显。局部可见白色及土色沁。未受沁部位莫氏硬度为 6～6.5。经拉曼光谱仪及红外光谱仪检测为透闪石。

M5：466 龙，基质为黄绿色，可见絮状物，局部可见绺裂。半透光。局部可见土色沁。未受沁部位莫氏硬度为 6～6.5。经拉曼光谱仪及红外光谱仪检测为透闪石。

M5：473 龙，基质为碧绿色，微透光。大部分为土色沁。静水密度为 2.87 克 / 立方厘米。未受沁部位莫氏硬度为 6～6.5。经拉曼光谱仪及红外光谱仪检测为透闪石。

M5：476 刀，基质为青色，可见絮状物。微透光。局部可见白色及土色沁。经红外光谱仪检测为透闪石。

M5：478 刀，基质为青色，可见絮状物。微透光。局部可见土色及黑色沁。未受沁部位莫氏硬度为 6～6.5。经拉曼光谱仪及红外光谱仪检测为透闪石。

M5：481 矛，基质为青色，可见絮状物。微透光。局部可见糖色沁。未受沁部位莫氏硬度为 6～6.5。经拉曼光谱仪及红外光谱仪检测为透闪石。

M5：488 有领环，基质为青色，可见絮状物，局部可见绺裂。半透光。局部可见白色及褐色沁。未受沁部位莫氏硬度为 6～6.5。经拉曼光谱仪检测为透闪石。

M5：489 有领环，基质为青色，局部可见绺裂。微透光。大部分为白色及土色沁。静水密度为 2.87 克 / 立方厘米。经拉曼光谱仪及红外光谱仪检测为透闪石。

M5：492 器座，基质为青色。微透光。器身局部可见白色及土色沁。未受沁部位莫氏硬度为 6～6.5。经拉曼光谱仪及红外光谱仪检测主体成分为透闪石，且含有少量榍石。

M5：495 有领环，基质为黄绿色，可见絮状物，半透光。局部可见白色、土色及黑色沁。静水密度为 2.93 克 / 立方厘米。未受沁部位莫氏硬度为 6～6.5。经拉曼光谱仪及红外光谱仪检测为透闪石。

M5：497 刀，基质为碧绿色，可见絮状物，微透光。局部可见白色及褐色沁。未受沁部位莫氏硬度为 6～6.5。经拉曼光谱仪及红外光谱仪检测为透闪石。

M5：511 象，基质为黄绿色，可见絮状物，微透光。局部可见土色及黑色沁。静水密度为 2.84 克 / 立方厘米。未受沁部位莫氏硬度为 6～6.5。经拉曼光谱仪及红外光谱仪检测为透闪石。

M5：514 凤鸟，基质为黄绿色，可见絮状物，半透光。局部可见白色及黑色沁。未受沁部位莫氏硬度为 6～6.5。经拉曼光谱仪及红外光谱仪检测为透闪石。

M5：515 虎，整器为鸡骨白，不透光。莫氏硬度为 5～5.5。经拉曼光谱仪及红外光谱仪检测为透闪石。

M5：535 簪，基质为青色，可见絮状物。局部可见绺裂。半透光。局部可见白色及土色沁。静水密度为 2.91 克 / 立方厘米。经红外光谱仪检测为透闪石。

M5：554 柄形器刻刀，基质为黄绿色，可见絮状物，绺裂明显。半透光。局部可见白色及土色沁。未受沁部位莫氏硬度为 6～6.5。经拉曼光谱仪检测为透闪石。

M5：560 戚，基质为黄绿色，半透光。局部可见白色沁。静水密度为 2.94 克 / 立方厘米。未受沁部位莫氏硬度为 6～6.5。经拉曼光谱仪及红外光谱仪检测为透闪石。

M5：562 佩饰（璇玑改制），基质为黄绿色，可见絮状物，半透光。局部可见土色及黑色沁。未受沁部位莫氏硬度为 6～6.5。经拉曼光谱仪检测为透闪石。

M5：572 匕，整器全受沁，主体为黄褐色，局部为白色。不透光。静水密度为 2.79 克 / 立方厘米。莫氏硬度为 5.5～6.0。经拉曼光谱仪及红外光谱仪检测为透闪石。

M5：585 戚，基质为深绿色，可见明显的斑晶及包裹体。半透光。局部可见白色沁。静水密度为 2.99 克 / 立方厘米。未受沁部位莫氏硬度为 6～6.5。经拉曼光谱仪及红外光谱仪检测为透闪石。

M5：590 有领环，基质为黄绿色，通透性高。局部可见白色及糖色沁。静水密度为 2.92 克 / 立方厘米。未受沁部位莫氏硬度为 6～6.5。经拉曼光谱仪检测为透闪石。

M5：594 琮，基质为青色，可见絮状物，半透光。局部可见白色及黑色沁。未受沁部位莫氏硬度为 6～6.5。经拉曼光谱仪及红外光谱仪检测为透闪石，且含少量透辉石。射部附着的红色物质经拉曼光谱仪检测为朱砂。

M5：600 龙形玦，基质为青色，可见絮状物，局部可见绺裂，微透光，油脂光泽明显。局部可见土色沁。静水密度为 2.99 克 / 立方厘米。未受沁部位莫氏硬度为 6～6.5。经拉曼光谱仪及红外光谱仪检测为透闪石。

M5：872 龙形佩，基质为黄绿色，可见絮状物及节理面，半透光。局部可见土色沁。未受沁部位莫氏硬度为 6～6.5。经拉曼光谱仪及红外光谱仪检测为透闪石。

M5：879 璜，基质为白色，可见絮状物及节理面，局部可见绺裂，微透光。局部可见糖色沁。经红外光谱仪检测为透闪石。

M5：899 璜，基质为青色，可见絮状物，局部可见绺裂，微透光。局部可见土色沁。未受沁部位莫氏硬度为 6～6.5。经拉曼光谱仪及红外光谱仪检测为透闪石。

M5：M5：901 璜，基质为白色，可见絮状物及节理面，局部可见绺裂，微透光。局部可见黑色沁。静水密度为 2.93 克 / 立方厘米。未受沁部位莫氏硬度为 6～6.5。经拉曼光谱仪及红外光谱仪检测为透闪石。

M5：932 龙形佩，基质为青白色，可见絮状物及节理面，微透光。油脂光泽明显。局部可见糖色沁。未受沁部位莫氏硬度为 6～6.5。经拉曼光谱仪及红外光谱仪检测为透闪石。

M5：942 簪，基质为青白色，可见絮状物，微透光。局部可见绺裂。油脂光泽明显。局部可见土色沁。未受沁部位莫氏硬度为 6～6.5。经拉曼光谱仪及红外光谱仪检测为透闪石。

M5：948 勾云形佩，基质为黄绿色，半透光。局部可见糖色及白色沁。未受沁部位莫氏硬度为 6～6.5。经拉曼光谱仪检测为透闪石。

M5：949 戈，基质主体为青黄色，较斑杂。微透光。局部可见明显白色沁。未受沁部位莫氏硬度为 6～6.5。经拉曼光谱仪及红外光谱仪检测为透闪石。

M5：950 圭，基质为青色，可见絮状物。局部可见绺裂。微透光。局部可见土色及黑色沁。静水密度为 2.93 克 / 立方厘米。经红外光谱仪检测为透闪石。

M5：964 钩形器，基质为黄绿色，可见絮状物及节理面，微透光。局部可见土色沁。未受沁部位莫氏硬度为 6～6.5。经拉曼光谱仪及红外光谱仪检测为透闪石。

M5：965 鱼形耳勺，基质为黄绿色，微透光。大部分为土色沁。未受沁部位莫氏硬度为 6～6.5。经拉曼光谱仪及红外光谱仪检测为透闪石。

M5：973 韘，基质为黄绿色，可见絮状物及节理面，局部可见绺裂。微透光。局部可见土色沁。未受沁部位莫氏硬度为 6～6.5。经拉曼光谱仪检测为透闪石。

M5：977 戈，基质为青绿色，可见絮状物及节理面，局部可见绺裂，微透光。局部可见白色沁。经拉曼光谱仪检测为透闪石。

M5：982 鹿，基质为碧绿色，可见絮状物及节理面，局部可见绺裂。微透光。油脂光泽明显。局部可见土色沁。静水密度为 3.09 克 / 立方厘米。未受沁部位莫氏硬度为 6～6.5。经拉曼光谱仪及红外光谱仪检测为透闪石，且含磷灰石及石墨。

M5：983 鹿，基质为青色，可见絮状物。微透光。油脂光泽明显。局部可见土色沁。未受沁部位莫氏硬度为 6～6.5。经拉曼光谱仪及红外光谱仪检测为透闪石。

M5：993 鹦鹉，基质为青色，可见絮状物及节理面，局部可见绺裂。半透光。局部可见白色及土色沁。经拉曼光谱仪检测为透闪石。

M5：997 琮，基质为碧绿色，可见絮状物。微透光。油脂光泽明显。局部可见白色及土色沁。静水密度为 2.89 克 / 立方厘米。未受沁部位莫氏硬度为 6～6.5。经拉曼光谱仪及红外光谱仪检测为透闪石。

M5：998 琮，基质为白色，可见絮状物。局部可见绺裂。微透光。油脂光泽明显。局部可见白色、糖色及黑色沁。静水密度为 2.97 克 / 立方厘米。未受沁部位莫氏硬度为 6～6.5。经拉曼光谱仪检测为透闪石。

M5：1003 琮，基质为青白色，微透光，油脂光泽明显。表面可见黄色沁。静水密度为 2.96 克 / 立方厘米。未受沁部位莫氏硬度为 6～6.5。经拉曼光谱仪及红外光谱仪检测为透闪石。

M5：1013 戈，基质为黄绿色，微透光。尖部及援部可见土色沁。未受沁部位莫氏硬度为 6～6.5。经拉曼光谱仪及红外光谱仪检测为透闪石。

M5：1015 有领环，基质为碧绿色，微透光。器身局部可见土色及褐色沁。静水密度为 2.86 克 / 立方厘米。未受沁部位莫氏硬度为 6～6.5。经拉曼光谱仪及红外光谱仪检测为透闪石。

M5：1017 璜，基质为白色，可见絮状物。微透光。器身局部可见土色及褐色沁。静水密度为 2.93 克 / 立方厘米。未受沁部位莫氏硬度为 6～6.5。经拉曼光谱仪及红外光谱仪检测为透闪石。

M5：1024 龙形佩，基质为青白色，可见絮状物。微透光。器身局部可见土色及褐色沁。未受沁部位莫氏硬度为 6～6.5。经拉曼光谱仪及红外光谱仪检测为透闪石。

M5：1026 兔，基质为黄绿色，局部可见绺裂。微透光。器身局部可见土色及糖色沁。未受沁部位莫氏硬度为 6～6.5。经拉曼光谱仪及红外光谱仪检测为透闪石。

M5：1029 璇玑，基质为黄绿色，半透光。局部可见白色及糖色沁。静水密度为 3.03 克 / 立方厘米。未受沁部位莫氏硬度为 6～6.5。经拉曼光谱仪及红外光谱仪检测为透闪石，且含有大量石墨。

M5：1030 佩饰，基质为青白色，微透光，油脂光泽明显。器身局部可见土色沁。静水密度为 2.96 克 / 立方厘米。未受沁部位莫氏硬度为 6～6.5。经拉曼光谱仪及红外光谱仪检测为透闪石。

M5：1031 龙纹璧，基质为青色，微透光，油脂光泽明显。一面边缘可见白色沁。未受沁部位莫氏硬度为 6～6.5。经拉曼光谱仪检测主体成分为透闪石，且含有少量榍石。

M5：1034 环，基质为黄绿色，局部可见绺裂。半透光。器身局部可见白色及黑色沁。未受沁部位莫氏硬度为 6～6.5。经拉曼光谱仪及红外光谱仪检测为透闪石。

M5：1042 镯，基质为青白色，可见絮状物。微透光。油脂光泽明显。局部可见糖色沁。静水密度为 3.02 克 / 立方厘米。经红外光谱仪检测为透闪石。

M5：1049 器座，基质为青色，微透光。器身局部可见白色沁。未受沁部位莫氏硬度为 6～6.5。经拉曼光谱仪及红外光谱仪检测为透闪石。

M5：1051 琮，基质为青白色，可见絮状物。微透光。油脂光泽明显。器身局部可见土色及糖色沁。静水密度为 2.95 克 / 立方厘米。未受沁部位莫氏硬度为 6～6.5。经拉曼光谱仪及红外光谱仪检测为透闪石。

M5：1089 柄形器，基质为青白色，可见絮状物。微透光。油脂光泽明显。器身局部可见土色沁。未受沁部位莫氏硬度为 6～6.5。经拉曼光谱仪检测为透闪石。

M5：1097 镯，基质为黄绿色，半透光。器身大部分已受沁为鸡骨白。未受沁部位莫氏硬度为 6～6.5。经拉曼光谱仪及红外光谱仪检测为透闪石。

M5：1231 管，基质为青黄色，微透光，表面可见明显的云母颗粒。静水密度为 2.80 克 / 立方厘米。经拉曼光谱仪及红外光谱仪检测为白云母（图 2-4）。

M5：1244 琮，基质为青色，可见絮状物，绺裂明显。微透光。器身局部可见白色及糖色沁。静水密度为 2.97 克 / 立方厘米。未受沁部位莫氏硬度为 6～6.5。经拉曼光谱仪及红外光谱仪检测为透闪石。

M5：1248 籬，基质为黄绿色，可见絮状物，微透光。器身局部可见糖色沁。未受沁部位莫氏硬度为 6～6.5。经拉曼光谱仪检测为透闪石。

M5：1252 玉料，基质为青绿色，可见节理面。静水密度为 2.64 克 / 立方厘米。莫氏硬度为 7.0～7.5。经红外光谱仪检测为石英岩（图 1-2）。

M5：1256 鱼（有领环改制），基质为青白色，局部可见绺裂。微透光。器身局部可见土色沁。未受沁部位莫氏硬度为 6～6.5。经拉曼光谱仪及红外光谱仪检测为透闪石。

M5：1257 鱼（有领环改制），基质为青白色，微透光。器身大部分可见土色沁。未受沁部位莫氏硬度为 6～6.5。经拉曼光谱仪及红外光谱仪检测为透闪石。

M5：1262 玦，基质为黄绿色，可见絮状物。半透光。器身局部可见白色及土色沁。未受沁部位莫氏硬度为 6～6.5。经拉曼光谱仪及红外光谱仪检测为透闪石。

M5：1288 璜，基质为黄绿色，局部可见绺裂。半透光。器身局部可见白色及土色沁。静水密度为 2.98 克 / 立方厘米。未受沁部位莫氏硬度为 6～6.5。经拉曼光谱仪及红外光谱仪检测为透闪石。

M5：1290 曲面牌饰，基质为青白色，可见絮状物，半透光。器身局部可见糖色沁。未受沁部位莫氏硬度为 6～6.5。经拉曼光谱仪检测为透闪石。

M5：1291 鳄鱼，基质为青色，可见絮状物。微透光。局部可见白色及土色沁。静水密度为 2.79 克 / 立方厘米。

M5：1297 簪，基质为青白色，可见絮状物。微透光。器身局部可见土色沁及蚂蚁脚状次生变化。未受沁部位莫氏硬度为 6～6.5。经拉曼光谱仪及红外光谱仪检测为透闪石。

M5：1303 管，基质为黄绿色，局部可见绺裂，半透光。器身局部可见白色及糖色沁。未受沁部位莫氏硬度为 6～6.5。经拉曼光谱仪及红外光谱仪检测为透闪石。

M5：1325 圭（残），整器受沁为黄褐色，基质颜色不明。不透光。莫氏硬度为 5～5.5。经拉曼光谱仪及红外光谱仪检测为透闪石。

M5：1332 扁珠，红色，可见明显层纹。半透光。莫氏硬度为 7～7.5。经拉曼光谱仪检测为玛瑙（图 2-5）。

M5：1424 鸟，整器受沁为黄褐色，基质颜色不明。不透光。莫氏硬度为 5～5.5。经拉曼光谱仪检测为透闪石。

M5：1437 玉片，基质为青白色，可见絮状物，通透性高。边缘可见糖色沁。未受沁部位莫氏硬度为 6～6.5。经拉曼光谱仪及红外光谱仪检测为透闪石。

三、讨论及认识

关于玉器科技鉴定及产地问题，目前学界常用的方法有五类：物相分析、化学成分分析、稳定同位素分析、包裹体分析及常规观测。物相分析常用拉曼光谱分析、红外光谱分析、X 射线衍射分析（phase analysis of xray diffraction，简称 XRD）三种方法。其中拉曼与红外检测均为无损分析，而 XRD 则需要微损。化学成分分析中最常用的方法为 X 射线荧光光谱分析，为无损检测。稳定同位素分析及包裹体分析需要大量现代样品进行比对才有科学意义。常规观测除了裸眼可鉴定的指标外，还可采用简单的手段进行硬度与密度测试。上述方法在解决玉器材质问题方面都可发挥重要作用。但论及玉料产源，这些手段均未能给出科学的解释。换句话说，到目前为止，还没有哪种科技手段可以很好地解决玉料产源问题。因此谈到玉料产源，仍主要通过其物理特性来进行推断。

我们此次共检测 168 件器物，其中透闪石占绝大多数，为 151 件，比例近 90%。其次为大理岩，为 11 件，比例为 6.5%。其他材质包括玛瑙、白云母、石英岩、孔雀石、蛇纹石，数量各为 1-2 件，所占比例非常低（图 3、图 4，表 1）。此外，一些学者在对妇好墓出土玉器的检测分析中还曾发现有少量的萤石、叶腊石、天河石、绿松石等材质[①]。总体而言，妇好墓玉器材质繁多，很好地诠释了“石之美者为玉”的古代广义玉器概念。器类与玉料种类之间未发现有明确的对应关系，但有一点可以明确指出，即礼器类玉器并非全部采用透闪石，大理岩也占有一定比例。在戈、圭、簋等习见的礼器中都可看到这一迹象。对于大理岩石材的特别重视，是出于某种特殊信仰（比如颜色崇拜）还是仅仅因为此种石材的易获取性，这个问题有待将来更进一步研究。而对于大理石的特殊重视，就笔者所知，商代以前唯有西北之齐家文化有此现象。至于晚商这种现象是否是受

① 中国社会科学院考古研究所：《殷墟妇好墓》，文物出版社，1980 年；于平、赵瑞廷、辛爱罡，等：《妇好墓八件玉器科技检测研究》，《王后・母亲・女将——纪念殷墟妇好墓考古发掘四十周年（玉器篇）》，科学出版社，2016 年；王金霞、徐琳、辛爱罡，等：《安阳殷墟妇好墓部分出土玉器的检测分析》，《王后・母亲・女将——纪念殷墟妇好墓考古发掘四十周年（玉器篇）》，科学出版社，2016 年。

到齐家文化的影响，目前尚不敢断言。此外，石英岩玉料（M5：1252）颜色青绿，颗粒致密，玻璃光泽明显，可能属于目前所称的密玉，当为河南本地所出。

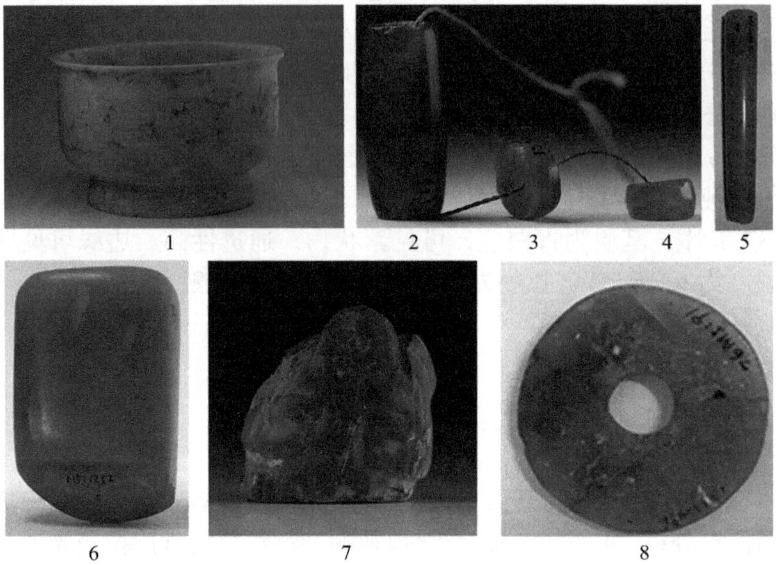

图 3　部分其他材质玉器检测标本

1. 簋（M5：321），大理岩　2～4. 管珠（M5：1521、M5：1332、M5：1304）　5. 管（M5：1231），白云母　6. 玉料（M5：1252），石英岩　7. 玉蛙（M5：42），孔雀石　8. 玉璧（M5：91），蛇纹石

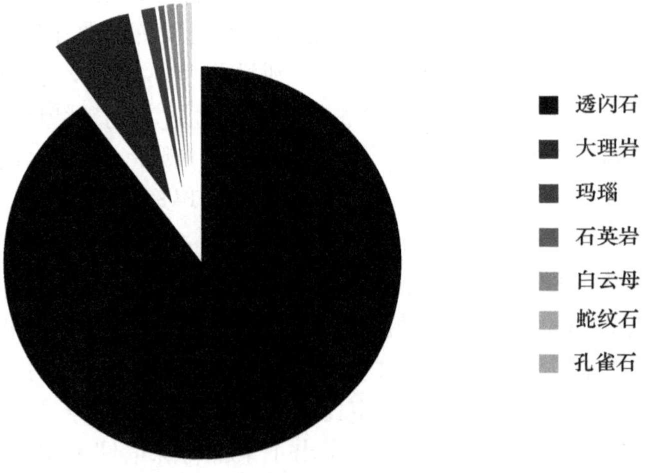

图 4　妇好墓玉器材质种类饼状图

表 1　妇好墓玉器材质与器类统计表

材质 器类	透闪石	大理岩	石英岩	白云母	玛瑙	孔雀石	蛇纹石	合计
戈	9	1						10
琮	6	1（琮式管）						7

续表

材质 器类	透闪石	大理岩	石英岩	白云母	玛瑙	孔雀石	蛇纹石	合计
有领环	9							9
璜	13							13
肖生玉饰	37					1		38
环（璧）	17						1	18
玉料	2		1 密玉					3
镯	2							2
圭	6	1						7
柄形器	7							7
箍	3							3
玦	3							3
管	9	4		1				14
韘	2							2
簪	2							2
佩饰	6							6
珠					2			2
玉片	2							2
簋（盘）		1						1
玉人	2	1						3
刻刀	2							2
刀	2							2
器座	1							1
匕	3							3
戚	2							2
器盖		1						1
权杖头		1						1
勾云形佩	1							1
耳勺	1							1
牙璧	2							2
合计	151	11	1	1	2	1	1	168

关于其中透闪石材质，我们认为其产源可能较为多元，至少包括新疆料、岫岩料、甘肃料以及未知的地方料四大类（图 5）。

其中羊首（M5：364）应为较典型的新疆籽料，我们采用拉曼光谱仪分别对其白色与糖色区域检测，发现其强度没有明显变化，并且观察两个区域的透光度与反光度也未见明显区别，使用硬度仪检测两个区域的硬度也基本相同，说明糖色部分应为原石的皮色，而非后来埋藏过程中受沁所成。我们还使用显微镜对其进行微痕观测，发现其具有明显的毛孔，此种近似橘皮纹的毛孔表明了其籽料的身份（图 6）。再结合其

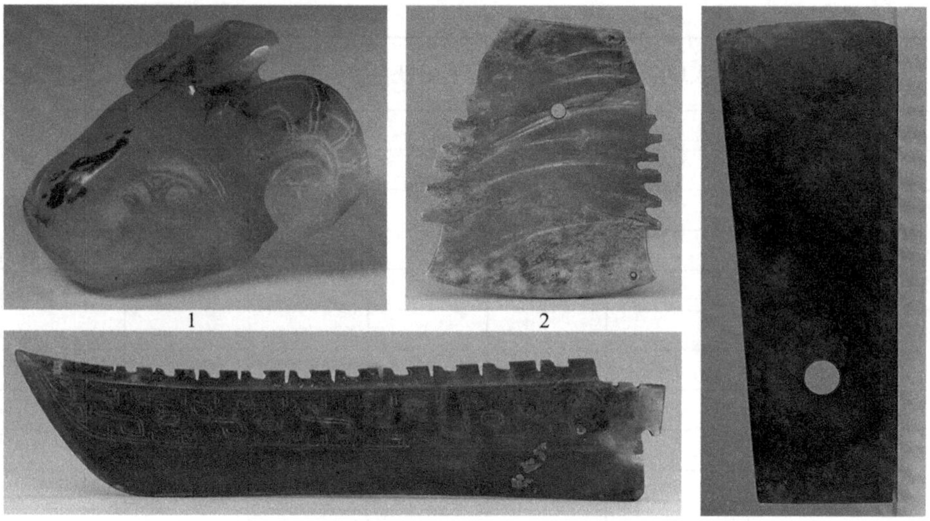

图 5　部分透闪石质玉器检测标本

1. 玉羊首（M5：364），新疆料　2. 玉戚（M5：481），岫岩料
3. 玉圭（M5：462），未知地方料　4. 玉刀（M5：476），甘肃料

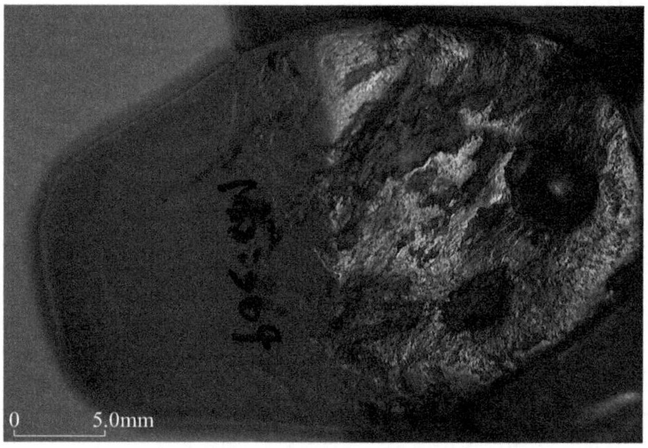

图 6　羊首（M5：364）局部可见密集的毛孔

青白色基质、颗粒均匀细腻、微透光以及油脂光泽明显等特征，将其定为新疆籽料证据还是较为充分的。此外，油脂光泽明显且带有明显糖色的怪鸟（M5：393），含榍石的龙纹璧（M5：1031）、器座（M5：492）、柄形器（M5：565）等也可能是新疆料。

据目前所知，岫岩料其实包含了透闪石和蛇纹石两大类。而当今宝石学界俗称的岫玉仅仅指蛇纹石[①]。但细玉沟一带亦出产透闪石质河磨料。此次检测的透闪石质玉器中也有部分玉器具有较为典型的岫岩料特征，其中以草芽萌发的黄绿色调最为醒

① 张蓓莉：《系统宝石学》，地质出版社，2006 年。

目，比如戚（M5：560）、璜（M5：895）、璜（M5：1020）、柄形器（M5：1084）、管（M5：1241）、管（M5：1303）、箍（M5：1248）、钩形嵌片（M5：1434）、璇玑改制而成的佩饰（M5：562）、鱼半成品（M5·：882）、勾云形佩（M5：948）等。

甘肃料是近些年提及的一种玉材，以马衔山和马鬃山为代表。主要特征包括布丁石结构、斑晶及节理发达、蚂蚁脚沁斑以及糖色发达等。此次检测的玉器中也有部分玉器具有以上特征，比如环（M5：339）、刀（M5：476）、虎（M5：358）、马（M5：362）、鸟（M5：431）、鸟（M5：472）、有领环（M5：488）、柄形器刻刀（M5：554）、戚（M5：585）、圭（M5：950）、琮（M5：997）、戈（M5：1013）等。

除上述三类之外，还有一类不似上面任何一类，推测可能为未知的地方料。比如环（M5：911）、芯（M5：914）、圭（M5：462）、圭（M5：919）等。

对于《殷墟妇好墓》中认为是岫岩玉以及独山玉的4件标本我们特意进行了检测，经仪器检测，其中的3件管（原报告称为器嘴形饰，编号分别为M5：11 、M5：12、M5：13）为白云石大理岩，非岫岩玉。编号为M5：14的戈为方解石大理岩，而非独山玉。

综上所述，可知至迟在晚商时期，我国已存在玉石之路，并且传播线路不仅一条，西玉东传与北玉南传都曾可能发生。

妇好墓玉器的科学分析与探讨

王　荣[1]　王昌燧[2]　唐际根[3]　杜金鹏[4]　辛爱罡[5]　赵明辉[6]

（1. 复旦大学文物与博物馆学系　2. 中国科学院大学考古学与人类学系
3～6. 中国社会科学院考古研究所）

一、引　　言

殷墟妇好墓玉器自 20 世纪 70 年代出土以来，以其数量较大、造型丰富、纹饰精美、工艺复杂而受到广泛关注，学者们从多个领域开展了一些研究工作。不过材质研究领域的工作并不多，尤其是科学分析工作。仅张培善先生 1982 年对 15 件玉器进行了测试分析①，于平和王金霞等在 2015 年 11 月对 51 件玉器进行了测试分析（于平等研究了 8 件，王金霞等研究了 44 件，双方均对 M5：1120 透闪石柄形器进行了研究）②。与此同时，复旦大学玉器组也对 91 件妇好墓玉器进行了无损研究，其中 7 件透闪石玉器与于平、王金霞等的工作重合。现将这批玉器的初步研究认识整理如下，并就玉器火燎祭祀的相关问题进行探讨。

二、研 究 方 法

因在中国社会科学院考古研究所进行测试分析，故采用的仪器均为便携式无损分析设备，主要包括积分球形分光测色计、拉曼光谱仪和 X 射线荧光光谱仪。

便携式积分球形分光测色计是美国柯尼卡美能达公司生产的 CM-2300d 型测色计，测试出土玉器颜色的 $L^*a^*b^*$ 值以及相对光泽度（以下简称光泽度）值。$L^*a^*b^*$ 色彩模

---

① 张培善：《安阳殷墟妇好墓中玉器宝石的鉴定》，《考古》1982 年第 2 期。

② 中国社会科学院考古研究所、北京艺术博物馆、首都博物馆、河南博物院：《王后·母亲·女将——纪念殷墟妇好墓考古发掘四十周年（玉器篇）》，科学出版社，2016 年，第 216～247 页。

型是由明度 L^*（Luminosity）和有关色彩的 a^*、b^*等三个要素组成。L^*表示颜色的亮度，值域由 0 到 100；a^*表示从红色至绿色的范围，b^*表示从黄色至蓝色的范围，值域都是由 +120 至 −120。其中 +120 a^*是红色，逐渐过渡到 −120 a^*变为绿色。同理，+120 b^*是黄色，−120 b^*是蓝色。该项颜色数值是对肉眼观察颜色特征的定量表征。

便携式拉曼光谱仪系美国必达泰克公司生产的 I-Raman，激光波长为 785nm，分辨率为 $4cm^{-1}$，光谱范围 65-$3200cm^{-1}$。本次拉曼测试的物镜倍数为 20×，积分时间设置为 10s，用于分析玉器的材质和结构。

便携式 X 射线荧光光谱仪（X-ray Fluorescence Spectrometer，简称 XRF）系德国布鲁克公司生产的 Tracer III-SD 型仪器，该仪器使用帕尔贴恒温制冷硅漂移探测器（Silicon Draft Detector，简称 SDD），其窗口使用铍（Be）膜。X 射线管使用铑（Rh）靶，最高激发电压可达 45kV，并可连接便携式真空装置，以保证镁（Mg）、铝（Al）等 X 射线发射能量较弱的元素信号不被空气吸收。本次 XRF 测试的电压为 40kV，电流为 30μA，用于分析玉器的化学成分。

三、材 质 分 析

（一）透闪石—阳起石 $[Ca_2(Mg, Fe^{2+})_5Si_8O_{22}(OH)_2]$

由附表 1 可知，91 件玉器中，透闪石—阳起石质玉器的数量达 80 件。按照原色（也称原生色和本色）和材质两方面对 80 件玉器进行分类研究。

1. 原色分类

借助放大镜、光学显微镜和透射光等设备对玉器的原生色进行综合判断，可将原色分为绿色调（70 件）、白色调（8 件）和黄色调（2 件）。

（1）白色调（8 件）

白色调可以分为两种：白色和黄白色，其 $L^*a^*b^*$和光泽度值汇总如表 1 所示，举例如（彩板三四，2、3）所示。

表 1　白色调玉器的 $L^*a^*b^*$ 及光泽度数据

编号	器名	L^*	a^*	b^*	光泽度	颜色
M5：364	玉羊头	46.33	−2.96	2.07	27	白色
M5：393	玉怪鸟	51.58	−0.78	−0.3	22	
M5：419	玉牛	43.85	−0.75	2.74	20	
M5：999	玉琮	50.24	−1.71	1.62	31	
M5：1297	圆棒形玉饰	61.05	−1.52	3.41	6	
M5：506	柄形器	73.28	−2.1	17.21	39	黄白色
M5：1256	鱼形璜	64.62	−0.61	22.01	19	
M5：1257	鱼形璜	64.34	−0.72	19.86	16	

由表 1 可见：白色和黄白色的差别在于黄白色调的 b^* 值较高，达到 17；而白色调的 b^* 值在 4 以下。

（2）黄色调（2 件）

M5：500 玉铲形器和 M5：504 玉戈的颜色均属于黄色调，其 $L^*a^*b^*$ 和光泽度值见表 2。（彩版三四，4、5）显示 M5：504 玉戈的表观特征，借助透射光可以判断玉器的原色，透光的下方区域对应（彩版三四，4）的黄色区域，表明该件玉器的原色是黄色。

表 2　黄色调玉器的 $L^*a^*b^*$ 及光泽度数据

编号	器名	L^*	a^*	b^*	光泽度
M5：500	玉铲形器	63.53	2.51	32.56	44
M5：504	玉戈	63.3	2.84	29.41	29

表 2 可见：两件玉器的 b^* 值均达到 30 左右，因而呈黄色调。

（3）绿色调（70 件）

绿色调颇为丰富，大致可分为四类：浅绿色（34 件）、绿色（11 件）、黄绿色（19 件）、深绿色（6 件），如（彩版三五，1～4）所示，其 $L^*a^*b^*$ 和光泽度值见表 3。

表 3　绿色调玉器的 $L^*a^*b^*$ 及光泽度数据

编号	器名	L^*	a^*	b^*	光泽度	颜色
M5：1303	玉箍形饰	45.79	−5.98	10.4	18	浅绿色
M5：455	玉纺轮	47.36	−3.04	6.29	48	
M5：977	玉戈	57.49	−14.14	28.64	64	绿色
M5：481	玉矛形器	55.68	−2.93	30.68	37	黄绿色
M5：1101	玉小系璧半成品	30.74	−2.71	3.66	22	深绿色

由表 3 可知：黄绿色玉矛形器比绿色玉戈的 a^* 和 b^* 值高；深绿色半成品的明度值 L^* 较低，b^* 值也较低。

2. 材质分类

将 80 件透闪石—阳起石质玉器的 XRF 数据进行半定量分析，结果显示仅（彩版三五，5～7）所示的 M5：583 玉戈、M5：1048 和 M5：1049 玉器座饰的铁（Fe）含量高，其镁（Mg）铁比值分别为 0.818、0.865、0.868，均小于 0.9，表明这 3 件玉器的材质属于阳起石，而其余 77 件玉器的材质属于透闪石。结合颜色分类可知，并非颜色深的透闪石—阳起石质玉器的铁含量一定高，即颜色和铁含量不成绝对的正比关系。

（二）大理岩或方解石 {[$CaCO_3$ 和 $CaMg(CO_3)_2$] 或 $CaCO_3$}

11 件非透闪石—阳起石质玉器中，6 件属于大理岩或方解石类，呈绿色调和白色调。其中 M5∶12 和 M5∶13 器嘴形玉饰属于白云石质大理岩（黄白色和黄绿色），M5∶14 玉戈属于方解石（白色和绿色），M5∶59 圆管形玉饰属于透闪石质大理岩（白色），M5∶79 器盖属于方解石质大理岩（白色），M5∶86 穿孔石球属于透闪石质方解石（白色）。由（彩版三五，8～10）可见，M5∶12 偏黄绿色与较高的铁、锰（Mn）和钛（Ti）等过渡金属元素相关，尤其是铁元素。

（三）孔雀石 [$Cu_2(OH)_2CO_3$]

（彩版三六，1）显示：M5∶42 系蛙造型，绿色调。蛙头结构致密、隐晶质，有环状条带；颜色分布无规律，条带处深浅交替，中间部位深浅绿色杂糅在一起。其 XRF 图谱显示：该样品的主要元素是铜（Cu）元素。综合以上分析表明：该玉蛙的材质是孔雀石。

（四）玛瑙（SiO_2）

（彩版三六，2）显示：3 件玛瑙器均呈红色调。M5∶1521 玉珠的透明度最高，其拉曼图谱的荧光背景最低，因而 $465cm^{-1}$、$128cm^{-1}$ 和 $208cm^{-1}$ 峰位明显；而 M5∶1332 玉珠和 M5∶1304 玉管的透明度较弱，拉曼图谱的荧光背景高，减弱了特征峰位的信号。拉曼图谱的变化显示玛瑙结构受到了破坏，结合透明度的相应降低，几件玛瑙器是否可能经过加热过程？有待进一步研究。

（五）绢云母 [$K(Al, Fe, Mg)_2(Si, Al)_4O_{10}(OH)_2$]

（彩版三七，1）显示：M5∶1231 玉管呈绿色调，结构致密，隐晶质；可见解理面闪光；有黑色、褐色团状物质，并有开放性裂隙。其拉曼图谱中，$97cm^{-1}$、$192cm^{-1}$、$260cm^{-1}$、$409cm^{-1}$、$700cm^{-1}$、$747cm^{-1}$ 是其特征峰位，与拉曼数据库（RRUFF）的 R050198 图谱相近，可知玉管材质为白云母。结合该样品的丝绢—油脂光泽，可定为绢云母。

四、次生程度及成因分析

（一）次生程度

次生程度按照次生体积占玉器总体积的比例进行估算划分，0% 未次生，0～5% 微次生，6%～30% 轻度次生，31%～60% 中度次生，61%～80% 重度次生，81%～100% 强烈次生。91 件玉器的次生程度见附表 1，统计如表 4 所示。

表 4　妇好玉器次生程度统计表

材质＼次生程度	未	微	轻度	中度	重度	强烈	合计
非透闪石—阳起石	5	3	2	0	1	0	11
透闪石—阳起石	0	9	39	25	4	3	80
合计	5	12	41	25	5	3	91

表 4 显示，未次生的 5 件器物全部为非透闪石—阳起石材质，包括玛瑙（3 件）、孔雀石（1 件）以及方解石质大理岩（1 件，M5：79 石器盖）。M5：13 器嘴型玉饰（白云石质大理岩）、M5：14 玉戈（方解石）和 M5：1231 玉管（绢云母）微次生，M5：12 器嘴型玉饰（白云质大理岩）和 M5：86 穿孔石球（透闪石质方解石）轻度次生，M5：59 圆管形玉饰（透闪石质大理岩）重度次生。

透闪石—阳起石玉器中，超过一半属于微次生和轻度次生，近三成中度次生，4 件玉器重度次生，3 件玉器强烈次生。

（二）次生成因——自然受沁成因

1. 受沁黄化、褐化、黄褐（褐黄）化

（1）黄化

由（彩版三七，2）可见：M5：1424 玉鸟的黄色区域的磷（P）、钙（Ca）、铜等元素均较玉质区域高，可能来源于外来沉积物以及接触的青铜器。这些元素很难形成黄色，而铁元素含量无变化，因此推测黄色可能与三价铁相关。

（2）褐化

由（彩版三七，3）可见：M5：932 玉虎的褐色区域的铁、铜元素均较玉质区域高，表明褐色区域受到土壤和青铜器的双重作用。

（3）黄褐（褐黄）化（纺织品沁）

（彩版三八，1）上排左图显示 M5：482 玉戈的面貌，上排右图显示纺织品在玉戈表面沉积渗透形成的经纬交织的黄褐色痕迹。采用拉曼光谱对这些痕迹进行分析，结果显示除透闪石峰位外另有 1310cm^{-1}、1382cm^{-1} 和 1598cm^{-1} 等 3 个峰位，属于无定形碳的特征峰，表明黄褐色沁痕是与纺织品接触引起的。

2. 受沁黑化

（彩版三八，2）中 M5：1325 玉钺残件的 XRF 图谱显示：黄色区域的铁、锰元素含量高，而黑色区域的汞（Hg）含量高。（彩版三八，2）上排右图显示黑色区域和朱

砂常常交织在一起，表明汞与朱砂关系密切。殷墟发现的与汞物质相关的黑色沁不仅丰富了对黑色沁成因的认识，也将此现象的考古实证上溯到商代晚期，不过汞是来源于朱砂，而非单质汞，此论证过程将另著文阐述。

3. 受沁白化

由（彩版三九，1）可见：M5：515 玉虎已经全器强烈白化，完全不透光。其拉曼图谱显示：123cm^{-1}、190cm^{-1}、225cm^{-1}、267cm^{-1}、673cm^{-1}、928cm^{-1} 等峰位是透闪石矿物的特征峰位，表明白化玉虎的材质仍为透闪石，只是由于玉质结构疏松导致拉曼光谱的荧光效应增加。

4. 受沁蓝化

（彩版三九，2）显示：M5：977 玉戈的蓝色区域比绿色区域的铜元素含量高，表明蓝色区域的呈色与青铜器接触相关。

（三）次生成因——人类行为成因

作者有关玉器火燎祭祀实证研究的英文论文已经对妇好墓玉鹦鹉的火烧证据进行了详细论证①，因此本文不再赘述，仅对火烧造成的次生色进行分类和描述。

1. 火烧黑色

由（彩版三九，3）可见：M5：353 玉鹦鹉的拉曼光谱仅 672cm^{-1} 峰位，其余峰位因荧光背景高而被掩盖，显示黑色区域的结构虽受到了破坏，但仍为透闪石。1332 和 1584cm^{-1} 系无定形碳峰位，这是造成黑色的原因所在。结合该件玉器的整体面貌及结构遭受破坏，可以认为黑色是玉器在火烧过程中有机物炭化所致。

2. 火烧（黄）褐色和灰白色

由彩版四〇可见：M5：445 玉戈的灰白色区域拉曼图谱中 327cm^{-1}、394cm^{-1}、670cm^{-1}、1013cm^{-1} 峰位是透辉石矿物的特征峰位，而（黄）褐色区域拉曼图谱中 223cm^{-1}、674cm^{-1} 峰位是透闪石矿物的特征峰位。讨论部分列举了透辉石矿物是由透闪石矿物受热后形成的几点证据，排除了透辉石是透闪石伴生矿物的可能性，因此（黄）褐色和白色是火烧形成的。（黄）褐色区域的受热温度不够，所以仍为透闪石矿物，不过结构已受到破坏，处于透闪石向透辉石转变的中间状态。该项研究认识已经用于广东省博物馆和中国社会科学院考古研究所策划的“玉鸣锵锵——商代王后妇好墓玉器特展”。

① Rong Wang, Chang-sui Wang, Ji-gen Tang. A jade parrot from the tomb of Fu Hao at Yinxu and Liao sacrifices of the Shang Dynasty. *Antiquity*, 2018, 92(362).

五、讨　论

（一）妇好墓玉器的材质特点

将张培善、于平、王金霞和本文对妇好墓玉器的分析结果汇总如表 5 所示，目前为止共有 141 件经过了科学检测分析，其中透闪石—阳起石的比例最大，达到了 86%，此外还有玛瑙（玉髓）、大理岩、方解石、白云石、磷灰石、孔雀石、绿松石、叶蜡石、天河石、白云母（绢云母）和萤石等十余种材质。按大类可以分为硅酸盐{包括链状结构(透闪石—阳起石)、层状结构[叶蜡石和白云母（绢云母）]以及架状结构（天河石）}、碳酸盐（大理岩、方解石、白云石、孔雀石)、磷酸盐（绿松石、孔雀石)、氧化物（玛瑙)、氟化物（萤石）等五类，显示玉材利用的多样性。

表 5　妇好墓玉器材质分析汇总表

材质 \ 研究者	张培善（1982 年）	于平、王金霞等（2016 年）	王荣	合计	硬度[①]
玛瑙（玉髓）	1 串珠（不统计）		3	3	6.5～7
透闪石—阳起石	10（只统计 3 件）	46	73	122	6～6.5
天河石		1		1	6
绿松石	1			1	5～6
磷灰石	1（含水铜矿物）			1	5
萤石		1		1	4
孔雀石	1	1	1	3	3.5～4
白云石			1	1	3～4
方解石				1	3
大理岩	1（硅质）（不统计）	1	5	5	3
白云母（绢云母）			1	1	2～3
叶蜡石		1		1	1～2
总数	15（只统计 6 件）	51	84	141	

注：张培善先生检测的样品只有 4 件有正式编号（M5：1438 透闪石玉箍、M5：1439 透闪石玉箍、M5：1511 透闪石玉瑗、M5：1302 孔雀石龟）。1 串玛瑙珠可能与王荣检测的 1 串 3 件玛瑙珠重合。其余 10 件自编号样品中，只有绿松石器和磷灰石器与其他学者不重合，而其余 8 件样品可能重合，无法考证。鉴于此，在总数统计中只计入 6 件。

从摩氏硬度上看，6～7 的有玛瑙（玉髓）、透闪石—阳起石和天河石等氧化物和链

① GB/T 16553—2017《珠宝玉石・鉴定》，2018 年 5 月 1 日实施。

状及架状硅酸盐矿物。6～3 之间有绿松石、磷灰石、萤石、孔雀石、白云石、方解石和大理岩等磷酸盐、氟化物和碳酸盐。而小于 3 的主要有白云母（绢云母）和叶蜡石的层状硅酸盐矿物。

从颜色上来说，绿松石、孔雀石、磷灰石、萤石、天河石、绢云母等均可呈绿色调，这与透闪石—阳起石的主体绿色调是相近的，表明绿色调是商晚期玉材使用的特点。

从器型上来说，透闪石—阳起石的使用范围非常广泛，包括礼仪器、装饰器、实用器等；而大理岩、方解石和白云石常用于制作玉戈、玉管、玉饰、器盖和穿孔石球等，孔雀石常用于制作蛙、龟、人等，白云母（绢云母）、天河石和叶蜡石常用于制作玉管等，萤石常用于制作玉箍（类似玉管），绿松石常用于制作动物等，磷灰石用于制作块状物等，玛瑙（玉髓）常用于制作珠等，可见除大理岩、方解石和白云石的用途广泛外，其余八种非透闪石—阳起石材质常用于制作装饰类器物。

（二）妇好墓玉器的次生变化特点

出土玉器呈现的颜色分为两部分：一部分为玉料的颜色，包括玉料次生色；另一部分为玉料成器之后形成的颜色，也称玉器次生色。次生色是次生作用的一种肉眼可见的最显著特征。次生作用是指玉料或玉器在地上或地下，因风化、老化而使其发生变化的一切作用，包括物理作用、化学作用以及生物作用，常改变玉料或者玉器的物理性质和化学性质。在玉器领域，常用次生色来表征次生作用的结果。一般来说，玉料次生色的判定比较困难，但两种情况较易判断：一为巧雕玉，玉料次生色常作为玉器造型或者纹饰的一部分；二为玉料次生色和后期加工的纹饰存在明确的先后关系。玉器次生色的判定相对容易，可以借助出土位置、周遭接触物质等信息加以判断。

由“次生分析”可知，91 件妇好墓玉器的次生色有白色、黄色、褐色、黄褐（褐黄）色、蓝色、黑色等几种（参观“玉鸣锵锵——商代王后妇好墓玉器特展”时，肉眼观察到不少玉器上有次生绿色和铜锈，因此绿化也是存在的且与青铜器接触相关），其机制包含入土后的自然受沁（风化）作用和入土前的人为火烧成因。自然风化造成的白化与玉质结构疏松相关，黄化、褐化和黄褐（褐黄）化主要与铁元素富集以及接触的纺织品等相关，蓝化、绿化与铜元素富集相关，黑化与朱砂来源的汞物质富集相关。

人为火烧主要形成黑色、黄褐色以及灰白色。作者曾对透闪石—阳起石玉和蛇纹石玉的火烧过程和机制进行了综述[①②]，结果显示透闪石玉受热的变色过程为先变黑、变黄或褐，再褪色变白，蛇纹石玉的变色过程也为先变深，再褪色变白。两者的差别在于透闪石变深、变白的温度可以在材质开始转变的温度之前，而蛇纹石变深、变白的

① 王荣：《中国古代透闪石—阳起石玉器白化机制研究述要》，《文物保护与考古科学》2017 年第 4 期。
② 王荣：《中国古代蛇纹石玉的白化机制研究述要》，《文物保护与考古科学》2016 年第 1 期。

温度均发生在材质开始转变的温度之后。变黑的原因在于火烧过程中玉器所含有机质的炭化，变黄或褐的原因在于火烧过程中二价铁氧化为三价铁，褪色变白的原因在于随着火烧温度的升高铁含量减少以及结构变得疏松。

（三）妇好墓玉器的火燎问题探讨

1. 自然受沁和人类火烧之讨论

目前的研究揭示，玉器次生色包括白化、黑化、绿化、蓝化、黄化、褐化等，白化主要与玉质疏松相关，但也与碱性环境下钙盐沉积渗透形成的“钙化”相关，此点已另撰文阐述①；其余次生色主要与（过渡）金属离子致色相关。上述成因常被认为是自然受沁所致，虽然也有学者根据透闪石或蛇纹石玉在火烧过程中的色变现象提出火烧形成次生色的可能②，但是这种看法主要基于模拟实验。目前仅四川三星堆出土玉器存在火烧现象的孤例，但仍缺乏更多的实物资料佐证，因此这个问题一直悬而未决。

学者们很早就关注玉器火烧及其社会动因。1982 年，汪遵国先生认为江苏常州寺墩 M3 号墓的玉器经过了火烧，“玉璧中一件碎为数块的达 21 件，而其中的 13 件又有明显的经火烧过的痕迹；玉琮中分为两截或两半的仅 5 件，也有 8 件有明显的经火烧过的痕迹。从玉璧碎裂的痕迹看，似大多皆同火烧有关。在穿孔斧中也有 3 件（M3：45、M3：86 和 M3：94）有因火烧而碎裂的痕迹。有火烧痕迹者带褐色”。汪先生进一步认为：“上述这些现象，说明在葬地曾举行某种殓葬的宗教仪式。其过程是：先于死者葬地的头前和脚后铺上各十余件玉璧，然后放火燃烧，等火将灭未灭时，将死者安放于葬地，再围绕四周放置玉琮，并在头前脚后放置陶器和其他玉石器，而将最好的两件玉璧摆在死者的胸腹之上，最后覆土掩埋。”然而到了 1991 年，上述“火烧”的认识被否定，理由是：“当初认为此墓的许多玉琮、璧和石斧留有明显的火烧痕迹，21 件破碎的玉璧大多与火烧有关，并推断在安葬死者之前曾举行过火烧墓地和部分随葬品的敛葬宗教仪式。然而能将玉璧烧裂的火，当然会将地表烧成坚硬的烧土层，但在墓底未见烧土面，玉琮、璧和石斧上的所谓火烧痕迹当与某种物化反应有关，玉璧的碎裂不是因火烧所致。原来推断安葬时曾举行火烧墓地的宗教仪式的看法是值得商榷的。”③

其后的上海福泉山遗址出土的白化玉器数量达 520 件（粒），占总量 789 件（粒）的 65.9%，且年代越晚所占比例越高，黄宣佩先生认为这种规律现象应是人为火烧所致，而不是入土自然受沁的缘故④。江西新干大洋洲商墓出土的破碎成多块的玉璧和玉戈，其性

① 王荣、唐际根、何毓灵、王昌燧：《殷墟透闪石和蛇纹石玉器自然白化现象研究——兼谈重识“钙化”现象》，《南方文物》2018 年第 3 期。

② Rong Wang. Progress Review of the Scientific Study of Chinese Ancient Jade. *Archaeometry*, 2011, 53(4).

③ 方向明：《中国玉器通史·新石器时代南方卷》，海天出版社，2014 年，第 179～180 页。

④ 黄宣佩：《良渚文化玉器变白之研究》，《上海博物馆集刊》（第 10 期），上海书画出版社，2005 年，第 357～364 页。

状差别颇大，彭适凡先生认为可能是自然受沁所致，但有学者认为可能是火烧所致。①

至历史时期的商代，四川三星堆仁胜村墓葬出土的61件玉器中，有一件蛇纹石化白云岩涡旋状器97GSDgM21：5，其拱面一侧直径0.6～1.2厘米的圆窝似被火烧过，推测与占卜有关②。商王朝统治核心区域的殷墟花园庄M54号墓出土的玉器，凡个体大、形制规整的玉礼器皆严重受沁，已基本失透，颜色多为黄褐色或灰白色，荆志淳、唐际根先生推测这批玉器入土之前，有人曾将其火烧，以期获得某种特定的颜色或缘自祭祀活动的具体程序③。

上述有关人类火烧和自然受沁的讨论一直延续至今，主要原因在于无法提供玉器火烧的实物证据，使得不少学者对是否存在玉器火烧这一行为存疑。妇好墓玉器存在火烧的直接证据，使得有必要对中国早期玉器的疑似火烧证据进行重新梳理。

2. 玉器火烧证据研究难点

透闪石和蛇纹石在火烧过程中均会伴随着颜色改变现象，先变深，如黑色、黄褐色或褐色以及白色。具体说来，蛇纹石矿物在500℃以上时开始发生材质转变：先生成镁橄榄石，随着温度的增加，依次生成非晶质顽火辉石和晶质顽火辉石。这一过程会伴随着颜色改变现象，先变深（≤600℃）再退色变白（≥700℃），即蛇纹石的火烧变色过程在材质转变温度之上（>500℃）才能发生。

透闪石矿物的受热过程相对复杂，其火烧过程伴随着有机质的炭化、二价铁氧化为三价铁、铁含量减少以及结构变得松脆等，分别对应于变黑、变黄或褐、退色变白的颜色变化过程。若铁含量高，则最后不易退色变白，而呈黄或褐色调，这是阳起石和透闪石的不同之处。值得注意的是，透闪石—阳起石矿物的颜色改变发生在材质开始转变温度之前（700～900℃），因此采用物相分析手段得出的材质结果仍为透闪石或者透闪石转变为透辉石的中间状态，这在以往是很难用科学数据准确表征的，妨碍了对玉器是否火烧的判定，产生了如上文所列举的两种观点的讨论。

3. 透灰石来源——火烧和伴生

透辉石一般形成于透闪石之前，透闪石和透辉石可能伴生，因此透闪石玉中存在透辉石是可能的，所以妇好墓玉器上发现的透辉石来源存在火烧和伴生两种可能。本文作者已经通过透辉石在玉器上呈现的“规律性”分布特征详细论证了透辉石并不是伴生的，而是火烧加热形成的，且不同颜色区域反映受热程度的不均匀，表明妇好墓玉器是在一个较开放的环境中火烧的④。Zschaechner用示温计记录了灌木丛火堆的温度

① 彭适凡：《新干古玉》，典藏艺术家庭股份有限公司，2003年，第156～158页。

② 四川省文物考古研究所三星堆遗址工作站：《四川广汉市三星堆遗址仁胜村土坑墓》，《考古》2004年第10期。

③ 中国社会科学院考古研究所：《安阳殷墟花园庄东地商代墓葬》，科学出版社，2007年，第375～376页。

④ Rong Wang, Chang-sui Wang, Ji-gen Tang. A jade parrot from the tomb of Fu Hao at Yinxu and Liao sacrifices of the Shang Dynasty. *Antiquity*, 2018, 92 (362).

范围——540～980℃[①]。吉莱斯皮（Gillespie）报道了未强制通风的篝火堆温度至少在700℃以上[②]。科尔曼等也认为在大火中木材的燃烧温度可以超过800℃[③]。类似的温度数据颇多，近期我们的一项露天堆柴火烧模拟实验显示，十组样品在1～5小时的火烧过程中，平均温度范围分布在673～850℃，最高温度可达1251℃。外部有风环境可使温度升高200℃，具体实验过程将专文阐述。上述分析表明商人火燎祭祀可能采用的木材堆（柴火堆，类似篝火）的温度可以超过透闪石的开始转变温度（700～900℃），因此在火烧玉器的局部范围内生成透辉石是完全可能的。同时，由于玉器在开放环境下受热不均匀，其表面的受热程度不同，形成的颜色等特征也不相同，如图16玉戈的黑色、黄色或者褐色以及黄白色等。

4. 火烧目的——燎祭和颜色

既然妇好墓玉器经过了火烧过程，那么火烧的目的非常值得关注。“国之大事，在祀与戎”，祭祀是古代国家最为重视的仪式，商代已有玉器作为燎祭祭品的明确记载。例如，《屯南》2232卜辞记载“其裸瀧，玉其焚”，《甲骨文合集》14735正的卜辞称“甲申卜，争贞：燎于王亥，其琡。甲申卜，争贞：勿琡”。后一组卜辞从正反两个方面卜问燎祭王亥时，是否应以玉戚为祭品。甲骨文中的燎，可写作，似火上架柴燔烧之形。这就是说，所谓燎祭，即以燔烧祭品的方式进行的祭祀活动，既然玉为燎祭的祭品，其曾经燔烧自在情理之中。

除了燎祭之外，火烧的目的还可能是为了获取所需的颜色，如“癸巳卜：子，惠白璧肇丁。用”（《花东》37）；“甲子卜：乙，子肇丁璧罘琡。惠黄璧罘”（《花东》180）；“乙亥：子惠白圭爯。用。惟子见（献）”（《花东》193）；“丙卜：惠玄圭爯丁，亡珥”（《花东》286[④]）。上述文献显示祭祀时使用了黑圭、黄璧、白璧和白圭等，而这些颜色在妇好墓玉器中是不多见的，是否存在通过火烧玉器获得所需的黑色、黄色和白色呢？此外，荆志淳和唐际根推测殷墟花园庄54号墓中个体相对较大、形制比较规整的与礼仪相关的17件玉器（矛、戈、戚、圭、璧、环等），它们的黄褐色和灰白色可能是有意识火烧获得的。

借助妇好墓火烧玉器的实物分析，黄褐色和灰白色的分布是没有规律的，因而获得所需颜色的观点是不成立的。依据甲骨文的记载，可推知这批玉器火烧的目的是为了祭祀。

---

① Zschaechner G. Studying rangeland fire effects: A case study in Nevada. In Rangeland Fire Effects: A Symposium: Proceeding of a Symposium Sponsored by Bureau of Land Management and University of Idaho at Boise, Idaho, November 27-29, 1984. 1985: 66-84.

② Gillespie A, Huenke J, Wasserburg G. Verification of prehistoric campfires by ^{40}Ar-^{39}Ar analysis of fire-baked stones. *Journal of Archaeological Science*, 1989, 16 (3).

③ 科尔曼、科泰著，江良游、朱政贤、戴澄月，等译：《木材学与木材工艺学原理》，中国林业出版社，1991年，第146页。

④ 姚萱：《殷墟花园庄东地甲骨卜辞的初步研究》，首都师范大学博士学位论文，2005年，第12～13页。

5. 燎玉种类

甲骨文记载了一些火燎用玉的种类①②：

丙戌卜，殻贞：燎王亥圭。贞：勿圭，燎十牛 《合集》11006 正
甲申卜，争贞：燎于王亥，其琡。甲申卜，争贞：勿琡。
《合集》14735 正
己丑卜，殻贞：燎三小宰又□人，琡□三□… 《合集》15058
丁卯贞：王其爯琡，燎三宰，卯□□牢祖乙 《合集》32420
庚午贞：王其爯琡于祖乙，燎三宰……乙亥酒。(王)爯琡于祖乙，燎三宰，卯三大(牢)。兹用。 《合集》32535
丁卯贞：王其爯琡、珥……燎三小宰，卯三大牢于□? 《合集》32721
丙寅贞：王其爯琡，乙亥燎三小宰，卯三大牢。 《合集》34657
甲辰卜：惠戈。兹用。甲辰卜，䡅(？)惠戚、三牛。 《屯南》783
惠兹戈用。O惠兹戈用。O惠兹戚用。O惠兹戚用。
《屯南》2194+《屯南》3572

由上述文献可知，琡(戚)、珥、圭、戈等曾作为燎玉使用。本次研究确认的戈可以与甲骨文记载相印证，但玉鹦鹉等尚未在甲骨文中找到记载，表明用于燔祭的玉器类型是多样化的，至少包含“装饰器”和“礼仪器”等，从实物角度丰富了关于玉器火燎祭祀的认识。

六、结语及展望

采用无损分析设备对 91 件妇好墓玉器进行了研究，结果显示，透闪石玉器的数量有 77 件，阳起石玉器 3 件，其他 11 件玉器的材质为大理岩、方解石、绢云母、孔雀石、玛瑙(玉髓)等。透闪石—阳起石玉器中 70 件原生色为绿色调，其余 10 件为白色和黄色调。结合其他学者的工作，目前已对 141 件妇好墓玉器进行了科学分析，还检测出天河石、绿松石、磷灰石、萤石和叶蜡石等材质，显示玉材利用的多样性。这些非透闪石—阳起石玉器多用于制作装饰类器物且也多呈绿色调，显示绿色是商晚期用玉的主色调。

透闪石—阳起石玉器发生了次生变化，主要包括白化、黑化、黄化、褐化、黄褐(褐黄)化、蓝化和绿化等，原因不仅包括自然受沁，还包括人为火烧。具体说来，自然受沁的白化与结构疏松相关，黑化与朱砂来源的汞物质相关，黄化、褐化和黄褐

① 陈剑:《说殷墟甲骨文中的“玉戚”》,《历史语言研究所集刊》(第七十八本)(第二分)，2007 年，第 407～427 页。

② 喻燕姣、方刚:《中国玉器通史·夏商卷》，海天出版社，2014 年，第 13～28 页。

（褐黄）化主要与铁元素及接触的纺织品相关，蓝化、绿化与青铜器的铜元素有关。火烧过程中有机质炭化使得玉器呈现黑色，二价铁氧化为三价铁使得玉器呈现黄褐色，铁含量降低及结构疏松使得玉器退色呈现灰白色。

透闪石玉在火烧过程中由于局部温度达到材质的转变温度，因而部分灰白色区域的材质变成了透辉石。值得关注的是，透辉石仅分布在玉器表面的灰白色区域，且由表入内含量减少，结构也依次呈透辉石、透闪石转变为透辉石的中间状态以及透闪石，这种规律的分布特征排除了透辉石是伴生矿的可能性[①]。火烧玉器表面同时分布黑色、黄褐色和灰白色表明玉器受热不均匀，火烧是在开放性环境中进行的，其目的不是为了获得所需的颜色，而是为了祭祀，这与甲骨文的记载是一致的。该项研究不仅为甲骨文记载提供可靠的实物证据，还丰富了甲骨文中有关燎玉种类的认识。

以往一些疑似火烧的玉器无法得到确认，其主要原因在于透闪石在火烧过程中未转变为透辉石，而处于透闪石转变为透辉石的中间状态，这种中间状态是以前很难用常规科技方法进行有效判定的，导致 80 年代至今一直存在着人类火烧成因和自然受沁成因的讨论。下一步的工作除完善类似火燎的模拟实验外，还将重点建立透闪石至透辉石的中间转变状态的有效判别方法，期望能应用于甄别受热温度（程度）低的大量出土玉器，然后结合甲骨文记载实证探讨早期玉器火燎祭祀的源流、用玉和礼乐制度等相关问题。

附表　91 件妇好墓玉器分析汇总表

编号	原器名	新器名	材质	原色	次生色	次生程度
M5：12	残玉管	器嘴型玉饰	白云石质大理岩	黄绿色、黄白色	白色、黑色	轻
M5：13	玉管	器嘴型玉饰	白云石质大理岩	黄白色	白色	微
M5：14	玉戈	玉戈	方解石	白色、深绿色、浅绿色	浅褐黄色	微
M5：42	兽头	蛙	孔雀石	绿色、浅绿色		未
M5：59	玉咀（管形）	圆管形玉饰	透闪石质大理岩	浅绿色	白色	重
M5：79	盖	石器盖	方解石质大理岩	白色		未
M5：86	球	穿孔石球	透闪石质方解石	白色、黑色	黄褐色、白色	轻
M5：353	玉鹦鹉	玉鹦鹉	透闪石	浅绿色	褐黄色、褐色、黑色、白色	中
M5：362	玉马	玉马	透闪石	浅绿色	白色、褐色	轻
M5：364*	玉羊头	玉羊头	透闪石	白色	深褐色、白色	轻
M5：385	鸟形刻刀	鸟形玉刻刀	透闪石	浅绿色	白色、褐黄色	中

① Rong Wang, Chang-sui Wang, Ji-gen Tang. A jode parrot from the tomb of Fu Hao at Yinxu and Liao sacrifices of the shang Dynasty. *Antiquify*, 2008, 92(362).

续表

编号	原器名	新器名	材质	原色	次生色	次生程度
M5：393*	玉怪鸟	玉怪鸟	透闪石	白色	黄褐色	轻
M5：413	玉龙	玦形玉虺	透闪石	黄绿色	褐色、褐黄色	轻
M5：419	玉牛	玉牛	透闪石	白色	白色	微
M5：420	弧形玉鱼刻刀	鱼形玉刻刀	透闪石	黄绿色	黄褐色、白色	中
M5：422	玉龙	玉龙	透闪石	浅绿色	褐色、黄褐色、黑色	轻
M5：424	玉龙	玉龙	透闪石	浅绿色	褐色、白色	轻
M5：428	玉鸟	玉鹦鹉	透闪石	黄绿色	黄褐色、褐黄色、深褐色、白色	中
M5：431	玉鸟	玉鹦鹉	透闪石	黄绿色	深褐色、褐黄色、黄褐色、褐色、黄褐色、黑色、白色	重
M5：434	鱼形璜	玉鱼	透闪石	黄绿色	红褐色、褐色	微
M5：445	玉戈	玉戈	透闪石	绿色、褐色、黑色	黄褐色、白色	中
M5：451	玉璧	玉璧	透闪石	深绿色	褐色、黄褐色	轻
M5：455	玉纺轮	玉纺轮	透闪石	浅绿色	白色、褐色、黄褐色	轻
M5：464	玉鹰	玉鹰	透闪石	浅绿色	褐色、白色	轻
M5：466	玉龙	玉龙	透闪石	浅绿色	褐色	轻
M5：478	玉刀	玉刀	透闪石	褐黄色、黑色	褐色、白色	中
M5：481	玉矛形器	玉矛形器	透闪石	黄绿色	黄色、淡褐色、白色	轻
M5：482	玉镰	玉戈	透闪石	绿色	褐黄色、白色	中
M5：488	有领璧	有领玉璧	透闪石	绿色	白色、深褐色、褐色	中
M5：492	底座	玉器座饰	透闪石	浅绿色	黄褐色、深褐色、白色	中
M5：500	玉匕	玉铲形器	透闪石	黄色	褐色、白色	中
M5：504	玉匕（刀）	玉戈	透闪石	黄色	黄褐（褐黄）色、乳白色	轻
M5：506	柄形器	玉柄形饰	透闪石	白色	褐黄色、白色	中
M5：515	玉虎	玉虎	透闪石	绿色	褐黄色、黑色、白色	强烈
M5：562	镶嵌玉片饰	玉璜	透闪石	黄绿色	褐黄色、黑色、白色	轻
M5：583	玉戈	玉戈	阳起石	绿色、黄褐色	白色	轻
M5：872	龙形璜	璜形玉龙	透闪石	浅绿色	深褐色、褐黄色、白色	轻
M5：882	璜形器	玉鱼（半成品）	透闪石	绿色	黄褐色、褐黄色、白色	中
M5：884	玉璜	璜形玉片	透闪石	浅绿色	褐黄色、黑色、褐色、白色	重
M5：895	玉璜	璜形玉片	透闪石	浅绿色	褐黄色、白色	微
M5：899	玉璜	璜形玉片	透闪石	浅绿色	褐黄色	微

续表

编号	原器名	新器名	材质	原色	次生色	次生程度
M5：902	璜形器	玉璜形饰（半成品）	透闪石	浅绿色	深褐色、白色、褐黄色	轻
M5：914	玉圆片	玉纺轮形饰	透闪石	浅绿色	褐黄色、白色	中
M5：932	龙形玉璜	璜形玉虎	透闪石	浅绿色	褐色、白色	轻
M5：942*	玉棒	玉鹰笄首	透闪石	浅绿色	褐色、白色	轻
M5：948*	椭圆形镶嵌饰物	玉佩饰	透闪石	黄绿色	白色、黄褐色	轻
M5：964	钩形玉柄	玉钩形器	透闪石	浅绿色	褐红色、白色	轻
M5：965	鱼形耳勺	鱼形玉耳勺	透闪石	浅绿色	褐色、深褐色、黑色	中
M5：968	大头鱼形玉饰	玉怪鱼	透闪石	黄绿色	黄褐色、褐色	轻
M5：973	玉韘	玉扳指	透闪石	绿色	褐色	中
M5：977	玉戈	玉戈	透闪石	绿色	白色、蓝色、褐黄色、褐色	轻
M5：993	玉鹦鹉	玉鹦鹉	透闪石	淡绿色	黄褐色、白色	中
M5：999*	玉琮	玉箍形饰	透闪石	白色	黄褐色、褐色、白色	轻
M5：1020	玉璜	璜形玉片	透闪石	浅绿色	深褐色、白色、褐黄色	轻
M5：1024	龙形玉璜	璜形玉龙	透闪石	黄绿色	褐色	微
M5：1026	兔形璜	玉兔	透闪石	浅绿色	褐黄色、黄褐色、褐色、灰白色、白色	中
M5：1031	玉圆片	龙纹玉纺轮	透闪石	浅绿色	褐黄色	微
M5：1036*	玉料	玉芯	透闪石	绿色	黄褐色、褐黄色、白色	轻
M5：1048	玉圈	玉器座饰	阳起石	绿色	白色、褐色	轻
M5：1049	玉圈	玉器座饰	阳起石	绿色	白色、褐黄色	轻
M5：1084	柄形器	玉柄形饰	透闪石	浅绿色	褐色、褐黄色、白色	中
M5：1088	柄形器	玉柄形饰	透闪石	黄绿色	褐色、白色	中
M5：1089	玉柄形器	玉柄形饰	透闪石	浅绿色	黄褐色、褐色、白色	轻
M5：1097	玉箍	玉镯形器	透闪石	黄绿色	褐色、黄褐色、黑色	中
M5：1101	半成品	玉小系璧（半成品）	透闪石	深绿色	黑色、白色	轻
M5：1186	玉坠	玉坠饰	透闪石	浅绿色	褐黄色、白色	轻
M5：1194	玉坠	玉坠饰	透闪石	浅绿色	褐黄色、黄褐色、黑色	中
M5：1195	玉坠	玉坠饰	透闪石	浅绿色	褐色、白色	轻
M5：1202	玉坠	玉坠饰	透闪石	浅绿色	褐黄色、黄褐色、深褐色、白色	中
M5：1205	玉隧	玉坠饰	透闪石	黄绿色	深褐色、褐色、黄褐色	微
M5：1208	玉坠	玉坠饰	透闪石	浅绿色	黄褐色、褐黄色、深褐色	轻

续表

编号	原器名	新器名	材质	原色	次生色	次生程度
M5：1231	玉管	玉管	绢云母	绿色	浅褐黄色	微
M5：1240	玉坠	玉坠饰	透闪石	浅绿色	深褐色、褐黄色、褐色	中
M5：1241	玉坠	玉坠饰	透闪石	黄绿色	褐黄色、深褐色、褐色、白色、黑色	轻
M5：1246	玉管	玉管	透闪石	浅绿色	黄褐色、白色	轻
M5：1248*	玉琮	玉臂饰	透闪石	黄绿色	褐色、黄褐色、白色	轻
M5：1256	鱼形璜	玉鱼（半成品）	透闪石	白色	褐黄色、褐色、黑色	中
M5：1257	鱼形璜	玉鱼（半成品）	透闪石	黄白色	黄褐色、淡及深褐色	中
M5：1290	玉兽面（弧形）	玉兽头	透闪石	淡绿色	黄褐色	轻
M5：1297	圆棒形饰	玉柄形饰	透闪石	白色	白色、深褐色	轻
M5：1299	兽面纹玉饰	玉兽面形饰	透闪石	绿色	黄褐色、褐黄色、白色	重
M5：1303	玉箍	玉箍形饰	透闪石	浅绿色	褐黄色、黄褐色、白色	轻
M5：1304	玉管	玉管	玛瑙	红色		未
M5：1325	残玉圭	玉钺残件	透闪石	浅绿色	黄褐色、深褐色、白色	强烈
M5：1332	玉珠	玉珠	玛瑙	红色		未
M5：1424	玉鸟	玉鸟	透闪石	绿色	深褐色、褐色、黄色	强烈
M5：1430	玉穿山甲	玉兽残件	透闪石	绿色	黄色、深褐色、褐黄色、黄褐色、白色	重
M5：1434	角形玉片	角形玉饰	透闪石	黄色	褐黄色	微
M5：1437	弯锯齿形玉片	边角玉饰	透闪石	黄绿色	深褐色、白色	微
M5：1449	勾形器	角形玉饰	透闪石	黄绿色	白色、蓝色、黄褐色	轻
M5：1521	玉珠	玉珠	玛瑙	红色		未

注：1. 原器名参考原始发掘记录。新器名参考中国社会科学院考古研究所、广东省博物馆：《妇好墓玉器》，岭南美术出版社，2016年；

2. 标记 * 的 7 件样品（M5：364、M5：393、M5：942、M5：948、M5：999、M5：1036、M5：1248）与于平和王金霞的研究结果重合，故在表 5 中未重复计入。

妇好墓玉器的艺术成就

刘允东

（山东工艺美术学院人文艺术学院）

《考工记》云："天有时，地有气，工有巧，材有美，合此四者，然后可以为良。"按照古人的理念，一件好的作品，必定要与具体的时间、特定的空间、精美的材质与巧妙的构思相关联，此四者合则为良。妇好墓出土的玉器是商代玉器中的翘楚，其特定的风格与材质、工艺技术、当时的思想意识有着密不可分的关系，也正是物质、技术与意识形态三者之间的互动，才产生了妇好墓玉器这批独特的艺术品。

一、妇好墓玉器的分类

发掘者按照用途，将妇好墓出土的801[①]件玉器分成礼器、仪仗、工具、生活用具、装饰品和杂器六类。《安阳殷墟出土玉器》认为采用粗略的分类法可能更合适，并分为五大类——礼器类、工具日用具类、兵器类、玩赏器和装饰品、杂器[②]。台湾学者如那志良先生将出土古玉与传世品统统纳入到文献记载的体系，并按用途分成十类——礼器、符节器、服饰器、镶嵌器、丧葬器、兵器、乐器、像生器、简册、一般器。上述分类方案基本上属于功能性分类。鉴于古代玉器用途的不确定性，特别是玉器随时间及空间变化而呈现动态变动的特点，按照用途对器物划分并不合适。刘森淼指出了上述分类的不足，并主张按器物形态进行分类，从而将殷墟出土的玉器分为七类——柄形器、有刃器、管环状器、锥形器、容器、像生器、其他类[③]。荆志淳等在对花园庄东地M54出土玉器进行研究时，亦提出一种描述性的分类方案，将其分成武器工具形

---

① 《殷墟妇好墓》报告中列出宝石器47件，本文按照广义玉器概念将其一并统计进玉器总数。同时翻检发掘报告得知，发掘者少统计了工具类一件，同时将两件石人计入玉人组，实际玉器数量为754件，加上宝石器47件，共计801件。

② 唐际根、何毓灵、岳占伟：《殷墟玉器的发现与研究》，《安阳殷墟出土玉器》，科学出版社，2005年，第X页。

③ 刘森淼：《殷代玉器的类型学观察》，《文物考古文集》，武汉大学出版社，1997年，第129页。

器、环形器、柄形饰、玉管和其他[①]。

从器物用途的角度看，玉器的实际功能难以断定，同一类玉器可能会有着多种不同的用途，难以按某一标准进行准确归类；从器物形制看，玉器的形制有规范者，亦有不规范者，许多器物可能在某些形态上有共性，一种器物也会兼具多种不同形态特征，单纯按某一标准分类，亦存在难以区别或交错现象。因而，玉器分类宜采取粗略的分类思维。参照前人的分类观点并结合妇好墓出土玉器的实际情况，妇好玉器可以分为有刃器、管环状器、像生器、柄类器、锥状器和其他类（表 1）。

表 1　典型商墓出土玉器类别统计表

墓葬 / 器物类别	妇好墓	花园庄东地 M54	大洋洲	郭家庄 M160
管环状器	354	173	674	7
像生类器	197	10	6	6
有刃器	118	29	7	9
柄类器	46	2	4	8
锥形器	32	6	1	1
其他	54	2	62	2
合计	801	222	754	33

有刃器主要包括各种带刃的器物，如戈、圭、镰、锛、铲、刀、刻刀等器物，共计 118 件。

管环状器类，包括璧、环、瑗、纺轮、管、珠、琮、玦、镯等。玦可视为有缺口的环；璜为璧或环的 1/3 或 1/2，也可归入此类。总数量为 354 件。

像生器，主要包括玉人，现实动物类，如虎、牛、鹿、羊、龟、螳螂、鸮等；幻想动物如龙、凤、怪鸟等。共计 197 件。

柄类器，包括柄形器、器柄等，共计 46 件。

锥状器指一端成锥状的条状器物，如笄、锥等，共计 32 件。

其他类，如耳勺、梳、簋、盘等少见而不能纳入以上类别者，均归此类，共计 54 件。

需要说明的是，这种分类并不完美。按此种标准，仍有部分器物难以断定归属，如一些动物形璜及玦等。虽然这一类器物在造型方面兼具了像生器和环状器的特征，但就用途来讲，这类器物跟素面璜和玦应该并没有实质性差别，实属同类器，归到管环状器类中也未尝不可。同时，报告中提到的一些刻刀，分类难度较大，不易处理，其用途也难以断定，此次分类，将其统一归类到柄类器中。

妇好墓出土玉器中，管环类器占据了玉器总量的近一半，比例相当高。这种情况与其他商代墓葬中的情况类似。但是不同的是，像生类器的占比同样很高，达到 1/4，

① 荆志淳、唐际根、何毓灵、徐广德：《商代用玉的物质性》，《殷墟与商文化——殷墟科学发掘 80 周年纪念文集》，科学出版社，2011 年，第 91 页。

这种情况在其他的商代墓葬中并不常见。如新干大洋洲墓葬中管环状器占绝对优势，而像生类器仅有 6 件。规模与妇好墓相当的花园庄东地 M54 及郭家庄 M160 墓葬，不但玉器总量较少，而且像生类器物的数量都不算多，尤其是缺乏圆雕作品。从器物类别的角度看，妇好墓与其他商代墓葬的随葬玉器有着共同的地方，但自身特色也相当鲜明。

二、妇好墓玉器的艺术特色

妇好墓出土的玉器造型多样，风格鲜明，代表了商代玉器制造业的最高水平。

1. 造型特征

妇好墓玉器不仅数量多，而且造型多样，丰富多变。

首先，管环类玉器比例突出。总计 801 件玉器中，管环类就有 354 件，占据了玉器总量的近一半，比例相当高。通过与花园庄东地 M54、新干大洋洲及郭家庄 M160 等单位进行对比，可以很清楚地发现这一现象并非妇好墓所特有。如新干大洋洲出土玉器 754 件，管环状器多达 674 件，占所有玉器总数的近 90%。由此可知，管环类玉器占比较高是商代玉器随葬中的一般性特征。

其次，像生类器物数量较多且特色突出。虽然管环类玉器是商代用玉的主要类别，但妇好墓中同时出土了 197 件像生类玉器，既包含了诸多现实题材的鹿、兔、鸟、牛、象、人、虎、熊、猴、马、龟、蝉等，也有一些幻想类的动物形象，如龙、凤、怪鸟等。即便是同一种形象，也有不同的表现手法。如龙的形象，既有圆雕的龙，也有片雕的龙。片雕的龙则有以璜为基础进一步雕刻而的，也有以玦为基础再施以镂空雕刻而成的。如龙形玦（M5：473）是在玦的基础之上，通过施加镂空、扉棱、阴线等，将其做成蜷曲状龙形（图 1）。而龙形璜（M5：872）则是在玉璜的基础之上，配合镂空、扉棱、钻孔、阴线等工艺，做成弧形龙（图 2）。需要提及的是，墓中还有一些复合类的形象，较为特殊。如 M5：354 为龙与鸟的组合器，鸟作站立状，背部有一龙，身体上竖，尾内卷，鸟足下面抓着一云状板。

图 1　龙形玦（M5：473）

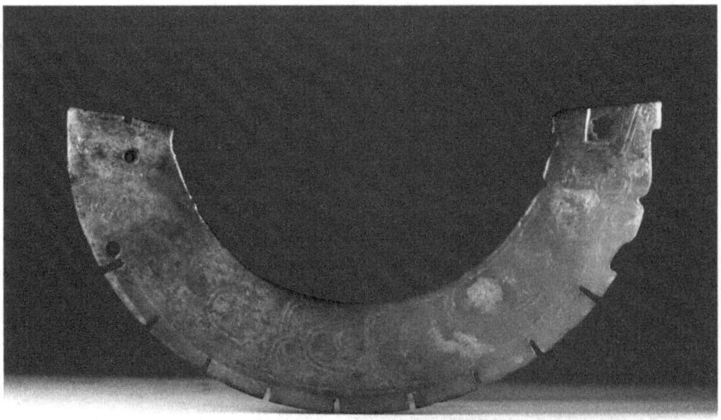

图 2　龙形璜（M5：872）

再次，像生类玉雕多见伏卧姿势。伏卧姿势即卧状、蹲踞状。妇好墓所出的玉雕动物或人物，无论是片雕还是圆雕，常常以一种伏卧姿势呈现。片雕者如玉人（M5：987）、玉虎（M5：991）、玉鹿（M5：983）、玉狗（M5：361），圆雕者如玉人（M5：371）、玉虎（M5：409）、玉牛（M5：410、M5：419）等（图3）。尽管其中的部分作品相对自然生动，处理的极为巧妙，但整体看，这类玉雕似乎受制于外轮廓的限制，而不能自由发挥，给人一种强烈的束缚感。类似的玉雕作品在商代以前较为少见，商代晚期则有突然增多的趋势，反映出此时对这类玉雕有了较大的需求。

图3 玉牛（M5：419）

2. 装饰特征

妇好墓玉器的装饰包含了附件和纹样两大类。附件中常见的有蘑菇角、扉牙、冠及卷云。纹样则有卷云纹、菱格纹、鳞纹、弦纹、回纹、蝉纹等。其中的卷云纹不但使用频繁，而且变化较多，是商代玉器上的代表性纹样。卷云纹一般装饰在像生类器物上，是器物的主体纹饰。此外在龙形玦、龙形璜等器物上也可见到。由于卷云纹是工匠们习用的纹样，其适用范围较广，而要装饰的部位结构不一，因而工匠为了适应装饰部位的形状，往往会对纹样进行适应性改造，形成千变万化的卷云纹形态（图4）。其他的纹饰很少作为主体纹饰出现，通常会与其他的纹样及附件一起构成纹样组合。不同的纹样组合配合浮雕或圆雕技艺，令玉雕作品栩栩如生、肃穆威严。如玉龙（M5：422）的龙身上刻着由菱格纹与三角纹构成的纹饰组合，而龙背上则饰以三角折线纹，整体造型刚直古拙，别具韵味。

图4 各种卷云纹

值得注意的是装饰纹样的施加手法——阴线刻。妇好墓玉器的阴线刻十分发达，种类较多。阴线有单阴线、平行阴线和双阴线勾彻。其中双阴线的利用最为普遍，绝大多数纹样均由这种手法制作而成。由于使用了两条平行的阴线来勾勒线条，使得纹样呈现出阳线的视觉错觉。簋（M5：321）腹部的臣字目、卷云纹，玉人（M5：371）身上的节状纹、蛇纹以及动物身上的鳞纹、菱格纹等均以双阴线形式勾彻。平行阴线主要用于圭器身、戈的内部、鸟的冠饰等部位。

妇好墓玉器来源复杂，有些器物可能并非商代制作，因而在装饰手法上并未见到典型的阴线工艺。如玉凤（M5：350）上翎纹以减地阳刻方式表现，而鹰形笄（M5：942）则用减地阳纹的方式表现鹰的翅膀，显示出与商代常见玉器不同的工艺风格。

3. 雕琢工艺特征

按照雕琢工艺，妇好墓玉器可以分为片状浮雕和圆雕两大类。其中片雕的数量较多，有一定数量的圆雕作品。在中国早期玉器制作阶段，片雕玉器始终是主流，到商代晚期，这种状况依然未变。妇好墓出土的玉器中大多数为片状，特别是璧、环、璜、玦、瑗等礼仪用器，全部采用片雕工艺。而一些像生类器物如鹿、兔、虎、龙等也部分采用了片雕工艺。不过，值得注意的是，墓葬中出土了一定数量的圆雕作品，特别是一些人物及动物形的作品，因料赋形，体现出较为高超的圆雕技艺，由此表明，与之前的玉雕相比，商代晚期的圆雕工艺有了长足进步。

三、风格成因试析

器物风格的成因复杂，既有工艺方面的因素，亦有传统因素，同时与当时的社会环境、主流意识形态及工匠的创作灵感有着千丝万缕的联系。

1. 材料分析

如果参照现代的矿物划分标准，妇好墓中许多“玉器”并非软玉，其材料相当复杂，除了软玉，还有绿松石、孔雀石、大理岩、玛瑙等。可以肯定的是，商代晚期对材料的选择已经有了一定的倾向性。无论是软玉，还是绿松石、孔雀石和玛瑙等都具有色泽柔美，质地细腻等特征。这些矿物的外在特征是先民们选材的重要参照。而透闪石更是因其矿物颗粒细小，结构致密均匀，而具备质地细腻、润泽，韧性较高，硬度较大等物理属性。或许是透闪石的独特物理属性首先吸引了先民的注意，自新石器时代以来，这类矿物成为人们表达宗教热情，象征礼仪规范，宣示财富权威，维系社会关系的重要载体。到商代晚期，人们对矿物的判断已经有了进步，基本上将材质集中在几种珍贵矿物上。2015 年“殷墟妇好墓玉器综合研究”项目组对中国社会科学院考古研究所藏的 168 件“玉器”进行材质检测，其中大理岩 11 件，蛇纹石、孔雀石、白云母、石英岩各 1 件，玛瑙 2 件，其余均为透闪石[①]。

---

① 见本书《妇好墓玉器材质检测研究》一文。

透闪石的莫氏硬度一般为6.0～6.5，加工难度很大。商代晚期已经进入青铜时代，金属工具已经制作并使用，据推测在治玉领域，已经出现了金属砣具对玉料进行加工。即便如此，雕刻一件成品玉器要花费较多的人工，因而单件玉器上凝结的人工成本相当巨大，这无疑加重了玉器的珍稀程度。

透闪石在商代晚期成为表达礼仪规范、身份象征的主要材质。不但源于其特殊的物理属性，还源于其获取的难度系数较大。

尽管对玉料来源的判断尚未形成一套行之有效的方法，但可以肯定的是殷墟的玉料来源复杂①。我们认同殷墟玉料来源的复杂性，同时相信新疆料和岫岩料在商代已经被使用②。还有相当的玉器来源不能确定。从妇好墓出土的玉器看，玉料材质差异较大，有些玉质较好，轻微受沁，有些玉质较差，受沁严重。殷墟其他墓葬出土的玉器亦显示“不同器类其材质相差较大”③。其实，无论质地如何，玉料的开采、运输难度都不会减小。一来某些玉矿距离玉器加工地点距离遥远，增加了运输的难度。以和田料为例，安阳到和田的直线距离超过3000千米，在缺乏快捷交通工具及畅通道路网络的商代，完成这一距离本身就是一种挑战，加之其他不可测的原因，和田玉料到达安阳的过程绝不会顺利畅通。据初步观察，妇好墓玉器仅有少量玉器可以达到和田玉的标准，这种判断虽不甚科学，但可在一定程度上说明和田玉在商代数量并不多，暗示出新疆料供应并不流畅，由此突显出商王朝获取优质玉料的难度相当大。二来不论玉矿远近，从矿脉开采玉料的难度较高。玉料特有的物理属性，使得玉矿难以切割。同时受工具材质所限，开采效率不高。商代虽已进入青铜时代，但青铜工具的使用并未普及。从铜绿山铜矿遗址的发现看，商代时期的采矿工具为木铲、木钩、木撮瓢等④。甚至到了加工环节，也经常使用石质工具进行切割。由此可以推知，在玉矿开采环节，青铜工具即使已经使用，也是小概率的事件，因而开采效率可想而知。

玉料特有的物理属性，加之其稀有性及获取难度大，决定了玉器无法充当生产工具及劳动工具，因而其不但不能带来生产生活资料的增加，反而是纯消耗品，玉器的数量越多，其对社会劳动力的消耗越大。通过对玉器的垄断，统治者控制和挥霍着工匠的巨额劳力，这也使得玉器成为贵族阶层用来彰显礼仪规范、体现身份等级、暗示权威的绝佳物质载体。

2. 工艺分析

正是因为玉料的珍稀，商代晚期的玉器加工在保证玉料最大化利用的同时，将各种技术手段施于玉器制作方面。妇好墓玉器的表现形式大致可分为两类，一类为片状

---

① 本书《妇好墓玉器材质检测研究》一文中论述妇好墓玉料至少包括新疆料、岫岩料、甘肃料和不明来源料四类。荆志淳在讨论花园庄东地M54时，也提出玉料来源较为复杂。而在此前的讨论中已经有人明确指出新疆料是其中之一。

② 妇好墓出土货贝6000余枚，其产地位于我国的台湾、南海及阿曼湾、南非的阿果阿湾等地。这说明从安阳一带到中国的东南沿海存在一条通道。那么，新疆到安阳之间也不排除存在交流通道的可能性。

③ 中国社会科学院考古研究所：《安阳殷墟花园庄东地商代墓葬》，科学出版社，2007年，第177页。

④ 黄石市博物馆：《铜绿山古矿冶遗址》，文物出版社，1999年，第106页。

浮雕，一类为圆雕。虽然两类雕塑形式体现出不同的技术路径，但每一种技术路径都有着节省玉料的考虑。

图 5　人形璜与玉料之间的关系

商代晚期的片雕作品，大致先将玉料做成圆饼状，然后管钻出钻芯，形成玉璧。钻芯可进一步钻孔，做成小型玉环或玉玦等器物。玉璧则可以横向分割成有领环状器及普通环状器。进一步地，环状器被分割成玉璜。有了环、璜、玦等几何形器物后，可以根据具体情况进行处理，一些人形璜、鸟形璜、龙形玦、虎形璜就是在几何形器物基础之上的再加工（图 5）。从商代晚期出土的玉器情况看，璧、环、璜类器物数量较多，反映出这种分料模式已经程式化且较为成熟。

鉴于商代晚期这种相对固定的分料模式，许多片状器物的造型有着共同之处，主要表现在外轮廓多以环形或璜形为主。受雕刻形状的限制，商代晚期的工匠们成功地将人物及动物以侧面剪影的形式呈现于几何形器物表面。大量增加的伏卧类形象同样受此种分料模式的影响，在有限的面积上很难将动物设计成站立状，因而采用伏卧姿势无疑是一种更节约的方案。用这类方式制作的器物一方面是商代常用的礼仪用器，可以满足商代贵族的宗教、礼制的需求，另一方面技术的纯熟足以保证较高的成品率，以达到充分利用玉料的效果。

圆雕作品则采取了随料赋形的设计思路。玉料的珍稀使得大块玉料较为难得，因而对玉料的整体利用成为商代工匠们重点考虑的问题之一。由于圆雕作品大多选用籽料，因而作品整体的造型多为圆柱体或立方体，大多属于小型作品，体高多为 4～10 厘米。工匠们需要在玉料的原有形态基础之上进行构思加工，使之成为一件合格的艺术作品。从技术上讲，圆雕的制作较之成熟的片雕更有难度，既要求玉工对于玉料的掌控驾轻就熟，还要求玉工具备较高的技术水准，其中良好的空间感和精湛的雕刻术是保证一件圆雕作品成功的必备要素。从妇好墓出土的圆雕作品看，商代晚期的圆雕的设计与制作已经相当高明。玉人（M5：371）表现的是一个跽坐形象的圆雕，该人物头戴管状冠，身着华丽的服饰。精确的五官，恰当的比例，巧妙的坐姿，展现出商代玉雕工艺的长足进步。殷墟遗址出土的一件玉龟（F11：5），巧妙地利用了玉料的色泽，将头、颈、腹为白色，而背作黑色，十分生动（图 6）。这种利用玉料天然色泽纹理，依色就势而创作作品

图 6　殷墟出土的俏色玉龟

的工艺被称为“俏色”。这类作品的出现是商代晚期玉雕工艺发达的一个例证。

仍需指出的是，尽管商代晚期的圆雕工艺已经展现出一定的技术水准，然而，拥有一定数量的圆雕作品依然是一件极为奢侈的事情，妇好作为商王武丁的“诸妇”之一，所陪葬的圆雕作品不过39件，占全部玉器总数的5%。而这已经是商代墓葬中一次性随葬圆雕作品数量最多的一例了。

3. 主流意识形态分析

玉器是商代整体造型艺术中的一部分，其特征的形成与主流社会意识形态有着密切的关联。从考古发现看，商代晚期的玉器主要承担祭祀、礼制、等级等社会功能。

商代信神祀鬼，因而对祖先和神灵的祭祀是商代社会的重要内容。许多玉器的造型、纹饰都表现出与之相关的主题，具有明显的宗教色彩。妇好墓出土玉器中多见鸟的造型，这种形象可能与传说中的商人图腾有关系。有学者已经讨论了商代宗教和艺术中鸟与人的密切关系，并搜集了相当多的证据①。妇好墓出土的玉鸟中有凤、鹤、鹰、鸱鸮、鹦鹉、鸽、鸬鹚、鹅等形象，需要说明的是由于这些作品并非全部是写实作品，将其与自然界某种具体的鸟进行对应往往陷入两难境地，但是其鸟类的特征则十分明显，因而都可以归入玉鸟系列，但难以确指其种属。除了这些鸟类特征明显的玉器，还有一类玉器值得关注。这类玉器在整体造型上与玉鸟有着近似的特征，又有所不同。如玉人（M5：470）和玉人（M5：518），均侧身，头戴华冠，双臂拳曲于胸前，蹲踞状，脚下有短榫。这与同墓出土的玉鸟（M5：520、M5：598）有着高度的相似性（图7）。巫鸿认为这种形象是从纯粹人像向纯粹鸟像变化的一种中间形态，是“鸟人”或“人鸟”的变体，并没有清晰的界限来区分是人还是鸟②。其下的短榫暗示出其原始的使用状态——插嵌在木座之上，因而其用途可能与商人意识中的图腾崇拜有关。

甲骨文中也有对鸟进行祭祀的记载：

> 贞：方帝。七月。
> 贞：帝鸟一羊、一豕、一犬。
> 贞：帝鸟三羊、三豕、三犬。
> 丁巳卜，贞：帝鸟。　　　　《合集》14360+《英藏》1225

这些卜辞说明了商人对鸟的崇敬，这种崇敬应当与远古时期商氏族以鸟为图腾有关。“一种动物、植物或自然物既被氏族社会奉为图腾，就会自然而然地在心中产生某种敬畏之情。”③

商代已经是等级社会，而且已经建立起一套完备的等级系统。商王是贵族统治阶级的最高首领，也是商朝神权政治的体现者。商王以下的贵族阶层既包括中央王朝的

① 胡厚宣：《甲骨文商族鸟图腾的遗迹》，《历史论丛》1964年第1期；胡厚宣：《甲骨文所见商族鸟图腾的新证据》，《文物》1977年第2期；于省吾：《略论图腾与宗教起源与夏商图腾》，《历史研究》1959年第11期。

② 巫鸿：《礼器艺术的起源》，《礼仪中的美术——巫鸿中国古代美术史文编》，生活·读书·新知三联书店，2005年，第541页。

③ 吕大吉：《宗教学通论新编》，中国社会科学出版社，1998年，第489页。

1　　2　　3　　4

图 7　妇好墓出土的玉鸟与玉人

1. M5：598　2. M5：520　3. M5：518　4. M5：470

王廷贵族，也包括控制地方的方伯、诸侯[①]。贵族阶层是统治阶层，其下则有自由人及非自由人等被统治阶层。等级系统的维护需要借助于一系列的仪式。其中宗教祭祀与政治礼仪活动占据重要地位。因为玉料的物理特性，加之其获取不易，玉器的使用规格较高，一般用于礼仪场合，属于“礼仪美术”系统。甲骨文有“癸酉贞，帝五玉，其三小宰”的记载，用玉进行占卜，体现了贵族阶层对玉器的重视。玉器虽然是一个个工匠制作出来的，其体现的却是一种集体的文化意识，确切地说体现了商代贵族阶层为适应礼仪场合和空间而追求的某种审美标准。故，玉器的造型不仅有着一定的程式化特点，而且其风格特征必须与其具体的适用空间相协调。那些琮、璧、圭、戈、钺、戚等玉礼器继承自前代，有些器物早在新石器时期就已经制作并用于祭祀礼仪场合。这些来自传统的器物在造型上已经基本固定，缺乏大的变化，这种程式化的特点正是为满足当时需求而呈现出的[②]。除了造型方面的程式化之外，纹样的风格亦呈现程式化的特点。对比同时期的青铜器纹样，可以很明显地看出玉器纹样与青铜器纹样的一致性（图 8）。虽然制作工艺并不一样，但是纹样的构成、风格特征的近似，暗示出商代礼仪美术制作中的规范化要求。对器物风格与适用空间匹配的追求，充分体现在了那些伏卧状的玉雕上。前文已述，伏卧状玉雕首先受制于分料模式，其次是追求玉料的节俭，因而其形象虽然不失自然，但给人以压抑感与束缚感，缺乏自由与活力。如果考虑到这些伏卧状的玉器也会以不同的方式参与到祭祀礼仪活动中来[③]，这种风格就更容易理解了——庄严肃穆的场合，充满束缚感的玉雕是统治阶层追求秩序、象征权威的绝佳选择。

① 徐义华：《商代国家与社会》，中国社会科学出版社，2011 年，第 118～124 页。

② 除了几何形玉器，那些动物形象的玉雕与同期青铜器同类形象的接近表明这种程式化已经十分普遍。

③ 妇好墓的发掘报告中提到有装饰品 400 余件，有些是随身佩戴，有些为镶嵌饰物。即便是随身佩带者，也并非单纯追求审美，这些佩饰往往是更为复杂的服饰制度的重要组成部分。

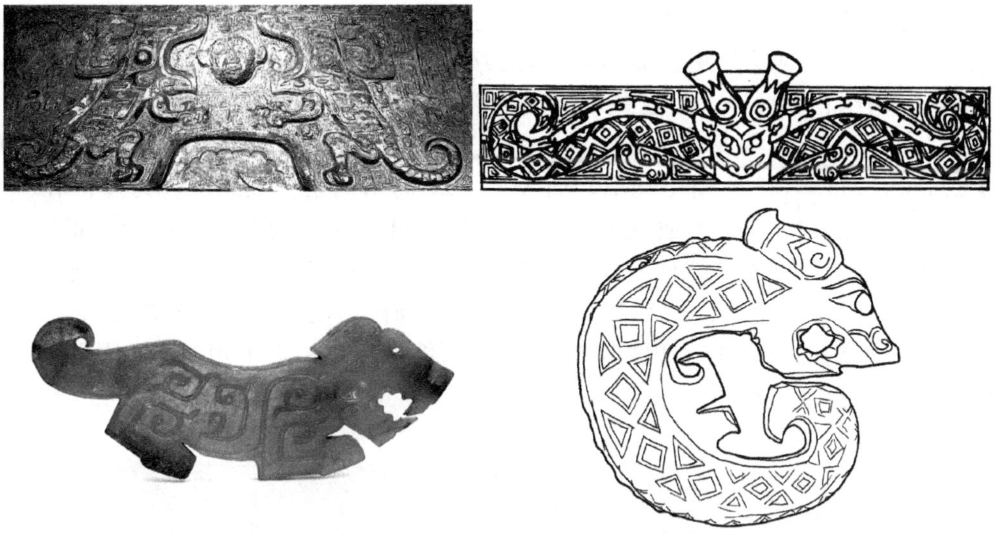

图 8　青铜器纹样与玉器纹样对比

4. 工匠的自主与创新

商代已经出现专门的玉器制作工业，商代卜辞即有“百工”之说，如“癸未卜，又祸百工？”（《屯南》2525）这里的“百工”应该是指王室控制的手工业，而玉器制造业便是其中之一。殷墟小屯村北曾发现过制玉遗址①，证明了独立制玉业的存在。而殷墟发现的工匠墓，表明制玉工匠可能以家族方式从事生产，一些家族在二里头文化时期就从事制玉行业并一直传承到殷墟时期②。

一般认为展现个人品位和才华的艺术家在商周时期并未出现，因而很难说那些精美的作品会体现出多少创作者的个人精神追求与好恶偏好。正如前文所说，由于玉器是集体文化意识的产物，故造型上存在着一定的程式化特点。但这并不能否认工匠在治玉过程中的自主与创新。

研究青铜器装饰的学者认为，商代青铜器的装饰是一个庞杂的系统，由一系列组件构成，这些组件是工匠们按照既定规则学习、使用和组合的基本元素③。这些研究成果对于讨论同时期的玉器造型与装饰同样适用。纵观妇好墓出土的玉器，也可以区分出不同的组件，这些组件包括卷云、三角、菱形、扉棱、蘑菇角、鳞纹、节状纹、回纹等。这些组件的存在保证了工匠们可以制作出风格特征近似的艺术品，也足以保证艺术风格的有效传承。但是具体到某一件玉器，每个工匠对组件的组合及处理方式并不一样，这种不确定性导致了图案系统在一定的限制内的变化与发展。

以妇好墓出土的玉龙为例，我们可以看到在统一样式之下的复杂变化。这些变

① 中国社会科学院考古研究所：《殷墟的发现与研究》，科学出版社，1994 年，第 77 页。

② 见本书《殷墟铁三路 M89 玉匠墓研究》一文。

③ 杰西卡·罗森著，邓菲、黄洋、吴晓筠译：《祖先与永恒——杰西卡·罗森中国考古艺术文集》，生活·读书·新知三联书店，2011 年，第 4 页。

化的重要原因在于工匠对既定组件的自主选择与组合。玉龙的整体样式有璜形、玦形、长条形三种。构成玉龙造型的组件有蘑菇角、尖状角、卷云、獠牙、臣字目、垂鳞、扉棱、勾尾、菱形等。将这些不同的组件进行重组就会生成造型各异的玉龙造型。M5：422 与 M5：424 两龙均为蜷曲状，头尾衔接，张口露齿，两龙的差异主要在角及足的处理上，M5：422 的角更突出，而 M5：424 的角则紧伏在颈上。另外，M5：422 的腹下有两短足，M5：424 则没有。M5：932 与 M5：872 两龙均呈璜形，张口露齿，主要区别在于身上的装饰纹样及尾部的处理。M5：932 背、腹均饰扉棱，尾尖上卷，且部分凿空，身饰卷云纹，而 M5：872 腹部不见扉棱，尾尖以线条刻出上卷，却不凿空，只留一个圆孔。而 M5：473 与 M5：600 两件玦形龙，除了角、上吻及眼不一样，其余均相近（图 9）。

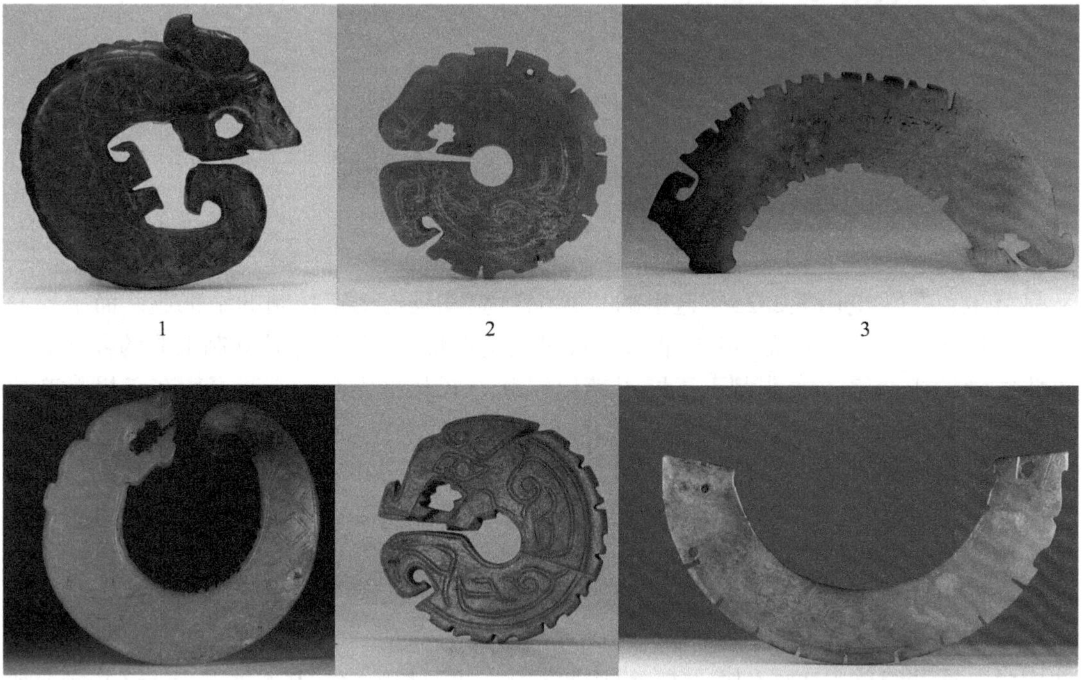

1　　2　　3

4　　5　　6

图 9　妇好墓出土玉龙对比

1. M5：422　2. M5：600　3. M5：932　4. M5：424　5. M5：473　6. M5：872

妇好墓玉器是特定环境的产物，其艺术风格的形成是材料、工艺和意识形态三者互动的结果，体现了艺术品生产过程中物质、技术、思想三者之间的复杂关联。同时，虽然商代的制玉业由王室控制，其造型与纹样需要满足王室的需求，但是制玉工匠在制作过程中并非完全被动，其完全可以按照一定的规范，在有限的范围内进行个人的发挥与创造，从而制作出风格统一，但又姿态多样化的作品。

妇好墓玉雕人像及相关问题

王　苹

（中国社会科学院考古研究所）

殷墟是商代后期的都城，位于河南省安阳市西北郊。1976 年，中国社会科学院考古研究所安阳工作队对殷墟妇好墓（M5）进行了发掘[①]。该墓埋在一座商代房址之下，未遭破坏，墓主人为商王武丁的配偶“妇好”，庙号“辛”，卒于武丁时期。该墓出土各类随葬品十分丰富，共计 1928 件，其中铜器 468 件（未计小铜泡）、玉器 755 件（未计少量残片和有孔小圆片）、石器 63 件、宝石制品 47 件、陶器 11 件、骨器 564 件（未计残损严重的笄头）、象牙器 5 件、蚌器 15 件。此外，还有红螺 2 件、阿拉伯绶贝 1 件、货贝 6820 余个。

妇好墓出土的玉、石人像资料，对研究商代人的发式、服饰以及礼仪姿态均具有重要学术价值。人像的造型特征具有鲜明的时代风格，而某些方面如冠的形态、坐姿等均能在更早的新石器时代文化中找到传承的依据。

一、妇好墓出土玉石人像分析

妇好墓共出土玉、石人像标本 15 件。其中，玉人 13 件、石人 2 件。玉人之中，又包括圆雕人像及人头像 5 件，浮雕人像及人面 7 件，人兽合体头像 1 件。

以上的 15 件人像标本中，根据雕琢工艺的不同，可分为圆雕人像和浮雕人像两种。圆雕人像共 8 件，又可分为整身雕像和头部雕像两类。整身雕像 5 件，分别为 M5：371、M5：372、M5：375、M5：376、M5：377（图 1）。头部雕像 3 件，分别为 M5：534、M5：374、M5：577（图 2）。圆雕人像特征具有较强的写实性，着重表现人物的发饰、服饰，以及面部表情、人体姿势等。浮雕人像共 7 件，也可分为整身雕像和头部雕像两类（图 3）。整身雕像 6 件，分别为 M5：373、M5：518、M5：987、

① 中国社会科学院考古研究所：《殷墟妇好墓》，文物出版社，1980 年。

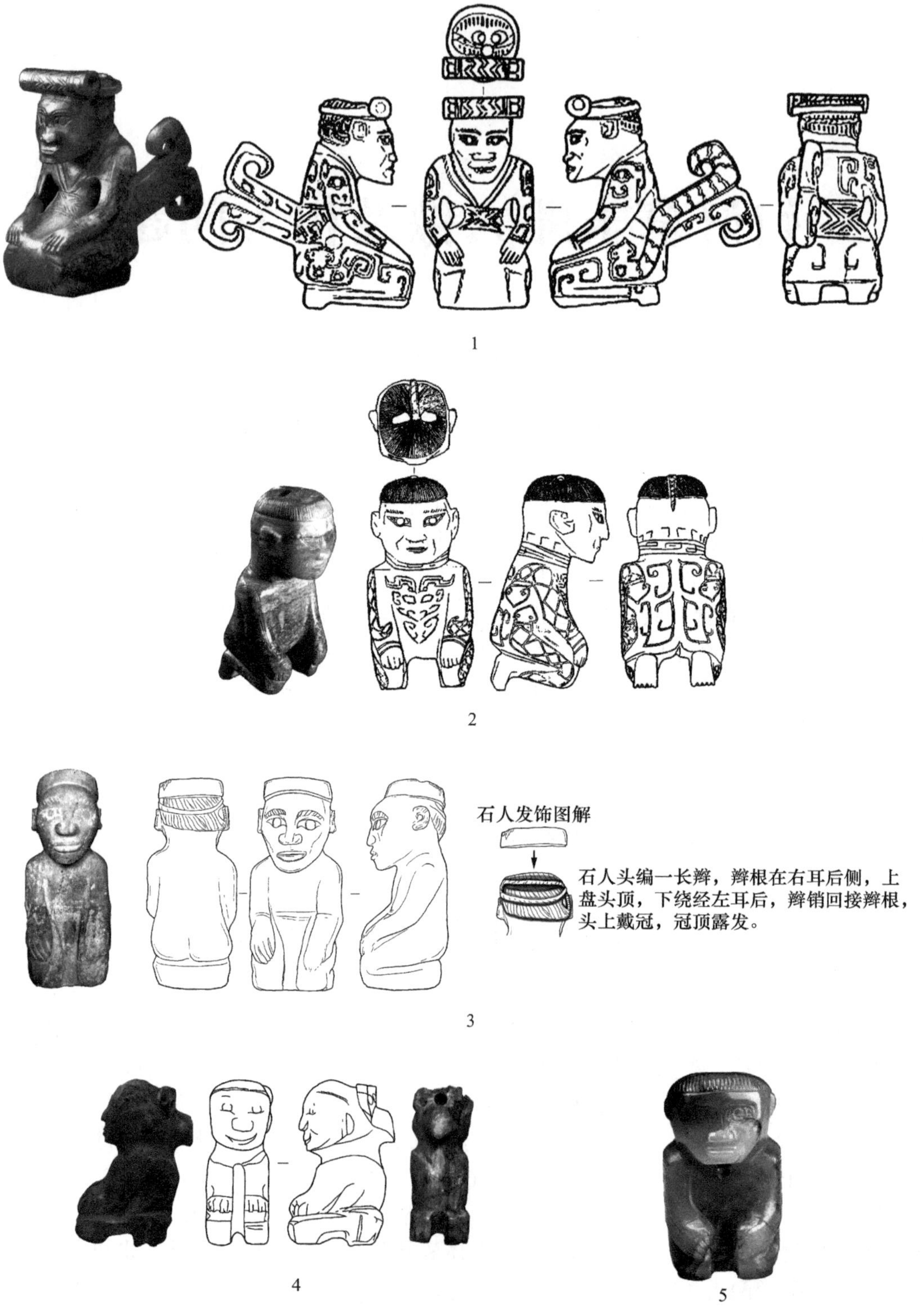

图 1　圆雕整身玉石人像

1. M5：371　2. M5：372　3. M5：376　4. M5：377　5. M5：375

图 2　圆雕头部玉石人像

1. M5：534　2. M5：577　3. M5：374

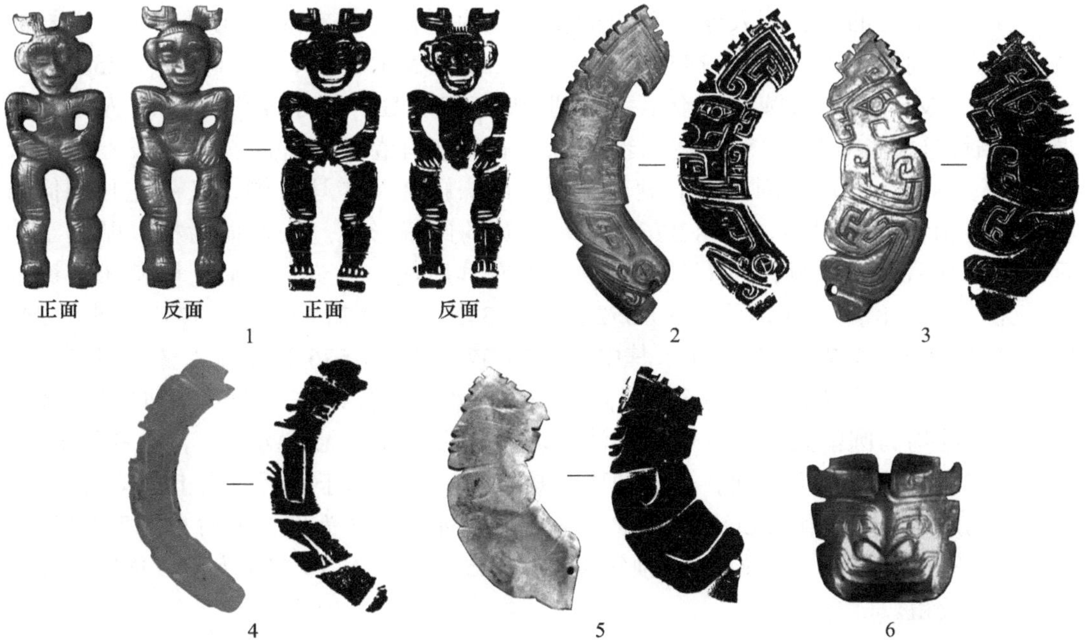

图 3　浮雕整身玉石人像

1. M5：373　2. M5：470　3. M5：518　4. M5：357　5. M5：987　6. M5：576

M5：470、M5：959、M5：357。头部雕像 1 件，为 M5：576。浮雕人像特征具有一定的抽象性，着重表现出冠和人体蜷缩的姿态，用特定纹饰表示人体的特定部位或衣纹。

妇好墓出土的整身人像中，根据姿态的不同，可分为坐姿、跪姿和站姿等三种姿态。以 M5：371 的姿势为例，发掘报告写作“跪坐”。“坐”、“跪”在古代实际代表了两种不同的姿态。坐姿小腿着地，臀部压在脚后跟上，是坐具出现之前较为主要的、正式的休憩的姿态。《说文》：“坐，止也。”跪姿亦为小腿着地，但臀部与双脚却是分离的，跪是礼仪性动作多表示对宗教、祖先、天地、君王、父母等的虔诚、惧怕、尊敬等心理。《说文》：“跪，拜也”。另外，有的文章中把这一类姿态称为“跽坐”，“跽”与“跪”类似，跪姿将起，耸身直腰，谓之“跽”。妇好墓中出土玉、石人像中，属于坐姿的共 5 件，分别为 M5：371、M5：372、M5：375、M5：376、M5：377。这些人像均弯腿曲膝，小腿着地，上身略向前倾或直立，头略向下低，神态安详。属于跪姿的共 4 件，均为片状浮雕人像，分别为 M5：518、M5：987、M5：470、M5：357。这些人像均双腿弯曲，膝部向前，臀与脚呈分离状态，双手曲于胸前。除标本 M5：357 掌部自然张开，掌心向外，其余 3 件均攥拳于胸前，表现出祭拜的礼仪姿态。属于站姿的仅有 1 件，为 M5：373，阴阳合体，一面为男性，另一面为女性。男性直身耸肩，双手放在胯间，膝盖略内屈，胳膊和腿上以细线刻划出肌肉，雕琢手法细腻。女性的形象与男性近似，但眉较细弯，双手置于腹部，有阴部的刻划。关于此件阴阳玉人的文化价值、内涵与寓意等问题有专门的研究文章①，不是本文关注的重点，在此不做赘述。

妇好墓出土的玉、石人像表现出的发饰较为多样，分有冠和无冠两种。有冠的共 6 件，分别为 M5：371、M5：376、M5：518、M5：987、M5：470、M5：357。M5：371、M5：376 为圆雕人像，冠的形状比较清楚，其余 4 件为浮雕人像，只表现出冠的轮廓。M5：371，戴圆箍形冠，冠前连有卷筒状饰。头顶露发丝，梳长辫一条，辫根在右耳后侧，往上盘至头顶，由头顶绕至左耳后侧，又由左耳侧伸向右耳，辫梢与辫根相接。M5：376，戴一较宽的圆箍形冠。头发向后梳，贴垂于脑后，在右耳后侧梳成辫，向上盘至头顶，经左耳后侧，再至右耳后，辫稍压在辫根下。无冠的共 8 件，分别为 M5：372、M5：375、M5：377、M5：373、M5：534、M5：374、M5：577、M5：576。其中，M5：373、M5：576 为浮雕人像，只刻划出发髻的轮廓，发髻位于头顶左、右两侧，髻角向外，左右对称，或为插入的笄状装饰物。其余的均为圆雕人像，发饰较为清楚。可分为有辫和无辫两种。有辫者仅 1 例，为 M5：372，头发向上梳起，在头顶中心梳小辫一条，垂于脑后，辫上似缚有发绳。其余均无辫，有垂髻和头顶短发两种。垂髻者以 M5：377 为例，脑后有下垂的发髻，发髻之上有半圆形的“发饰”。头顶短发者以 M5：375、M5：534 为例，顶留短发一周，发丝较粗。

① 杨红梅：《殷墟妇好墓玉阴阳人文化蕴含初探》，《殷都学刊》2011 年第 3 期。

妇好墓出土的圆雕整身玉、石人像中表现出衣纹的共4件，分别为M5：371、M5：372、M5：375、M5：376。M5：371，身着衣，交领垂于胸，长袖至腕，袖口较窄，腰束宽带，带上有“米”字形纹样。衣下缘似及足踝。衣上施云纹和目形纹，右侧下缘有蛇形纹。腹前悬长条形“蔽膝”，下缘至膝部。似穿方头鞋。M5：372，刻划有衣纹，圆领，窄袖，袖口至手腕部。胸前为兽面纹，后背为云纹，两侧为头部相对的蛇纹，共4条，分别刻划在四肢侧面，左、右对称分布，赤足。M5：375，身部着衣，长袖窄口，衣襟不明显，后领较高，衣下缘及臀部。背后衣服上雕刻有云纹，似着鞋。M5：376，衣纹不明显，只在腹部悬长条形“蔽膝”，下缘至膝部。

以上人像中，根据造型或人物的发饰、服饰及姿态的不同，其使用功能也有差异。具体可分为祭祀类和装饰类两种。祭祀类人像以M5：371为例，坐姿，身部着衣，腰左侧佩一柄状装饰，上端作卷云形，下端弯曲呈蛇头形。柄一面饰节状纹和云纹，与衣纹不连。此件玉人腰后的柄状装饰，较为奇特。发掘报告推测其可能为表示武器或具有某种含义的器物。根据对商代出土器物中类似造型器物的考察，这种所谓的柄状装饰应为龙纹的简化或代表某种飞翔的含义。妇好墓出土绿松石人鸟合体像（M5：377），或亦表达人能够像鸟一样飞翔的意愿。四川省成都市金沙遗址出土的1件青铜龙首浮雕（2001CQJC：506）[①]（图4），龙首张口露齿，上颚前端有两个并列的倒勾形牙齿，其后为一个两侧相向、勾尖外卷的“牙齿”，与妇好墓M5：371人像腰后的柄状装饰物极为相似。铜龙首脑后的勾角，与红山文化“C”形玉龙脑后的勾角相同，均应为表现飞翔的羽翼。另外，在湖北随州叶家山西周墓葬发现的玉器中，也有类似的造型（图5）[②]。如人首鸟身玉佩（M27：120-3），头顶装饰有S形勾角，身后及尾部的羽翼均与妇好墓玉人的柄状装饰物类似；回卷形冠凤鸟（M28：73-A），脑后有卷云状勾角，尾部羽翼亦与妇好墓玉人的柄状装饰物类似。叶家山西周墓地还出土1件红山文化勾云形玉器（M65：146），应为抽象的玉龙造型，器体左上部为简化的龙头，其蘑菇形装饰角与妇好墓出土玉龙头部蘑菇形角极为相似，其上有钻孔示目，身体向内卷曲。妇好墓出土的装饰类人像以M5：518、M5：470为例，片状浮雕。下端呈三角形榫状，上有圆孔，可用于插嵌。

图4 金沙遗址铜龙首（2001CQJC：506）

① 成都市文物考古研究所、北京大学考古文博院：《金沙淘珍——成都市金沙村遗址出土文物》，文物出版社，2002年，第52页。

② 湖北省博物馆、湖北省文物考古研究所、随州市博物馆：《湖北随州叶家山——西周早期曾国墓地》，文物出版社，2013年。

图 5 叶家山西周墓出土玉器
1. 人首鸟身玉佩（M27：120-3） 2. 钩形冠凤鸟（M65：147） 3. 勾云形玉器（M65：146）
4. 回卷形冠凤鸟（M28：73-A）

二、妇好墓人像与红山文化人像关系探讨

红山文化是分布在内蒙古东南部和辽宁西部地区的一支新石器时代文化，距今约6500～5000年。红山文化有发达的史前艺术，人物造像水平高超。红山文化人像主要发现于牛河梁、草帽山、那斯台、兴隆沟等遗址。有陶塑、泥塑、玉雕、石雕等材质。红山文化人像所表现出的诸多因素，如发饰、姿态、功能等方面对分析妇好墓出土人像具有重要的参考价值。

红山文化人像中发饰较为清楚的可分为有冠和无冠两种。有冠的3件（图6），分别为兴隆沟遗址陶人像①、草帽山遗址石人像②、牛河梁遗址女神头像③。兴隆沟遗址出

① 刘国祥：《敖汉兴隆沟发现红山文化罕见整身陶人的经过及意义》，中国考古网，http://www.kaogu.cn/cn/xianchangchuanzhenlaoshuju/2013/1026/40344.html.

② 刘国祥：《红山文化研究》（下册），科学出版社，2015年，第676页。

③ 辽宁省文物考古研究所：《牛河梁——红山文化遗址发掘报告（1983～2003年度）》（上册），文物出版社，2012年，第19页。

图 6　红山文化有冠人像

1. 兴隆沟遗址陶人　2. 草帽山遗址石人　3. 牛河梁遗址女神头像（NIJIB：3）

土的一件整身陶塑人像，泥质红陶，局部施黑彩。陶人头部戴冠，冠顶正中有一圆孔，长发挽起，从圆孔中穿过，并用条带状饰物捆扎，形成横向的发髻。在额顶正中还有一个与发髻平行的长条状饰物，酷似“帽正”。草帽山遗址出土的一件石雕人头像，系用红色细砂岩雕琢而成。头部有冠，面部写实，双目紧闭，口呈闭合状，神态安详，身体部分残缺，仅存颈、胸部上端。牛河梁遗址女神庙内出土 1 件女神头像（N1J1B：3），头顶以上部位略残，额顶有箍饰，鬓角部位有竖行的系带。无冠的有 3 件，一件为牛河梁遗址第十六地点大型墓葬 M4 出土的玉人像[①]，圆雕，头顶呈圆弧状（图 7-1）；另外两件为那斯台遗址采集的石雕人像[②]，为了便于区分描述，分别称之为那斯台遗址石人像 A、B。石人像 A，头顶部从眉弓开始沿前额向上有一微渐隆起的凸

① 辽宁省文物考古研究所：《牛河梁——红山文化遗址发掘报告（1983～2003 年度）》（中册），文物出版社，2012 年，第 405 页。

② 巴林右旗博物馆：《内蒙古巴林右旗那斯台遗址调查》，《考古》1987 年第 6 期。

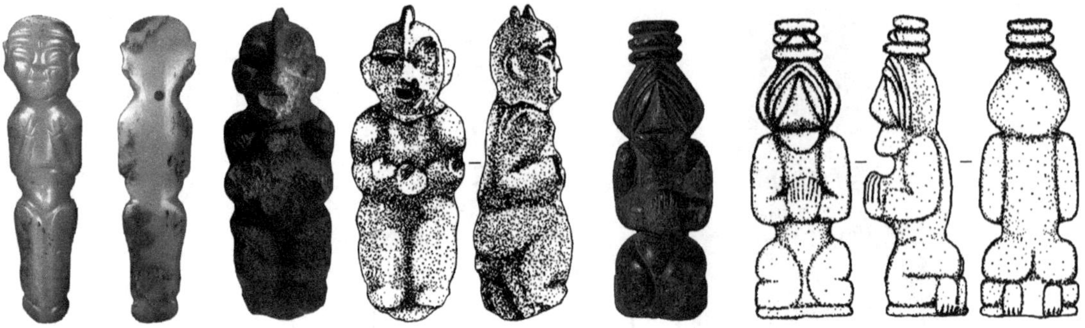

图 7　红山文化无冠人像和那斯台遗址无冠人像

1. 牛河梁遗址玉人　2. 那斯台遗址石人 A　3. 那斯台遗址石人 B

脊，至头顶正中形成两个立起的乳钉状小突，似为发髻（图 7-2）。石人像 B，头部刻划较为夸张，头顶部有三层“相轮”形装饰，似为三重盘状的发髻（图 7-3）。

红山文化人像表现出的姿态可分为坐姿、蹲姿和站姿三种。坐姿像共 2 件，一件为兴隆沟遗址陶人，双腿弯曲，双脚相对，盘腿而坐。双臂自然下垂，臂肘弯曲，双手交叠，右手在上，搭放在双脚上。这种姿态类似后世的跏趺，属于席地而坐，应是一种古老的坐姿。另一件为那斯台遗址石人像 B，双臂弯曲，放置胸前，双手作合掌状，束腰，双腿弯曲，小腿着地，臀部紧贴足后，属于跽坐。与妇好墓出土的跽坐人像的坐姿相同，是目前我国发现的年代最早的跽坐人像实例。蹲姿人像有 1 件，为那斯台遗址石人像 A，两臂弯曲，双手捧于腹前。两腿弯曲呈蹲踞状，臀部以下留有琢磨未尽的石材原状。站姿人像有 1 件，为牛河梁遗址第十六地点 M4 出土的玉人，圆雕，裸体，体形圆厚，整体形态作祈祷状。人体外轮廓线用片切割技术加工，并在颈、腰、踝等关键部位着力打磨，将人体分成头、躯干、腿、足四个部分，各部分转角圆缓，打磨光滑。五官、上肢等细部用阴线雕刻，双手曲于胸前，手指微张，线条宽短而简约。整体造型优美，神态威仪。

红山文化人像的功能是多方面的，以祭祀功能为主，因出土状况的不同，个体之间亦有差异。兴隆沟遗址陶人出土在一座红山文化晚期的房址内，年代约在距今 5300～5000 年，属于红山文化时期生者供奉在室内的先祖形象。牛河梁遗址女神头像出土于女神庙址内，其年代与兴隆沟遗址陶人同属红山文化晚期，是供奉在庙内的神像。二者的不同之处是前者出自红山文化聚落的房址内，后者则出土于红山文化埋葬和祭祀区内的庙址内。牛河梁遗址玉人出土于第十六地点四号大型墓葬（M4），出土于墓主人左侧盆骨外侧，人像的背面在颈部的两侧及颈后对钻 3 孔，呈三通状。根据刘国祥先生的研究结果，该墓葬主人应为红山文化晚期出现的“独尊一人”式的王者①。郭大顺先生认为这是巫者的形象②。草帽山遗址的石雕人头像，出自红山文化晚期的积石冢内，同样具有祭祀功能。那斯台遗址采集的两件石人像，明确出自红山文化

① 刘国祥：《红山文化研究》（下册），科学出版社，2015 年，第 746 页。

② 郭大顺：《红山文化“玉巫人”的发现与“萨满式文明”的有关问题》，《文物》2008 年第 8 期。

晚期聚落内部，应是红山文化时期供奉的先祖的形象。

通过上述分析，我们可以看出，红山文化人像对妇好墓出土人像的影响是多方面的。第一，红山文化束发戴冠的传统对妇好墓出土的人像产生了重要影响，兴隆沟陶人头发盘起，并用绳索捆扎，佩戴发冠。妇好墓出土人像中亦有将头发盘起、戴冠并发现有用绳索捆扎发辫的，足见前者对后者的影响。第二，红山文化人像表现的姿态对妇好墓人像产生了重要的影响，那斯台遗址石人像B，同妇好墓人像的坐姿大体相同，均属跽坐，所不同之处在于前者双手合十，捧于胸前，后者大多双手放置在膝盖上。第三，红山文化人像具有的祭祀功能在妇好墓人像中亦有发现。妇好墓玉人（M5：371），坐姿，腰后佩戴有代表飞翔意义的羽翼状装饰物，其功能来源明显受到红山文化的影响。

红山文化对商王朝产生的影响，还表现在妇好墓出土了典型的红山文化玉器或受到红山文化风格影响的玉器。

妇好墓出土的红山文化玉器包括1件勾云形玉器和2件勾形器。勾云形玉器（M5：948）（图8-1），发掘报告写作椭长形饰，该件勾云形器同红山文化牛河梁遗址发现的1件勾云形器[①]（图8-4）较为相似。根据刘国祥先生《红山文化研究》中对红山文化勾云形玉器的类型划分结果[②]，该件符合D型的特征，具有典型的红山文化风格。

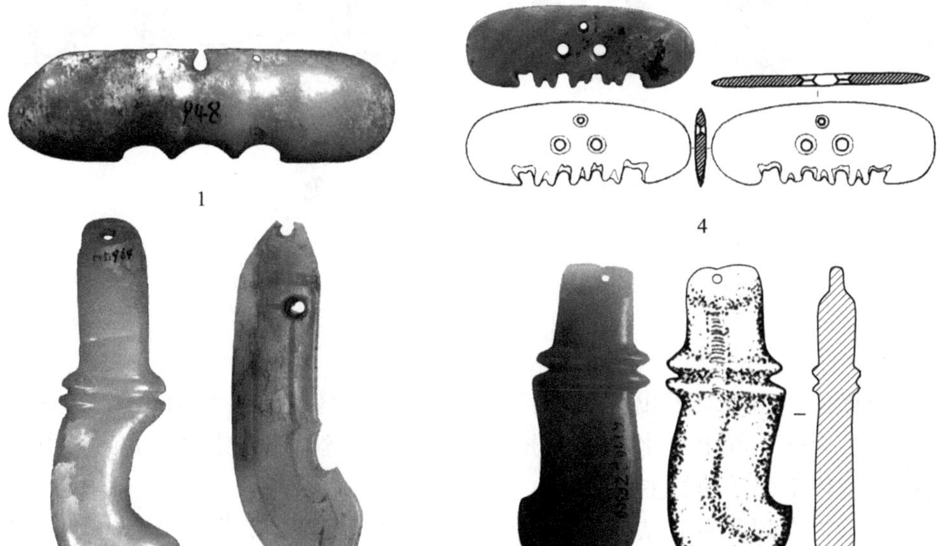

图8　红山文化风格玉器

1. 妇好墓勾云形玉器（M5 ：948） 2、3. 妇好墓玉勾形器（M5 ：964、M5 ：1120）
4. 牛河梁遗址勾云形玉器（N2Z1M9 ：2） 5. 那斯台遗址玉勾形器

① 辽宁省文物考古研究所：《牛河梁——红山文化遗址发掘报告（1983～2003年度）》（上册），文物出版社，2012年，第85页。

② 刘国祥：《红山文化研究》（下册），科学出版社，2015年，第565页。

妇好墓出土的玉勾形器，共2件，形制略有不同。M5：964（图8-2），前段较直，有薄榫，其上有圆孔；后段呈弧形略下弯，似勾状，中部较宽，有一条竖直浅槽。长9.1、后段宽1.9、厚0.5厘米。M5：1120（图8-3），形似刀柄，前端有三角形榫，其上有一圆孔，一端残缺；后端略下弯。两面各刻与器身近似的阴线，前端刻三道阴线。器身一侧近柄端处亦有一孔。长7.3、厚0.4厘米。这两件玉勾形器同红山文化那斯台遗址出土的1件玉勾形器[①]（图8-5）造型相同。

妇好墓中出土的受到红山文化玉器风格影响的玉器主要为圆雕蜷体玉龙，其造型同红山文化玉猪龙近似，二者的区别在于妇好墓玉龙表面阴刻商代典型的装饰性图案（图9）。

1　　2

图9　红山文化风格玉龙

1. 红山文化玉猪龙　2. 妇好墓玉龙

三、结　　语

通过上面的分析不难看出，殷墟妇好墓出土的人像受到了红山文化人像雕造、使用传统的强烈影响。红山文化时期，原始宗教信仰发达，祖先崇拜、龙崇拜发展成熟，这两者同为商代祭祀活动的主要对象。

现有的考古发现和研究结果表明，在红山文化晚期晚段，距今5300～5000年，红山文化发展进入到初级文明社会。其主要标志为："一是以建筑、玉雕、陶塑为代表的高等级技术能力的出现；二是等级制度确立，玉礼制系统形成，特权阶层出现，独尊一人式的王权确立；三是公共信仰和祭祀礼仪系统成熟，以祖先崇拜、天地崇拜、龙图腾崇拜最具代表性。红山文明所揭示出的社会管理体系是神权和王权的统一。以种植粟、黍为主导的成熟的旱作农业体系和发达的渔猎经济传统助推了红山文明的诞

① 巴林右旗博物馆：《内蒙古巴林右旗那斯台遗址调查》，《考古》1987年第6期。

生。"[①]而商代社会则是具备了权衡进入文明社会的三个要素：青铜器、城市和文字，已属于中华文明发展和演进的成熟期。

种植粟、黍，雕琢和使用蜷体玉龙，红山文化与商文化是相同的；耐人寻味的是，商代小麦、水稻已经广泛种植，而商王却主食黍米，以粟（小米）祭祀，这一传统源自何方？无疑是探讨先商文化，准确说是商王朝缔造者祖先来源的重要线索。越来越多的考古证据表明，商王朝缔造者祖先应源自西辽河流域，也正因如此，我们认为形成于距今5300～5000年的红山文明，应为中华文明的重要源头之一。

① 刘国祥：《红山文化研究》（下册），科学出版社，2015年，第772页。

妇好墓出土玉器中的遗玉略论

王　青

（山东大学文化遗产研究院）

1976年在安阳殷墟小屯发现的妇好墓（发掘编号76AXTM5），是目前所知唯一一座未被盗掘的商王室大墓，出土青铜器和玉器等近2000件（组），尤其出土了750余件（组）玉器，是先秦时期随葬玉器数量最多的一座墓，为相关研究提供了重要基础资料[①]。根据这些资料，林巳奈夫先生于1986年首次指出"妇好墓玉器中掺有前代之物"，并通过与其他考古资料的比较甄别出数十件遗玉，年代主要属于大汶口、龙山至二里头时期，包括现在大家熟知的玉凤（M5：350）、勾形器（M5：964）、璇玑（M5：1029）等[②]。受此启发，加上后来出土的可比资料不断增多，学界继续对妇好墓中的遗玉做过一些探讨[③]。近年来，妇好墓出土玉器开始大规模对外展出，尤其2016年，在首都博物馆、山东博物馆和广东省博物馆举办了三场妇好墓出土玉器的专题展览，使研究者可以近距离观察这批玉器实物。首都博物馆和广东省博物馆还出版了高质量的玉器图录，分别收入妇好墓玉器300余件（组）和700余件（组），全面介绍了这批玉器的图像信息，为研究提供了极大便利[④]。其中广东省博物馆图录发表了朱乃诚先生的长文，全面深入研究了妇好墓出土的玉器，尤其集中探讨了其中包含的遗玉，共甄别出武丁前期之前的遗玉200余件[⑤]。这是目前为止研究妇好墓出土遗玉用力最深

---

① 中国社会科学研究院考古研究所：《殷墟妇好墓》，文物出版社，1980年；中国社会科学研究院考古研究所：《殷墟玉器》，文物出版社，1982年。

② 林巳奈夫：《殷墟妇好墓出土玉器若干注释》，《东方学报》（第58册），1986年。

③ 袁永明：《商代西周墓葬中出土前代玉器初识》，《中原文物》2000年第3期；丁哲、李思雨：《后代遗存出土的红山玉器》，《东方收藏》2012年第8期；丁哲：《考古出土改制玉器浅识》，《东方收藏》2014年第1期；高原：《浅论古代改制玉器》，《文物春秋》2014年第4期。

④ 中国社会科学院考古研究所、北京艺术博物馆、首都博物馆：《王后·母亲·女将——纪念殷墟妇好墓考古发掘四十周年（玉器篇）》，科学出版社，2016年；中国社会科学研究院考古研究所、广东省博物馆：《妇好墓玉器》，岭南美术出版社，2016年。

⑤ 朱乃诚：《蛰伏升华，推陈出新——殷墟妇好墓出土玉器概论》，《妇好墓玉器》，岭南美术出版社，2016年。

的成果，为今后的研究奠定了重要基础。

2015 年，杜金鹏先生主持的“妇好墓玉器研究”课题获得中国社会科学研究院“创新工程”立项和国家社会科学基金立项，并于当年秋季在北京组织了妇好墓玉器实物标本的现场考察和检测分析。2017 年 1 月，本项课题的阶段性成果已先期出版图录，发表了 100 件玉器的观测结果和初步认识（包括高清晰特写图像）①。笔者作为该项目子课题的承担者，参加了这次现场观摩，通过仔细观察和分析，并与课题组其他成员做了充分沟通交流，从考察的 100 余件玉器标本中甄别出 28 件前代遗玉。在此基础上又收集相关图录资料及研究成果，对此墓出土的其他遗玉做了概要分析。本文即为此次遗玉实物考察的主要成果②，因为考察的玉器数量比较有限，只能就部分遗玉标本及其反映的相关问题进行初步讨论，谬误之处还请批评指正。

一、遗玉标本辨析

根据笔者的观察和前人的研究成果，辨识出的这 28 件遗玉的文化性质及年代主要属于兴隆洼文化、红山文化、夏家店下层文化、齐家文化、陶寺文化、龙山文化和二里头文化等，地域上主要来自燕山以北地区、西北地区和中原与海岱地区等。

1. 来自燕山以北地区的遗玉

约有 4 件。玉玦（M5：1108），玉质温润细腻，黄绿色，局部可见沁染朱砂的痕迹。体呈圆环形，一侧有窄缺口，断面呈六棱形，缺口处不太规整，线（绳）切割的痕迹明显。直径 3.9、孔径 1.7、厚 0.6 厘米（图 1-1）。玉勾形器（M5：964），玉质温润，浅蓝色，局部有沁斑。以中部的两道凸箍为界，上部为钩状扁圆柱体，下部为扁圆柱状柄，柄的下端有小圆孔。长 9.1、后段宽 1.9、厚 0.5 厘米（图 1-2）。玉勾云形珮（M5：948），玉质温润，黄绿色，局部有褐色沁斑。圆角长条形，上端中央有一小豁口，两侧各有一个桯钻小圆孔，下端中部为三个内凹的弧形缺口，形似横列的锐齿。器身上可见几个横向的柳叶形凹槽，应是经过打磨和再加工、将原有纹饰磨去的遗留。长 6.2、宽 1.9、厚 0.4 厘米（图 2-1）。玉璇玑（M5：1029），玉质细腻温润，呈绿色，局部有沁斑和崩残、切割痕迹。体呈环形，内圆呈梨形，外缘上有 3 个大致等距离分

① 杜金鹏主编：《玉华流映——殷墟妇好墓出土玉器》，中国书店，2017 年。

② 本文讨论的 28 件遗玉的图片多数为笔者在实物考察现场拍摄，少量引自课题组先期成果《玉华流映——殷墟妇好墓出土玉器》一书，妇好墓出土的其他遗玉的图片资料引自《王后·母亲·女将——纪念殷墟妇好墓考古发掘四十周年（玉器篇）》、《妇好墓玉器》和《玉华流映——殷墟妇好墓出土玉器》三本图录。用于对比的其他遗址相关玉器图片多引自考古报告或有关图录，另有部分图片转引自相关论著和图录，不能一一注出。特此说明。

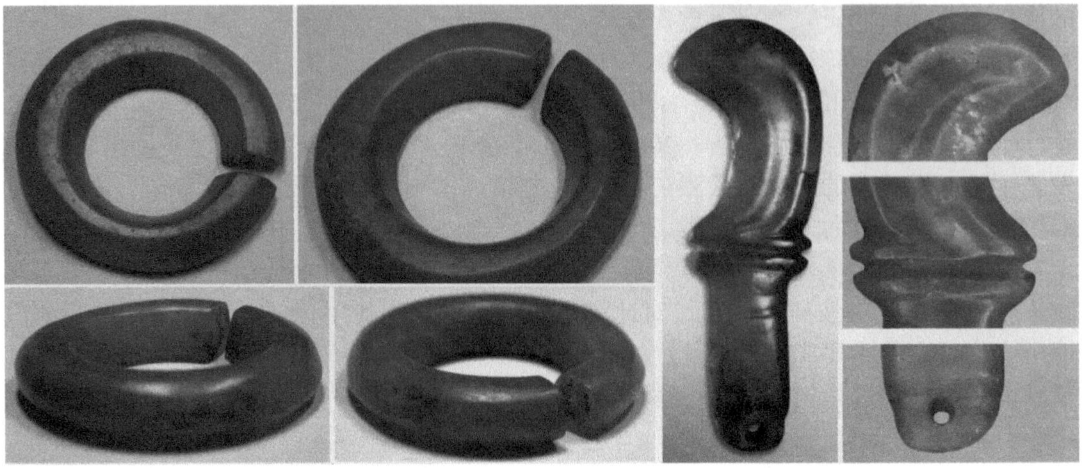

1　　2

图 1　妇好墓出土的燕山以北地区遗玉（一）

1. 玉玦（M5：1108）2. 勾形器（M5：964）

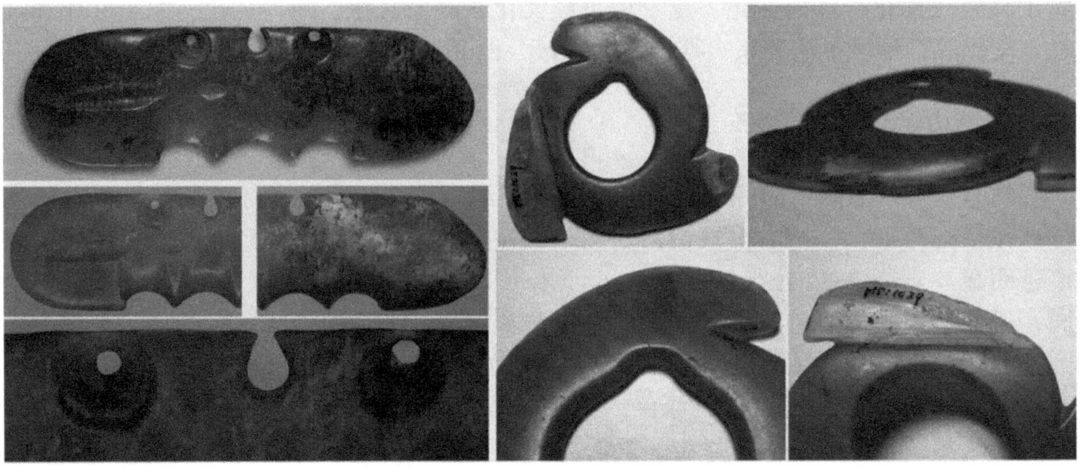

1　　2

图 2　妇好墓出土的燕山以北地区遗玉（二）

1. 勾云形珮（M5 ：948）2. 璇玑（M5 ：1029）

布的机牙，机牙沿同一方向旋转，其中一个机牙遗有明显的片切割刀痕。环体外侧和内侧靠近边缘处，逐渐变薄的趋势比较明显。周缘长径 6.1、孔径 2.3、厚 0.3 厘米（图 2-2）。

以上 4 件玉器的工艺和形制等项特征，大多符合燕山以北地区玉器的特点。如玉玦的环体较粗并呈六棱形断面，内圆为逐渐下陷的盘形大孔，缺口的断面不整齐，应是采用线切技术打口的痕迹。这些都是时代很早的工艺特点，尤其与兴隆洼文化的玉玦很相似，在内蒙古敖汉旗兴隆洼、辽宁阜新查海等遗址都有出土（图 3-1）[①]。而商代的玉玦与这件明显不同，如妇好墓就出有不少新做玉玦，尺寸普遍较大，片状环体的断面呈扁平长方形，且装饰着典型的晚商玉器双钩阴线纹饰，这些都是晚商时期很流行的样式，像玉玦（M5：1108）这种素面粗体小玦基本不见。所以，玉玦（M5：1108）应是一件兴隆洼文化的遗玉。勾形器（M5：964）和勾云形珮（M5：948）这两件玉器，仅就器形就可判断是红山文化的遗玉，在辽宁朝阳牛河梁、东山嘴、内蒙古巴林右旗那斯台等红山文化遗址已多有出土（图 3-3、图 3-5）[②]，是很流行的红山玉器样式，不见或少见于其他考古文化。

但值得注意的是，在夏家店下层文化的大甸子墓地也有类似玉器发现（图 3-2、图 3-4、图 3-6）[③]。大甸子的这些玉器早已引起学界关注，但过去多从工艺和文化的传承上讨论[④]，近年来随着研究不断深入，陆续有学者指出，大甸子这几件玉器应是兴隆洼文化和红山文化的遗玉，而非继承工艺和文化因素制作的新玉[⑤]。笔者对此表示赞同，换言之，妇好墓这 3 件遗玉应是先由夏家店下层文化在当地收集来的，再辗转进入殷墟成为妇好的随葬品。大甸子墓地还出土了 1 件玉璇玑残件，环体靠近边缘处逐渐变薄（图 3-9），另在内蒙古扎鲁特旗南宝力皋吐新石器晚期墓地也出土了 1 件玉璇玑，除了环体边缘逐渐变薄，内圆呈现梨形（图 3-8）[⑥]，与妇好墓玉璇玑（M5：1029）相同。在辽东半岛南部沿海也较多见，如小珠山、四平山等相当于大汶口和龙山时期遗址即有出土（图 3-7）[⑦]。可见，这种形制和工艺的玉璇玑应流行于燕山以北至辽东一带，其他地区尚不多见。综合这些情况，我们认为这件玉璇玑应属于北方草原地带的遗玉，再由夏家店下层文化获得并输入殷墟。

兴隆洼文化、红山文化和夏家店下层文化基本都在燕山以北地区，主要分布于赤峰、朝阳为中心的内蒙古东部和辽西一带，年代都早于妇好墓所在的晚商时期（殷墟文化二期早段），这 4 件玉玦、勾形器、勾云形珮和璇玑从遥远的北土来到殷商王朝，期

---

① 中国社会科学研究院考古研究所、香港中文大学中国考古学研究中心：《玉器起源探索——兴隆洼文化玉器研究及图录》，香港中文大学中国考古学研究中心，2007 年；辽宁省文物考古研究所：《查海——新石器时代聚落遗址发掘报告》，文物出版社，2012 年。

② 辽宁省文物考古研究所：《辽宁省喀左县东山嘴红山文化建筑群址发掘简报》，《文物》1984 年第 11 期；巴林右旗博物馆：《内蒙古巴林右旗那斯台遗址调查》，《考古》1987 年第 6 期；辽宁省文物考古研究所：《牛河梁——红山文化遗址发掘报告（1983—2003 年度）》，文物出版社，2012 年。

③ 中国社会科学研究院考古研究所：《大甸子——夏家店下层文化遗址与墓地发掘报告》，科学出版社，1996 年。

④ 刘国祥：《大甸子玉器试探》，《考古》1999 年第 11 期。

⑤ 郭大顺：《大甸子墓地玉器再分析》，《玉魂国魄——中国古代玉器与传统文化学术讨论会文集》（六），浙江古籍出版社，2014 年；黄翠梅：《红霞翠影、瑶华缤纷：大甸子墓地的珠管串饰及玉石佩饰》，《玉魂国魄——中国古代玉器与传统文化学术讨论会文集》（六），浙江古籍出版社，2014 年。

⑥ 吉平：《内蒙古扎鲁特旗南宝力皋吐墓地》，《2006 年中国重要考古发现》，文物出版社，2007 年；内蒙古文物考古研究所、科尔沁博物馆、扎鲁特旗文物管理所：《内蒙古扎鲁特旗南宝力皋吐新石器时代墓地》，《考古》2008 年第 7 期。

⑦ 辽宁省博物馆，等：《长海县广鹿岛大长山岛贝丘遗址》，《考古学报》1981 年第 3 期；安志敏：《牙璧试析》，《东亚玉器》（第 1 卷），香港中文大学中国考古学研究中心，1998 年。

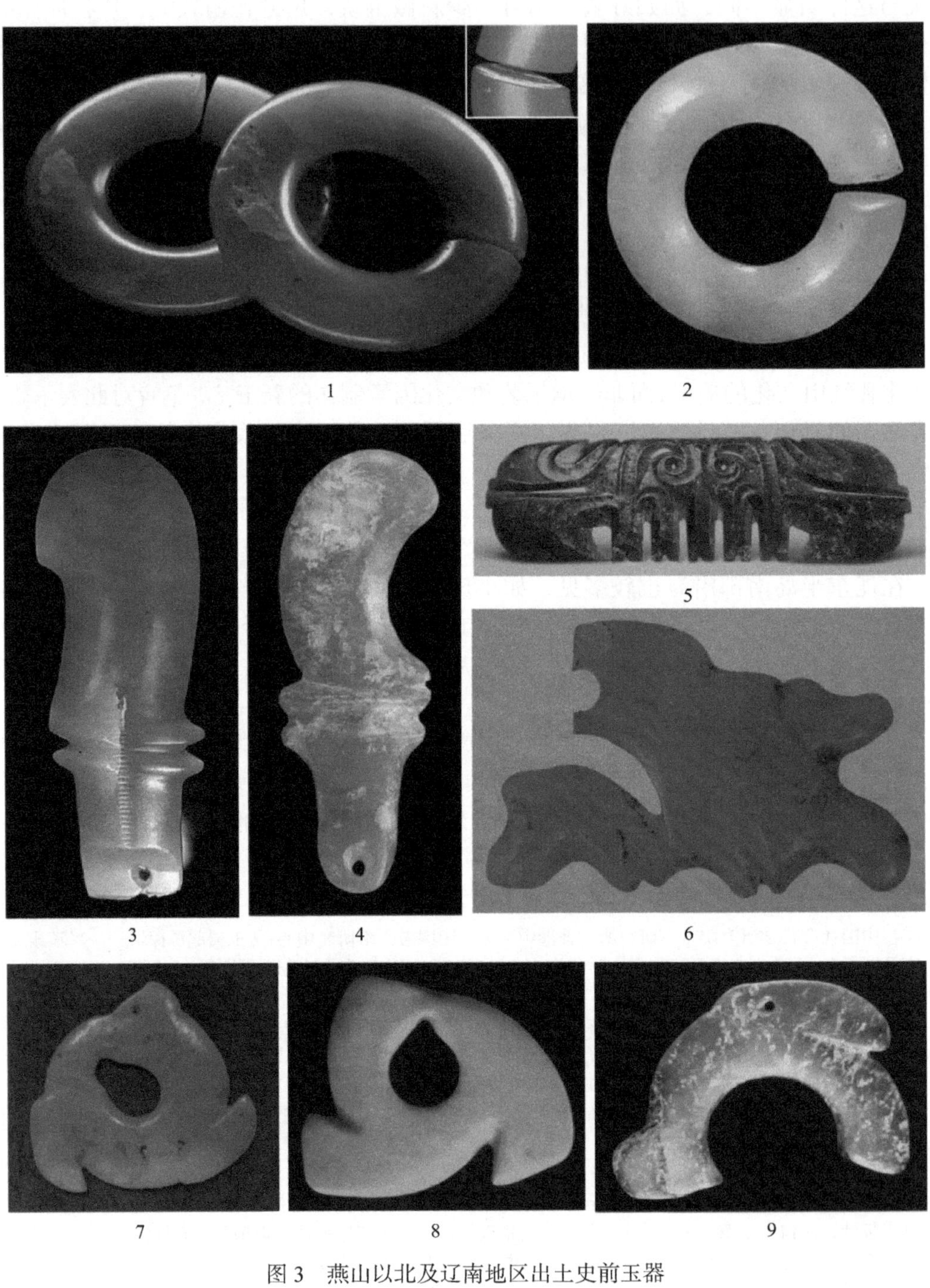

图 3　燕山以北及辽南地区出土史前玉器

1. 兴隆洼玉玦　2. 大甸子玉玦　3. 那斯台勾形器　4. 大甸子勾形器　5. 牛河梁勾云形珮
6. 大甸子勾云形珮　7. 吴家村璇玑　8. 南宝力皋吐璇玑　9. 大甸子璇玑

间必定经历了辗转曲折的过程，尤其是玉玦（M5：1108），距离妇好墓的年代已有5000年左右，而且形状基本保持完整，成为妇好墓中年代最古老的遗玉。以大甸子墓地的相关发现看，很可能是夏家店下层文化的某些高级贵族收集的前代遗玉，再贡献给商王朝，最后葬于妇好墓中。

2. 来自西北地区的遗玉

约有3件。玉琮（M5：1244），整体呈黄绿色，局部受沁发白。琮体较矮，射口较厚并呈较规整圆形，四个角面光滑素面，原来应无饰纹，也未经后来打磨改制。通高4.9、射径6.5、射高0.5、射壁厚0.4厘米（图4-1）。玉鱼（M5：519），淡绿色，局部受沁呈褐色。以阴刻单线勾勒鱼身，鱼尾为双钩阴线，纹饰较浅不流畅，可能未完工。长10.9、宽3.7、厚0.3厘米（图4-2）。玉兔（M5：1026），黄褐色，局部受沁严重颜色较深。以双钩阴刻线勾勒兔子的主要部位，纹饰较浅不流畅，应是未完工的打稿线。长10.2、宽3.7、厚0.4～0.5厘米（图4-3）。

图4 妇好墓出土的西北地区遗玉

1. 玉琮（M5：1244） 2. 玉鱼（M5：519） 3. 玉兔（M5：1026）

玉琮（M5：1244）属于矮体琮，目前所知龙山时期的玉琮多为矮体，齐家文化前期的年代落在龙山晚期，已发现的齐家文化玉琮也多为矮体（也有高体者），基本符合这个时代的总体特征，而且齐家玉琮多见素面者。从这一背景看，玉琮（M5：1244）很可能属于齐家文化。对此，朱乃诚的判断也基本相同。朱氏还列举妇好墓出土的数十件弧形玉璜、玉鱼等，认为是利用齐家文化的玉璧、多璜联璧改制而成。从考古发现看，齐家文化的墓葬以素面的玉璧、多璜联璧或玉璜随葬比较多见，如甘肃武威皇娘娘台、天水师赵、青海民和喇家等遗址所见（图5）[①]。而玉鱼（M5：519）和玉兔（M5：1026）都呈明显的弯弧形，局部可见原器的弯弧老边，显然是以玉璧或璜片改制而成。而且玉兔（M5：1026）和另一件玉兔（M5：471）的质料、尺寸和形制都基本相同，明显是把一件旧器对剖而成。另外，妇好墓还出土了20余件璜形玉片（图6），与齐家文化的宽体玉璜或多璜联璧的璜片很相似，朱氏也断为齐家文化的遗玉。这样看来，妇好墓随葬的齐家文化遗玉应不在少数，只不过多已被分解改成它器了。

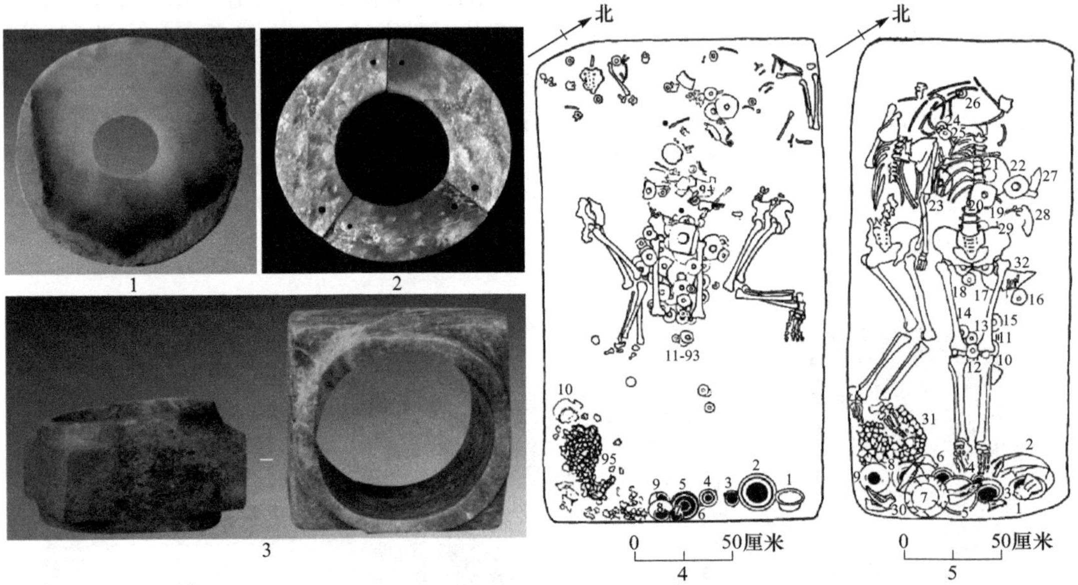

图5　齐家文化玉器及皇娘娘台墓葬平面图

1. 皇娘娘台玉琮　2. 师赵三璜联璧　3. 喇家玉琮　4. 皇娘娘台M48平面图（图中编号11～93为玉石璧，94为玉璜）　5. 皇娘娘台M52平面图（图中编号10～29为玉石璧）

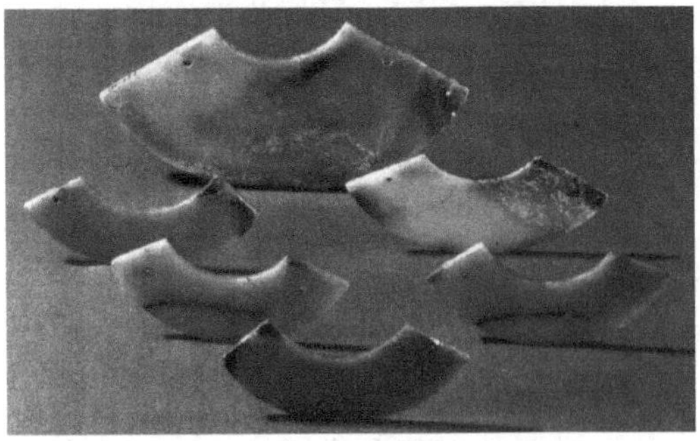

图6　妇好墓出土齐家文化璜形玉片

3. 来自中原和海岱地区的遗玉

约有21件。

玉钺　4件。玉钺（M5：1325），下部已残失，上部为褐色，大部受沁严重颜色较深。中部有一大圆孔，孔壁较直较规整，应是管钻工艺打孔。孔下饰两道较粗的凸棱。残高8.3、宽5.1、厚0.5厘米（图

① 甘肃省博物馆：《武威皇娘娘台遗址第四次发掘》，《考古学报》1978年第4期；中国社会科学研究院考古研究所：《师赵村与西山坪》，中国大百科全书出版社，1999年；叶茂林、何克洲：《青海民和县喇家遗址出土齐家文化玉器》，《考古》2002年第12期；甘肃省博物馆：《甘肃省博物馆文物精品图集》，三秦出版社，2011年；邓淑苹：《从清凉寺墓地探史前西、东二系"璧、琮文化"的交汇》，《2015中国·广河齐家文化与华夏文明国际研讨会论文集》，文物出版社，2016年。

7-1）。玉钺（M5：15），白色泛黄，含较多灰色小花斑。钺身窄长，弧刃，上部有一大圆孔，孔外可见绑缚木柄的条带状磨痕，比较明显。长22.2、宽5.2、厚0.6厘米（图7-2）。玉钺（M5：1094）（原称玉铲），黄绿色，局部受沁颜色发深。钺身一面较平整，另一面多有不平，可能是玉料原皮。钺身上部有一大孔，孔径上大下小，孔壁也不规整，孔底圆钝，应是桯钻打孔工艺。长17.7、刃宽7、厚0.7厘米（图8-1）。玉钺（M5：462），重量较轻，钺身因受沁严重呈深绿色和褐色，局部染有朱砂。上部有一大圆孔，孔壁较直较规整，应是管钻工艺。光下检测未见装柄绑缚痕迹。长16.1、顶宽4.2、厚0.4厘米（图8-2）。

1　　2

图7　妇好墓出土玉钺（一）

1. M5：1325　2. M5：15

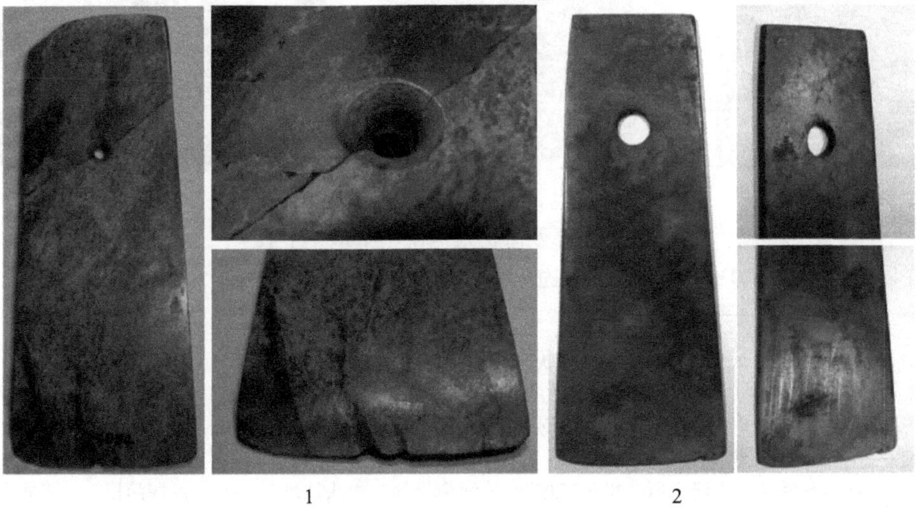

1　　2

图8　妇好墓出土玉钺（二）

1. M5：1094　2. M5：462

以上 4 件玉钺中，M5：1094、M5：462 均为窄身薄材，打孔采用桯钻或管钻工艺，将这种形制和工艺特点综合考虑，应是龙山至二里头时期的遗玉，因为这种玉钺在这时期最多见（或称玉铲），如山东临朐西朱封、山西襄汾陶寺、陕北石峁、芦山峁、河南巩义花地嘴、偃师二里头等遗址都有出土（图 9-1～4）[①]。玉钺（M5：1325）装饰两道突棱，目前以二里头遗址发现突棱玉器较多，应是从这一时期开始流行的。玉钺（M5：15）钺身窄长，与二里头遗址出土的玉钺（72 Ⅲ KM3：3）近似（图 9-3）[②]，过去多认为这件是圭，但朱乃诚近年通过仔细目验，在穿孔周围发现了木柄绑缚的磨痕，可知应是装柲使用的钺[③]。玉钺（M5：15）身上也发现了这种磨痕，再加上窄长的形制，所以也可断定是玉钺，并且是二里头时期的遗玉。

图 9　中原及海岱地区出土玉钺、玉戚

1. 西朱封玉钺　2. 石峁玉钺　3. 二里头玉钺　4. 陶寺玉钺　5. 黎城玉戚　6. 丹土玉戚　7. 二里头玉戚

① 中国社会科学院考古研究所山东工作队：《山东临朐朱封龙山文化墓葬》，《考古》1990 年 7 期；杜金鹏主编：《临朐西朱封玉器研究》，科学出版社，2015 年；中国社会科学研究院考古研究所、山西省临汾市文物局：《襄汾陶寺：1978～1985 年考古发掘报告》，文物出版社，2015 年；中华玉文化中心、中华玉文化工作委员会编：《玉魂国魄——玉器·玉文化·夏代中国文明展》，浙江古籍出版社，2013 年。

② 中国社会科学院考古研究所二里头工作队：《河南偃师二里头遗址三、八区发掘简报》，《考古》1975 年第 5 期。

③ 朱乃诚：《关于夏时期玉圭的若干问题》，《玉魂国魄——中国古代玉器与传统文化学术讨论会文集》（六），浙江古籍出版社，2014 年。

玉戚　2件。玉戚（M5：560），淡蓝色，局部受沁泛白。弧刃较宽，戚身呈明显的凤字形。器形不规整，两面凹凸不平，可见多道弧形线切割槽痕，槽痕宽浅而长，两侧扉牙粗壮粗糙。上部一个稍大圆孔应为管钻工艺，孔壁较规整，一侧扉牙和刃部一角分别可见一个小圆孔，孔径上大下小，孔底圆钝，应是桯钻工艺打孔。长9、宽3.6～7.3、厚0.3厘米（图10-1）。玉戚（M5：585），重量较轻，墨绿色，局部有褐色矿物结晶斑块。狭长戚身两侧各有两对扉牙，中部偏上有一个一面桯钻圆孔，左上角残留有一个更大圆孔的部分弧形，为两面桯钻，表明原来应有一大一小两个钻孔。推测原应是有两孔的玉钺，残断后改制成玉戚。长11.2、宽4.5～5.2、厚0.3厘米（图10-2）。

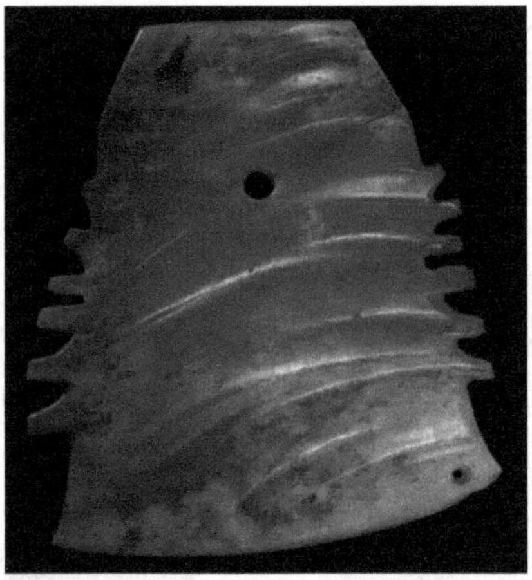

1

2

图10　妇好墓出土玉戚

1. M5：560　2. M5：585

以上2件玉戚中，玉戚（M5：585）材质较薄，还有矿物结晶斑块，这与山西黎城发现的玉戚比较相近，黎城戚多认为属于龙山时期（图9-5）[①]，而玉戚（M5：585）左上角残留的圆孔表明，其应是就旧器改制的，亦即旧器应该属于龙山时期。玉戚以两侧装饰扉牙为最大特点，也是龙山时期最为流行，而且也多有两孔，目前所知以山东五莲丹土遗址发现的玉戚年代较早，两侧的介字形扉牙还比较纤弱，约在龙山早期（图9-6）[②]，到二里头时期扉牙变粗，介字形已不显，如二里头遗址发现者（图9-7）[③]，

---

① 邓淑苹：《雕有神祖面纹与相关纹饰的有刃玉器》，《刘敦愿先生纪念文集》，山东大学出版社，1998年；邓淑苹：《再论神祖面纹玉器》，《东亚玉器》（第1卷），香港中文大学中国考古艺术研究中心，1998年。

② 杨波：《山东五莲县丹土遗址出土玉器》，《故宫文物月刊》1996年第2期；郭公仕：《五莲文物荟萃》，齐鲁书社，2011年；山东博物馆、良渚博物馆：《玉润东方——大汶口—龙山·良渚玉器文化展》，文物出版社，2014年。

③ 中国社会科学院考古研究所二里头工作队：《1981年河南偃师二里头墓葬发掘简报》，《考古》1984年第1期。

到商代则扉牙普遍变得粗壮，就如玉戚（M5：585）所见的扉牙。所以我们推断玉戚（M5：585）应是龙山时期的遗玉，在晚商时期被改制。玉戚（M5：560）有3个穿孔，其中两个桯钻小孔分别打在侧边和刃角，都不合乎玉戚或玉钺的规制，所以也可断定是一件遗玉。从采用比较原始的线切割开片工艺看，原器的年代应该很早，约在龙山时期或更早。从扉牙粗壮看，改制的时间应在晚商时期，只是因为改制过甚，原器形已不可知。

有领玉璧　1件。有领玉璧（M5：487），玉质一般，重量明显较轻，黄褐色，局部有深褐色沁斑。整体呈规整的环形，内圆上有一周矮领，环体上隐约可见两三周同心圆浅痕。直径10.5、孔径5.1、孔壁高0.7厘米（图11-1）。

玉璧　3件。玉璧（M5：339），绿色略暗，局部受沁有褐斑，环体上可见数周规整的同心圆纹，沿环体内侧一圈颜色明显较浅较新，应是切去矮领遗留的痕迹，光下看切领留下的矮台也比较明显。可知此璧原来应是有领璧。直径9.5、孔径5.7、孔壁高0.5厘米（图11-2）。玉璧（M5：451），浅绿色，局部有黄色沁斑。整体为圆形，中央大圆孔的周围有密集的小琢点，应为琢制再桯钻，外缘有两个桯钻小圆孔的弧形残断凹窝，靠近外缘还有一个完整小圆孔，也是先琢制再桯钻。以边缘的两个残孔看应为改制器，原来应是钺铲之类，残断后改成璧用。直径7.2～7.6、孔径1.7～2.2、边厚0.3～0.7厘米（图11-3）。玉璧（M5：455），个体较小，白色，局部受沁有红斑。两面可见刻饰有类似卷云纹的纹饰，但都已不完整，中央的圆孔也打破纹饰（图11-4）。

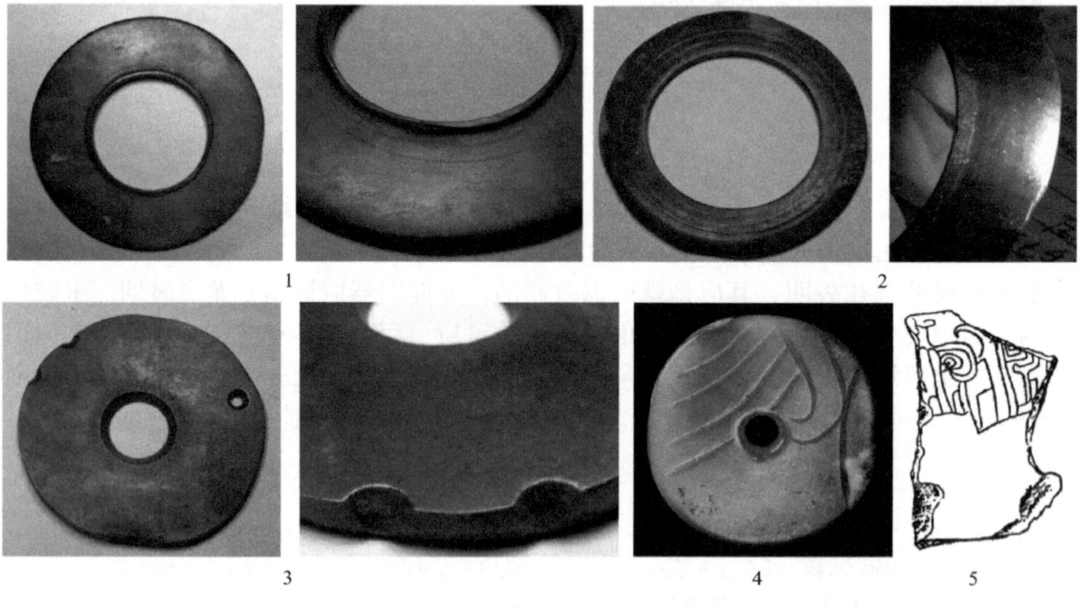

图11　妇好墓4件遗玉玉璧及对比标本

1. 有领玉璧（M5：487）2. 玉璧（M5：339）3. 玉璧（M5：451）
4. 玉璧（M5：455）5. 两城镇出土刻纹陶片

上述玉璧中，有领玉璧（M5：487）的领比较明显，玉璧（M5：339）切领后的遗痕也较明显。目前所知，有领玉璧约产生于龙山时期，在山西芮城清凉寺、临汾下靳和山东海阳司马台等遗址都有出土（图 12-1、图 12-2）[①]。而且有领玉璧（M5：487）的玉质一般，重量较轻，与有些龙山玉器类似，应是一件保存完整的龙山期遗玉。玉璧（M5：339）从切领改制推断很可能也是遗玉，但其环体上的同心圆纹饰比有领玉璧（M5：487）更粗壮规整，应是晚商时期的工艺，即晚商时将矮领切掉后，又在环体加刻同心圆纹，可能是改做玉环。玉璧（M5：451）用桯钻打孔的工艺较原始，目前多见于龙山玉器上，所以推测是在龙山时期将残断的钺或铲改制成玉璧，制成的玉璧上

图 12　中原及海岱地区出土有领玉璧、玉璧及玉琮

1. 清凉寺有领玉璧　2. 司马台有领玉璧及璇玑　3. 陶寺玉璧　4. 芦山峁玉琮　5. 陶寺玉琮　6. 丹土玉琮　7. 芦山峁玉琮　8. 小屯玉琮　9. 张家坡玉琮

① 山西省文物考古研究所：《清凉寺史前墓地》，文物出版社，2016 年；山西省文物考古研究所下靳考古队：《山西临汾下靳墓地发掘简报》，《文物》1998 年第 12 期；王洪明：《山东省海阳县史前遗址调查》，《考古》1985 年第 12 期。

另有一孔，看似不太规范，但已知在襄汾陶寺已发现过这种环体有穿孔的玉璧（图12-3）①。玉璧（M5：455）从饰纹已不完整看应是旧器，其饰纹类似卷云纹，刻的比较流畅但不太规整，与商代已经程式化的规整卷云纹不同，具有龙山时期的某些风格，如山东日照两城镇遗址即出过这种风格的刻纹陶片（图11-5）②，所以推断玉璧（M5：455）原器应属于龙山时期，残断后改为小玉璧使用。

玉琮　4件。玉琮（M5：594），浅绿色，局部受沁严重泛白，一角质地粗糙并已破碎残损。四个角面经打磨较光滑，仍遗有细浅弦纹，其中一面下部可见至少4道弦纹刻线，应是磨去原有纹饰的遗留。射口外缘略呈六边形，而非规整圆形，显然是打磨角面纹饰使琮身减损所致。角面顶端等部位遗有较厚朱砂。通高6.5、射径5.7、射高0.6、射壁厚0.2～0.4厘米（图13-1）。玉琮（M5：307），绿色有灰斑，琮体较矮，圆角方形，略现射口，四角较厚，角面较直较薄，角面上可见细浅竖线，有些大致可组成长方形框，应是磨去原有纹饰的遗留。长径7.7、高4.1、壁厚约0.4厘米（图13-3）。玉琮（M5：997），浅绿色，大部受沁发白呈褐色，矮体琮，四角突出略呈内圆外方，角上装饰规整的变体兽面纹，每两个兽面上下相对构成一组，浅浮雕式，做工较精致。射径6.7、通高2.8、射高0.4、射壁厚0.5厘米（图13-4）。玉琮（M5：1003），绿色，局部受沁有褐斑。圆角方形，射口略显，四角装饰简化蝉纹，四角面装饰变体兽面纹，每两个兽面上下相对构成一组，有两面的纹饰结构较复杂，另两面较简单，都为浅浮雕式，做工不精。射径5.5、高4.2、射壁厚0.2～0.4厘米（图13-2）。

图13　妇好墓4件遗玉玉琮

1. M5：594　2. M5：1003　3. M5：307　4. M5：997

① 中国社会科学研究院考古研究所、山西省临汾市文物局：《襄汾陶寺：1978～1985年考古发掘报告》，文物出版社，2015年。

② 山东省文物管理处：《山东日照两城镇遗址勘察纪要》，《考古》1960年第9期。

以上 4 件玉琮，除了玉琮（M5：594）略高，其余较矮。纵观先秦时期玉琮的总体演化趋势，良渚文化的玉琮由矮渐高再渐矮的演变比较明显，纹饰也由繁缛逐渐简化，晚于良渚的龙山时期玉琮则继续变矮，纹饰也进一步简化，直至只有几道象征性的弦纹，如山东五莲丹土和陕西延安芦山峁、山西芮城清凉寺、襄汾陶寺等地出土者（图 12-4～7）①，而能确定为商周时期制作的玉琮又趋变高，纹饰也再趋复杂，如殷墟和陕西西安张家坡等遗址出土者（图 12-8、图 12-9）②。由这一演化趋势看，玉琮（M5：594、M5：307）两件装饰弦纹的较矮玉琮应属于龙山时期。玉琮（M5：997、M5：1003）两件也是矮体琮，具有龙山时期玉琮的某些特点，其装饰的变体兽面纹尽管不见于龙山期，但与商代流行的饕餮纹也不相同。从目前的考古发现看，二里头文化的有些玉柄形器上装饰有阔口大眼兽面纹，与这种变体兽面纹有相通之处，所以暂可推测玉琮（M5：997、M5：1003）可能是龙山至二里头时期的遗玉，或者是晚商模仿这种兽面做的复古纹饰。

玉璜　1 件。玉璜（M5：562），大部已残失，现存为长条形，两端已磨平并穿孔，内侧可见圆弧趋势，可知原器应为方形璇玑，残断后改制为玉璜佩戴。长 10.8、残高 3.3～4.2、厚 0.7 厘米（图 14-1）。由上文可知，璇玑这种器形早在大汶口和龙山时期就已出现，早先流行圆体璇玑，到龙山早期又出现另一种方形玉璇玑，如五莲丹土、

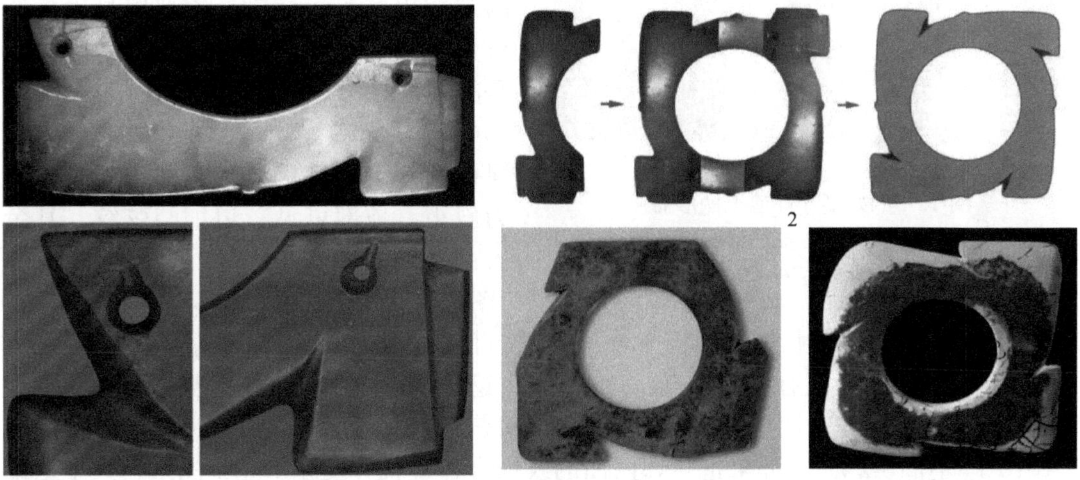

1　2　3　4

图 14　妇好墓玉璜（M5：562）及对比标本

1、2. 玉璜（M5：562）及其复原　3. 丹土玉璇玑　4. 清凉寺玉璇玑

① 中华玉文化中心、中华玉文化工作委员会编：《玉魂国魄——玉器·玉文化·夏代中国文明展》，浙江古籍出版社，2013 年；山东博物馆、良渚博物馆：《玉润东方——大汶口—龙山·良渚玉器文化展》，文物出版社，2014 年。

② 梁思永、高去寻：《侯家庄》（第三本·1001 号大墓），“中研院”历史语言研究所，1965 年；中国社会科学院考古研究所：《张家坡西周玉器》，文物出版社，2007 年。

芮城清凉寺、神木石峁等遗址出土者（图 14-3、图 14-4）[①]，应是就方形玉材加工而成，以节省材料和时间。玉璜（M5：562）可复原成四角方形的形制（图 14-2）[②]，与清凉寺墓地出土的玉琮很相近，所以可断定是龙山早期的遗玉，后来就残断的一小段磨平并加刻穿孔，改成玉璜使用。

玉柄形器　5 件。柄形器（M5：335），一面为绿色，一面因受沁有褐斑。柄身两面均装饰纹饰，纹饰的图案结构基本相同，为 6 个阴刻变体兽面纹，可分上下相对的两组，上部 3 个为正视兽面，下部 3 个为倒视兽面。纹饰做工精致，图案也较生动。侧面可见一道竖向刻槽，应是剖材刀痕。长 15.3、宽 1.1、厚 1 厘米（图 15-1）。柄形器（M5：1075），大部受沁呈黄褐色，柄身较长较厚重，四面均装饰纹饰，纹饰的图案结构基本相同，为浅浮雕式丫形纹饰，做工较规整。长 14、宽 2.7、厚 1.5 厘米（图 15-3）。柄形器（M5：565），浅绿色，局部染有朱砂，柄身较长较厚重，四面均装饰纹饰，纹饰的图案结构基本相同，为浅浮雕式丫形纹饰，做工较规整。长 21.4、宽 2.5、厚 1.3 厘米（图 15-2）。柄形器（M5：554），黄色略泛绿，下部有褐斑。柄身细长，上下可见两层突出的丫形装饰，中部器身也隐约可见数个丫形装饰的浅痕，应是改制磨平的残留。长 20、宽 2.2、厚 1 厘米（图 15-4、图 15-5）。柄形器（M5：1295），绿色，顶上有红褐斑，下部已残失，磨为斜刃。顶部可见三道细凸弦纹，其余大部素面。残长 5、宽 1.5、厚 1.4 厘米（图 15-6）。

图 15　妇好墓 5 件遗玉柄形器

1. M5：335　2. M5：565　3. M5：1075
4、5. M5：554　6. M5：1295

以上 5 件柄形器中有 3 件装饰着丫形纹，目前所知，玉柄形器在二里头文化中比较常见，器身上也有丫形装饰，如二里头遗址就有出土，尤其是 75 Ⅵ K3 出土的一件，雕刻精美，四面都有三组丫形纹和兽面纹清晰可见，堪称柄形器的精品（图 16-1、图 16-2）[③]。如果把相邻两面的纹饰合并，就可复原出完整图案，其中上部和中部的两组图案相同，即一个头戴高羽冠的阔口大眼兽面形象（图 16-3），由此可知所谓的“丫形纹”实际是高羽冠的简化形式，与柄形器（M5：565、M5：1075、M5：554）的丫形纹相同，所以这 3 件应是二里头文化的遗玉。柄形器（M5：335）

① 中华玉文化中心、中华玉文化工作委员会编：《玉魂国魄——玉器・玉文化・夏代中国文明展》，浙江古籍出版社，2013 年；山东博物馆、良渚博物馆：《玉润东方——大汶口—龙山・良渚玉器文化展》，文物出版社，2014 年。

② 杜金鹏主编：《玉华流映——殷墟妇好墓出土玉器》，中国书店，2017 年。

③ 中国社会科学院考古研究所二里头工作队：《偃师二里头遗址新发现的铜器和玉器》，《考古》1976 年第 4 期。

的形制与这3件基本相同，身上装饰的变体兽面纹与复原的高羽冠兽面有相通之处，很可能也是二里头文化的遗玉（或者是晚商做的复古纹饰）。至于素面柄形器（M5：1295），与其类似的玉器在二里头遗址也多有发现，如85 Ⅵ K8出土者（图16-4）[①]，所以也可断为二里头文化的遗玉。

鹰形玉笄　1件。M5：942，淡黄色，局部受沁有红斑。体呈细棒状，装饰着以减地法雕刻的立鹰形象，局部已磨损不清。直径0.6～1.5、长8.5厘米（图17-1）。类似鹰形玉笄曾在湖北黄陂盘龙城商代遗址出土[②]，但鉴于湖北天门石家河、荆州枣林岗等遗址从瓮棺葬中出土了更早的鹰形玉笄（图17-2）[③]，学术界长期将这种玉笄视为石家河文化的遗玉。近年来，中原地区也不断出土了类似玉笄，如河南禹州瓦店、偃师二里头、陕北石峁等遗址（图17-3～5）[④]，年代在龙山至二里头时期。与此同时，学者们通过研究认为，龙山晚期中原的王湾三期文化曾大举南下进入江汉平原（可能与史载的“禹征三苗”有关），极大改变了石家河文化的原有面貌，形成了新的“肖家屋脊文化”，原来认为属于石家河文化的神人或动物造型的玉器，就是在这种背景下传入的[⑤]。这样看来，石家河、枣林岗等地发现的鹰形玉笄应是龙山晚期从中原传入的，进言之，妇好墓鹰形玉笄（M5：942）很可能是来自中原地区的遗玉。

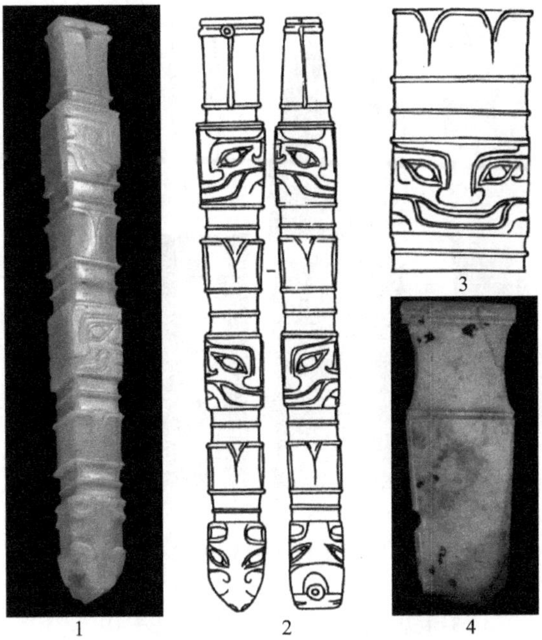

图16　二里头遗址出土柄形器举例
1～3. 75 Ⅵ K3出土柄形器及其兽面复原
4. 85 Ⅵ K8出土柄形器

以上将21件玉器笼统断为来自中原及海岱地区的遗玉，主要是考虑在龙山至二里头时期，中原和海岱两地的玉器传统比较近似，共性较多，有些甚至难以区分（柄形器等除外）。这在上述有领璧、矮体琮、璇玑、钺、戚等玉器上都有体现，其他如牙璋、圭等也是如此。而且现在随着资料的增加，陆续有学者主张，这些玉器

① 中华玉文化中心、中华玉文化工作委员会编：《玉魂国魄——玉器·玉文化·夏代中国文明展》，浙江古籍出版社，2013年。

② 湖北省文物考古研究所：《盘龙城：1963—1994年考古发掘报告》，文物出版社，2001年。

③ 荆州博物馆：《石家河文化玉器》，文物出版社，2008年。

④ 戴应新：《神木石峁龙山文化玉器》，《考古与文物》1988年第5、6期；河南省文物考古研究所：《禹州瓦店》，世界图书出版公司，2004年；中国社会科学研究院考古研究所：《二里头（1999—2006）》，文物出版社，2014年。

⑤ 韩建业：《禹征三苗探索》，《中原文物》1995年第2期；何驽：《试论肖家屋脊文化及其相关问题》，《三代考古》（二），科学出版社，2006年；方燕明：《禹州瓦店遗址龙山文化玉鹰形笄及相关问题》，《玉魂国魄——中国古代玉器与传统文化学术讨论会文集》（六），浙江古籍出版社，2014年。

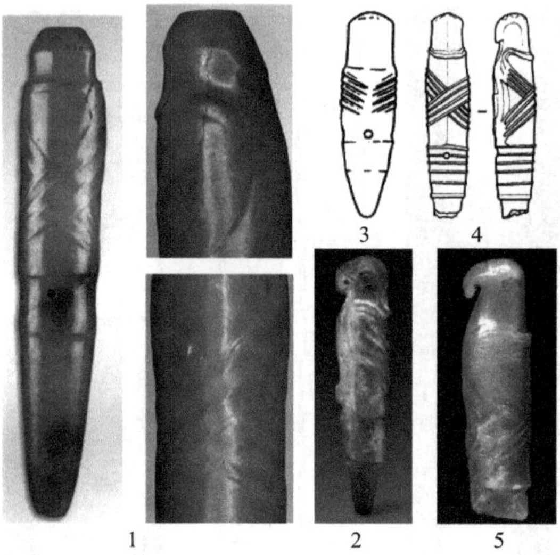

图 17　妇好墓鹰形玉笄（M5：942）及对比标本
1. 妇好墓鹰形玉笄（M5：942）2. 枣林岗鹰形玉笄
3. 瓦店鹰形玉笄　4. 二里头鹰形玉笄
5. 石峁鹰形玉笄

中的多数应起源于海岱地区，后来随着双方交往越来越密切，传入了中原地区并继续演化发展。如上文论及的主要分布在晋南和山东的有领玉璧，在更早的山东泰安大汶口遗址还发现了象牙质有领环，所以有学者认为晋南出现的有领璧（环）应与东方有关[①]。其他如牙璋、璇玑（又称牙璧）等可能也是如此[②]。正是在这一背景之下，本文将妇好墓出土的中原和海岱遗玉并在一起论述。另外，就整体而言，陕北石峁、新华、芦山峁等遗址出土的龙山晚期至二里头期玉器，与中原及海岱地区的玉器应属于同一个系统，至少以目前的考古发现来看尚未明显超出这一范畴，所以我们把陕北玉器也纳入比较的范围。

二、相关问题分析

学界早已认识到，妇好墓是迄今为止出土玉器最多的先秦时期墓葬，现在通过目验分析我们又知道，妇好墓还是出土遗玉最多的先秦墓葬，随葬的遗玉数量多达 200 余件。笔者通过实物考察，从 100 多件玉器中辨识出至少 28 件遗玉，具体结果即如上文所述。可见，妇好墓随葬的遗玉比例是很高的，数量也很大。这在很大程度上可能会改变以往对妇好墓玉器统而言之的传统认识，也就是说：首先，需要区分出妇好当世新玉和前代遗玉，再去分析妇好所在的武丁前期的制玉工艺和水平；其次，需要仔细分析遗玉存在的各种不同形态，再考察遗玉在武丁前期的玉器特点形成过程中是否产生过影响。只有这样，才能更准确地评价和总结妇好墓出土玉器的历史地位，以及由妇好墓玉器所代表的晚商玉器的整体特征。本着这一认识，并结合此次玉器实物考察的体会及朱乃诚的研究成果，以下着重对妇好墓遗玉反映的两个问题做简要分析，以此来考察武丁前期玉器传统的形成过程。

1. 分解改制的方式

妇好墓出土的遗玉数量众多，通过实物观察可以发现，其中原器保持完整的数量较

① 栾丰实：《简论晋南地区龙山时代的玉器》，《文物》2010 年第 3 期。

② 栾丰实：《牙璧研究》，《文物》2005 年第 7 期；邓聪、栾丰实、王强：《东亚最早的牙璋——山东龙山式牙璋初论》，《玉润东方——大汶口—龙山 • 良渚玉器文化展》，文物出版社，2014 年。

少，大多数遗玉都经过了或多或少的分解改制，以便充分利用老玉料和玉材，制作出适用于新使用目的的“新器”。从改制程度来看大致有三种情况：一是基本保持原貌的遗玉，二是已加工成半成品的遗玉，三是已改制成“新器”的遗玉。而具体的改制方式或做法更多更复杂，需要进行更细致地总结和考察。为此，在不考虑遗玉的原有文化属性和来源地的前提下，我们根据实物观察和相关研究，可初步总结出不同种类遗玉被分解改制的几种方式，而这些不同方式又对武丁前期的玉器传统的形成产生了重要影响。这当中玉璧（含多璜联璧）、有领玉璧和玉琮的数量又占多数，所以改制再利用的情况最多最典型。

有领玉璧有明显的矮领，所以可观察到的分解改制痕迹也较明显，总体而言主要有四种方式，其中两种又有几个具体的改制做法（图 18）。第一种方式是就原器稍作加工，制作出新的玦形玉龙和半圆形玉鱼等，玉龙（M5：589）和玉鱼（M5：1025、M5：927）可视为代表，其中后两件的材质、颜色和尺寸都基本一样，可断定是把一件有领璧一分为二做成了两件半圆形玉鱼。第二种方式是就切去矮领的璧环再加工，具体又有两个做法，一是做成新的玉璧或玉环使用，如玉璧（M5：339）所见；二是截取璧环的一段做成弧形的玉人、鱼、鸟、虎、璜和嵌件等，如玉人（M5：518）、玉鱼（M5：1256）、玉鸟（M5：385）、嵌件（M5：1397）所见。第三种方式是将切下

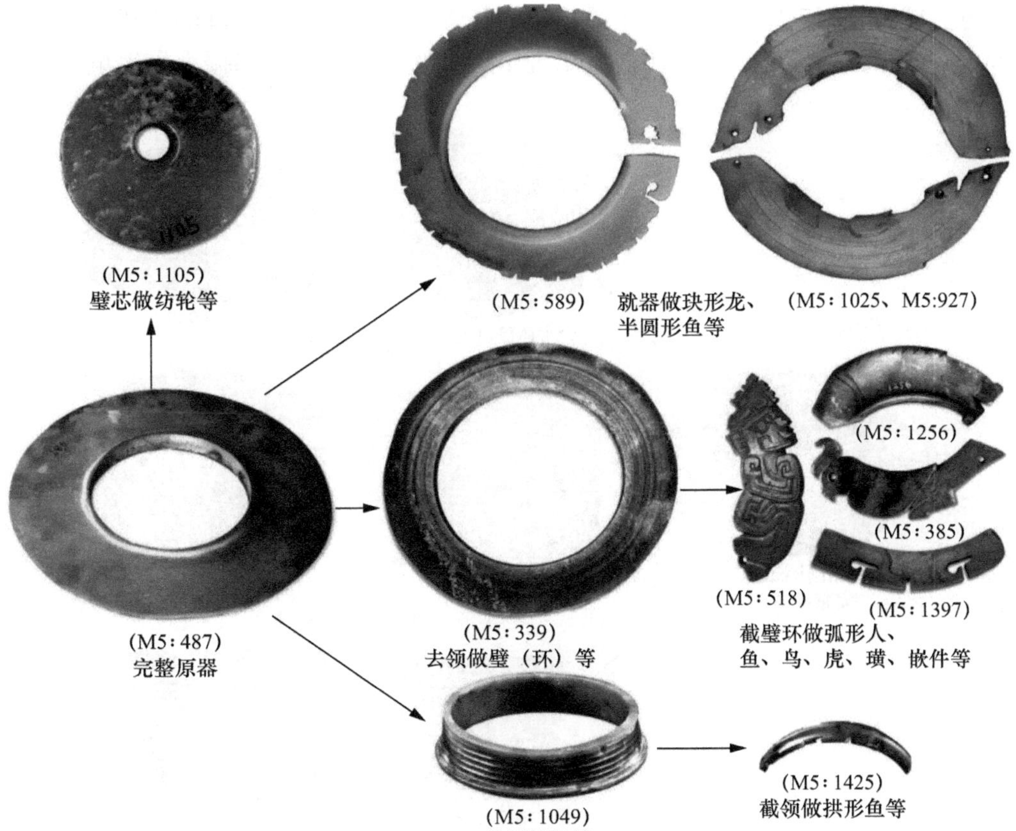

图 18 妇好墓遗玉有领玉璧（及玉璧）的分解改制图示

的矮领进行再加工，具体也有两个做法，一是做成玉镯等使用，如玉镯（M5：1049）（原称器座饰），底部还保留了有领璧环体的一小部分；二是截取矮领的一段做成拱形玉鱼等小件，如玉鱼（M5：1425）。第四种是将璧芯加工成纺轮、坠饰等小件使用，或穿孔或不穿孔，如玉纺轮（M5：1105）。这四种改制方式中，除了第三种，其他方式也适于无领的单纯玉璧。实际上，妇好墓出土的玉器中经过分解改制的遗玉玉璧数量很多，包括直接利用璜片改制的多璜联璧，此处不再多述。

妇好墓的遗玉玉琮数量也不少，但由于其形制比玉璧和有领玉璧复杂，改制比较费工，所以改制的方式不如玉璧或有领玉璧多。目前观察主要有三种方式（图 19）。一是就原器稍作加工，磨去原有纹饰，刻上新的纹样，这些纹样有的是晚商流行的新纹样，有的是模仿前代做的复古纹样，如玉琮（M5：997、M5：1003）上的纹样可能就属复古风格的变体兽面纹。二是截去原琮的四角做成玉镯等使用，如玉镯（M5：595、M5：999），为了便于佩戴还加刻了一对小孔。三是截取原琮的一角做成兽面等小件，一般会对琮角做大的改动，圆雕出兽面的轮廓，并刻饰晚商流行的饕餮纹，如玉兽面（M5：578、M5：1290），可能是用于悬挂或嵌挂的小件。

进一步分析还发现，这些分解改制方式对晚商玉器传统的形成有重要影响，改制后的“新玉”样式成了晚商玉器的重要新品种。以形制比较简单、数量较多、改制也较多的玉璧和有领玉璧为例，由于受环体为圆形的限制，分解改制的“新器”只能是圆形、半圆形或弧形的，甚至还因此出现了少见的拱形玉鱼。郑振香先生早年通过目

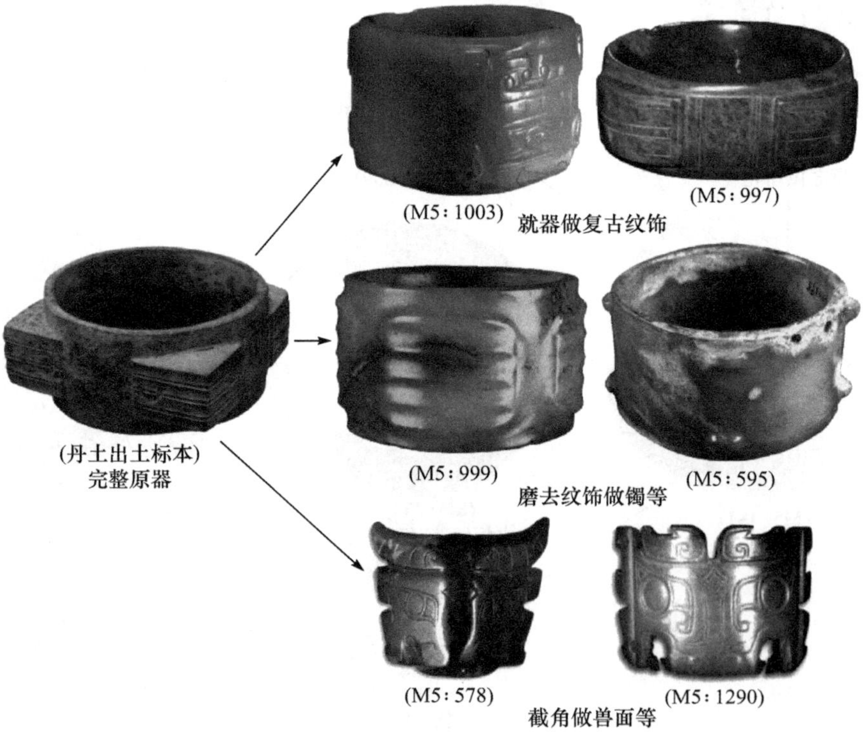

图 19　妇好墓遗玉玉琮的分解改制图示

验妇好墓等出土的玉器，发现殷商流行以圆为雏形而设计的弧形玉器，玉工们“创造了利用圆形设计多种动物形象的构思，从而出现了各种优美的兽、畜、禽鸟、鱼、龙和人形玉饰”，这样做不仅比较省工，还可利用同一图案做出成对、成套的动物形象，并可以别出心裁做出不同的形象，进而认为“这是殷人在玉雕工艺上的创新，丰富了玉雕工艺品的内涵”（图 20）①）。这一观点精当可从。而我们看郑州商城遗址出土的早商时期玉鱼（及蚌鱼）就会发现，其形制多是平板长条形，尚未见到弧形或拱形玉鱼②。可见，晚商时期出现并大量流行的弧形或拱形玉鱼，以及弧形的玉人、虎、鸟等造型的玉器，显然是受了分解圆形遗玉的影响才产生的，并形成了一些很流行的玉器新样式，甚至直到西周时期这种形制的玉器仍有延续，如西安张家坡西周墓地就出土了弧形玉鱼（图 21-2）③。由此可见，对圆形的遗玉玉璧及有领玉璧的分解改制，对晚商流行弧形玉器这一传统的形成产生了重要影响。

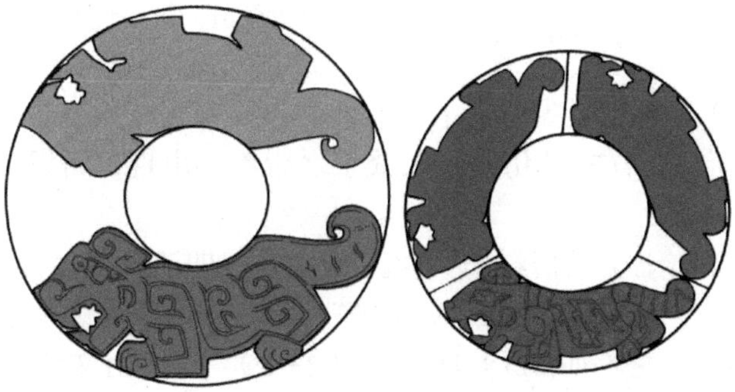

图 20　晚商时期分解玉璧制作弧形玉虎图示（据郑振香文之图二改绘）

2. 复古仿古之风

本文将勾形器（M5：964）论定为红山文化的遗玉，其他各家的认识也基本如此。还有论者把妇好墓出土的另一件玉器也认定为红山文化的遗玉，即勾形器（M5：1120）（原称柄形器）。但这件玉器和勾形器（M5：964）相比只是器形近似，在细节上则差别较大，尤其板状片雕的做法与红山文化的圆雕做法不同，其内侧的一圈阴刻轮廓线也未见于红山文化玉勾形器，而且通过对该实物的观察，并未见明显的改制痕迹（图 22-2）。有鉴于此，我们倾向

1　2

图 21　张家坡墓地出土的西周玉器
1. 玉龙　2. 玉鱼

① 郑振香：《殷人以圆为雏形雕琢玉饰之探讨》，《考古》1993 年第 10 期。

② 河南省文物考古研究所：《郑州商城：1953—1985 年考古发掘报告》，文物出版社，2001 年。

③ 中国社会科学院考古研究所：《张家坡西周玉器》，文物出版社，2007 年。

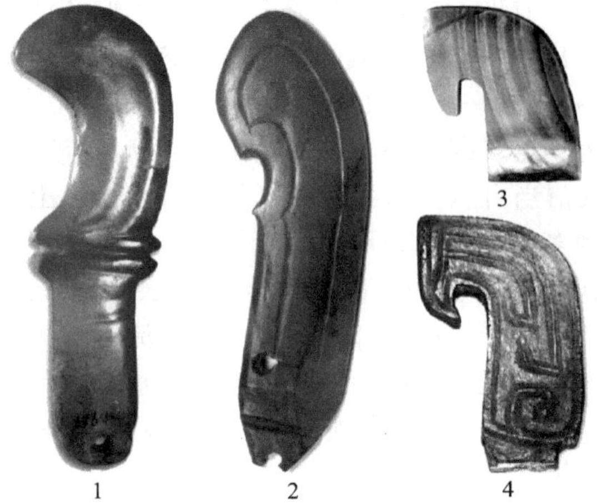

图 22　妇好墓出土玉勾形器及类似玉器举例
1. M5：964　2. M5：1120　3. M5：1513　4. M5：1432

认为这是一件模仿红山文化玉勾形器的作品，而非真正的遗玉。石璋如先生早年曾根据殷墟的发现提出，殷人贵族流行头戴多枝玉笄组成的雀屏冠饰，状如孔雀开屏[①]，近年有学者以妇好墓出土的三四十件玉笄为证对此表示赞同[②]。我们受此启发认为，妇好墓同时出土的 7 件弯勾形小玉片也应是这种雀屏冠的组件（图 22-3、图 22-4），这些小玉片有的装饰晚商流行的双钩阴线，有的留有玉璧的同心圆纹，可能是对遗玉的改制再利用。原报告称之为“眉形饰”，并推测用作镶嵌或插嵌件。这种小玉片的弯勾形状与勾形器（M5：1120）比较相似，所以推测勾形器（M5：1120）可能也是雀屏冠上的嵌插件，换言之，这也正是模仿红山文化玉勾形器的原因。又由于这种样式的仿制品在武丁之后不再出现，所以可称之为短暂的“复古仿古之作”。

其实，妇好墓还出土了模仿红山文化玉器、并长期流行的“复古之作”，这就是多达十五六件的玦形玉龙（又称 C 形龙）。这些玉龙可分为圆雕和片雕两类，仔细分析就会发现，其中的圆雕玉龙（如 M5：413）（图 23-2），与红山文化的玦形玉猪龙（如牛河梁出土者[③]）（图 23-1）很相似，例如都采用圆雕技法，圆粗体都比较明显，大耳、大眼和宽吻也明显突出，整体形象都比较立体生动。不同的是妇好墓的圆雕玉龙面部纹饰不如红山文化玉龙丰富，龙身纹饰则后者不如前者丰富。鉴于这种相似的程度，朱乃诚推测，可能是晚商玉工接触过红山文化的玉猪龙，进而在造型设计和制作时受到了影响，或者是直接就红山文化的玉猪龙遗玉进行的改制。这是很有道理的。根据有论者的辨析，目前已在陕西韩城梁带村芮国墓地、河南三门峡虢国墓地、北京琉璃河燕国墓地、山西侯马晋侯墓地等多处遗址出土了典型的红山文化遗玉，包括玉猪龙、勾云形珮、斜口器、龟等[④]，并且鉴于这些墓地还出土了不少典型的晚商玉器（如玉琮、璧、戈、人、龙、象、鸮、牛等），以及这些遗址多是西周王朝重要诸侯国的都邑所在，所以研究者指出，这些遗玉应是商末周初从殷墟俘获而来，再赏赐给诸侯国君

① 石璋如：《殷代头饰举例》，《历史语言研究所集刊》（第二十八本）（下集），“中研院”历史语言研究所，1957 年。

② 杨晶：《刚毅与柔美的写照——略说殷墟妇好墓出土玉兵器与玉饰品》，《王后·母亲·女将——纪念殷墟妇好墓考古发掘四十周年（玉器篇）》，科学出版社，2016 年。

③ 辽宁省文物考古研究所：《牛河梁——红山文化遗址发掘报告（1983—2003 年度）》，文物出版社，2012 年。

④ 袁永明：《商代西周墓葬中出土前代玉器初识》，《中原文物》2000 年第 3 期；廖泱修：《试析大甸子玉器与红山及其他文化的关系》，《赤峰学院学报》2007 年第 3 期；丁哲、李思雨：《后代遗存出土的红山玉器》，《东方收藏》2012 年第 8 期。

1 2 3 4

图 23 妇好墓出土复古玦形玉龙及对比标本

1. 牛河梁玦形玉龙 2. M5：413 3. M5：422 4. M5：995

的[①]。换言之，尽管妇好墓没有出土红山文化玉猪龙，但可以肯定当时的玉工应是接触过这种遗玉的[②]，所以才有条件对它进行仿制。

不仅如此，妇好墓的片雕玦形玉龙的存在，还表明这种模仿已发展成了新的玉器流行样式。这些片雕玉龙约有 10 件，个体较小，朱乃诚认为其中多数可能是用齐家文化的玉璧芯改制的。仔细观察可知，这种片雕玉龙的做工比较简便，薄板状圆形玉材厚度只有 0.4～0.7 厘米，只在玉材上阴刻双钩线条，不再圆雕刻画龙的立体特征，整体造型显得简洁明快（如 M5：995，图 23-4）。值得注意的还有玦形玉龙（M5：422），其龙身采用圆雕技法做成，但立体效果大减，因为用材改为了板状玉材，厚度比立体圆雕者薄（约 1.5 厘米），又比片雕者厚（图 23-3）。显然，这是从圆雕玉龙到片雕玉龙的过渡形态，形成了一个持续的演化序列，表明片雕者是圆雕者的进一步简化发展。我们检索资料还注意到，这三种玦形玉龙在比妇好墓年代稍晚的殷墟花园庄东地 M54（属殷墟二期晚段）继续存在[③]，在更晚的西安张家坡西周墓地则只见片雕玦形龙（图 21-1），圆雕者已消失不见[④]。这说明做工省时省力的片雕玉龙逐渐取代了圆雕玉龙流行开来，并且一直延续到西周时期。可见，这是在模仿红山文化玉猪龙的基础上形成的一种新的玉器流行样式，并在后世长期使用，可称之为“复古仿古之风”，是对晚商玉器传统的形成做出的又一大贡献。另据罗森先生的研究，妇好墓随葬的青铜器中有模仿早期形制和纹饰的铜盉，殷墟的其他贵族墓如郭家庄 M160、花园庄东地 M54 等也有这种风格的铜器，说明在晚商青铜器上也出现了复古或仿古之风，是对一些早期铜器样式的复兴[⑤]。本文的研究从遗玉角度再次证实了这一点。

① 商志谭：《论虢国墓中之商代玉器及其他》，《东亚玉器》（第 2 册），香港中文大学中国考古学研究中心，1998 年；姜涛、李秀萍：《虢国墓地出土玉器的认识与研究》，《东亚玉器》（第 2 册），香港中文大学中国考古学研究中心，1998 年。

② 1996 年，在殷墟黑河路发掘的一座晚商墓中出土了一件玉龙残件（原称兽形璜形饰），与著名的三星他拉玦形玉龙相似，很可能是红山文化晚期形态的玉猪龙遗玉。这是一个重要线索。图片参见中国社会科学研究院考古研究所：《安阳殷墟出土玉器》，科学出版社，2005 年，第 56 页。

③ 中国社会科学研究院考古研究所：《安阳殷墟花园庄东地商代墓葬》，科学出版社，2007 年。

④ 中国社会科学院考古研究所：《张家坡西周玉器》，文物出版社，2007 年。

⑤ 杰西卡·罗森：《古代纹饰的复兴与过去的呈现——来自商周青铜器的例子》，《祖先与永恒：杰西卡罗森中国考古艺术文集》，三联书店，2011 年。

三、结论和余论

综上所述，本文根据对妇好墓出土玉器的实物考察，并结合相关研究成果，共辨识出28件前代遗玉，种类包括玉玦、勾形器、勾云形珮、璇玑、玉钺、玉戚、玉琮、玉璧、有领玉璧、柄形器、鹰形笄等，主要来自于燕山以北地区的兴隆洼文化、红山文化和夏家店下层文化，西北地区的齐家文化，以及中原及海岱地区的龙山文化、陶寺文化和二里头文化等。其中保存完整的遗玉不多，多数已被分解改制，如玉璧和有领玉璧多被改成了弧形的环、镯、璜、鱼、兔等。进一步分析还发现，这种分解改制对晚商流行弧形玉器的用玉传统产生了重要影响，而对红山文化玉猪龙的模仿还促使晚商出现了玦形玉龙这种新的流行样式，是玉器复古仿古之风的典型代表。总之，对遗玉的改制和仿制都对晚商玉器传统的形成起到了重要作用，值得今后进一步研究和总结。

通过近年对相关地区出土遗玉的研究实践[①]，笔者逐渐认识到，判断是否属于遗玉的基本逻辑，主要建立在工艺形制比较古老、时间间隔比较明显这两条依据之上。因此，要准确辨认出这两条依据留下的线索，就需要对实物进行仔细观察。但是本文观察的实物数量十分有限，有关认识结论也就必定受限，有的甚至不能十分肯定，有待考古新资料来验证。尽管如此，本文已显示出进行遗玉研究的重要意义，它有助于我们深化对古代玉器传统形成和发展的认识，避免在未区分新旧的情况下笼统言之。另外，遗玉的来源途径和历史背景等问题也待更深入地研究，针对妇好墓的遗玉研究更是如此。

---

① 参见拙文《海岱地区商周墓葬出土史前遗玉略论》,《古代玉器研究通讯》2016年第2期;《豫南地区商周西汉墓出土遗玉略论》,《中原文物》2017年第1期。

古玉科学研究的传播价值

宋海燕　胡冬云

（中央电视台科教节目制作中心）

“知识就是力量。知识的力量不仅取决于自身价值的大小，更取决于它是否被传播，以及被传播的深度和广度。”

——费朗西斯·培根（Francis Bacon）

我们的祖先创造出了璀璨文明，它对于今天和未来的中国，甚至世界的文化发展而言，都具有重要意义。将社会成员共同积累起来的文化知识、社会经验等加以记录、积累、保存并传给后代，使文化在前人的基础上得到进一步的完善、发展和创造，是保证社会遗产代代相传并得以继承和创新的重要机制。

1999年，香港著名古玉器研究学者杨建芳先生在其著作《中国考古学研究的一种新工具——玉器》中提出：“玉器对中国考古学研究的作用，最突出和最普遍的是作为断代的一种标尺。”[①] 古代玉器不仅是判定考古学文化性质的重要根据，更是探讨考古学文化传播与影响的重要依据。

对中国古代玉器的科学研究，不但能够极大推动玉文化的发展，更有着极高的传播价值。

一、我国古玉研究发展历程与传播活动

从北宋学者吕大临《考古图》（卷八）收录传世玉器算起，中国古玉研究迄今已有近千年的悠久历史，不过发展非常缓慢，直到明清时期才出现玉器藏家和古玉爱好者关于古玉的论著[②]。但是，以吴大徵为代表的金石学家，采用实物与文献互证的形式，

---

① 杨建芳：《深化玉器研究的几个问题》，《文物》2013年第10期。

② 杨建芳：《深化玉器研究的几个问题》，《文物》2013年第10期。

对传世玉器进行的分门别类的著述，已经使中国古玉的研究向前迈进了一大步。

不过，可以看到，在照相技术出现之前，人们对古玉的了解，只能通过口耳相传或阅读纸质媒体来获得。这种信息的传播受到媒介自身的局限，传播范围也仅限于少部分人。

“民国年间，大量盗掘出土的古玉流入市场，成为私人或博物馆藏品，不少藏品后来以图录的形式被公之于世，对当时的古玉研究起了很大的促进作用，也引起了欧美学者的关注和研究。”[①] 其中，最有建树的，当属美国汉学权威托尔德·劳费尔（Berthold Laufer），他为中国古玉研究和中国古玉的对外传播做出了极大贡献。

劳费尔在他所著的《玉器——中国考古学和宗教研究》（*Jade：A Study in Chinese Archaeology and Religion*）一书中，围绕古玉器所反映出的考古学、宗教学内涵进行了较为深入的探讨，较系统地论述了中国古代玉器的考古学、宗教学意义。那个时期的中国学者对玉器的研究，还处于考据学、古董辨伪阶段，与现代考古学方法毫不搭界。所以，劳费尔提出的古玉器与考古学的关系研究实属开创性的。“由于其时科学发掘出土的古玉寥寥无几，劳氏的主张一时难以实现。但他的这种具有前瞻性的构思终于在1975年出版的罗越（Max Loehr）著《中国古玉》（*Ancient Chinese Jades*）一书得到响应。”[②]

1921年，中国北洋政府聘任的矿政顾问、瑞典地质学家安特生（Johan Gunnar Andersson），与中国科学家共同在河南渑池发现了仰韶文化遗址，这一事件标志着中国近代考古学的萌生。而电影摄影机在整个过程中的应用，使得考古这项令大多数人倍感陌生的活动，在胶片技术的帮助下，得以生动地呈现在人们面前。尽管并没有达到现在电影、电视的传播效果，但是，媒介技术的发展已经令考古从“小众”走向“大众”成为可能。

严格来讲，我国第一部考古纪录片是1957年由中央新闻电影制片厂拍摄制作的《地下宫殿》。这部20分钟的彩色纪录片，以新闻纪实的方式，详细记录了中国考古界第一次主动科学发掘古代皇陵——明定陵的过程，在国内外放映时，有力地配合了新华社1958年对外发布定陵考古成果的新闻报道，引起了极大的反响。

时至20世纪70年代，我国考古类纪录片迎来了一个黄金期。这一时期的考古纪录片有《2100年前的古墓发掘记》（1971年）、《考古新发现——长沙马王堆一号汉墓》（1972年）及马王堆二号、三号墓的考古发掘、《上海市出土文物展览》（1973年）、《满城汉墓》（1975年）、《西汉古尸研究》（1976年）、《考古新发现》、《陕西文物》、《江陵汉墓》等[③]。

这些纪录片的背后，是一个又一个重大考古发现。与晦涩难懂的发掘报告不同，冗长枯燥的考古工作过程经过巧妙剪辑简化，呈现给人们完全陌生却充满神秘感、令人震撼的视觉体验。人们第一次有机会直观地感受到几千年文明所展现出来的魅力，

① 杨建芳：《深化玉器研究的几个问题》，《文物》2013年第10期。

② 杨建芳：《深化玉器研究的几个问题》，《文物》2013年第10期。

③ 单万里：《中国纪录电影史》，中国电影出版社，2005年。

进而激发了全民关注考古和文物保护的热情，促进了考古事业的蓬勃发展。

考古发掘的陆续开展，带来了大量玉器的出土。出土玉器开始取代传世玉器，成为古玉研究的主要对象，这为古玉研究奠定了进一步向前发展的坚实基础。一方面，有关古玉的发掘报告、图录、论文、专著等不断问世，为古玉研究提供了大量前所未有的新资料；另一方面，以地层学和类型学为核心技术理论的考古学成为了中国古玉研究的支柱。可以说，近几十年中国古玉研究所取得的成就，远远超越了以往历史的总和，它早已不再是个别学者钻研的冷僻学科，而是成为了与现实联系密切，能够引起社会广泛关注的一门显学。

二、古玉的科学研究——大数据时代的必然趋势

所谓“大数据”，是将不同类型的数据资源进行全量数据分析与相互关联，从而提炼出有价值的信息，它具有数据资料的精准性与信息判断的模糊性二重性特征。

2012 年 7 月，联合国发布了关于大数据技术的白皮书《大数据促发展：挑战与机遇》，并指出，大数据时代已经到来。

任何一门学科都必须依赖证据证明、归纳逻辑、概率分析、简约处理和假说的检测，这些就是科学方法。面对出土玉器，即使我们知道了它们的文化特征和类型，也常有“见物不见人”的感慨，要真正做到“透物见人”，就必须借助考古学以外的学科知识。

大数据技术的发展，是一场革命，它使得社会各个领域开始了量化过程。由于大数据本身具有数据量大的特点，反映的是群体特征，掌握了大数据，就在一定程度上掌握了一个群体特征。因此，大数据技术的结果之一就是预测群体特性。这一特点很快就被运用到了古玉研究上。

2011 年，经中央批准中国社会科学院开始实施“创新工程”。2014 年，中国社会科学院考古研究所“创新工程”首席研究员杜金鹏申报承担了“创新工程”项目——“文化遗产科学体系创新研究”，探索创建中国文化遗产科学体系。在这个项目中，“古代玉器研究科学体系构建”是一个非常重要的课题，而大数据技术在研究过程中的应用，则是这个课题令人期待的地方。

课题组选取我国史前时期、夏、商、西周、东周、秦、汉等时期的大量出土玉器中的典型器，使用多种无损科技检测、观测设备，如扫描电子显微镜、3D 显微镜、拉曼光谱仪、红外光谱分析仪、X 射线荧光光谱仪和高光谱仪等，对古玉的重量、尺寸、形制、纹饰、分子结构、化学成分及加工和使用痕迹等进行大量的数据采集，并在后续工作中，加以分析和归纳。这种把古玉承载的多方面信息，经过关联、整合、叠加，建立起一个系统的，经得起检验，并能够反复使用的数据库的方法，不仅完全超越了之前所有的研究手段和形式，而且因为对古玉关键指标的描述更加精准、直接，结论也更具可靠性和说服力。

而对于媒体来讲，把大数据处理后的结果传播给一般受众时，需要考虑如何提高数据呈现和表达的能力，找到一种通俗易懂的呈现方式。

三、古玉科学研究有利于文化传播

“我们需要了解过去的5000年，以便掌握未来的100年。”[①] 在“全球化”趋势的影响下，文化的跨国交流、碰撞、融合的程度越来越高，国家与国家之间，在经济、文化等方面的界限越来越模糊。正因为如此，各国、各民族的文化都面临着在人类文化的整体背景下寻找自己的定位和归宿的问题，即每一个群体都必须在向别人学习的同时保持自我文化认同。

文化认同并不是刻意突出自己的文化特性，而是在自己身历现代性危机之后，思考我们从何方来，向何处去。正因为未来没有预定的方向，我们才迫不得已从自己的过去中寻找给自己未来定位的坐标[②]。

中国玉器，从发生到发展，集中地反映了中华文明的发展历程。在很长一段时期，玉器的制作过程，集中体现了当时政治、经济、文化、艺术、科技的最高水平。从这个角度上来讲，对古玉的研究科学化程度越深，越能提供有力的文化证据，从而获得国人对本民族文化的自豪感和认同感。

对于中国人来说，玉的存在，还被赋予了一种独一无二的、精神层面上的意义，追求“君子比德于玉”、“君子无故，玉不去身”。这种对玉的特殊情怀，逐渐衍生、发展出了中华民族特有的优雅，具有丰富内涵的玉文化，并作为中华文明的一个重要组成部分，在中国几千年文明史中，产生出无法估量的深远影响。

然而，当历史悠久的玉文化发展到今天，也不得不受到全球化条件下的经济、政治和文化的多重影响和制约。在这种背景下，古玉作为玉文化的关键载体，承担着重要的传播功能。

1. 古玉的科学研究符合分众传播时代的要求

传播是文化的首要和基本功能，文化的其他功能都是在这一功能的基础上发展起来的。传播是促进文化变革和创新的活性机制，是文化的内在属性和基本特征。而文化传播的价值，在于其对文化缺乏的受传者和社会系统的满足程度。

随着第五媒体——互联网的出现，人类社会进入了信息大爆炸的时代，信息量增长的速度远比人类理解的速度快得多。虽然受众在一般情况下都会对与自身利益相关，或者能够形成强烈刺激的信息感兴趣，但是，正像诺贝尔经济学奖获得者赫伯特·西蒙（Herbert A. Simon）说的那样：“信息会消耗掉接受者的注意力。因此过量的信息会

---

① 西拉姆著，刘逎元译：《神祇·学者·坟墓》，生活·读书·新知三联书店，1991年，第452页。

② 张汝伦：《国学与当代世界》，《文汇报》2008年6月24日第12版。

导致注意力的贫乏。”

分众传播的出现是人类社会信息革命阶段的必然选择。分众传播是一种在传播过程中，针对不同年龄、职业、教育层次、兴趣爱好和生活环境等人群提供特定的信息和服务，使之满足该类人群需求的传播方式①。在这种传播模式下，人们更加关注信息的实时价值、信任价值、使用成本和互动体验价值。

古玉的科学研究，是通过人文社会科学与自然科学以及艺术——包括考古、历史、宗教、古文字、宝石、光谱检测、工艺美术等多学科交叉与叠加，对出土玉器的社会背景、历史环境、文物价值、宗教文化、艺术内涵、工艺技术，以及玉料、埋藏、发掘、类型、功用、异化、保护等方面进行综合研究的过程。可以说，古玉承载的大部分文化信息，都可以通过这个研究过程提取出来，并通过数据化解析，让这些信息在向有需求的受众传播时，更易理解和接受。从而达到可能是预期的，也可能是传播者预料之外的传播效果。

2. 古玉的科学研究有利于文物衍生商品的开发

挖掘文化遗产资源的潜在价值，合理保护、利用和管理，并将其中的精神内容传播给大众，让文化精髓传承和发展下去，是当前精神经济时代的重要内容。

古代玉器由于年代久远，不论造型、纹饰还是意涵，都与现代人的审美、思维方式有着一定的距离。而人们对文化的继承主要表现为情景重建，即理解某种传播信息，在不削弱其特殊性的情况下，昭示出其常态，把它们置于自己的日常系统中，就会使本不理解的信息变得可以理解，并且逐渐接受。这是玉文化可以很好传承下去的行之有效的传播方式。

在对古玉的科学研究过程中，取得了玉器的形态、尺寸、纹饰等大量基础数据，加上多种学科对古玉的历史、文化、艺术等信息的全方位解读，为衍生商品的开发提供了权威的创意素材。

古玉衍生商品的开发，一方面，可以为大众提供一种文化消费的机会，满足人们对古玉的欣赏把玩、怀旧复古、审美意趣、家居装饰、馈赠亲友、旅游纪念等需求；另一方面，大众主动购买这些古玉器的衍生商品，体现了大众对玉文化内涵的理解与认同。如果能够潜移默化地引导大众的审美喜好，培养大众的文化品位和人文素质，引发大众的文化探寻与认同，对传承和发展中华民族悠久的历史文化，加强对外文化交流将具有重要意义。

四、古玉科学研究的传播实践

自英国电子工程师约翰·洛吉·贝尔德（John Logie Baird）于1924年制造出了

① 阿尔温·托夫勒著，朱志焱，等译：《第三次浪潮》，生活·读书·新知三联书店，1983年，第218页。

世界上第一台电视机，不到100年的时间，电视媒介以无可替代的影音技术的优越性，逐渐成为现代社会中主要的传播力量。同样，在文化遗产保护方面的多种传播途径中，电视媒体也是最受公众欢迎、传播效果最好的渠道，并呈现出不断升温的趋势。

2013年，中央电视台计划出品有关玉文化的系列纪录片，笔者参与策划并承担了拍摄制作这套纪录片的任务。其中，将用两集的篇幅从古玉研究的角度出发，来展现蕴藏在古玉中的文化内涵。时代的久远，文化的断层，使得古玉器留给我们更多的是困惑和不解，系统、严谨又不失趣味地用影像讲述古玉研究背后的故事，是我们的责任。

这期间，巧遇杜金鹏研究员正在启动“古代玉器研究科学体系构建”这个课题，我们有幸获得了跟拍整个研究过程的机会，这不仅使我们的片子在立意和深度方面上升了一个新的高度，最终也将惠及全体受众。而正是中国考古学家与生俱来的社会责任感，促成了这次考古大众化的传播实践。

迄今为止，笔者跟随课题组辗转北京、南阳、随州、济南、三门陕、沈阳等地，拍摄了诸如春秋月河墓、西周虢国墓、殷墟妇好墓等出土玉器的科学研究过程，获得了大量弥足珍贵的第一手素材。

由于课题组选取的典型器，大多来自国内近几十年知名的考古发掘项目，有些玉器甚至还从未面世。在镜头和灯光的帮助下，玉器最精彩的一面被完美地展现出来。这些画面不但第一时间满足了人们对于神秘珍贵的出土玉器的好奇心，同时也传达给观众最为直观准确的古玉的基本信息：尺寸、形制和纹饰，具有很强的知识性、可看性和吸引力。

另外，此次研究使用了各种仪器设备对玉器进行交叉检测，因此，对于各种研究手段的介绍，也将是片中表现的重点，这对于传播科学理念和方法有着重要意义。再加上各学科的专家、学者在研究现场所发生的学术交流及碰撞，产生了很多意想不到的信息，不但极大丰富了拍摄内容，一些特殊的仪器设备，还为我们的拍摄提供了前所未有的视角。比如，经由3D显微镜放大几十倍甚至几百倍，玉器表面最细微的变异，都会清晰地呈现在与之相连的显示屏上，不但使得我们能够拍到之前绝不可能拍到的微观镜头，而且，由于痕迹特征一目了然，当碰到诸如遗玉，或者破损、修补、改制过的玉器时，专家们可以直接在屏幕前通过分析玉器表现的痕迹，现场得出各种有趣的结论。有一次，在一件春秋月河墓出土的龙形玉玦上，发现既有裂痕，也有明显的锔痕，借助3D显微镜的帮助，专家很快得出结论，即此玉玦的损坏不是在使用过程中，而是在加工过程中发生的。这种看似匪夷所思的结论，实则蕴含着非常严谨的科学推理，也是我们拍摄过程中可遇而不可求的精彩内容。

今天的新闻将是50年后的历史。这些内容通过电视媒介利用特殊的、专业的技术手段，形成客观、真实、生动、鲜活的影音资料，无论是画面的既视感，全方位记录的现场感，还是专家学者的深入阐释，都是对中国古玉及玉文化的一种理解，这种理解对未来是开放的，必将被后人再次或多次解读，甚至能够成为未来考古学研究有价值的参考文本。

五、结　　语

古代玉器的综合科学研究，不但能够打破考古学与其他相关学科的界限隔阂，实现成果共享，在其传播的过程中，更能够有效推动我国“公众考古”事业的蓬勃发展。

1888年12月，美国牛仔理查德·韦斯瑞尔和他的亲戚在科罗拉多州西南部发现了弗德台地遗址，从而激发了公众对考古的兴趣，由此开启了大众对考古学的制度化支持。所谓“公众考古”，就是将考古学大众化，使大众理解、支持、参与考古和遗产保护活动。

“公共考古”的发展具备着多方面的社会意义。一方面，是因为作为考古研究对象的古代文化遗产本身，具有公共资源的性质；另一方面，则是因为科学普及工作是培养大众文化创新能力的重要途径之一。

随着文化遗产保护理念的广泛兴起、传播学的快速发展以及专业研究机构和研究队伍的不断壮大，整个社会对文化遗产保护事业的理解、支持和参与程度越来越高，人们将会逐渐了解考古学的科学方法和理论，了解考古学对探索人类自身、人类文化和文明起源及发展进程的独特意义，最终达到提升整个社会对人文科学认识水平的目的。这也是古玉科学研究的最终目的。

后　　记

本书属于中国社会科学院考古研究所“创新工程”项目“文化遗产科学体系创新研究”之课题“出土玉器研究科学技术体系构建”2015年度子课题“殷墟妇好墓出土玉器综合研究”成果基础上，通过扩大科研队伍、扩展研究内容、加强研究深度，于2016年申请立项的国家社会科学基金项目“殷墟妇好墓出土玉器综合研究”（项目批准号16BKG003）之研究成果。

中国社会科学院考古研究所“创新工程”项目“文化遗产科学体系创新研究”的总目标是：“建立包括文化遗产调查发掘、整理研究、保护修复、展示利用、管理发展等在内的综合科学体系，从理论体系建设和方法技术创新方面，把我国的文化遗产事业推向更高更新层面，为建设中华民族共同精神家园贡献力量。”而“古代玉器研究科学技术体系构建”课题目标是“构建有别于传统考古学玉器研究的科学技术体系”，即“进行多学科综合研究，把考古、历史、宗教、古文字、科技史、地质、艺术、工艺美术，融合成一个科研体系，进行跨地区、跨部门、跨专业的综合研究，力图创建一个更加新颖、科学、完美的出土文物研究模式”。其子课题“殷墟妇好墓出土玉器综合研究”主要通过科学分析检测和观测研究，“对殷墟妇好墓出土玉器进行系统检测分析，就其材料、工艺、埋藏、使用诸方面问题，提出科学论述”。

国家社会科学基金项目“殷墟妇好墓出土玉器综合研究”基于考古出土实物，通过多学科的合作对出土的玉器进行检测、分析与研究，分别从玉器的矿物学研究、治玉工艺研究、次生变化研究、社会背景研究、社会功用研究、艺术成就研究、历史与传承研究、旧器改新研究、影像资料库建设等诸方面，对妇好墓出土玉器进行全方位梳理、研究、总结。其学术价值，既在于其探索完善出土玉器新型科研模式之创建，即多学科综合研究，引入最新科技手段，人文社会科学与自然科学方法互补互证；同时也进一步提升妇好墓玉器乃至商代玉器研究水平，为我国早期文明发展研究、早期“玉石之路”探索奠定坚实基础，并为古玉研究数据库建设做好铺垫。

上述两个课题的主持人均由笔者担任。

在上述课题开展工作期间，中国社会科学院考古研究所领导给予大力支持，批准对馆藏妇好墓玉器进行实物观摩和科学检测，研究所信息资料中心惠予文物观摩和检测之诸多方便；北京在山吟古玉研究联合工作室提供倾力帮助，支援各种检测分析仪器设备和检测技术人员。同时，恰逢中国科学院大学王昌燧教授负责的一个关于出土玉器研究的国家自然科学基金项目组，也来参与妇好墓玉器科学检测工作，我们有机会相互切磋研讨。

两个课题的顺利开展，还得益于中国社会科学院考古研究所安阳工作站、安阳市文物考古研究所等单位诸多朋友的支持。

本课题组同仁，志同道合，积极向上，努力工作，合作十分愉快。感谢课题组全体同仁！

本书的出版，得到我的好友、科学出版社副总经理兼文物考古分社社长闫向东先生一如既往之倾力支持。责任编辑张亚娜不辞辛劳，认真编校，为本书增色甚多。

值此本书即将付梓之际，谨向为本课题提供支持和帮助的各位师友，致以诚挚敬礼！向默默付出的课题组同仁表示深深的敬意！

作为出土玉器科学研究系列成果“中国古玉研究丛书”之一，本书是继《临朐西朱封龙山文化玉器研究》、《桐柏月河春秋墓出土玉器研究》、《玉华流映——殷墟妇好墓出土玉器》之后新添姊妹篇。企望上述系列成果能为中国出土玉器的科学研究，略增声色；为喜欢中国古玉和中国玉文化的朋友，提供一点茶余饭后的书趣。若果如期，我心足矣！

杜金鹏

2018 年 5 月 1 日记于北京官书院

1. 洹河南岸甲组基址“玉料坑”出土物

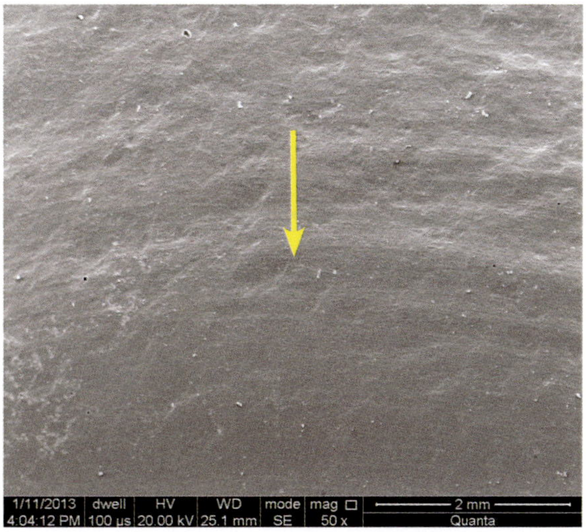

2. 砂绳（麻绳+中—粗砂）切割面SEM50×

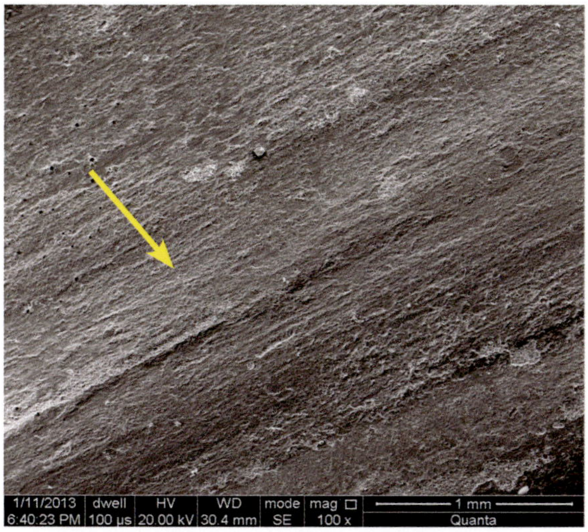

3. 锯片（花岗岩+中—粗砂）切割面SEM100×

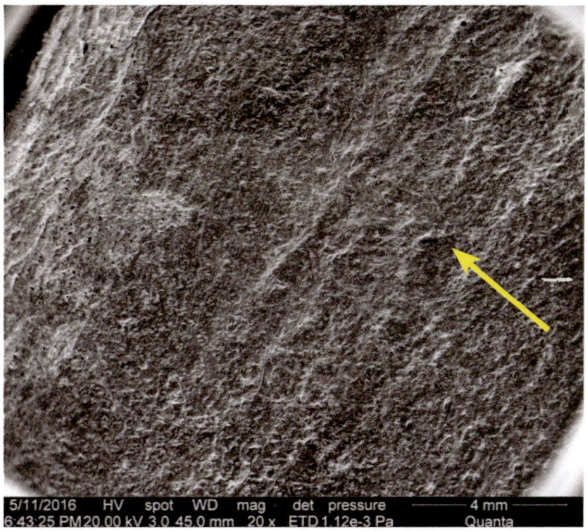

4. 锯片（金属片+中—粗砂）切割面SEM20×

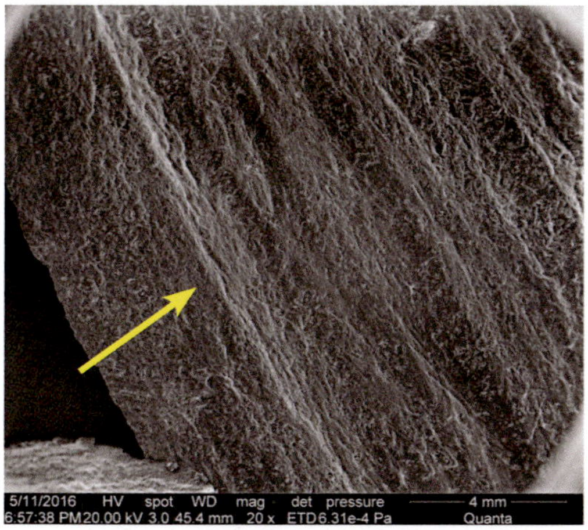

5. 线锯（金属线锯+中—粗砂）切割面
SEM20×

6. 金属线锯切割实验

彩版二

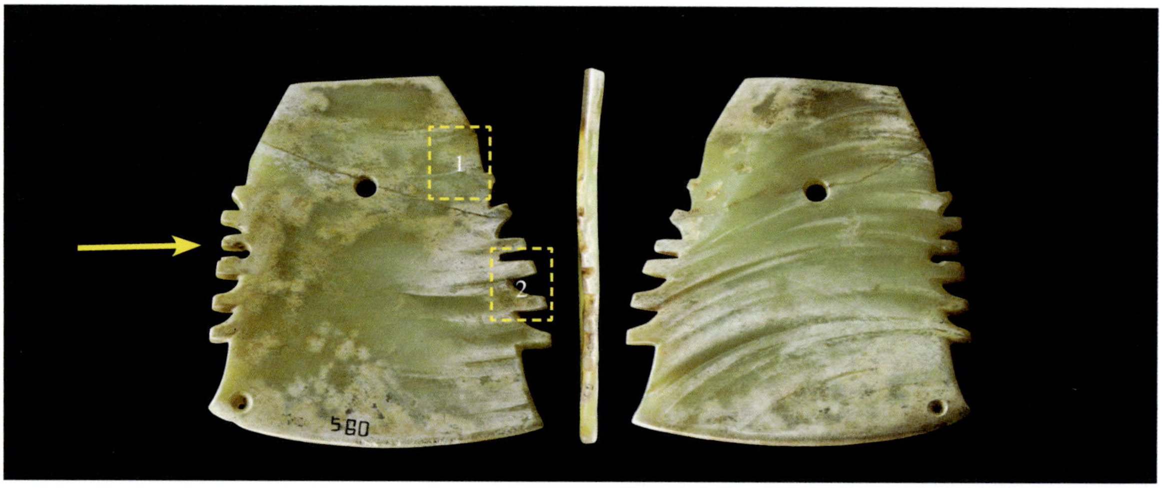

1. 玉戚（M5：560）

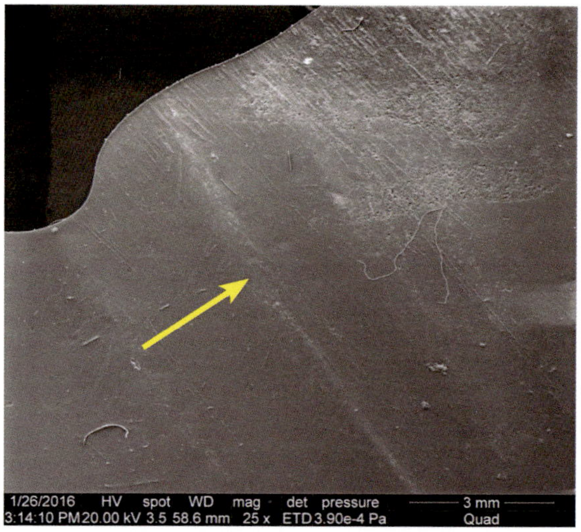

2. 观察点1处开片造成的切割痕SEM25×

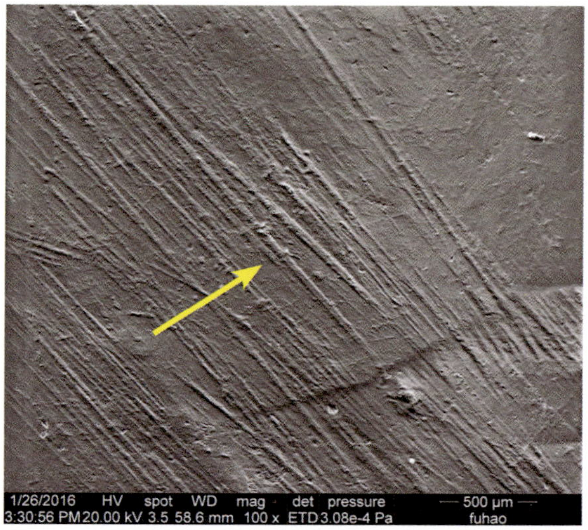

3. 开片造成的切割痕SEM100×

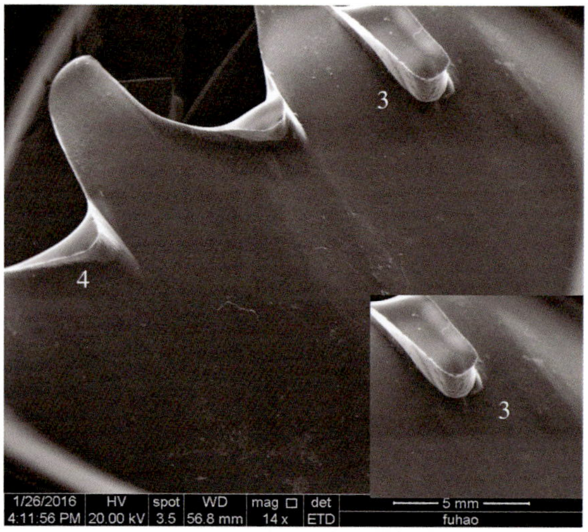

4. 观察点2处齿根部SEM14×

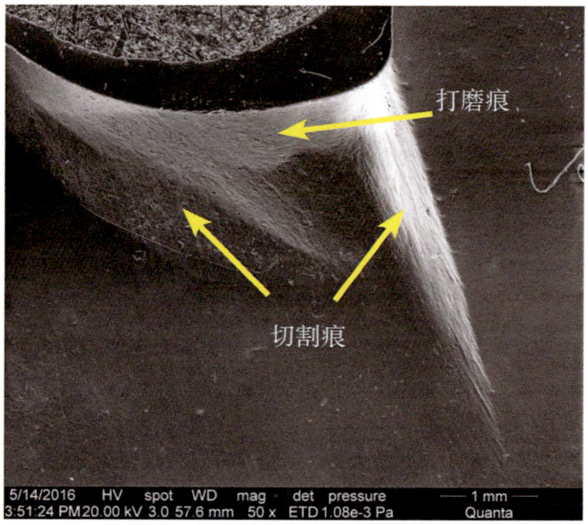

5. 观察点4处齿根部切割痕和打磨痕SEM50×

彩版三

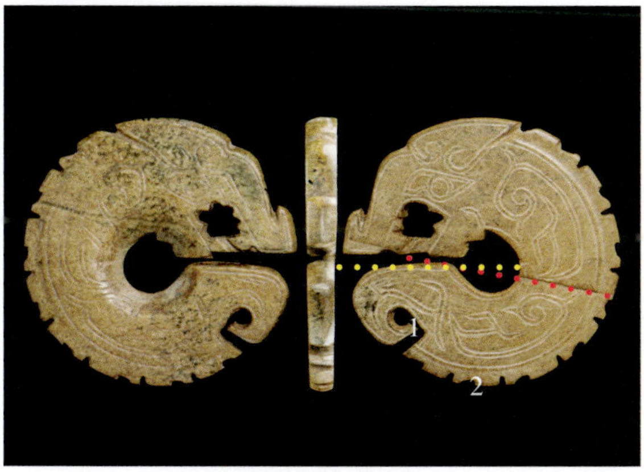

1. 龙形玦（M5：473）

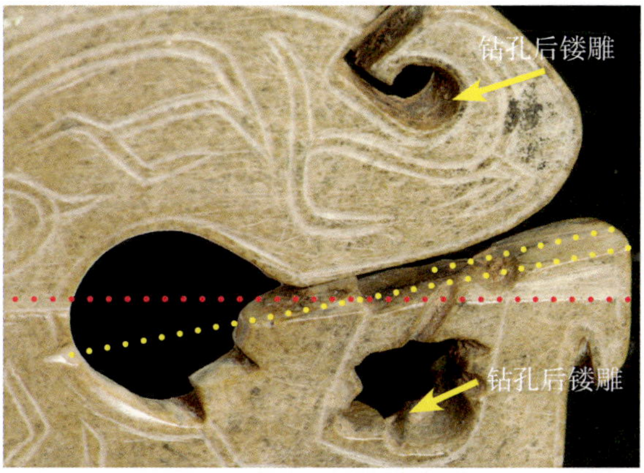

2. 龙形玦的齿、中孔和玦口处

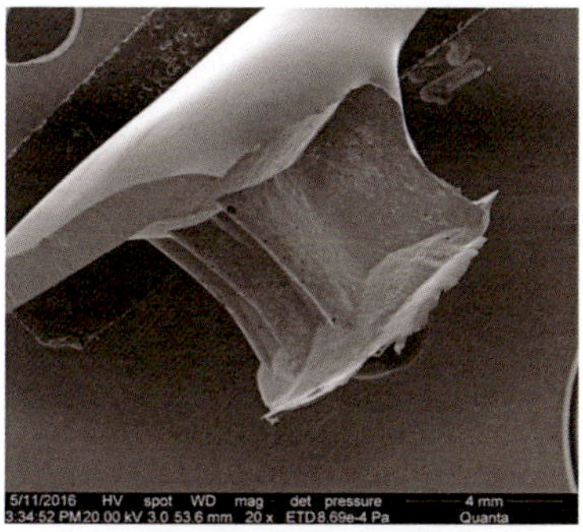

3. 齿部镂雕内表面SEM20×

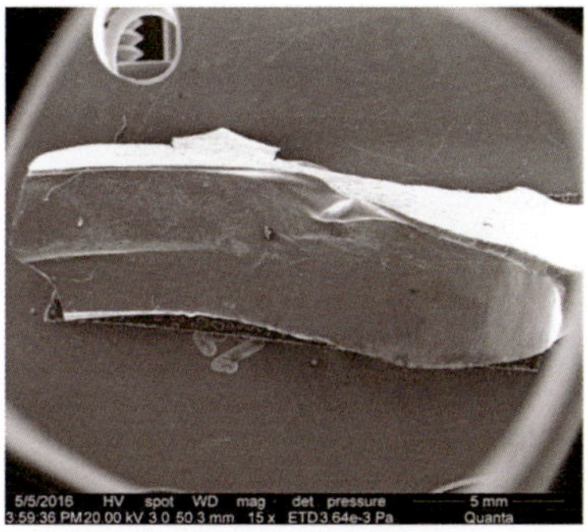

4. 玦口处对向切割面SEM15×

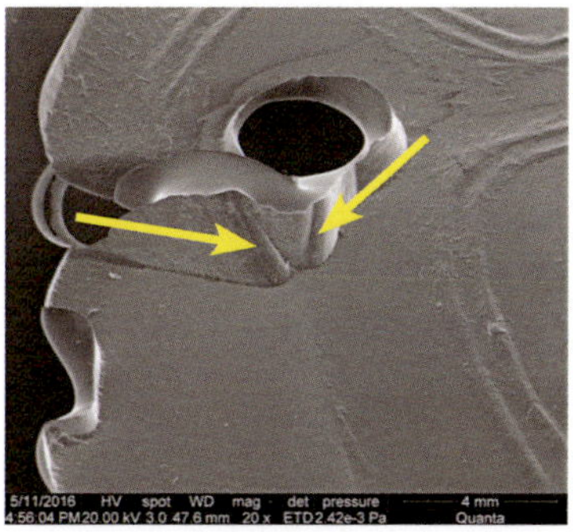

5. 观察点1（卷尾处）的孔和镂雕内表面SEM20×

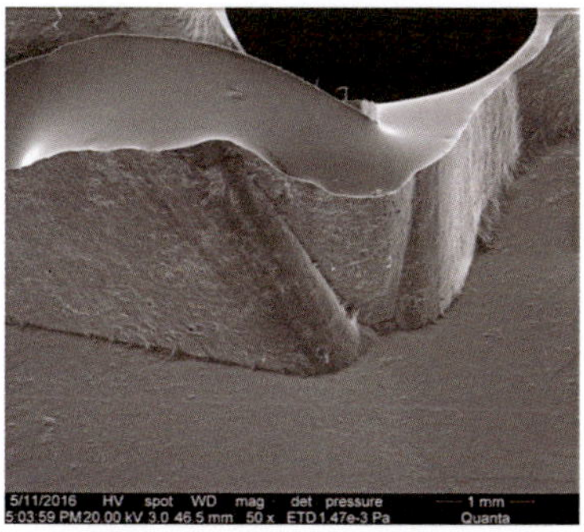

6. 卷尾处镂雕内表面SEM50×

7. 观察点2处沟槽内侧表面SEM50×

8. 观察点2处沟槽内侧表面SEM100×

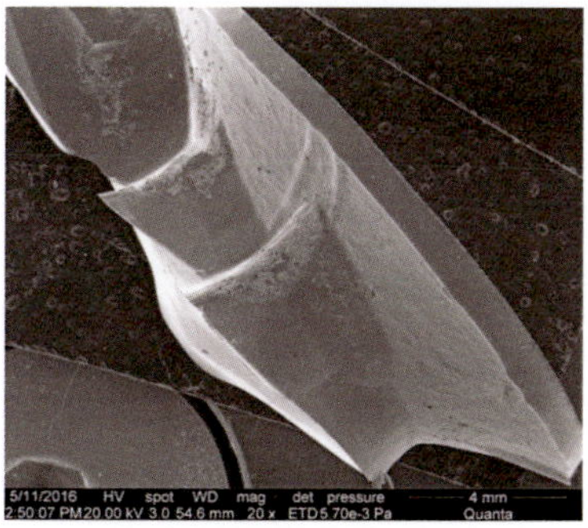

9. 中孔内表面（龙下巴处）SEM20×

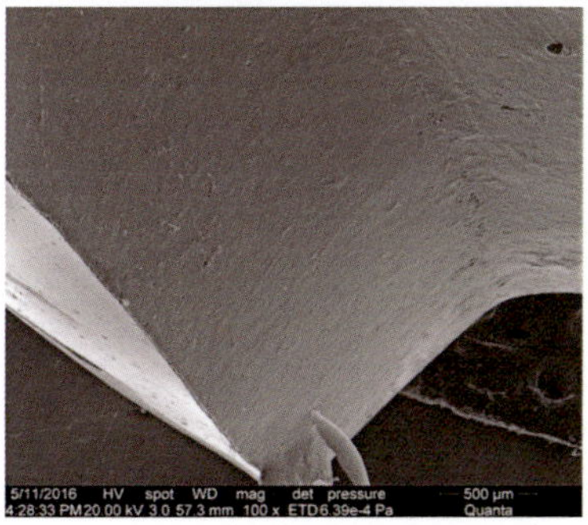

10. 中孔内表面SEM100×

1. 玉熊（M5：430）

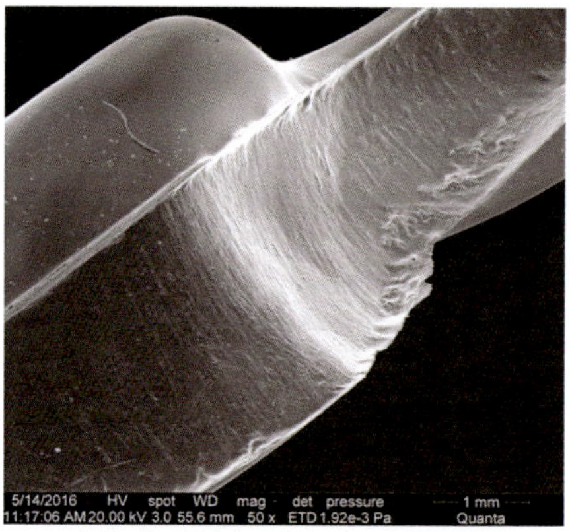

2. 观察点1处侧面的切割面SEM50×

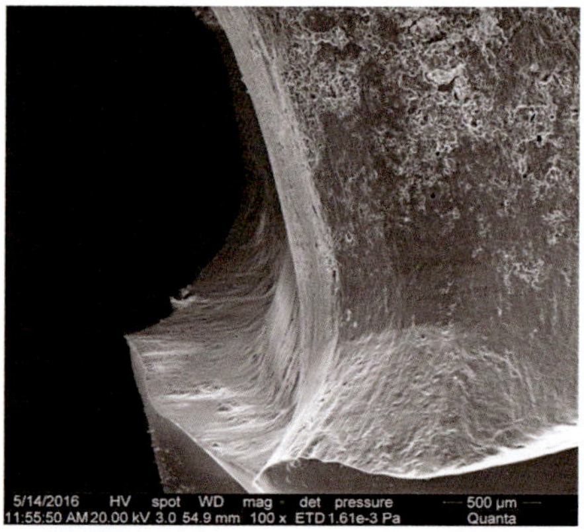

3. 观察点2处侧面的切割面SEM100×

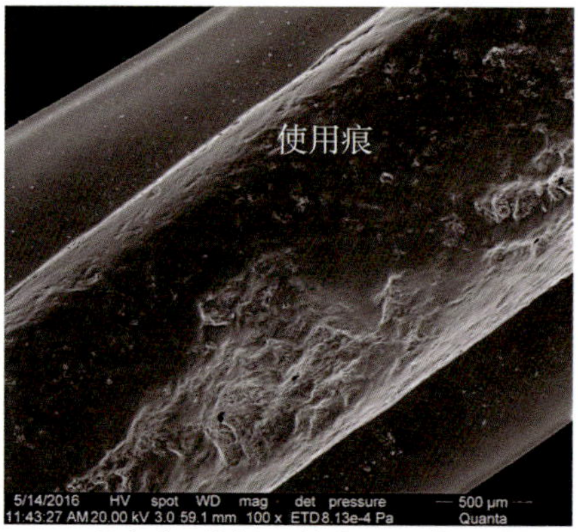

4. 观察点3处侧面的磨面及使用痕SEM100×

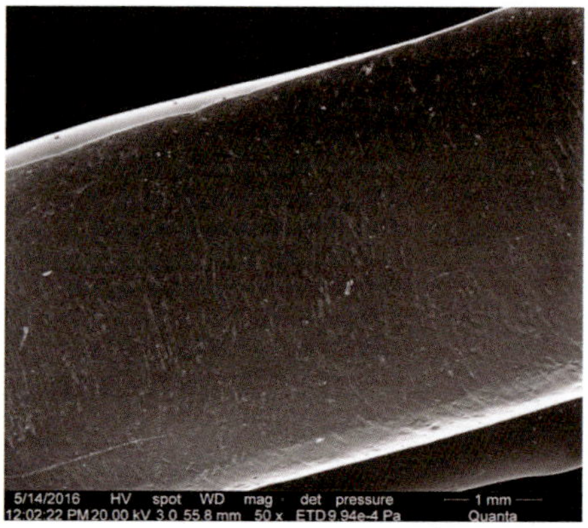

5. 观察点4处侧面的磨面SEM50×

1. 玉鹦鹉（M5：355）

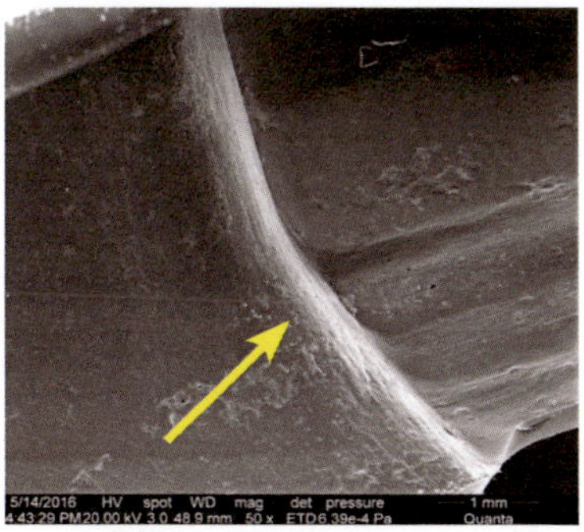

2. 观察点1处切割痕SEM50×

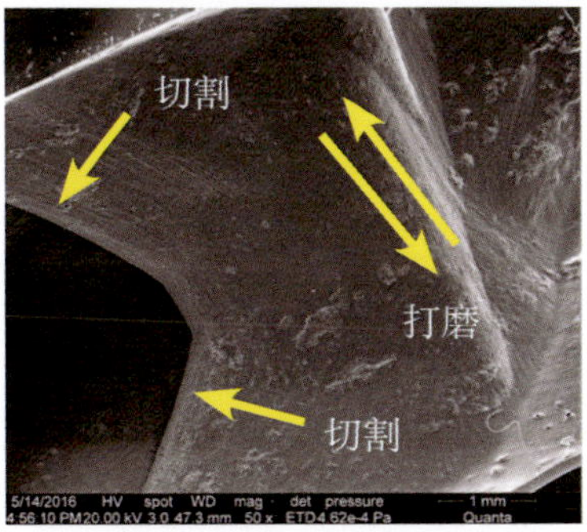

3. 观察点2处切割痕和打磨痕SEM50×

4. 观察点3处切割痕SEM50×

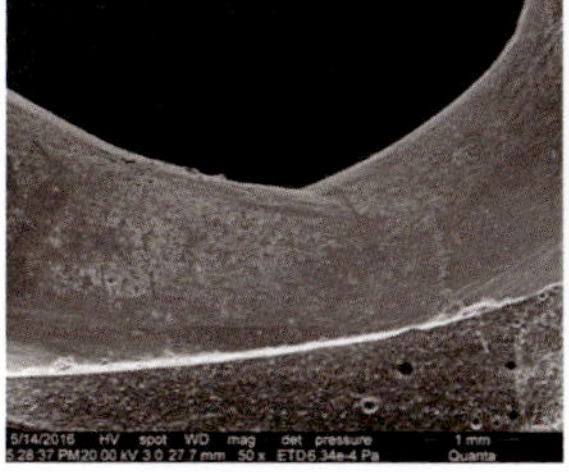

5. 观察点4处切割痕SEM50×

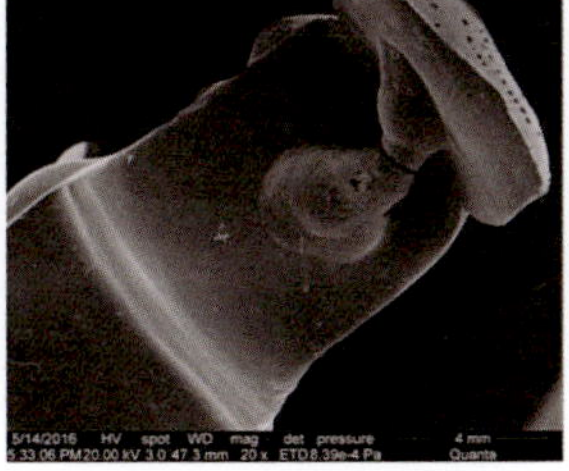

6. 观察点5处切割痕及斜对穿孔SEM20×

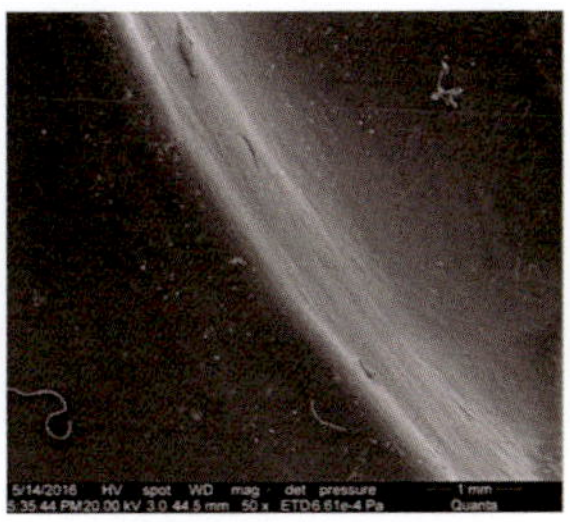

7. 观察点5处切割痕SEM50×

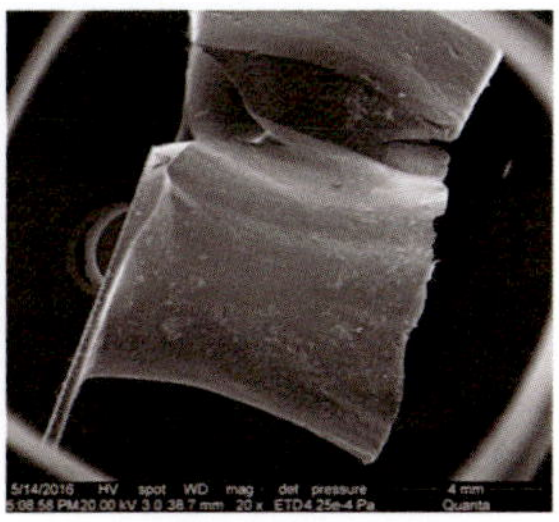

8. 观察点6处切割痕SEM20×

1. 玉扳指（M5：973）

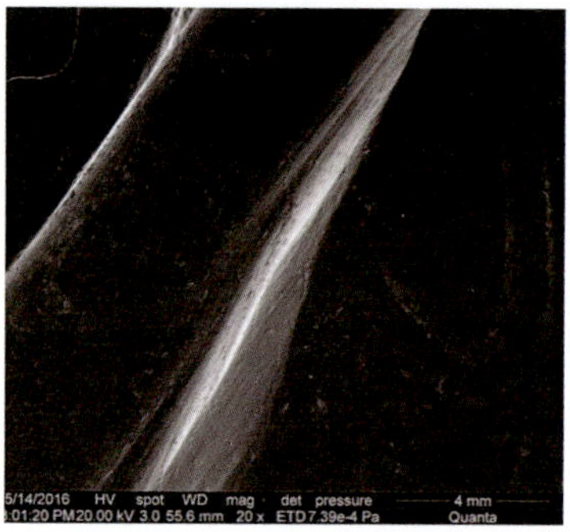

2. 玉扳指（M5：973）观察点1处切割痕SEM20×

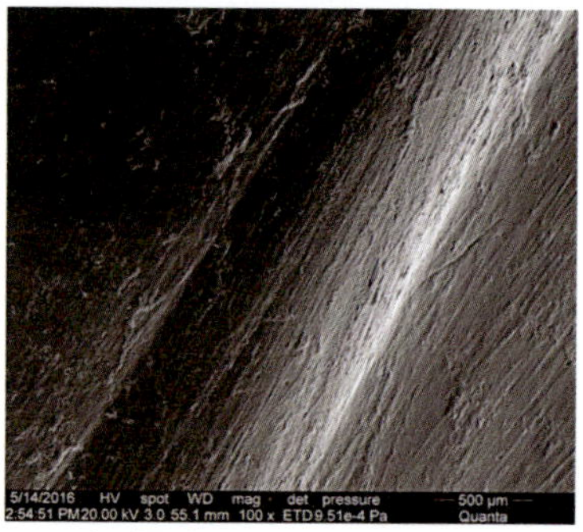

3. 玉扳指（M5：973）观察点1处切割痕SEM100×

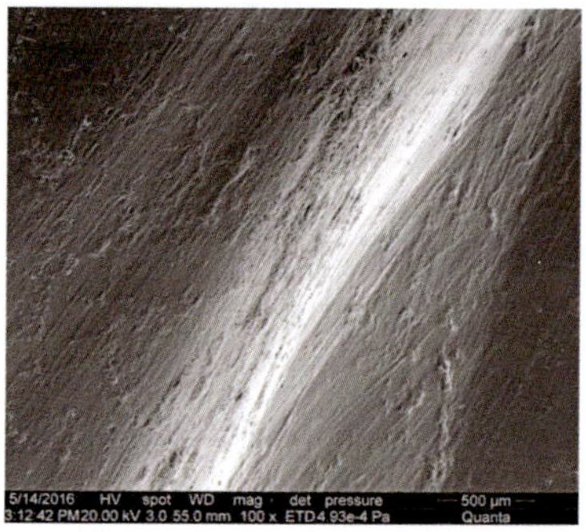

4. 玉扳指（M5：973）观察点1处切割痕SEM100×

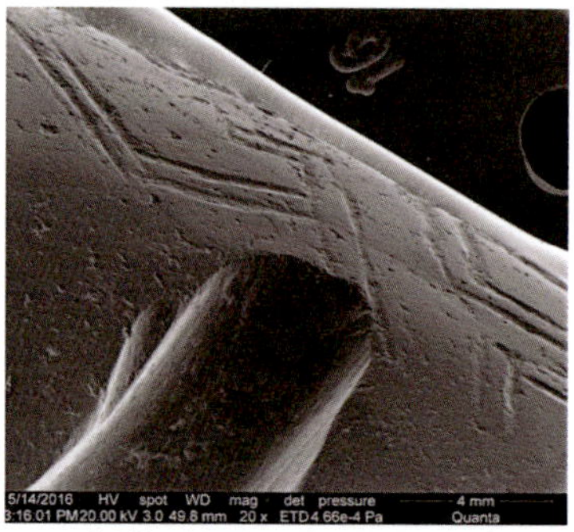

5. 玉扳指（M5：973）观察点2处切割痕SEM20×

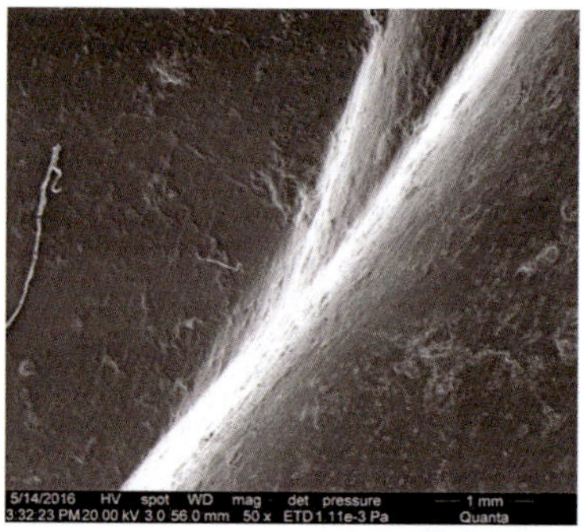

6. 玉扳指（M5：973）观察点2处切割痕SEM50×

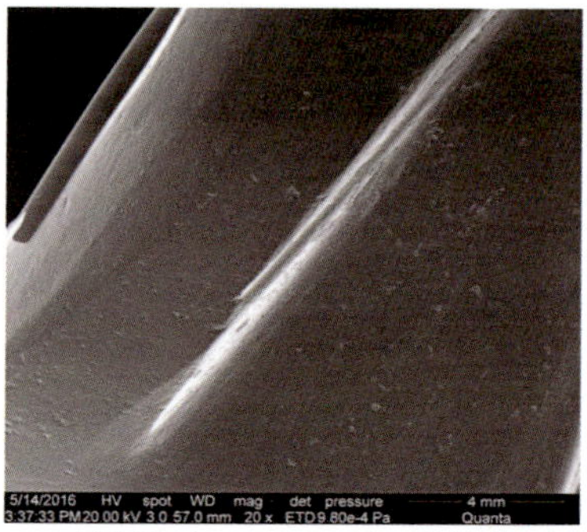

7. 玉扳指（M5：973）观察点3处切割痕SEM20×

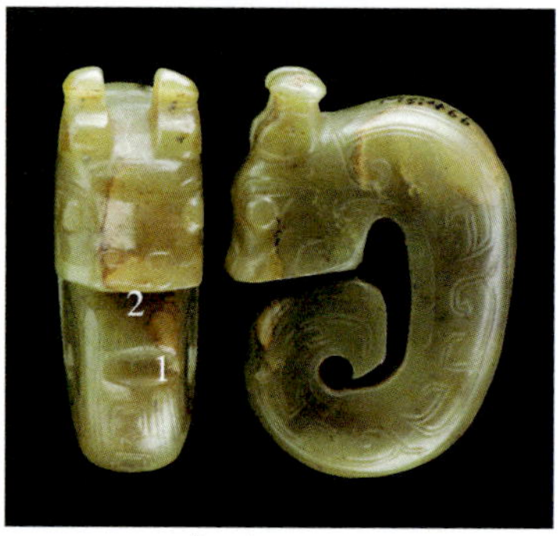

8. 玉龙（M5：466）

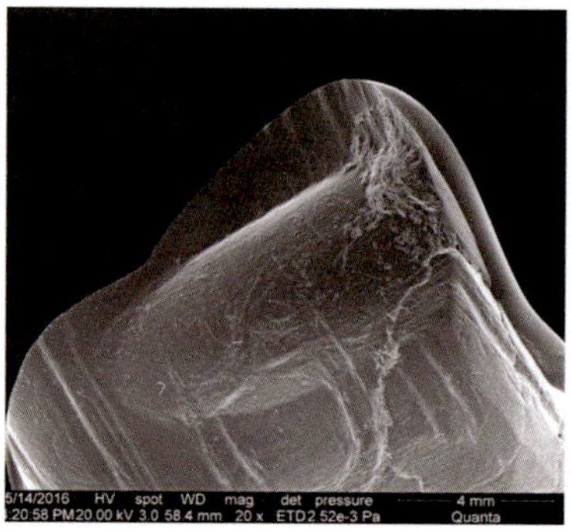

9. 玉龙（M5：466）观察点1处切割痕SEM20×

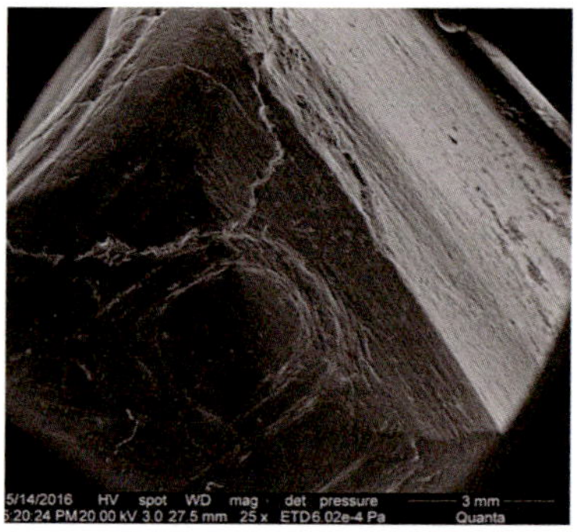

10. 玉龙（M5：466）观察点2处（玦口）切割痕SEM25×

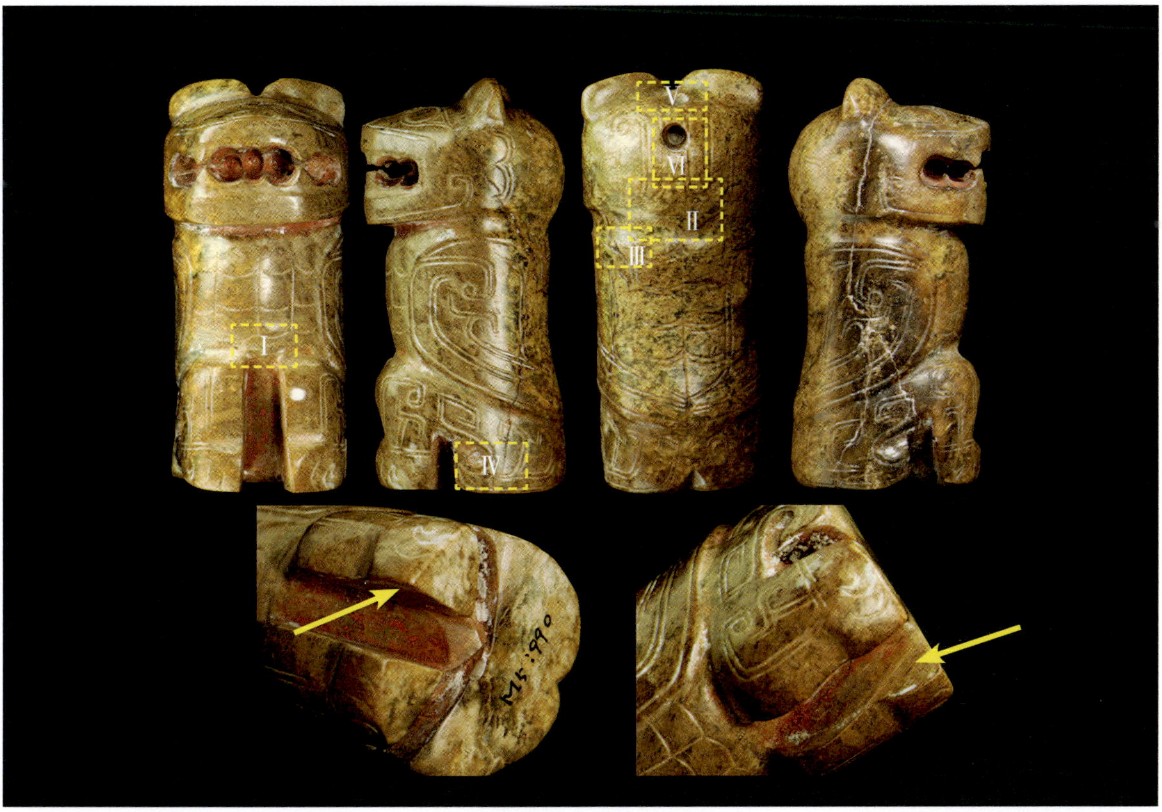

1. 兽首怪鸟（M5：990）

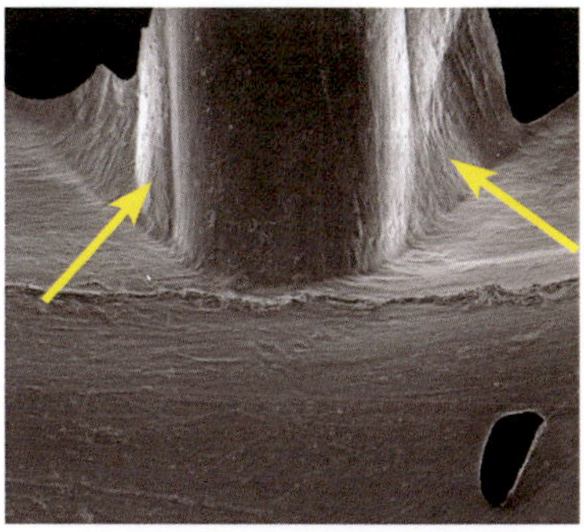

2. 方框Ⅰ处微痕SEM15×

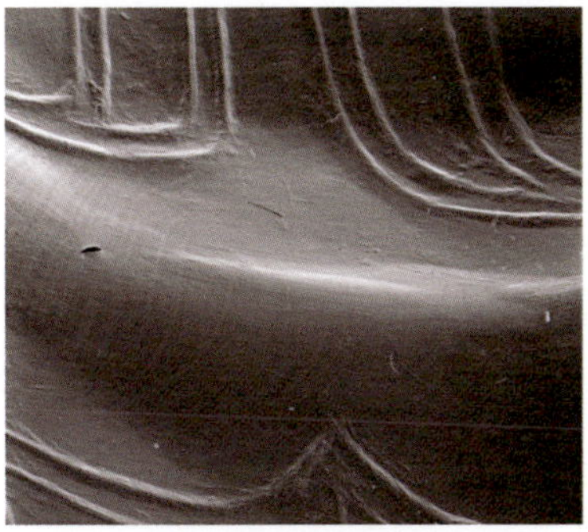

3. 方框Ⅱ处微痕SEM15×

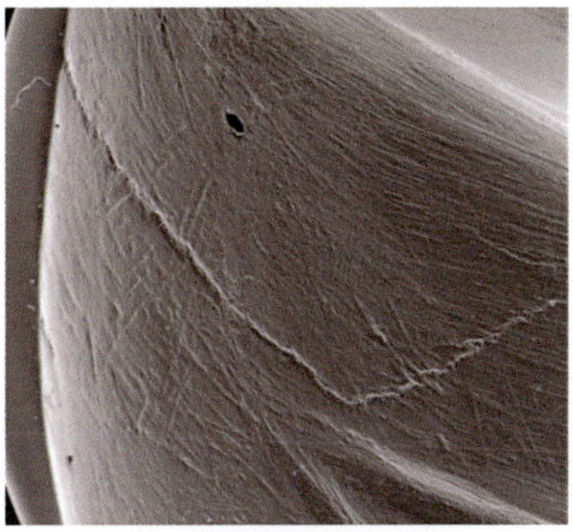

4. 方框Ⅲ处微痕SEM50×

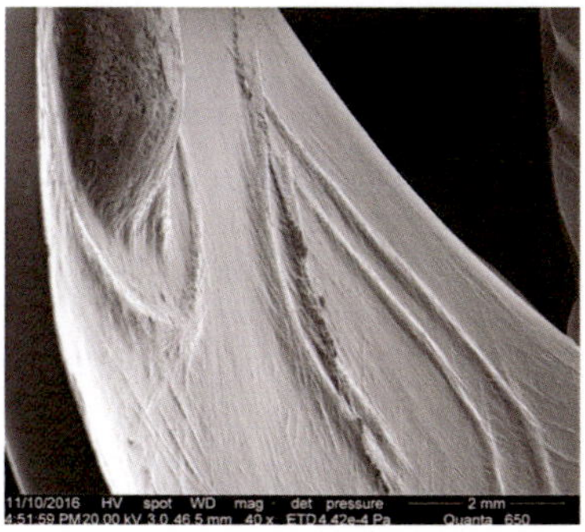

5. 方框Ⅳ处微痕SEM40×

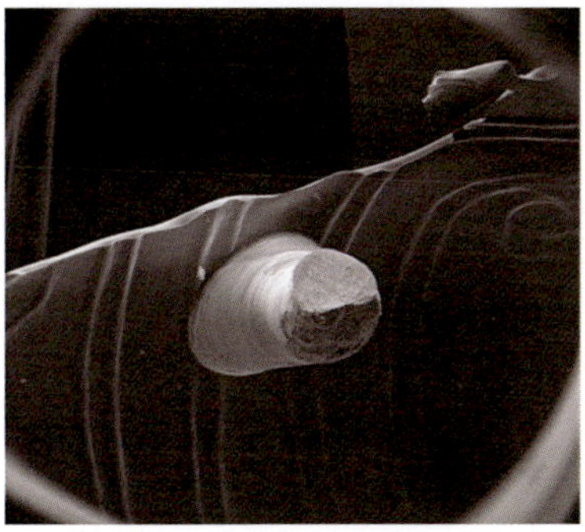

6. 方框Ⅴ处微痕SEM15×

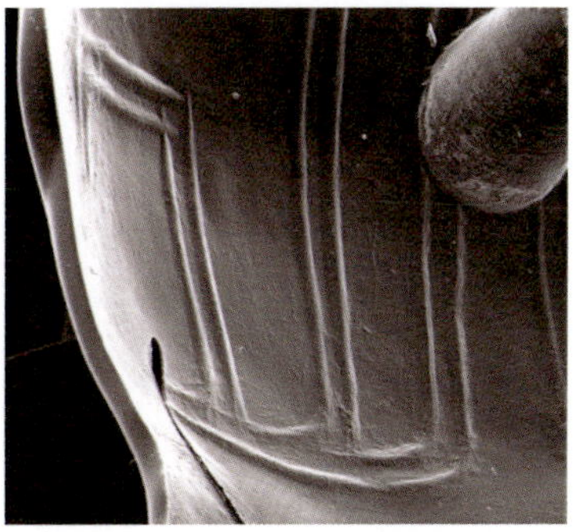

7. 方框Ⅵ处微痕SEM15×

彩版八

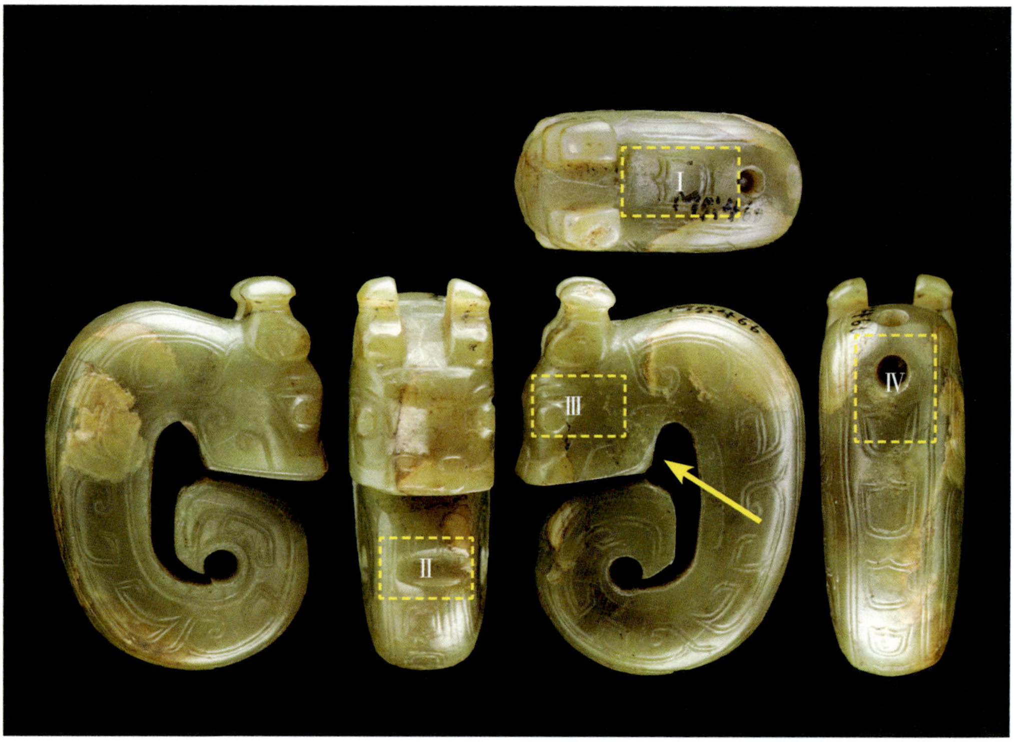

1. 玉龙（M5：466）

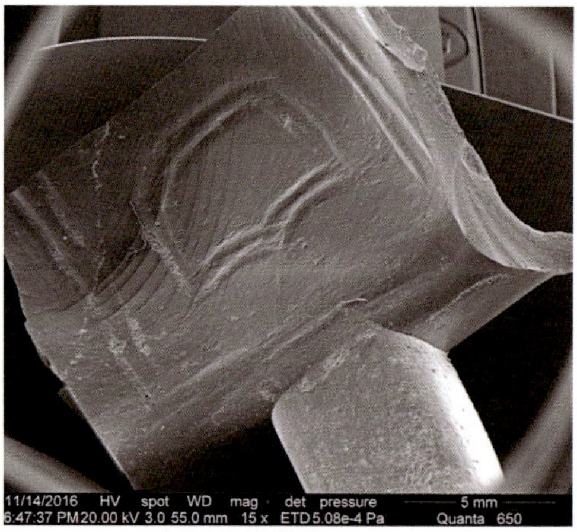

2.方框Ⅰ处微痕SEM15×

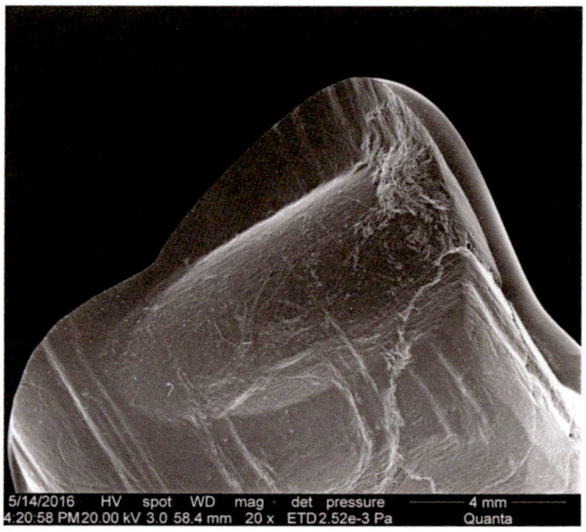

3.方框Ⅱ处微痕SEM20×

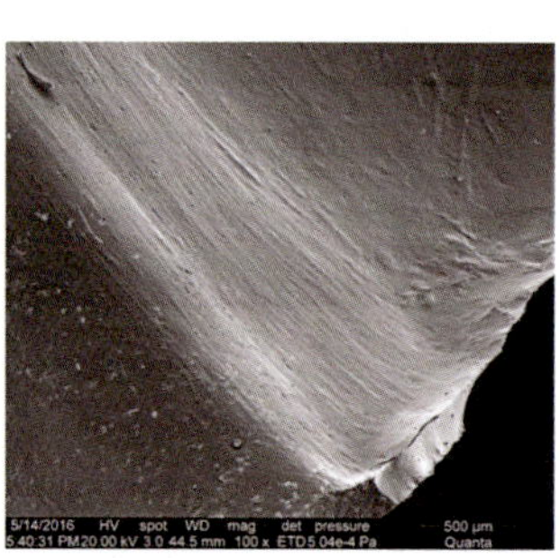
4. 黄色箭处头微痕SEM100×

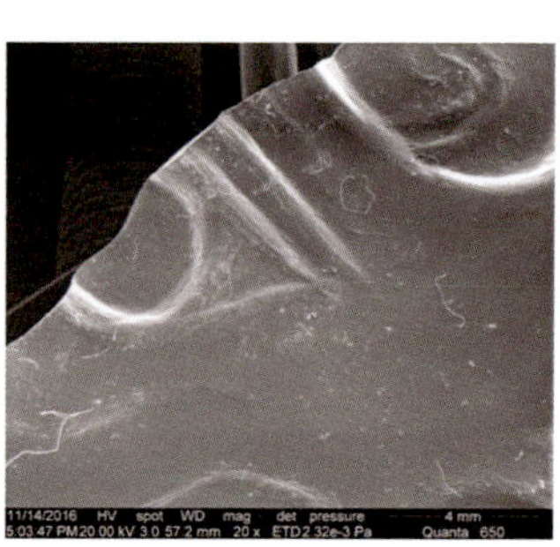
5. 方框Ⅲ处微痕SEM20×

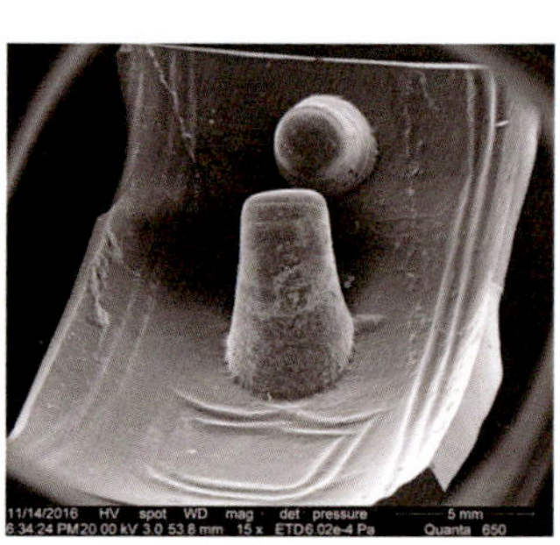
6. 方框Ⅳ处微痕SEM15×

1. 玉牛（M5：982）

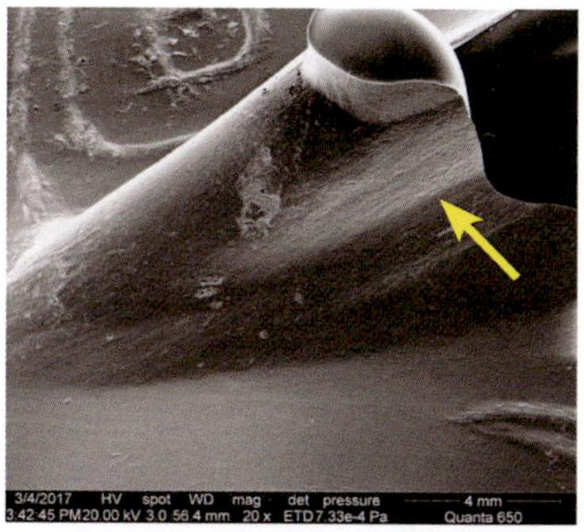

2. 方框Ⅰ处微痕SEM20×

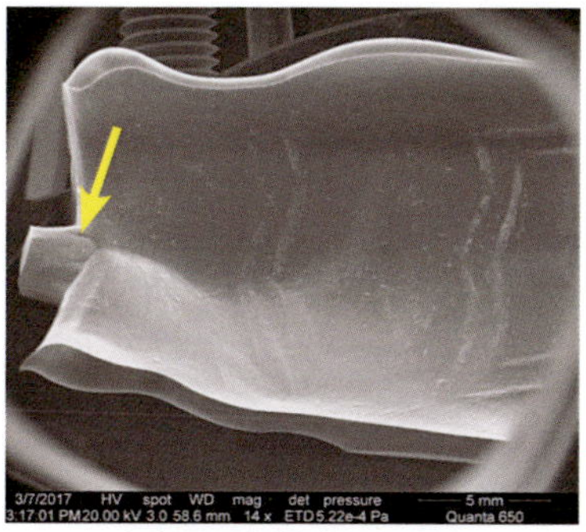

3. 方框Ⅱ处微痕SEM14×

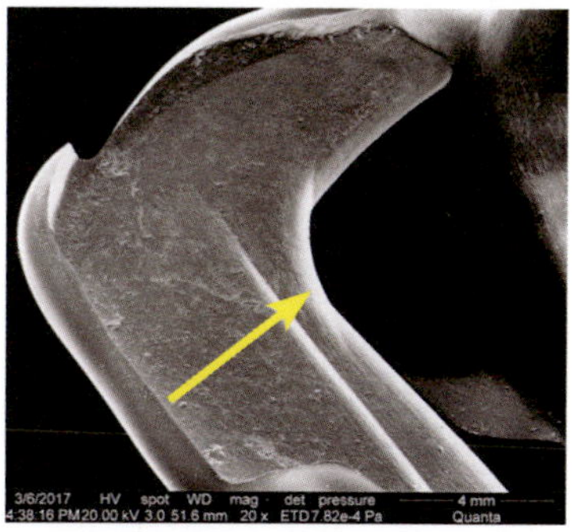

4. 方框Ⅲ处微痕SEM20×

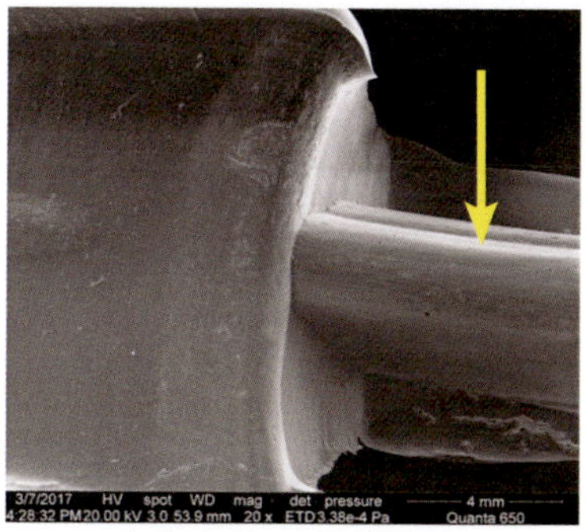

5. 方框Ⅳ处微痕SEM20×

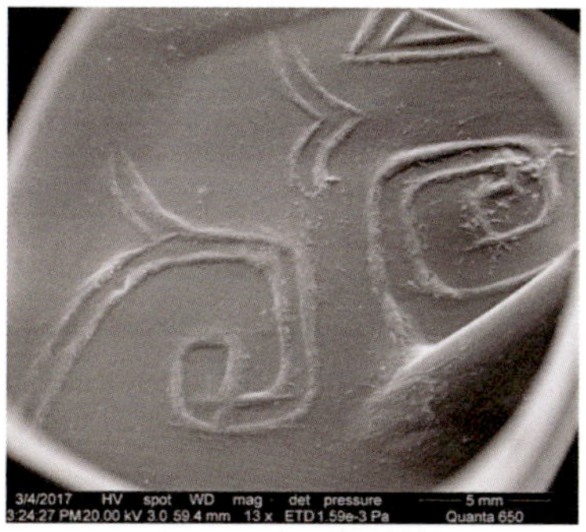

6. 方框Ⅴ处微痕SEM13×

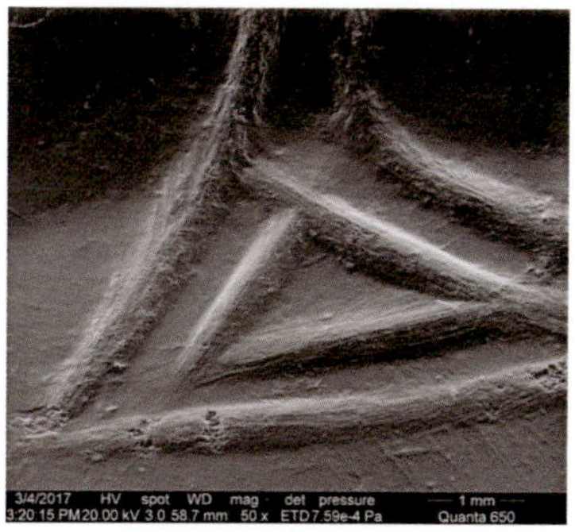

7. 方框Ⅵ处微痕SEM50×

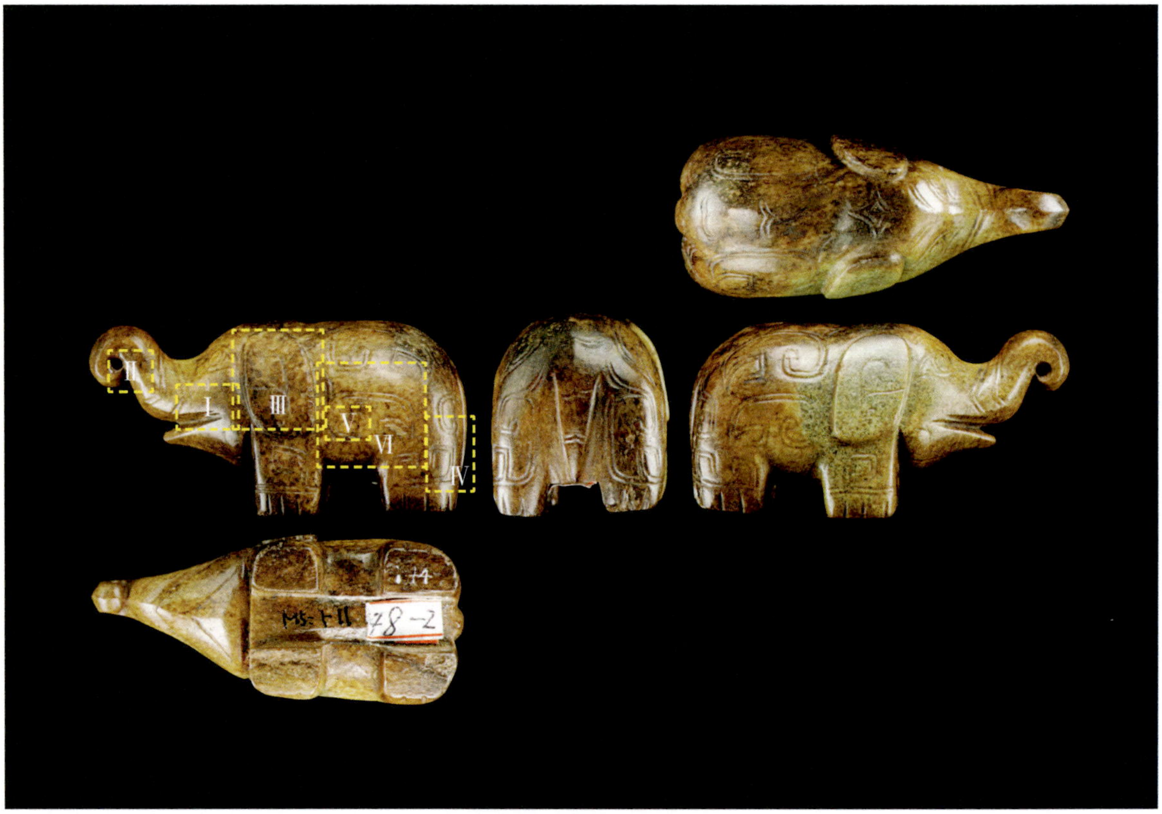

1. 玉象（M5：511）

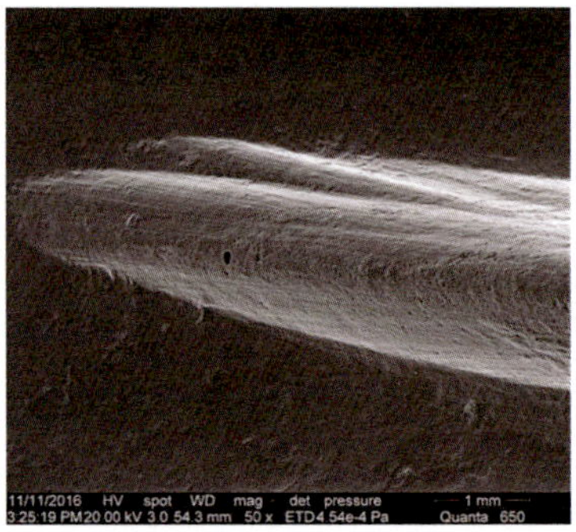

2. 方框Ⅰ处微痕SEM50×

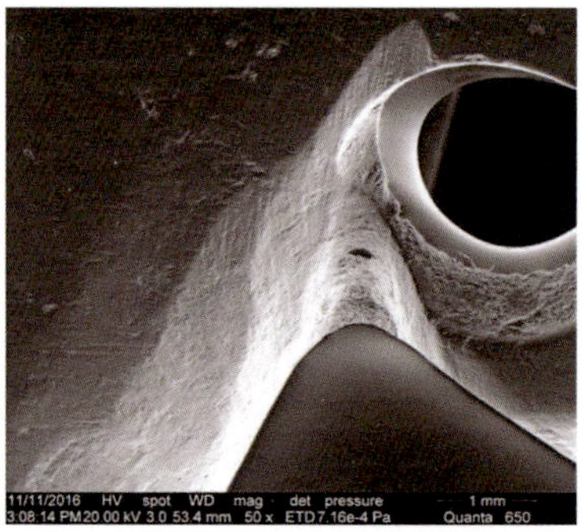

3. 方框Ⅱ处微痕SEM50×

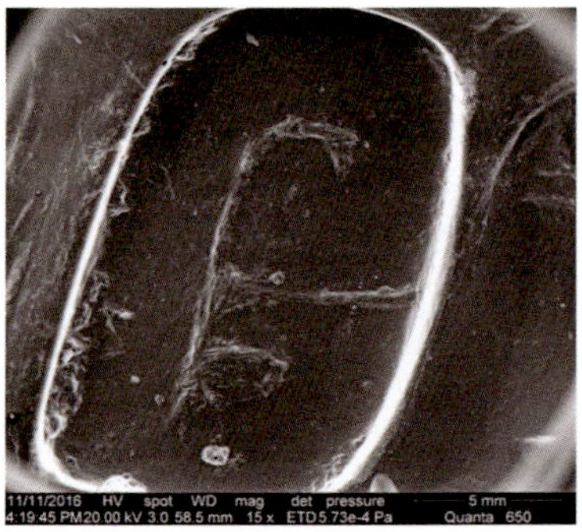

4. 方框Ⅲ处微痕SEM15×

5. 方框Ⅳ处微痕SEM15×

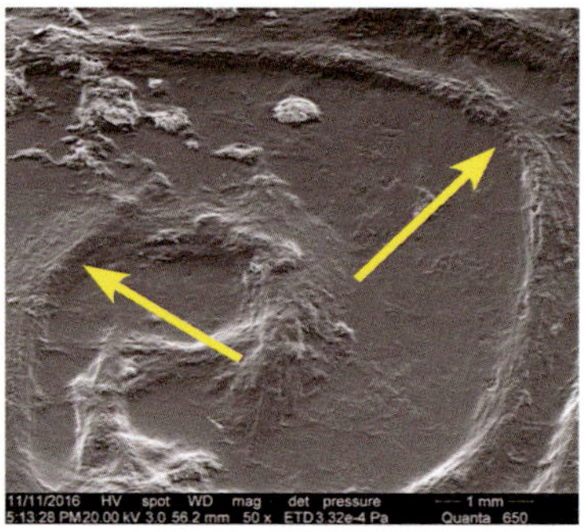

6. 方框Ⅴ处微痕SEM50×

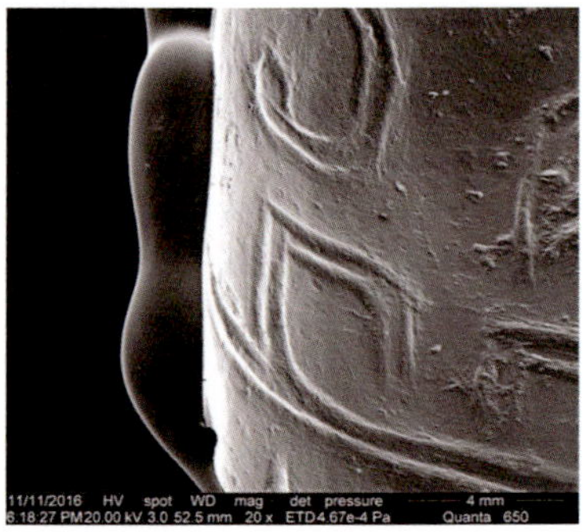

7. 方框Ⅵ处微痕SEM20×

1. 玉蝉（M5：378）

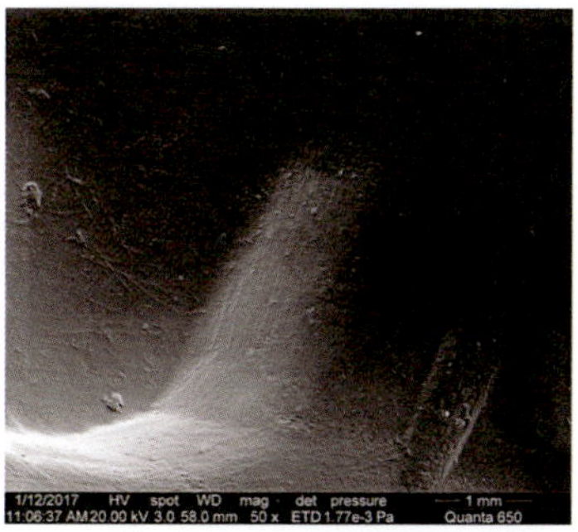

2. 玉蝉（M5：378）方框Ⅰ处微痕SEM50×

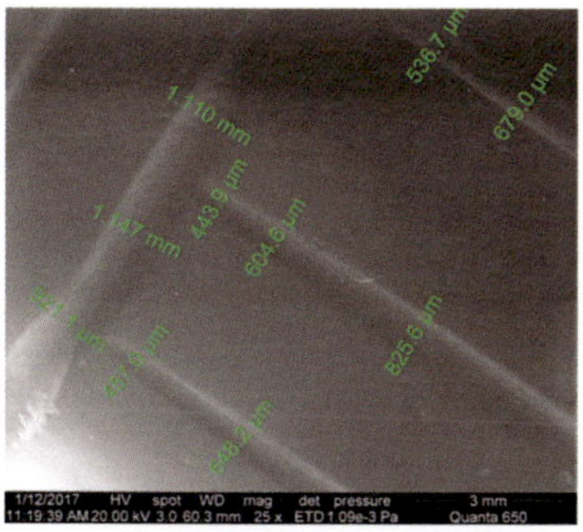

3. 玉蝉（M5：378）方框Ⅱ处微痕SEM25×

4. 玉虎（M5：366）

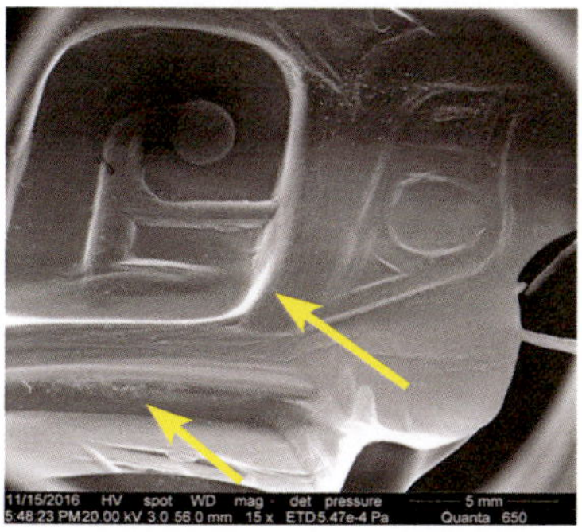

5. 玉虎（M5：366）方框Ⅰ处微痕SEM15×

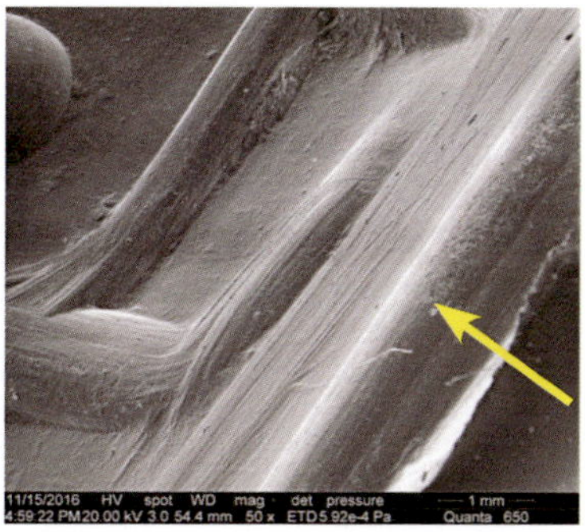

6. 玉虎（M5：366）方框Ⅱ处微痕SEM50×

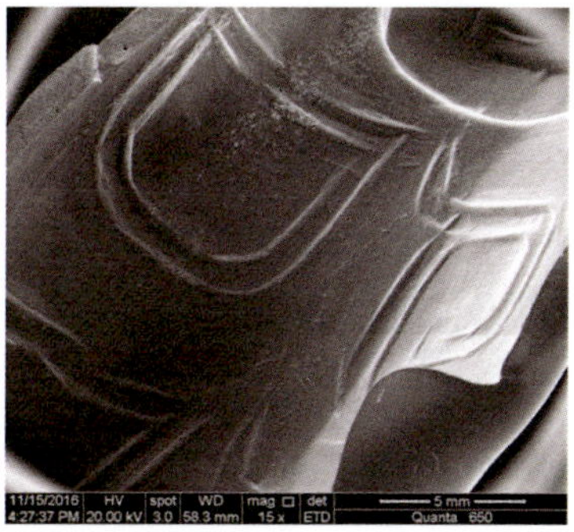

7. 玉虎（M5：366）方框Ⅲ处微痕SEM15×

彩版一二

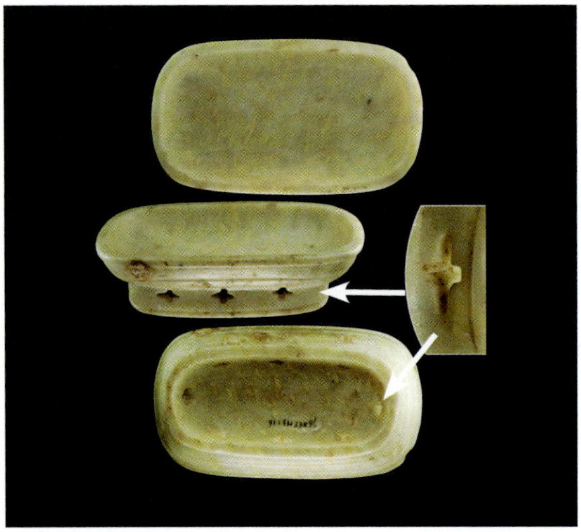

1. 玉盘（M5：16）

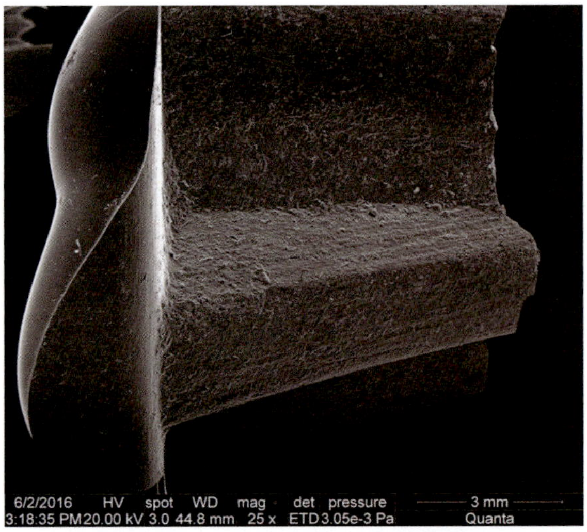

2. 玉盘（M5：16）白色箭头处微痕SEM25×

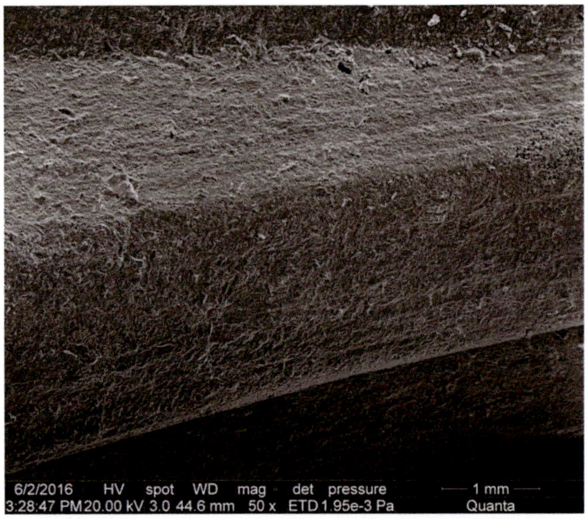

3. 玉盘（M5：16）白色箭头处微痕SEM50×

4. 跪坐石人（M5：376）

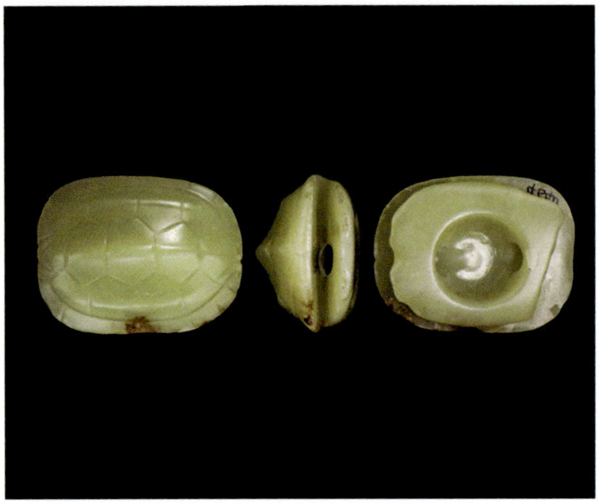

5. 牛河梁遗址出土玉龟壳（N2Z1M21：10）

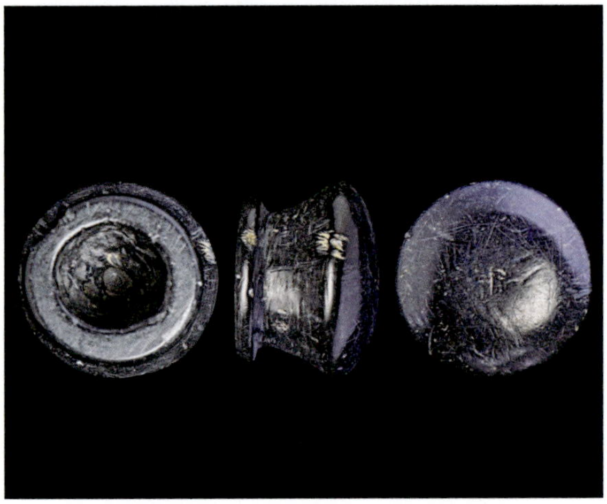

6. 凌家滩遗址出土煤精钮（98HCLT1213）

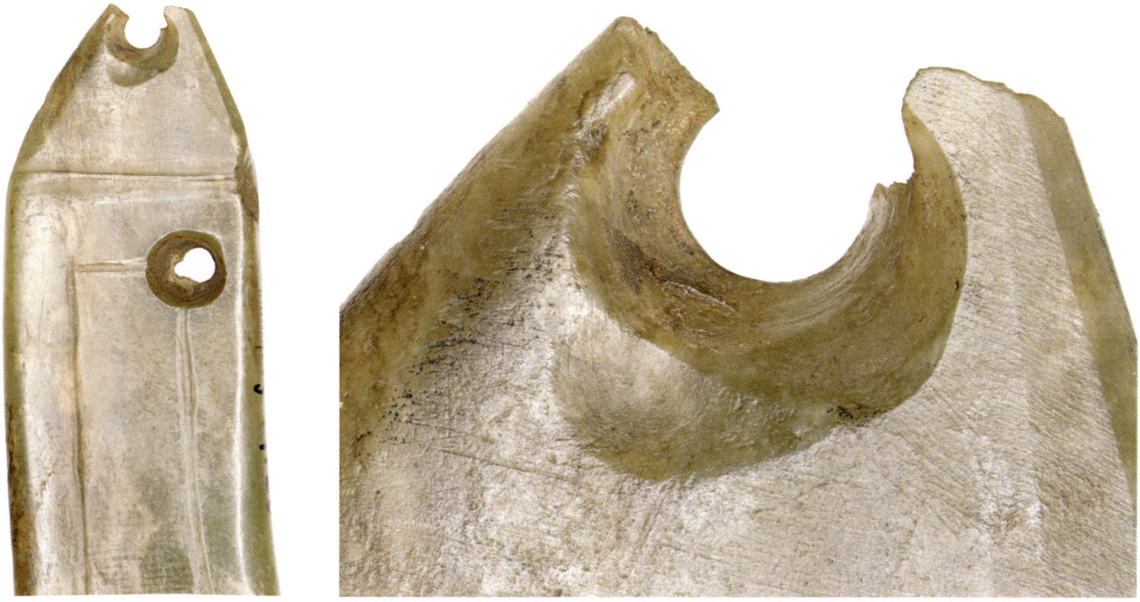

1. 玉勾形器（M5：1120）显微图

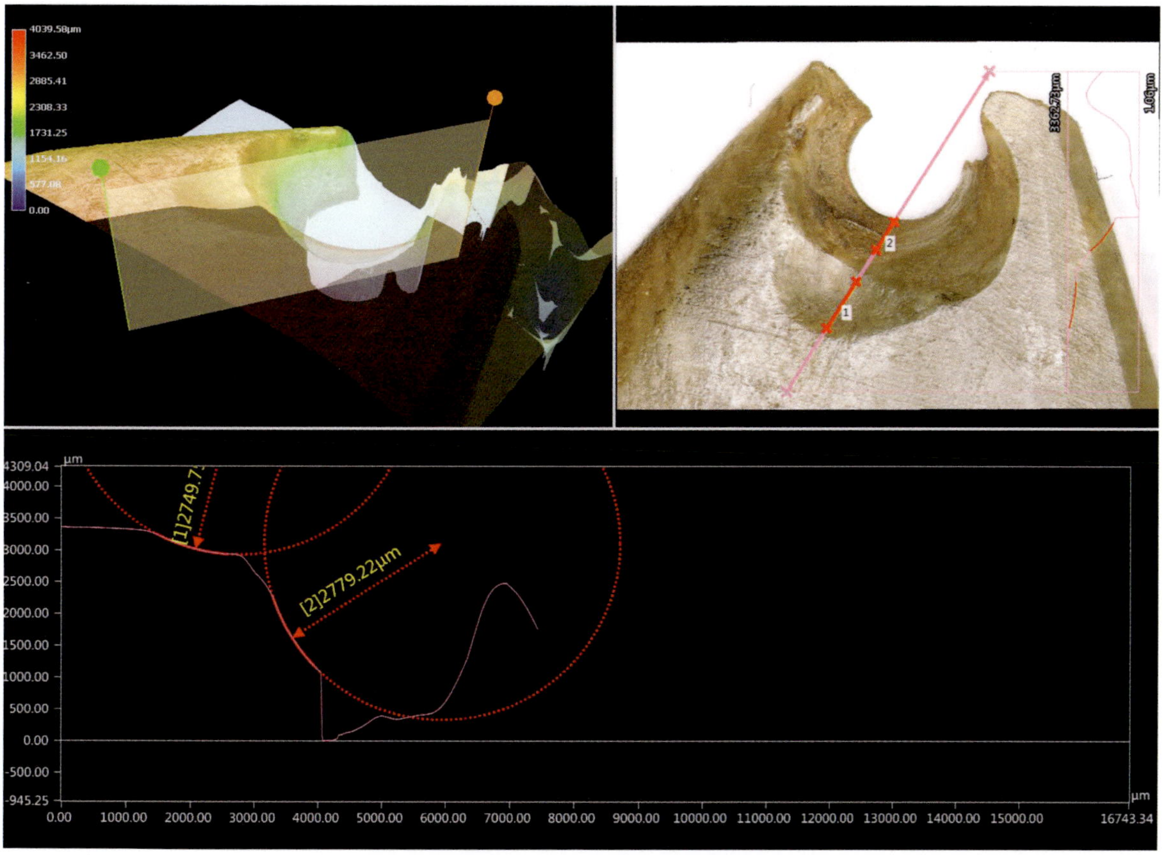

2. 玉勾形器（M5：1120）显微测量图

彩版一四

1. 玉马（M5：362）

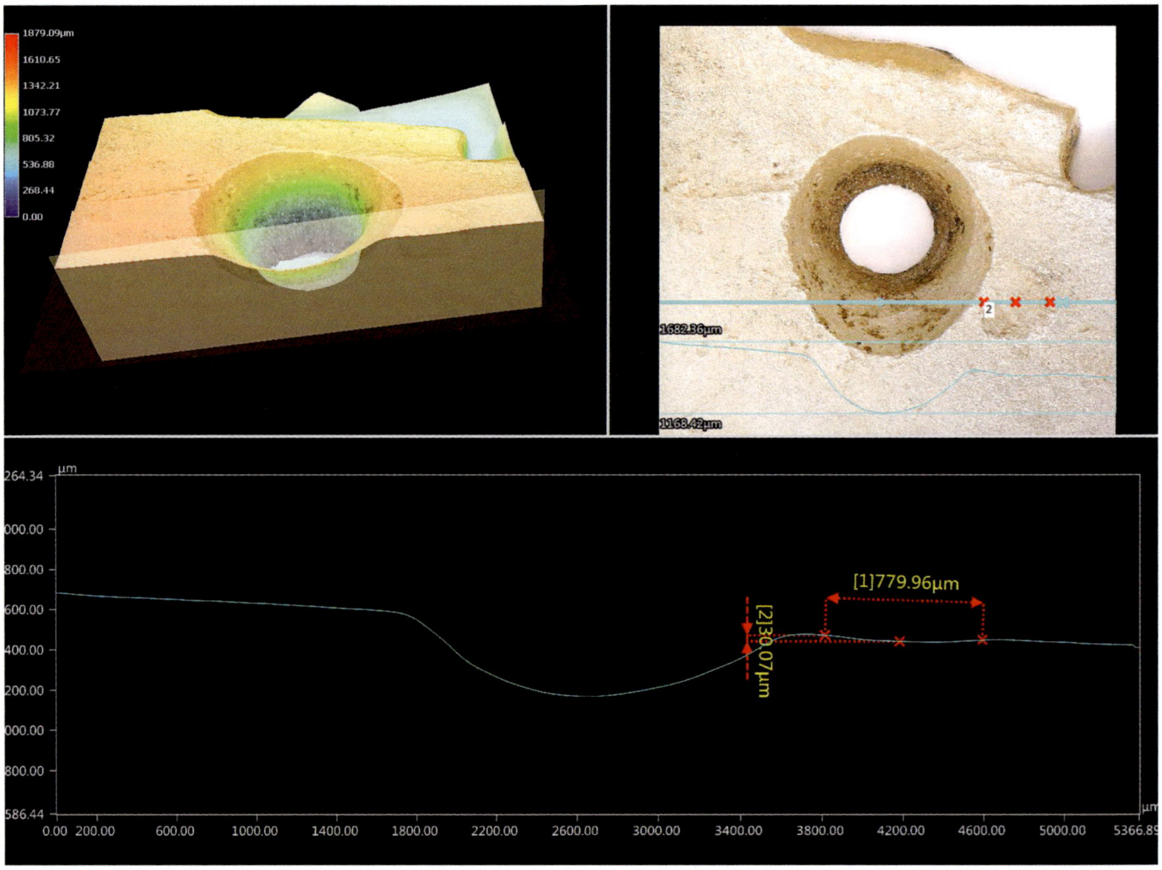

2. 玉马（M5：362）显微测量图

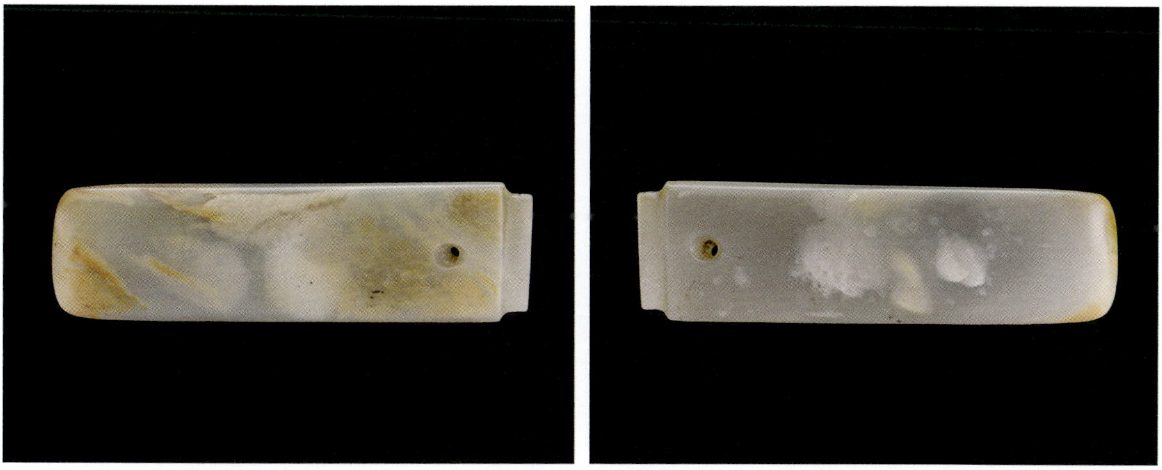

1. 玉圭（M5：919）

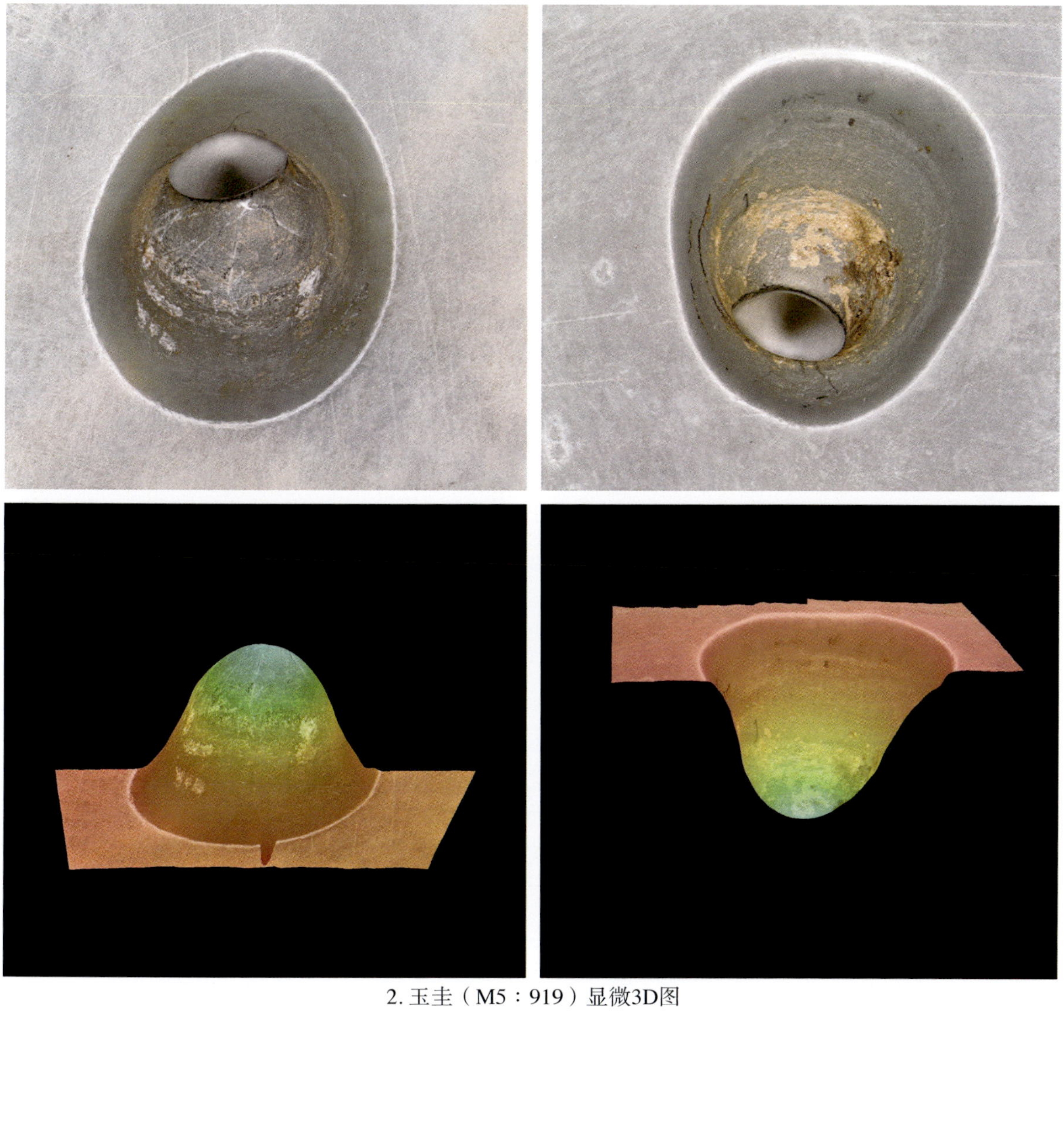

2. 玉圭（M5：919）显微3D图

彩版一六

1. 玉人（M5：376）

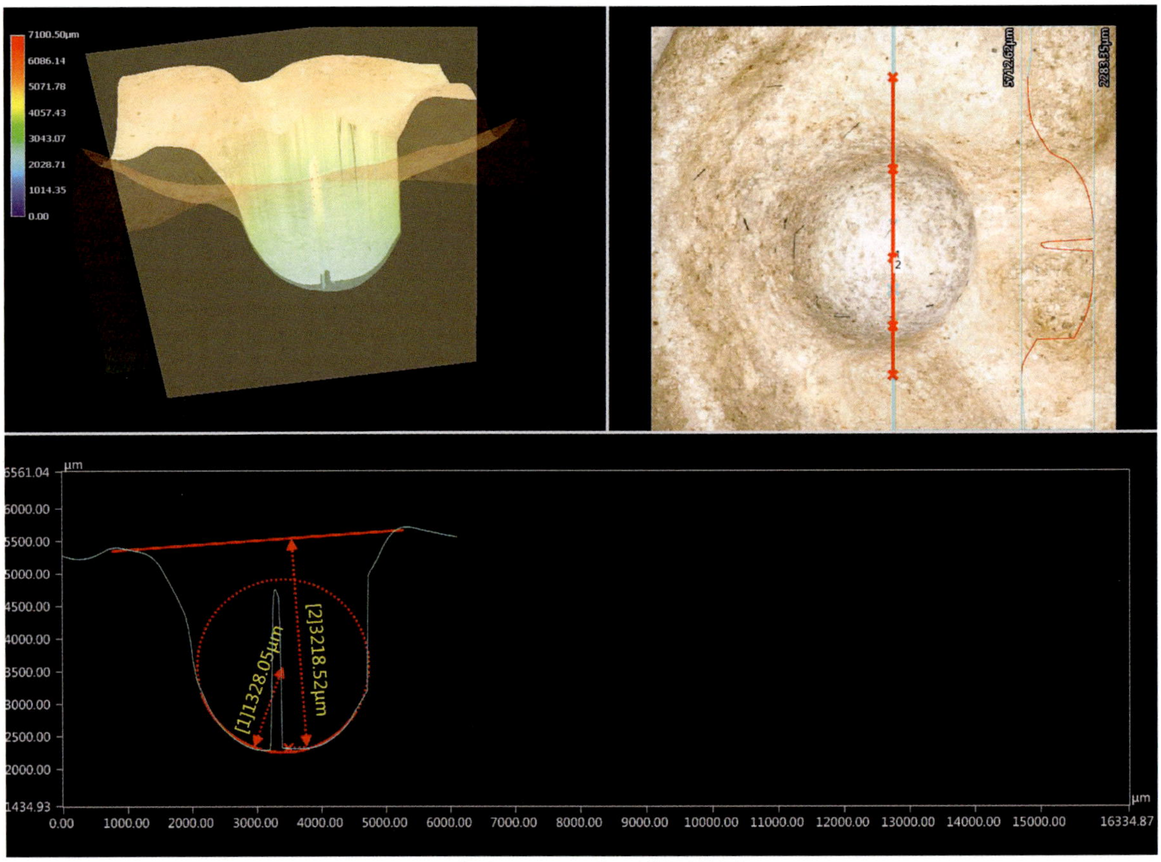

2. 玉人（M5：376）显微测量图

1. 玉耳挖勺（M5：965）

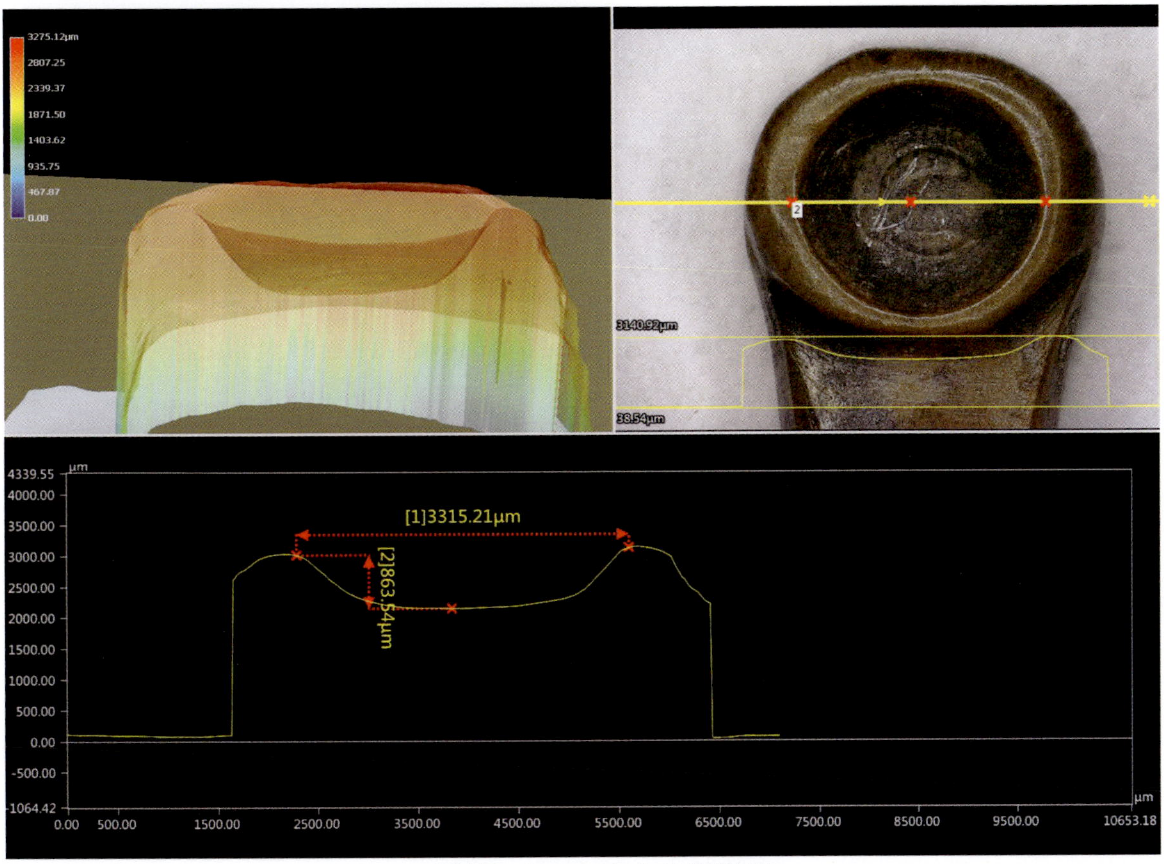

2. 玉耳挖勺（M5：965）显微测量图

1. 玉琥（M5：419）

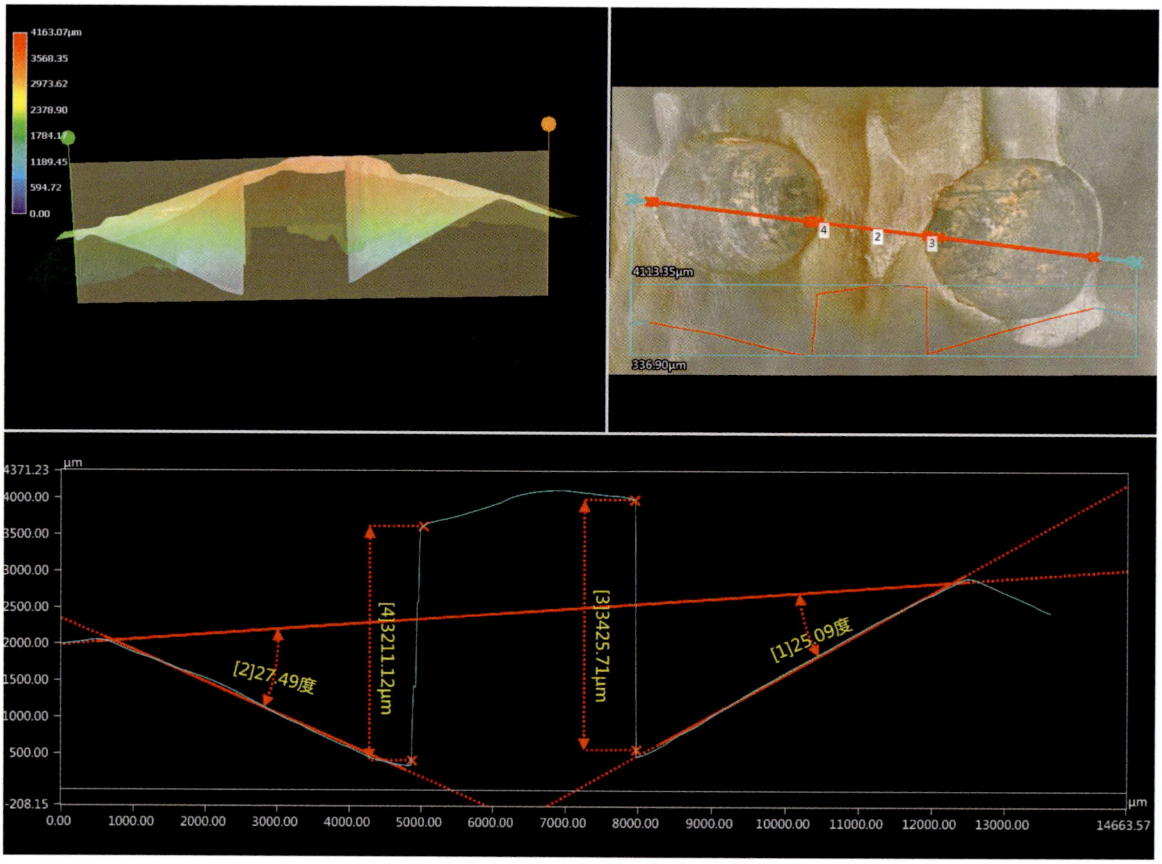

2. 玉琥（M5：419）显微测量图

1. 牛河梁玉片饰（N2Z4L：24）

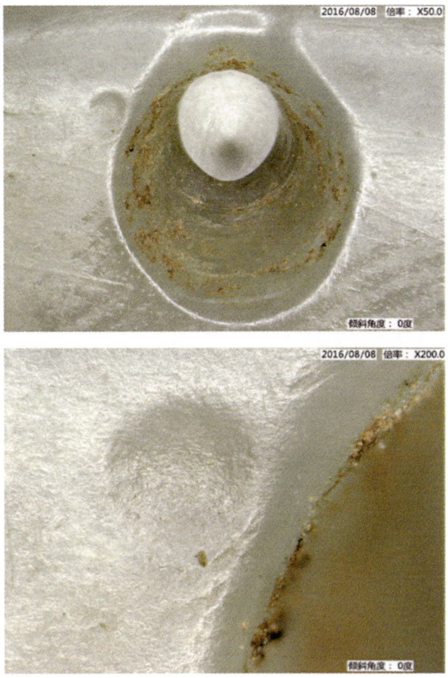

2. 牛河梁玉片饰（N2Z4L：24）
显微图

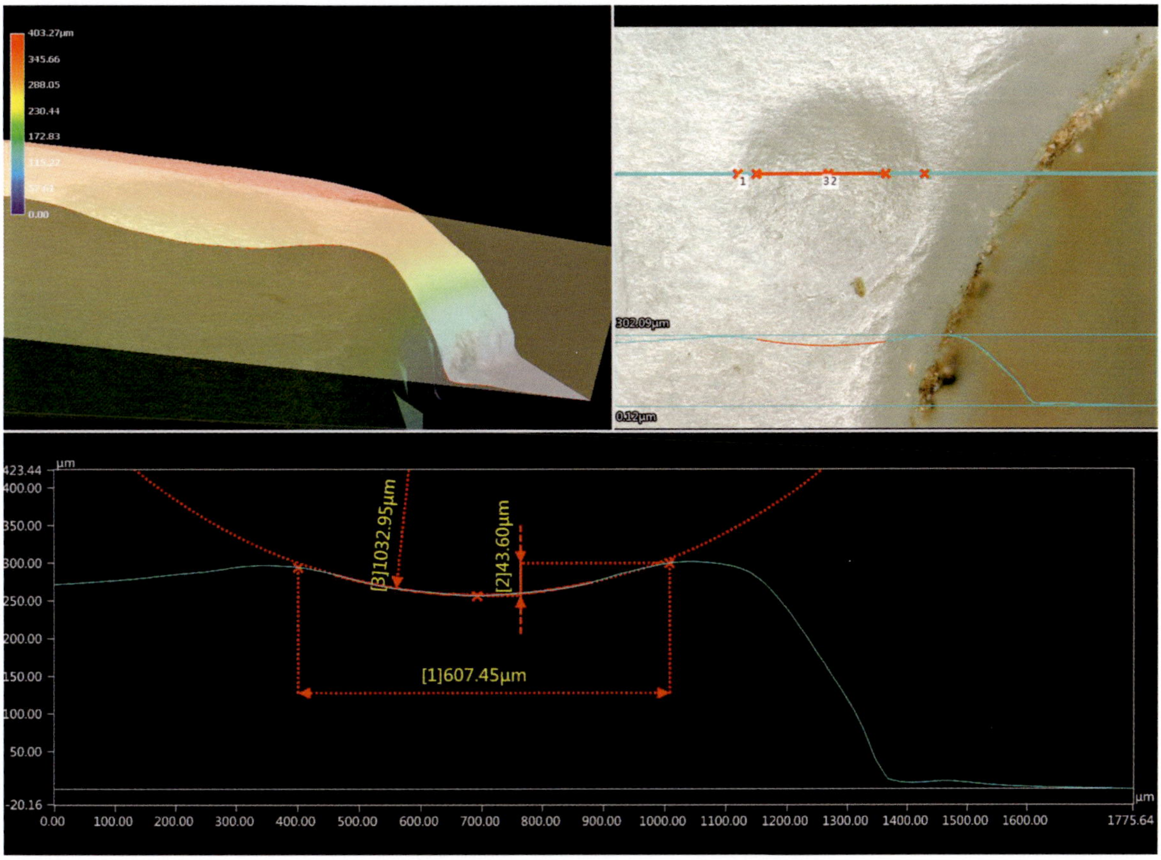

3. 牛河梁玉片饰（N2Z4L：24）显微测量图

1. 牛河梁玉珮（N2Z1M24：3）

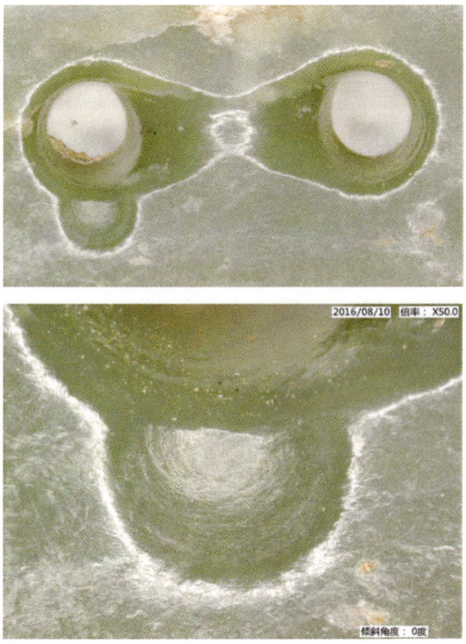

2. 牛河梁玉珮（N2Z1M24：3）显微图

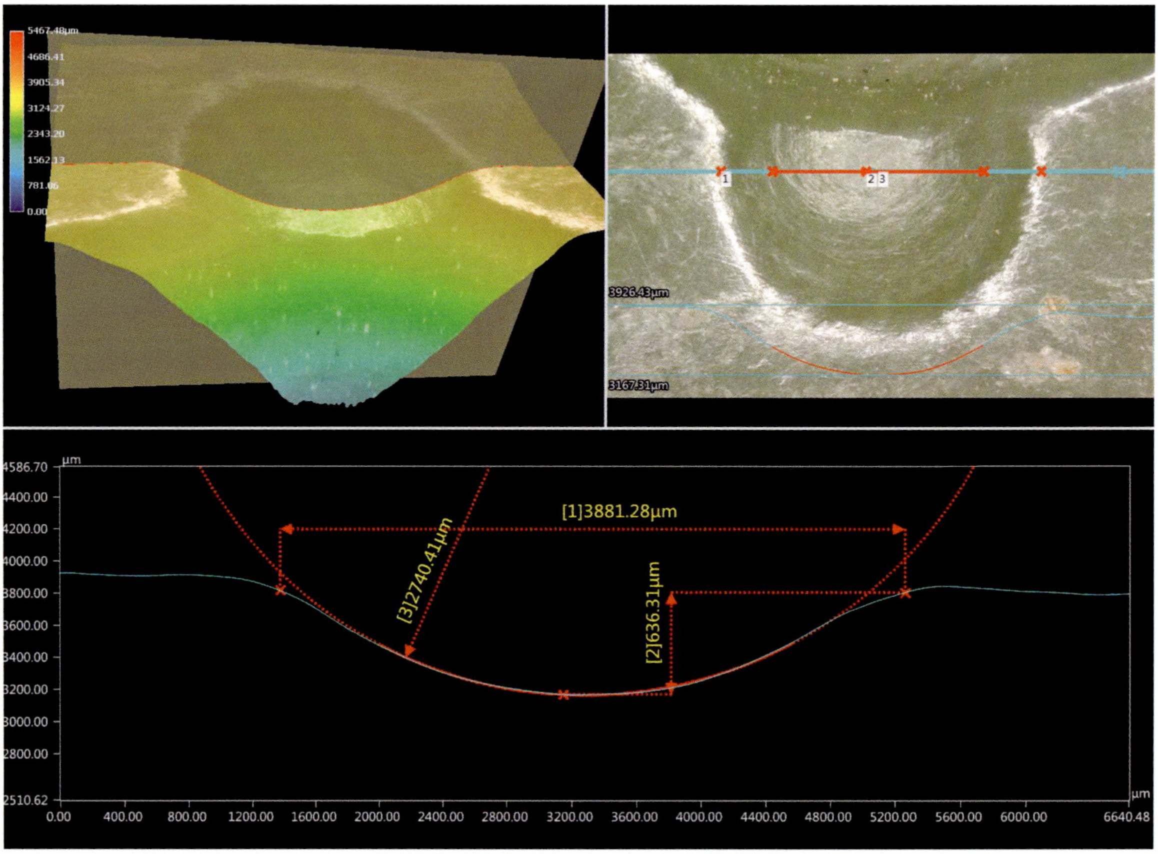

3. 牛河梁玉珮（N2Z1M24：3）显微测量图

1. 牛河梁玉片饰（N2Z1M26：4）

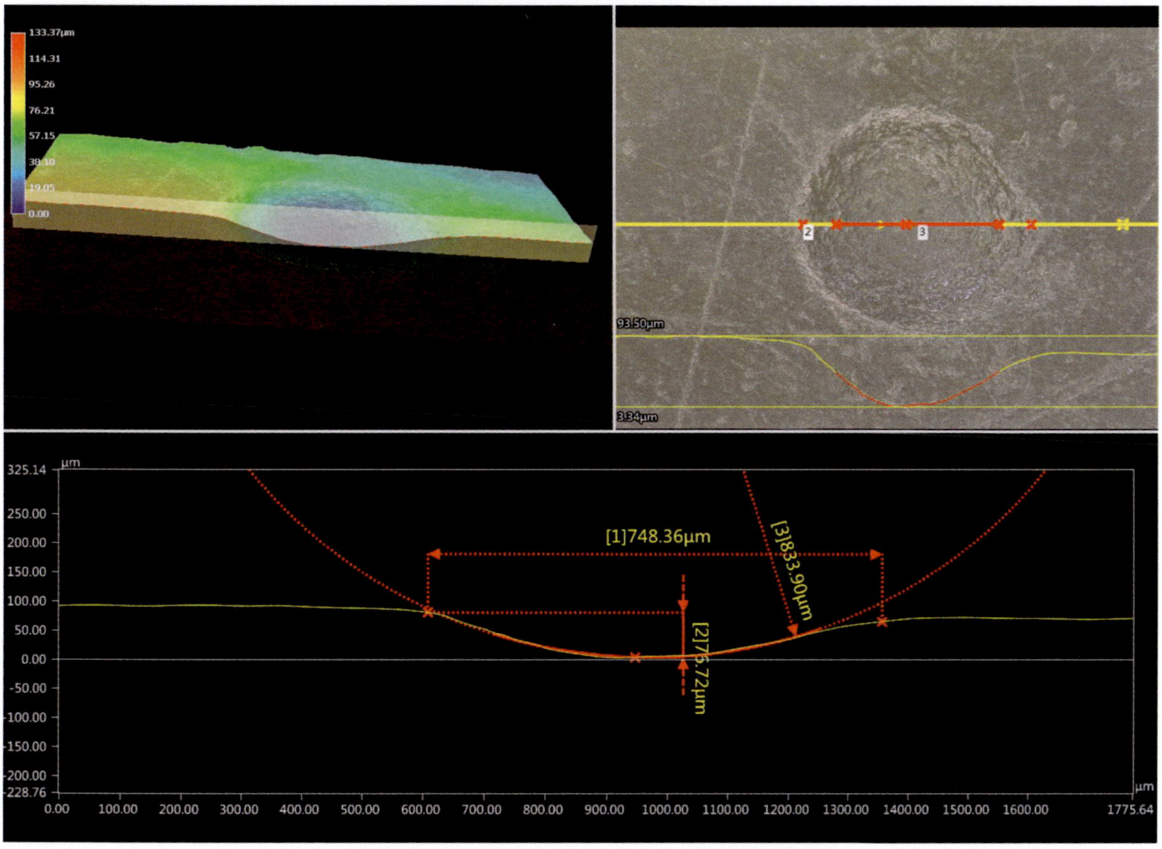

2. 牛河梁玉片饰（N2Z1M26：4）显微测量图

彩版二二

1. 牛河梁玉珮（N2Z1C：7）

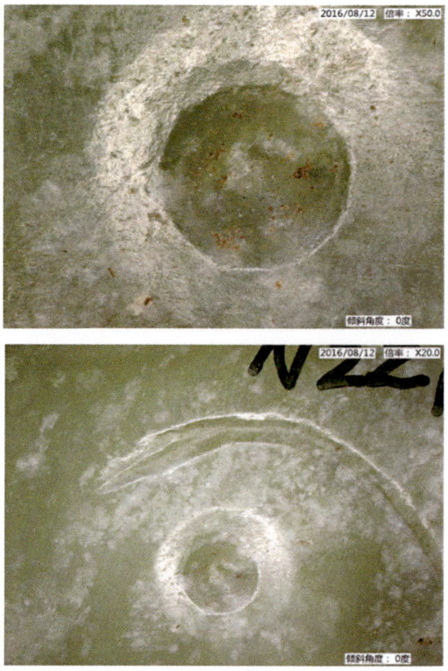

2. 牛河梁玉珮（N2Z1C：7）显微图

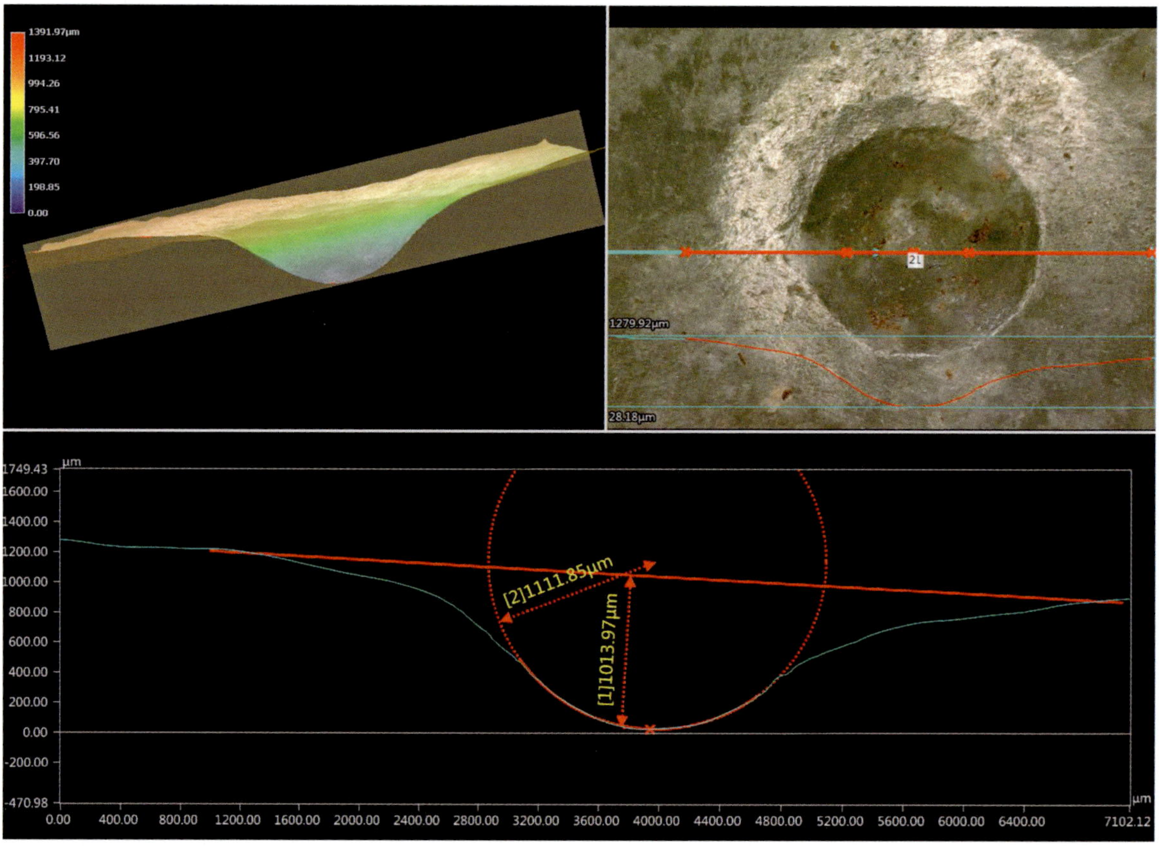

3. 牛河梁玉珮（N2Z1C：7）显微测量图

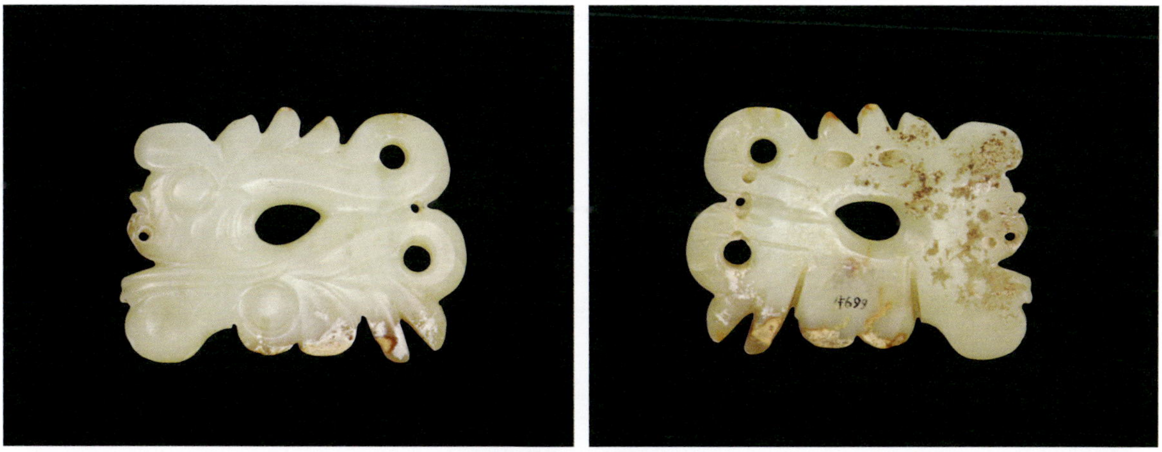

1. 牛河梁玉珮（N2Z4L：24）

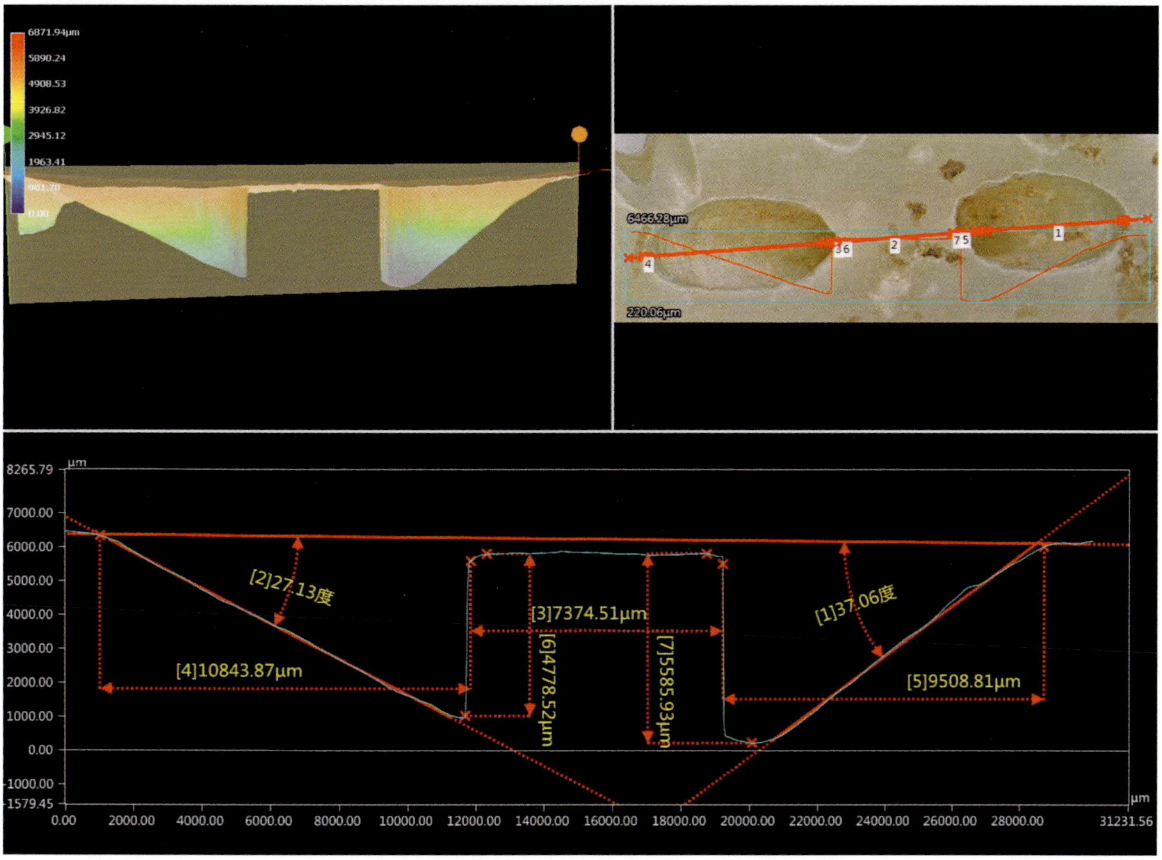

2. 牛河梁玉珮（N2Z1M23：3）显微测量图

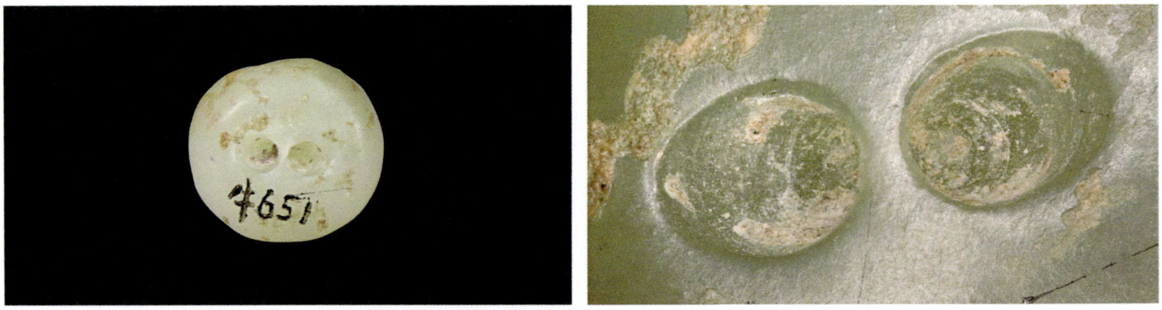

1. 牛河梁有孔玉珠（N5Z2M2：1）及其显微图

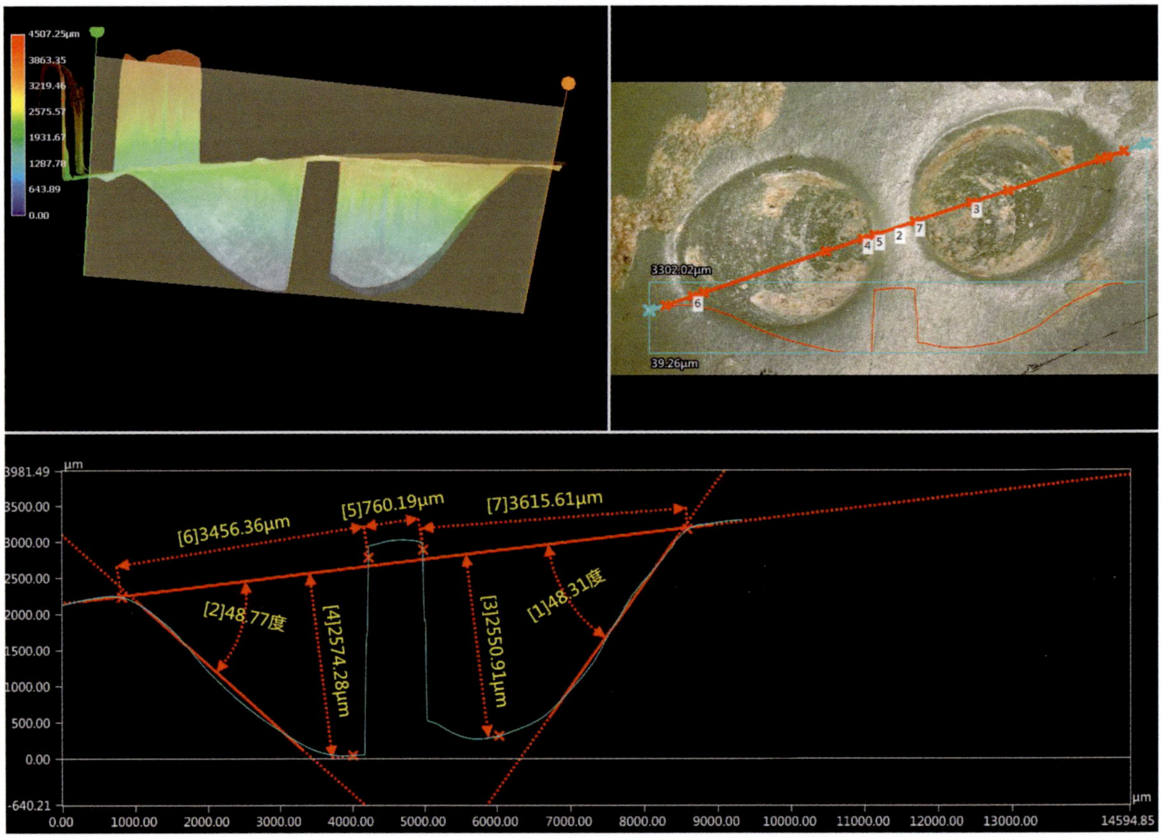

2. 牛河梁有孔玉珠（N5Z2M2：1）显微测量图

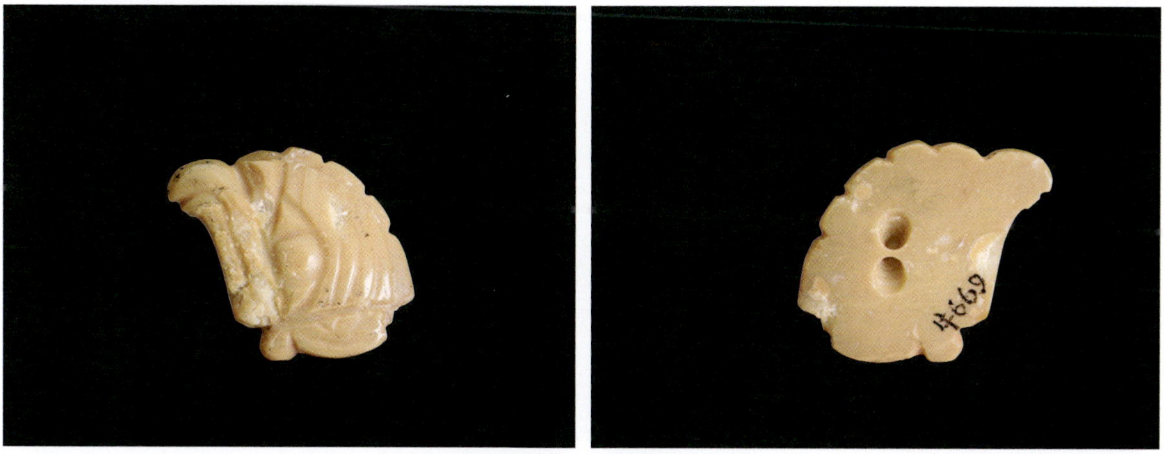

1. 牛河梁玉鹰首（N2Z1M17：C8）

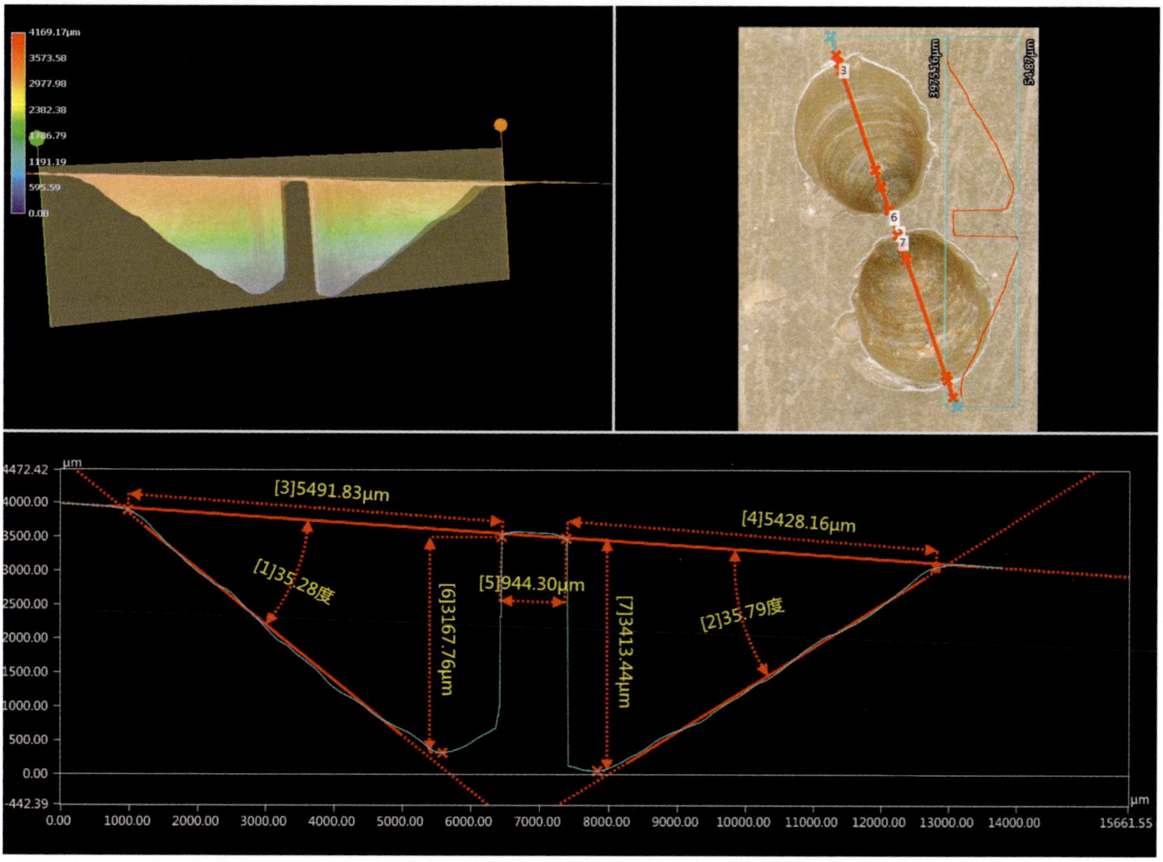

2. 牛河梁玉鹰首（N2Z1M17：C8）显微测量图

彩版二六

1. 桐柏月河墓玉璜（M1：321）

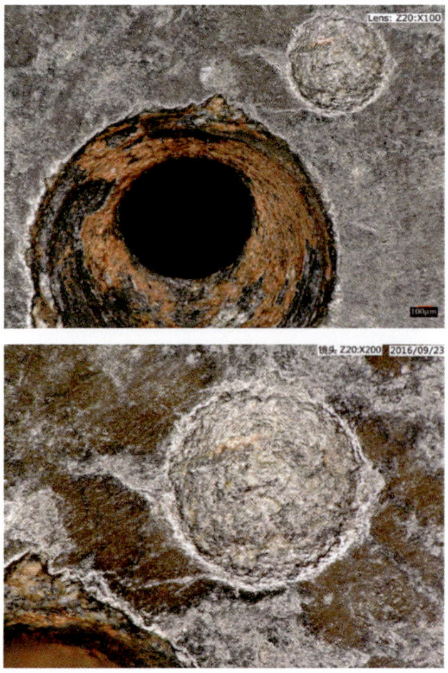

2. 桐柏月河墓玉璜（M1：321）显微图

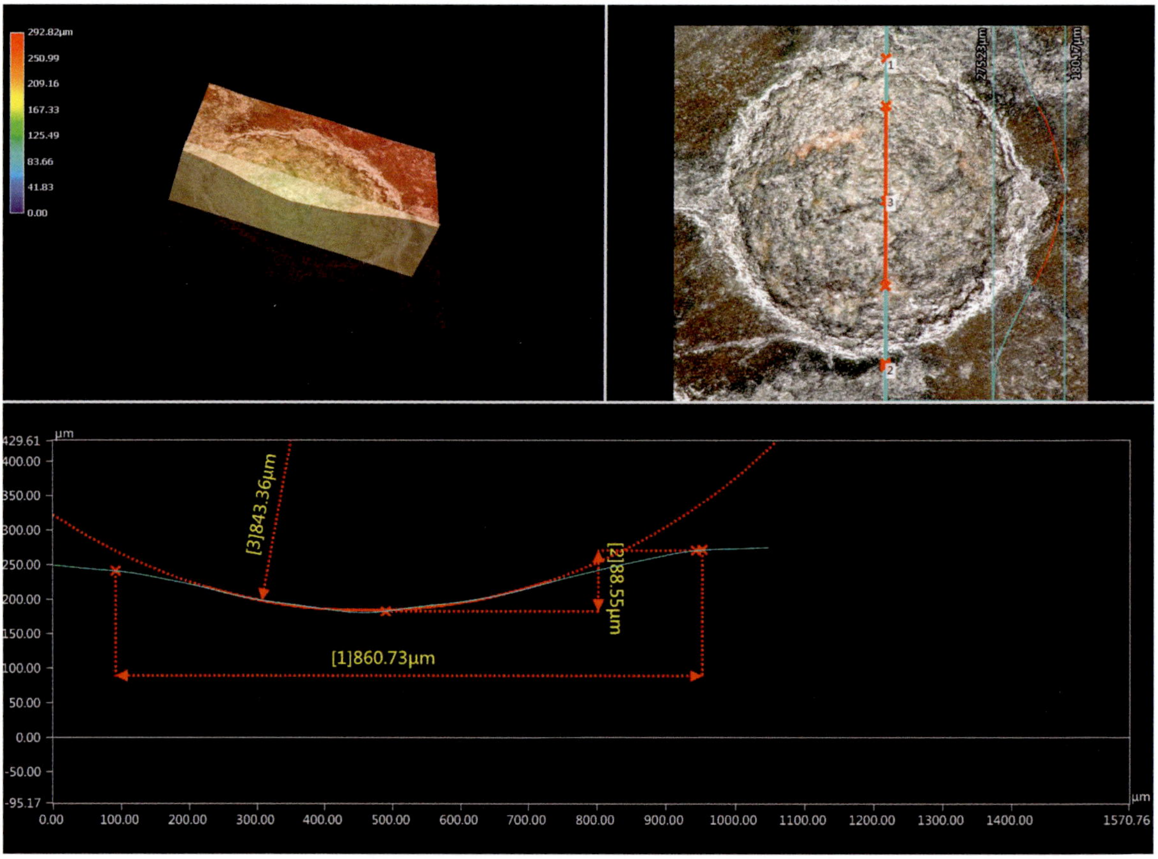

3. 桐柏月河墓玉璜（M1：321）显微测量图

1. 桐柏月河墓玉璜（M1：345）及其显微图

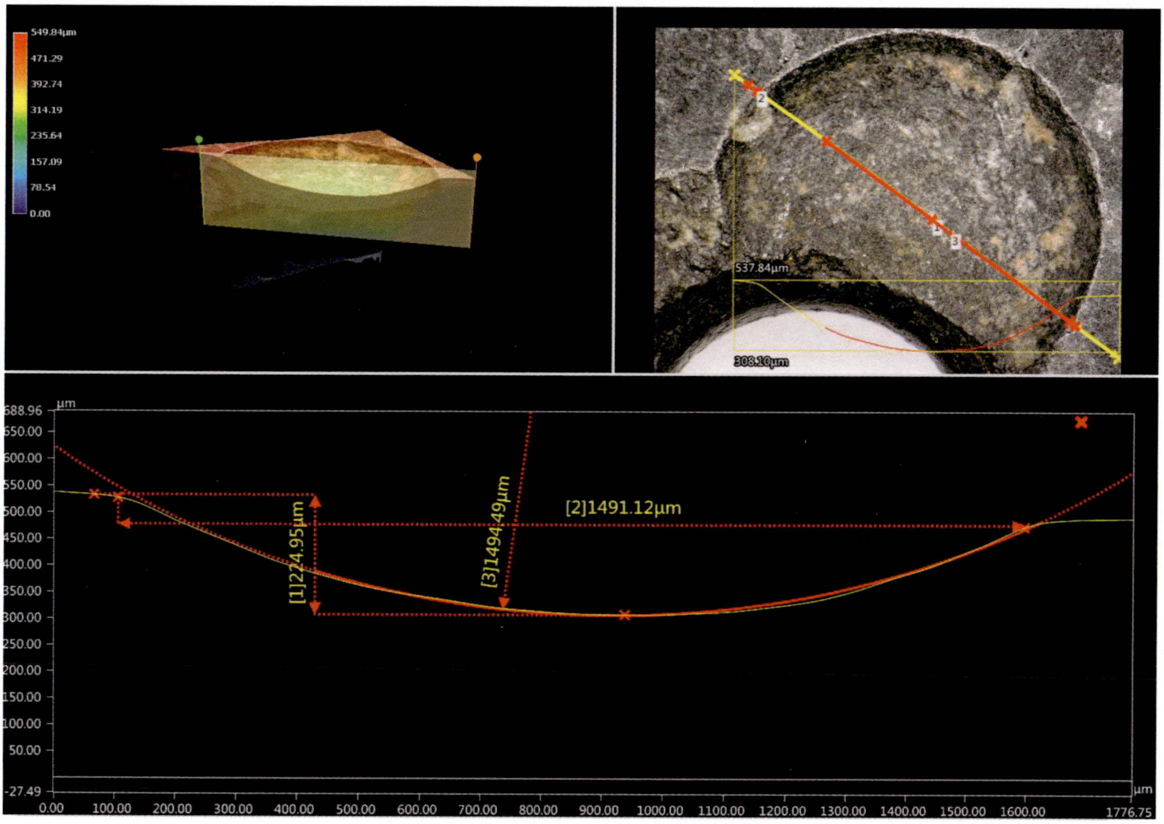

2. 桐柏月河墓玉璜（M1：345）显微测量图

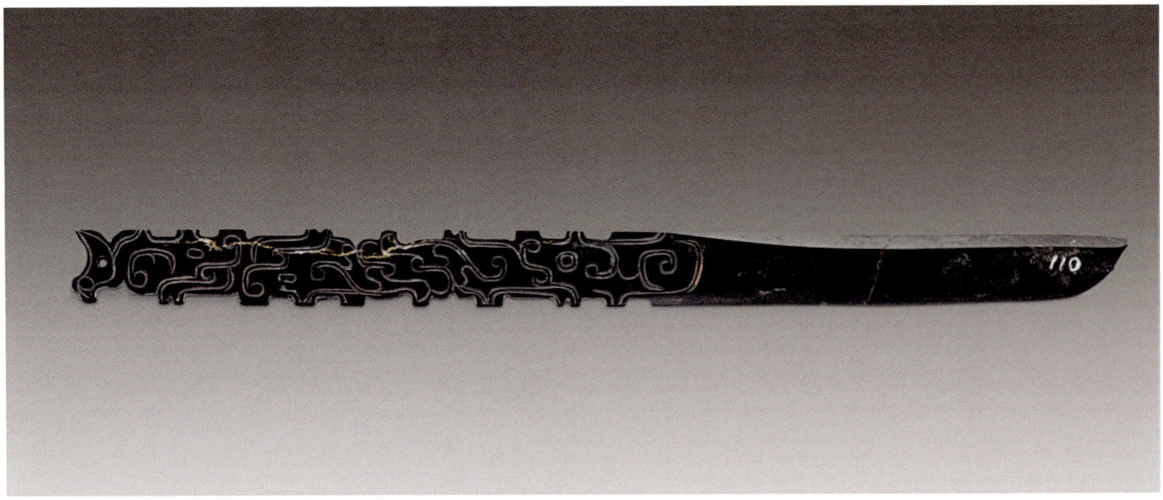

1. 桐柏月河墓玉刀（M1：110）

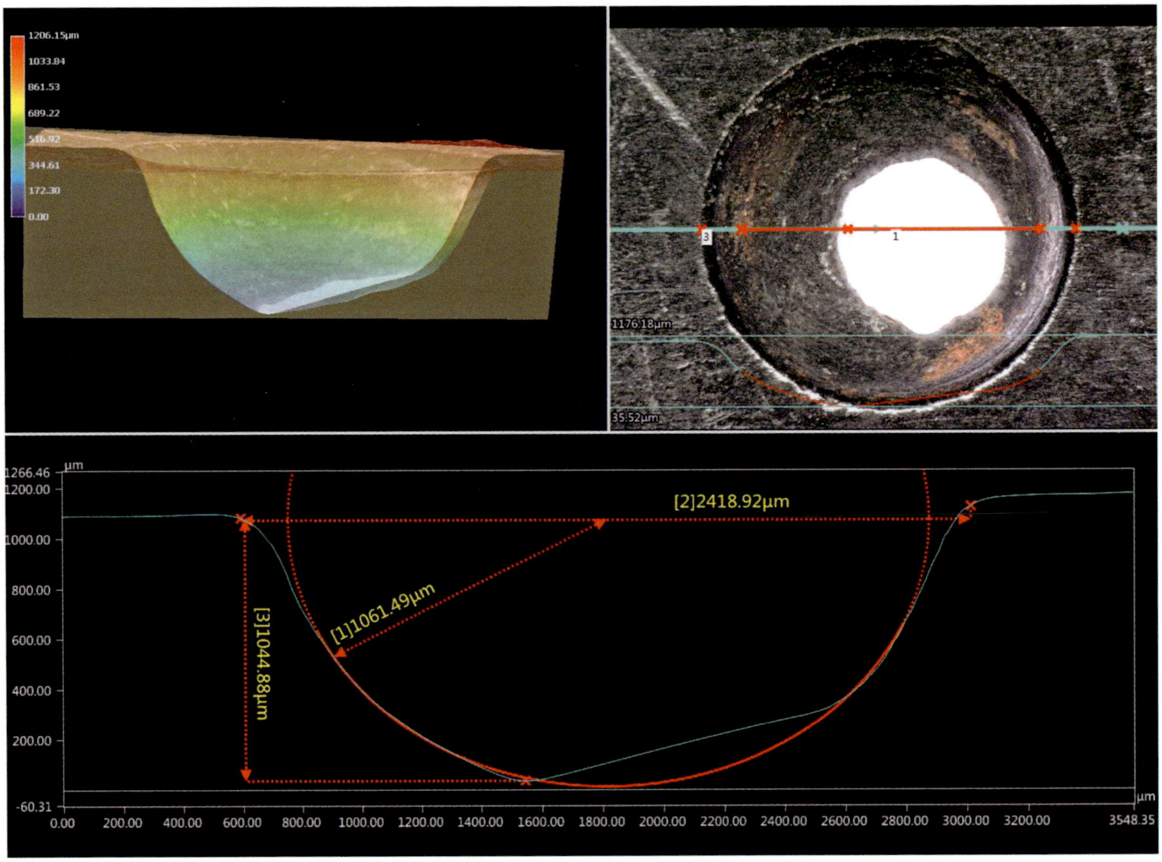

2. 桐柏月河墓玉刀（M1：110）显微测量图

1. 桐柏月河墓玉琥（M1：350）及其显微图

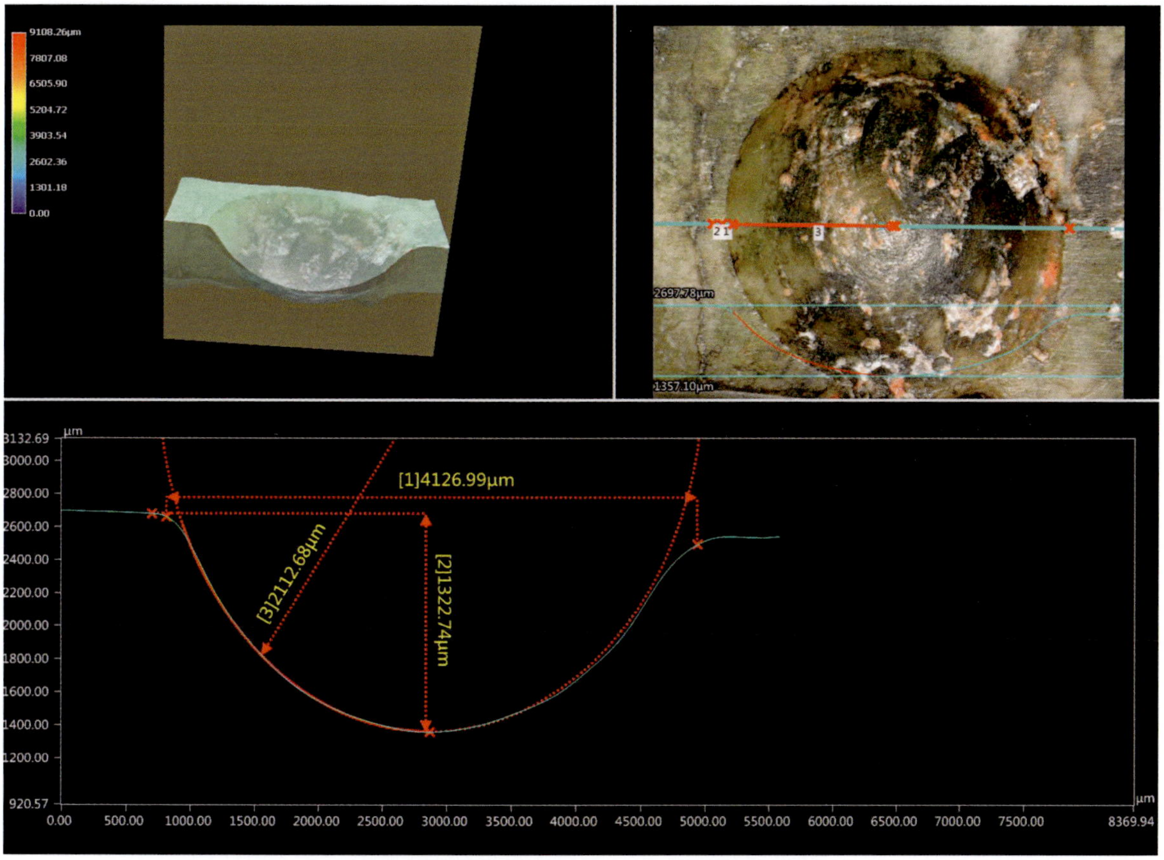

2. 桐柏月河墓玉琥（M1：350）显微测量图

1. 桐柏月河墓玉圭（M1：123）

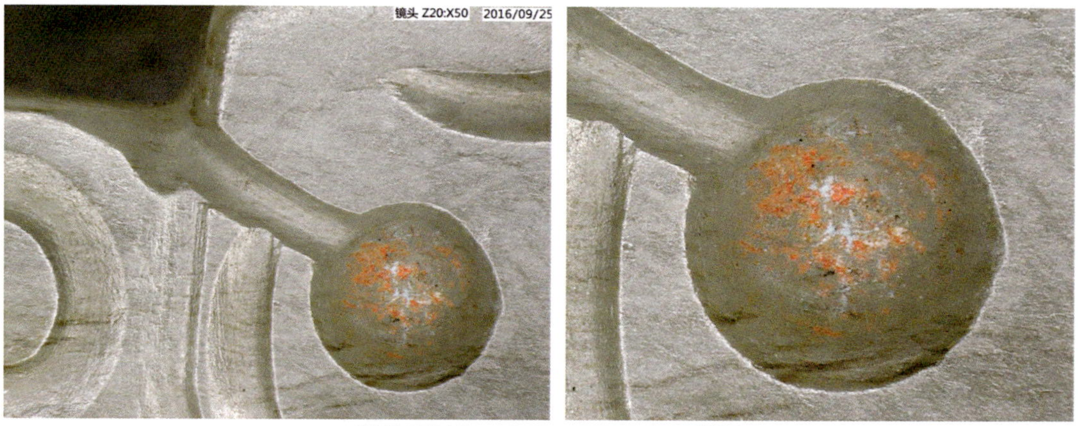

2. 桐柏月河墓玉圭（M1：123）显微图

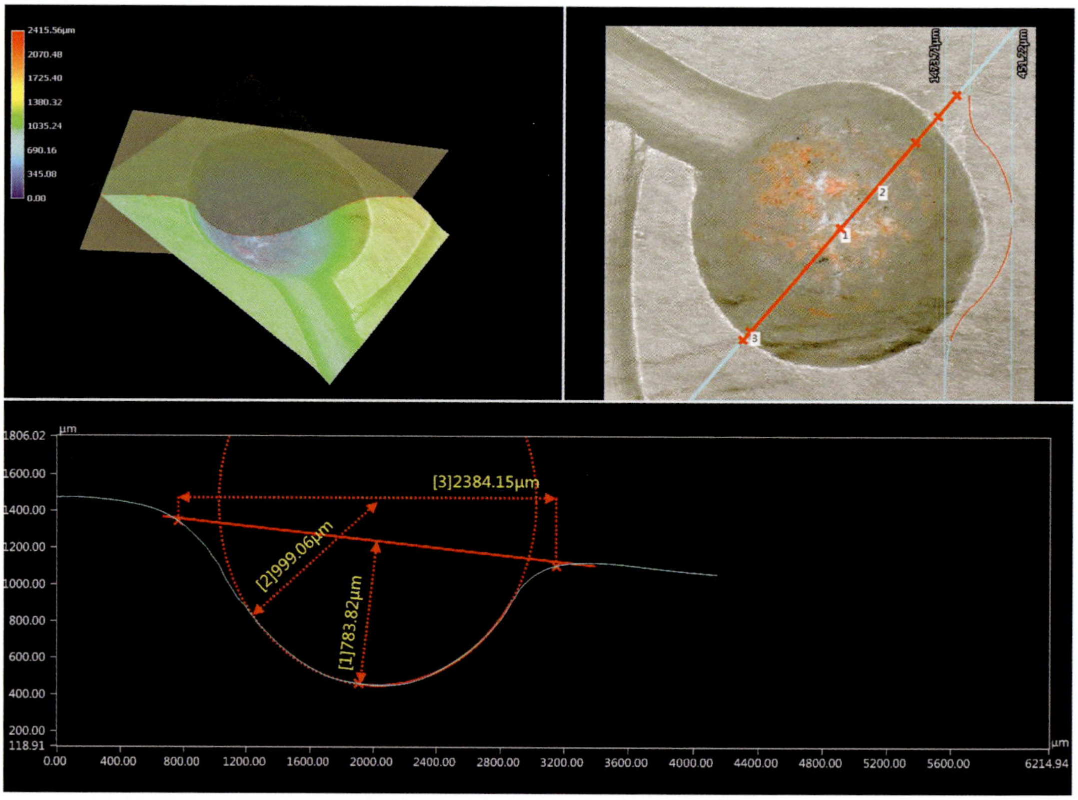

3. 桐柏月河墓玉圭（M1：123）显微测量图

1. 桐柏月河墓玉片饰（M1：290）

2. 桐柏月河墓玉片饰（M1：290）显微图

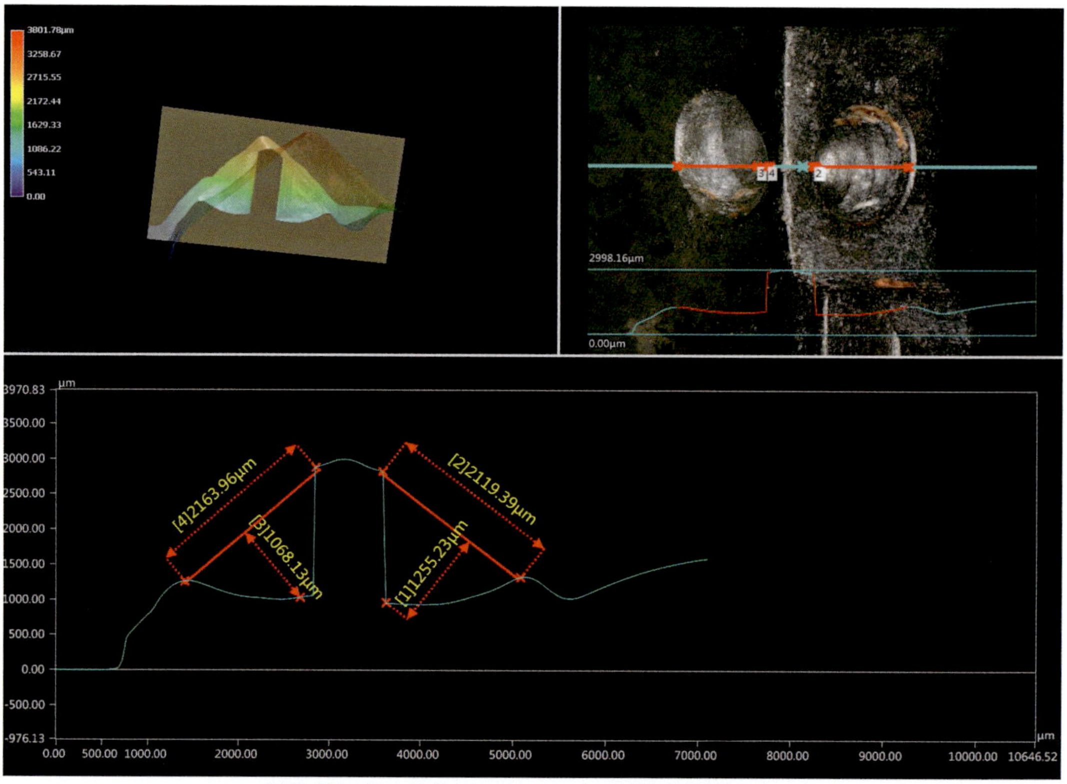

1. 桐柏月河墓玉片饰（M1：290）显微图测量图（一）

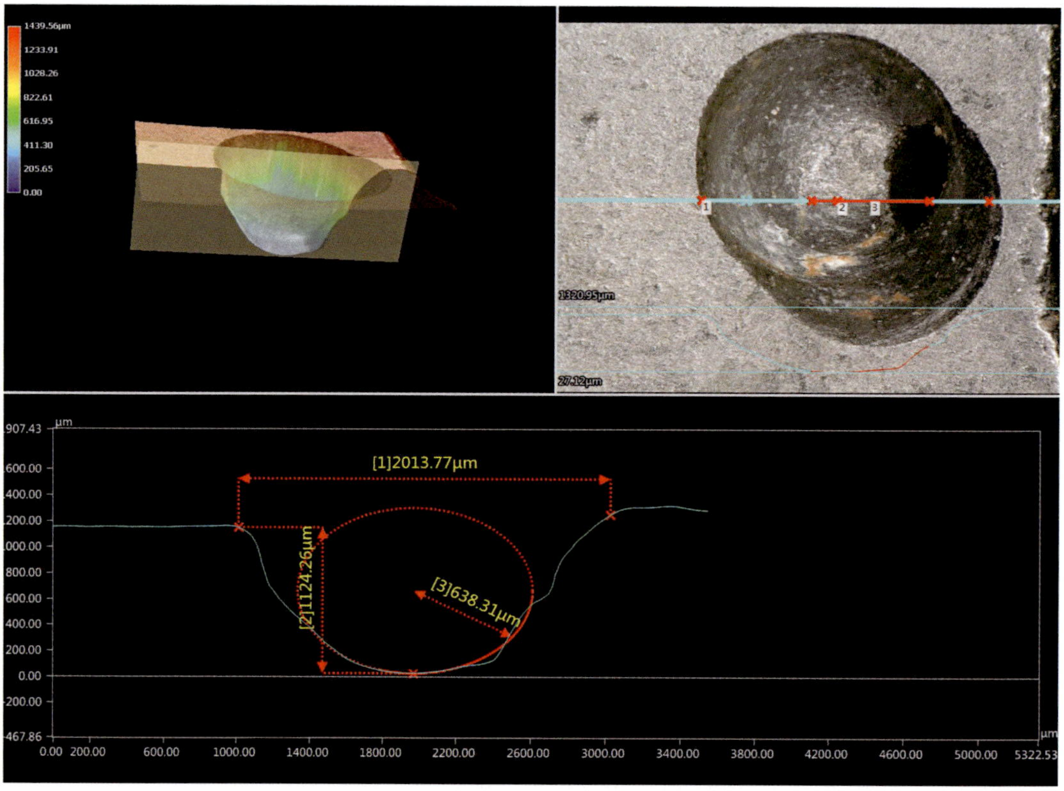

2. 桐柏月河墓玉片饰（M1：290）显微图测量图（二）

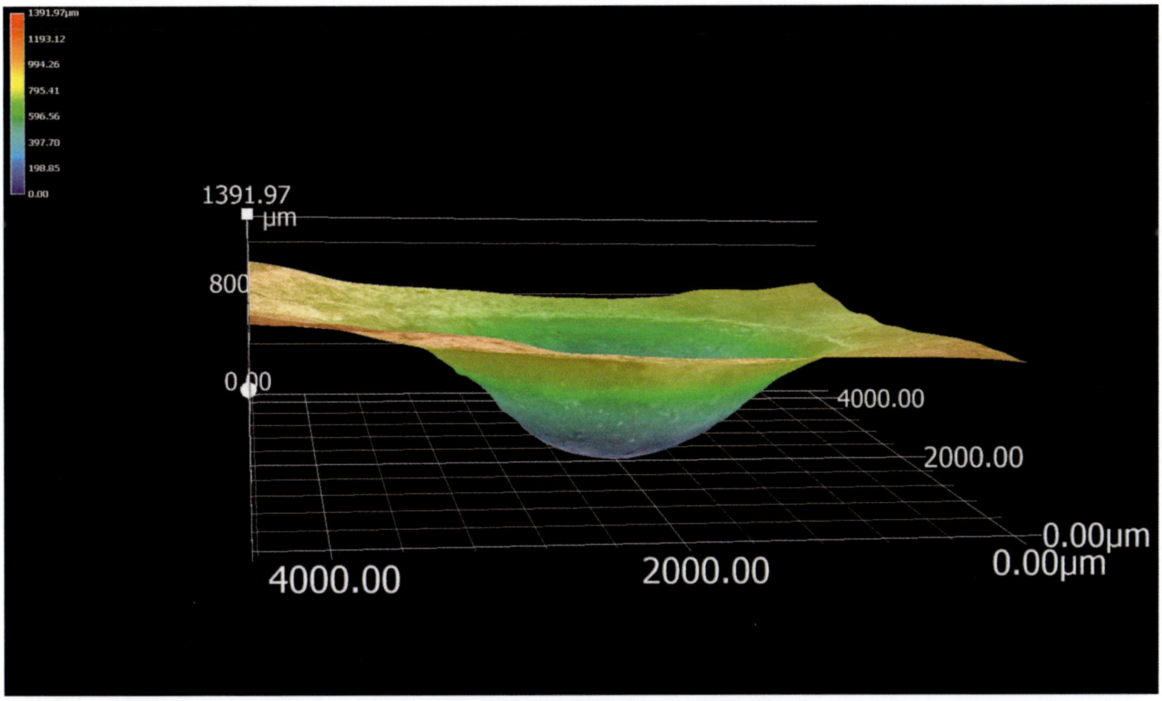

1. 牛河梁玉珮（N2Z1C：7）3D测量图

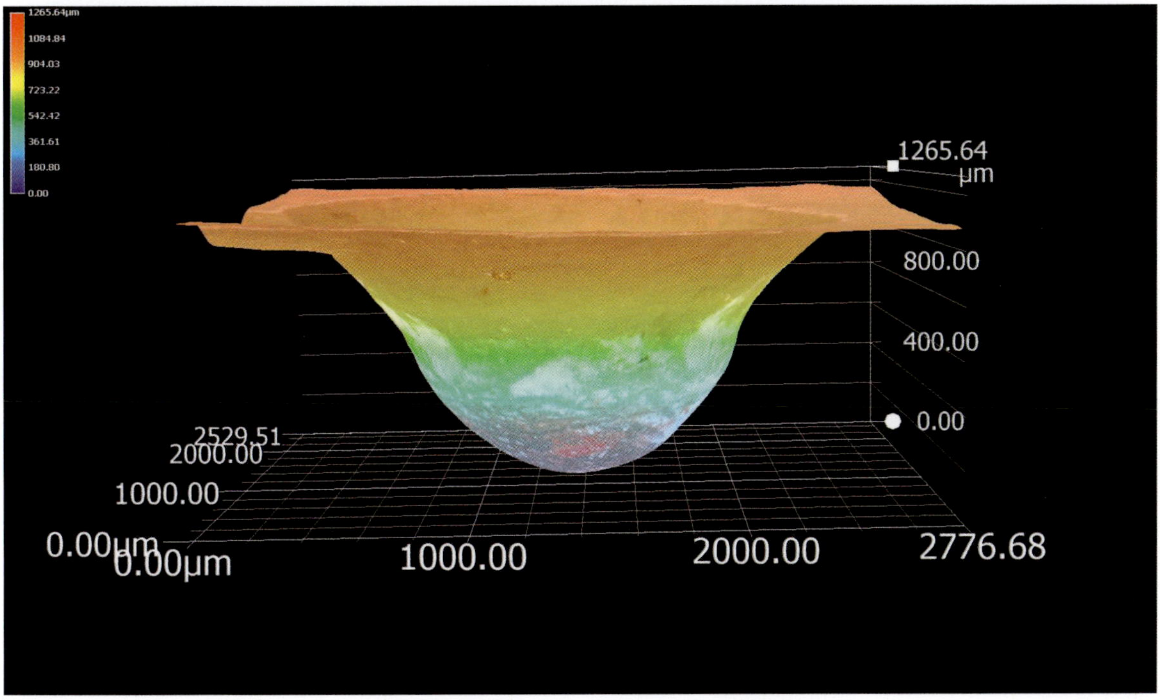

2. 桐柏月河墓玉圭（M1：123）3D测量图

彩版三四

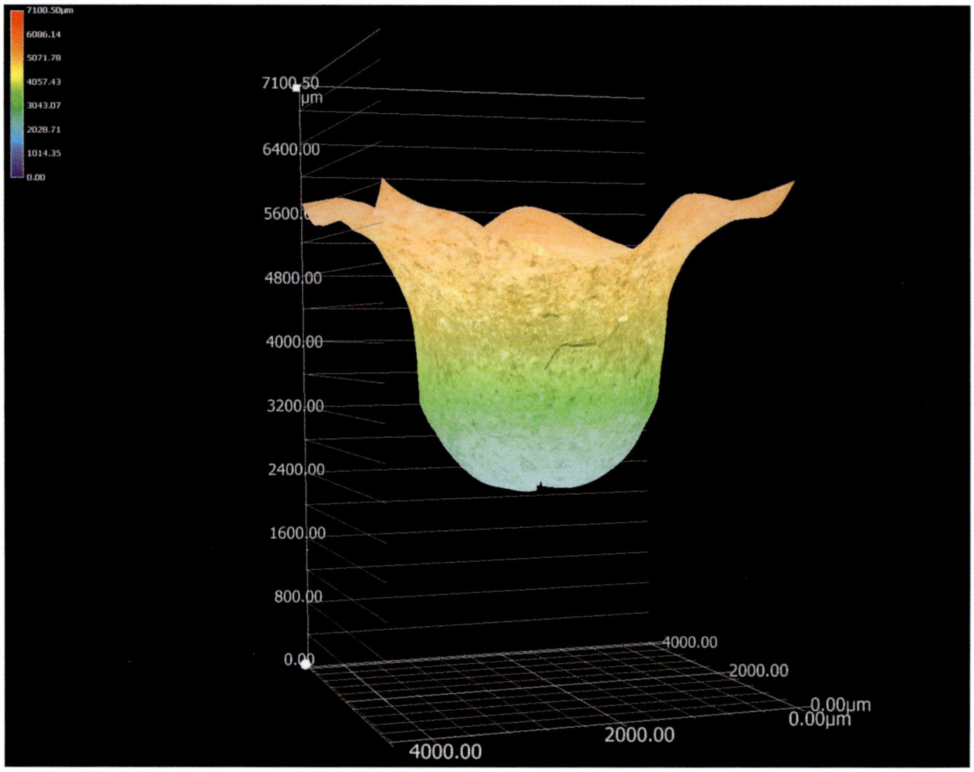

1. 妇好墓踞坐玉人（M5：376）3D测量图

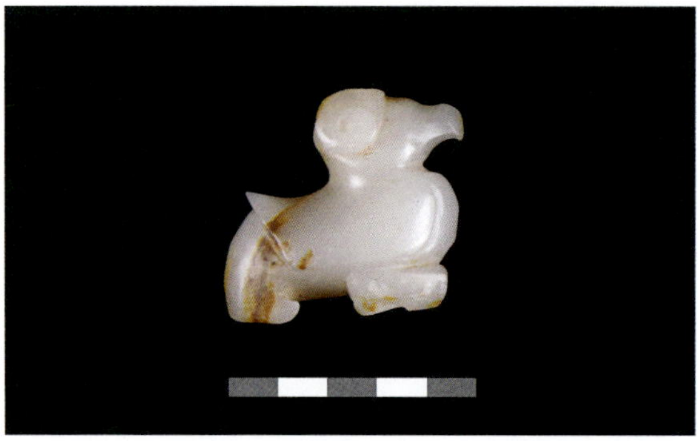

2. 玉怪鸟（M5：393），白色

3. 玉鱼（M5：1257），黄白色

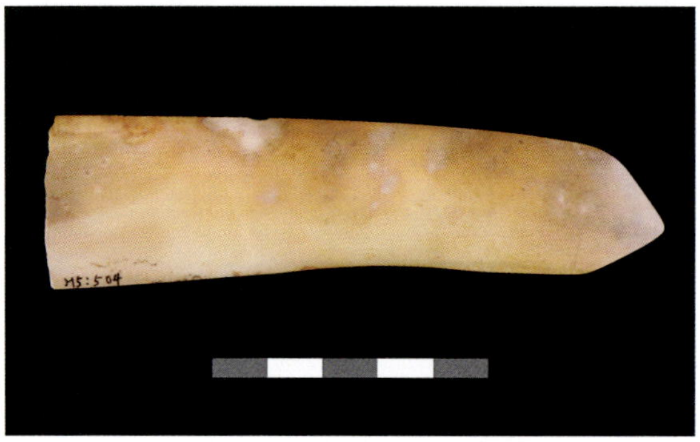

4. 玉戈（M5：504），黄色

5. 玉戈（M5：504）透光图

1. 玉箍形饰（M5：1303），浅绿色

2. 玉戈（M5：977），绿色

3. 玉矛形器（M5：481），黄绿色

4. 玉小系璧半成品（M5：1101），深绿色

5. 玉戈（M5：583）

6. 玉器座饰（M5：1048）

7. 玉器座饰（M5：1049）

8. 器嘴形玉饰（M5：12）

9.玉戈（M5：14）

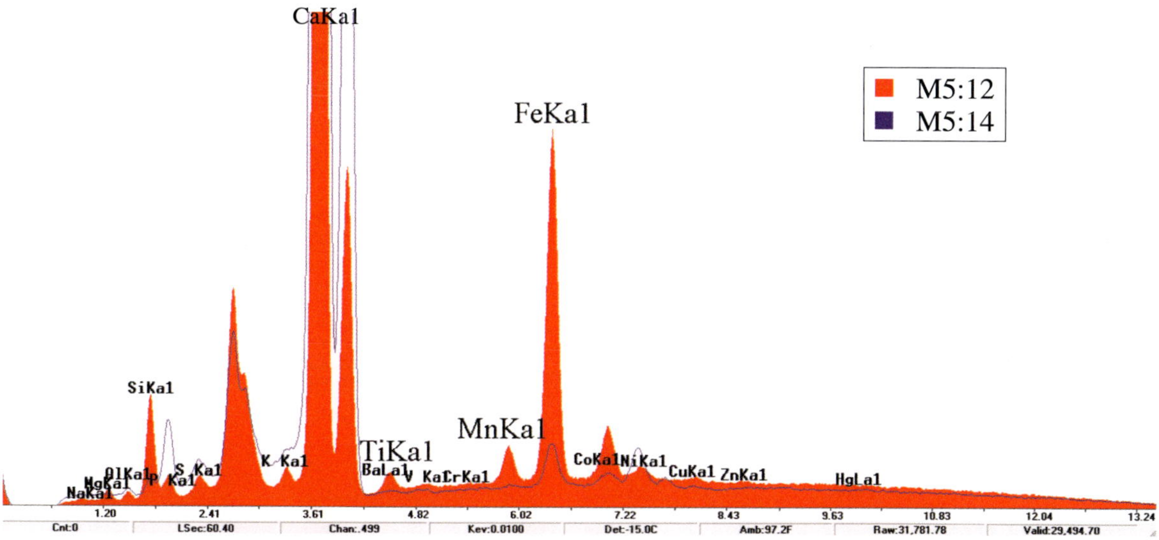

10. 器嘴形玉饰（M5：12）和玉戈（M5：14）的XRF定性比较图

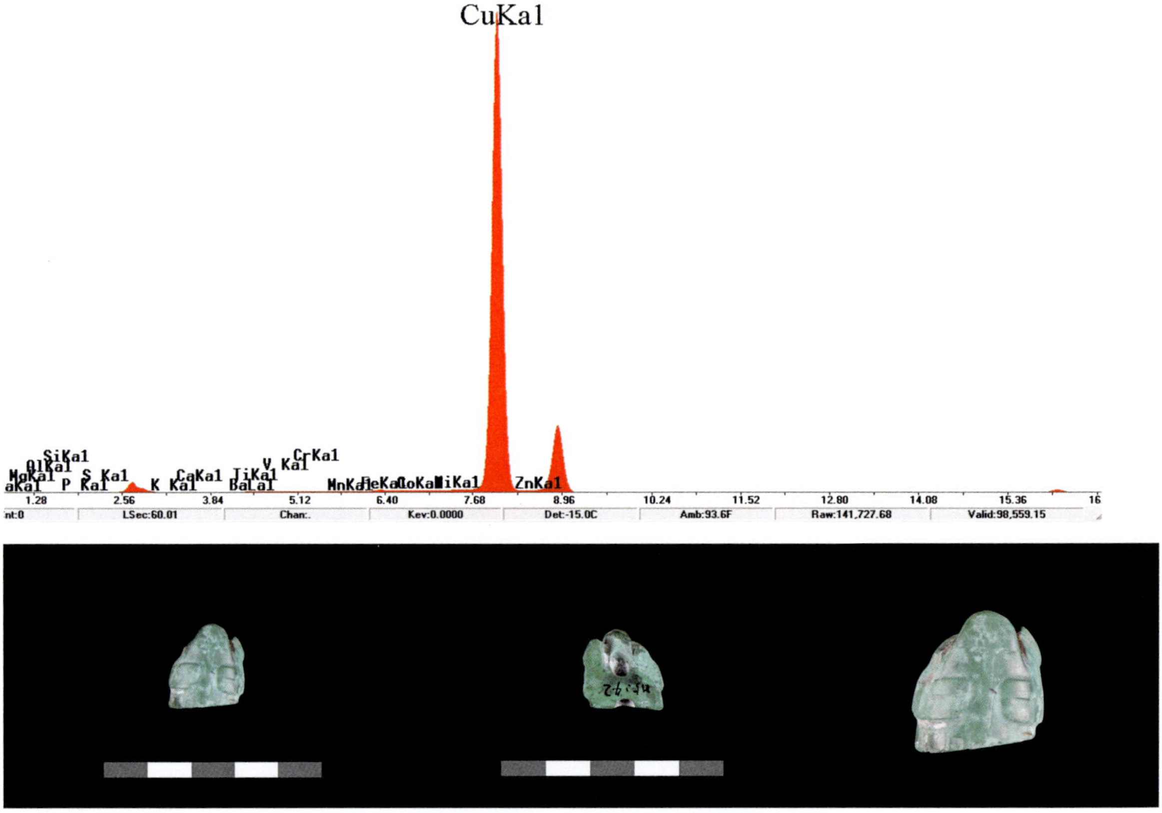

1. 玉蛙（M5：42）及其XRF图谱

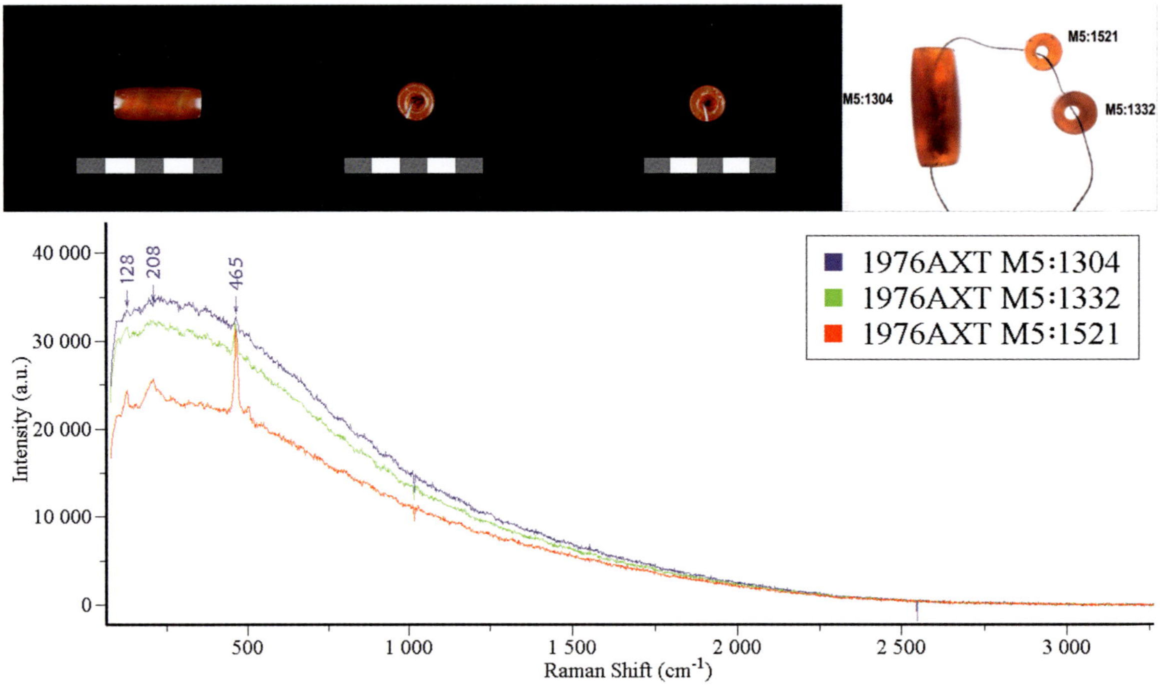

2. 3件玛瑙器（上排左起依次为M5：1304、M5：1332、M5：1521和透光照）及其拉曼图谱

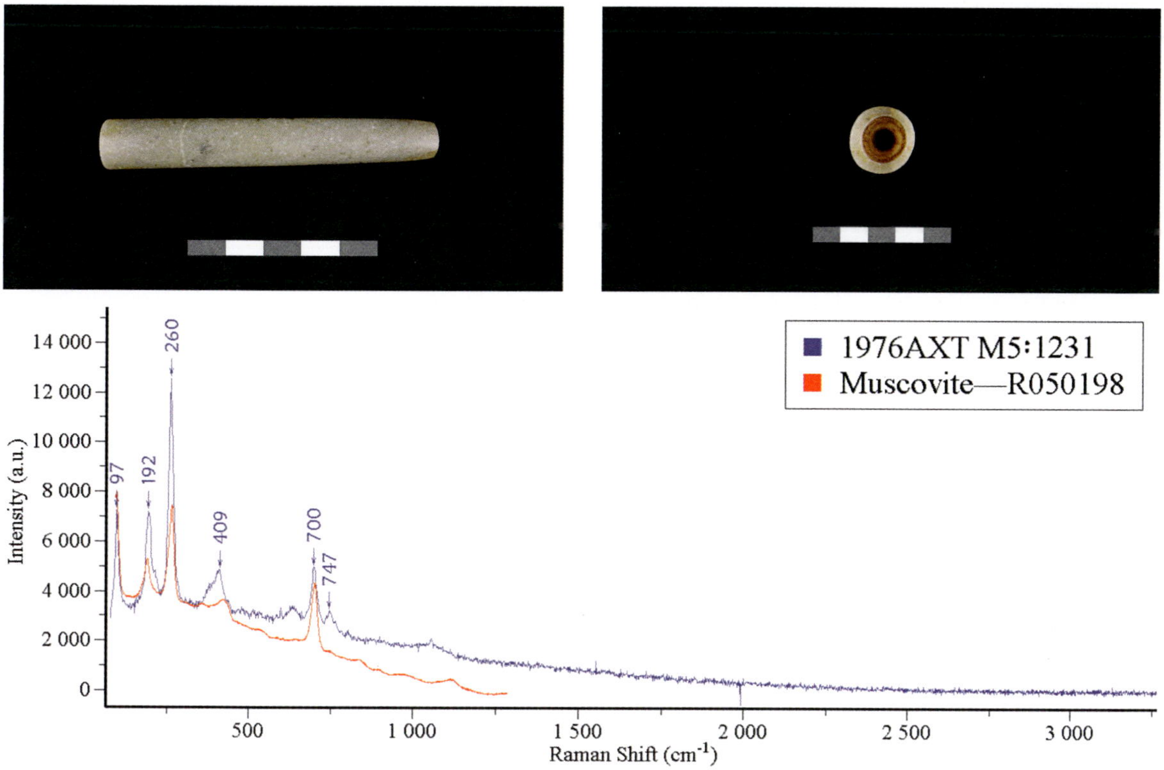

1. 玉管（M5：1231）及其拉曼图谱

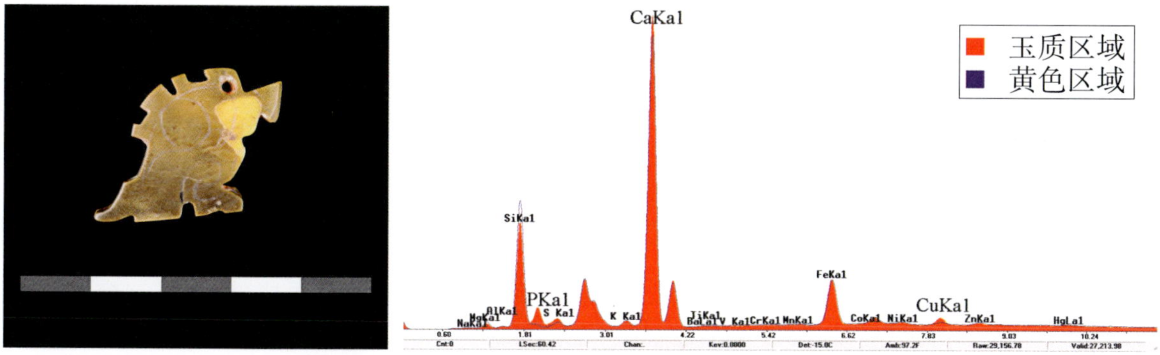

2. 玉鸟（M5：1424）及其黄色区域和玉质区域的XRF定性图谱

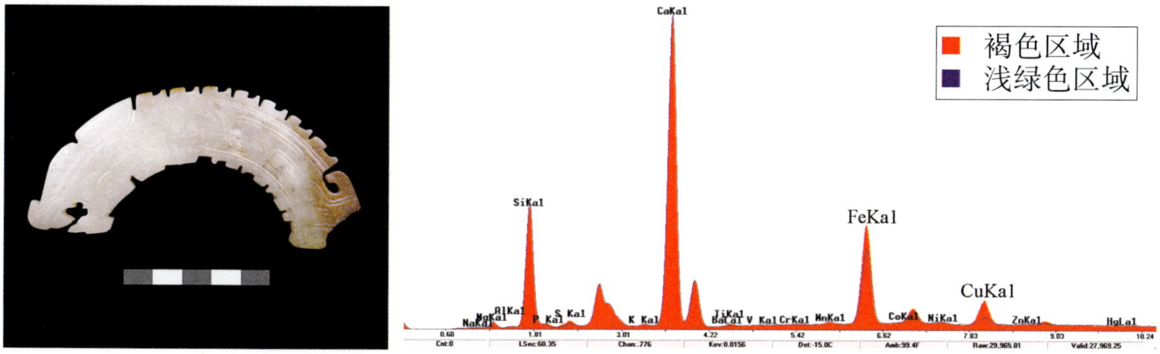

3. 璜形玉虎（M5：932）及其浅绿色和褐色区域的XRF定性图谱

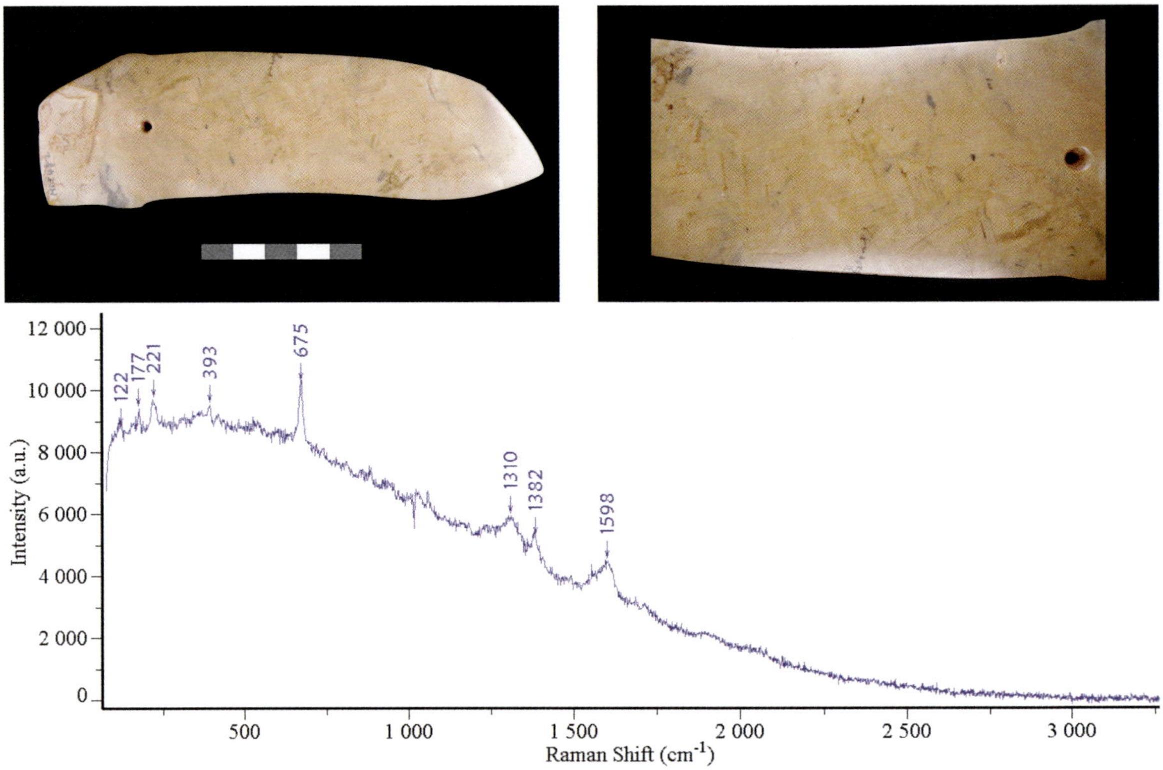

1. 玉戈（M5：482）及其拉曼图谱

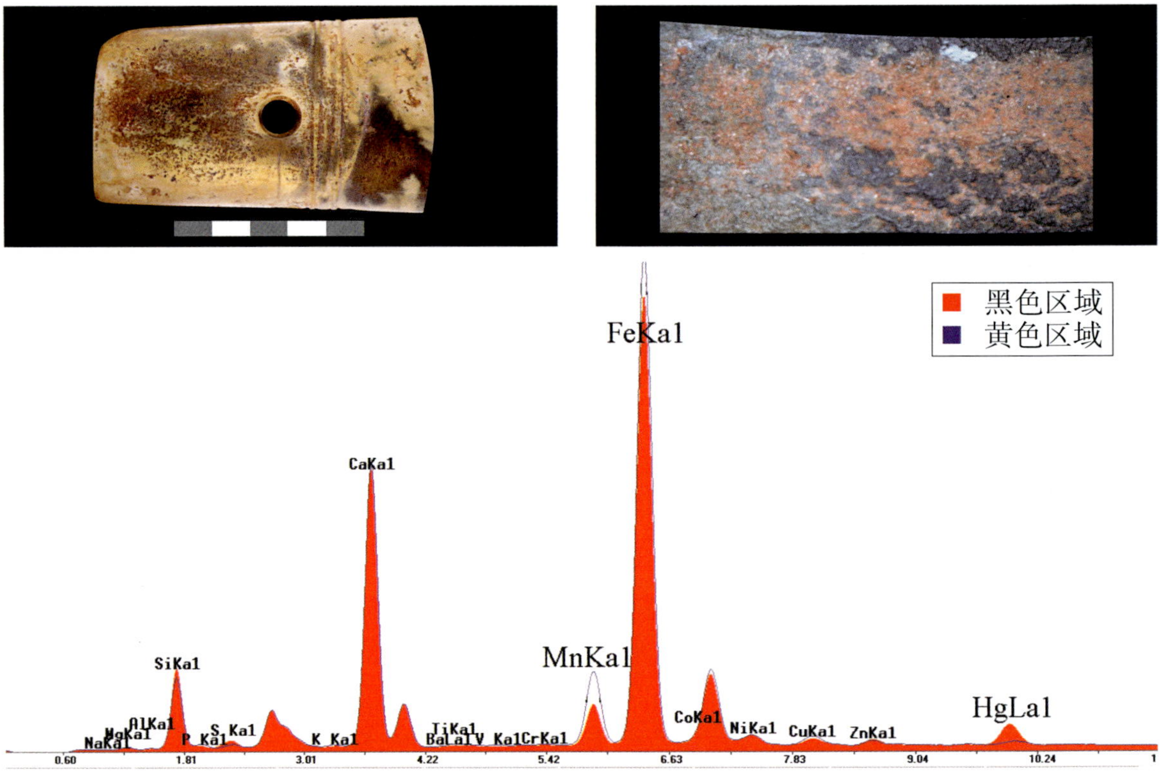

2. 玉钺残件（M5：1325）及其不同颜色区域的XRF定性图谱

1. 玉虎（M5：515）及其透光照和白化区域的拉曼图谱

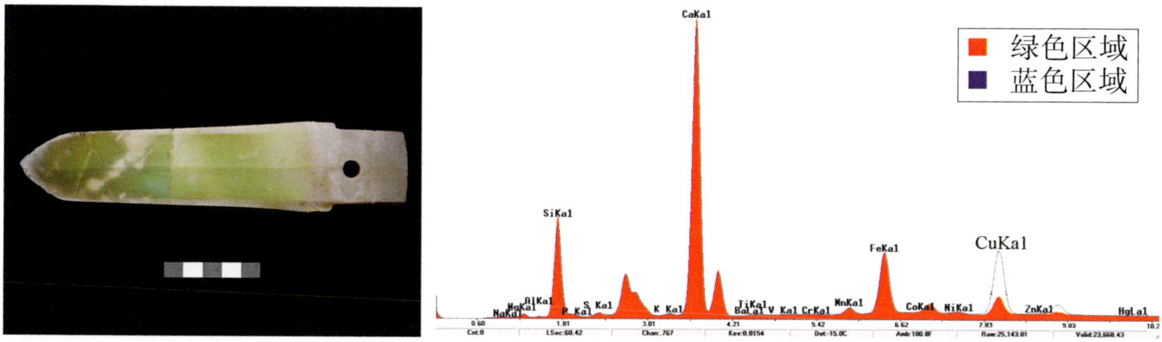

2. 玉戈（M5：977）及其不同颜色区域的XRF定性图

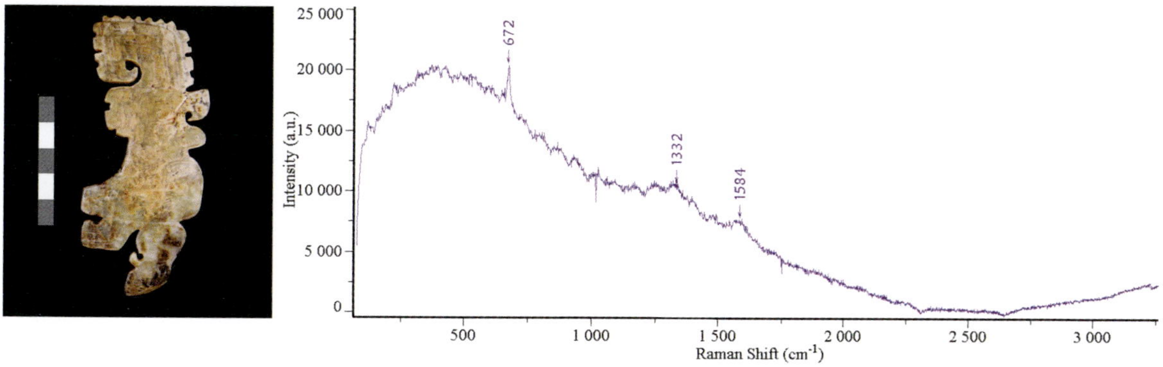

3. 玉鹦鹉（M5：353）及其黑色区域的拉曼图谱

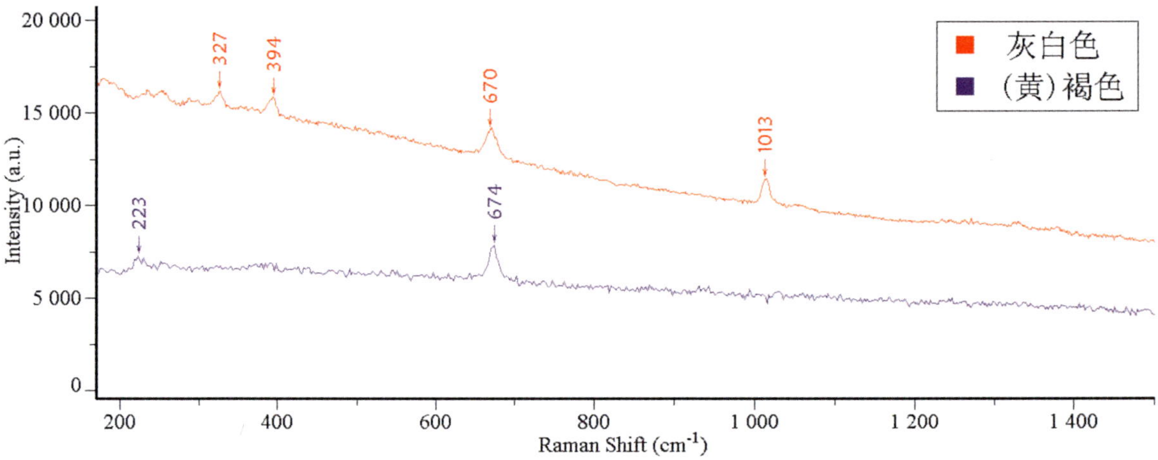

玉戈（M5：445）及其（黄）褐色、白色区域的拉曼图谱